Chinese Frontier Language
and Literature

中文学术前沿

第十二辑

《中文学术前沿》编辑委员会 编

ZHEJIANG UNIVERSITY PRESS
浙江大学出版社

《中文学术前沿》编辑委员会

目　录

新出文献与唐代文学研究

韩愈《柳子厚墓志铭》考异 ……………………………………… ［日］户崎哲彦（ 1 ）
唐五代诗歌的通俗化与商品化
　　——以敦煌诗歌与长沙窑瓷器题诗为中心 …………………… 杨明璋（31）
新出唐太子少师韩休墓志考释 …………………………………………… 裘　石（48）

词学研究

词学与诗教：叶嘉莹先生诗词成就管窥 ………………………………… 齐益寿（59）
夏承焘的词人年谱学 ……………………………………………………… 吴夏平（73）
欧阳修词笺注例说 ………………………………………………………… 胡可先（92）

语言文字学研究

禅宗语录、儒家语录词汇语法研究概观 ……………………… ［日］铃木史己（102）
梵汉对音研究概观 ………………………………………………… ［日］桥本贵子（112）
关于《满文金瓶梅》成立的问题
　　——以满文与汉文人名的对应关系为线索 ………………… ［日］荒木典子（120）

文献考订

韩偓诗文解读献疑 ………………………………………………………… 吴在庆（127）
《文选集注》卷七三残卷文献辑佚札记二题
　　——《列女传》孟姜女故事与《别录·文子》 ………………… 林晓光（134）

当代文学研究

批判与重建
　　——都市语境中的鲁迅文化观 ……………………………………… 黄　健（139）
个人认知与当代文学史料研究中的历史观问题
　　——以周扬、丁玲为中心 …………………………………………… 刘　扬（147）

"天真的眼睛"与思想的突围
　　——安琪的女性主义再审视 ……………………………………… 杨　艳（155）
文化反省中"乡下人进城"困境的审思
　　——论老舍小说对"乡下人进城"现象的叙事特征 ……………… 葛　越（162）

域外视野

尼采诗歌与酒神 ……………………………………………………… 李咏吟（170）
格林伯格与审美判断的自由 ………………………………………… 马　杰（181）
在有序的激情中见证佩索阿的动与静
　　——《我下了火车》解析 ………………………………………… 何佳琳（190）
"印象主义者"普鲁斯特眼中的绘画 ………………………………… 刘云飞（196）

书　评

柳词之功臣　笺词之典范
　　——评陶然《乐章集校笺》 ……………………………………… 钱建状（205）

韩愈《柳子厚墓志铭》考异[*]

［日］户崎哲彦

前　言

　　韩愈（768—824）、柳宗元（773—819），唐代著名文学家、杰出思想家。柳宗元卒官于柳州，文友韩愈应遗言而撰《柳子厚墓志铭》。此篇为韩愈古文代表作之一，历代古文选集皆采录，如《文苑英华》《唐文粹》《文章正宗》《文章规范》《文章辨体》《文体明辨》《唐宋八大家文钞》《唐宋八大家类选》《唐宋十大家全集录》《唐宋文醇》《唐宋八家文读本》《唐宋文举要》《古文笔法百篇》《古文观止》《古文类纂》《经史百家杂钞》，等等。自宋至今，千古传诵，甚至于日本，亦脍炙人口，采入高中《语文》教材①。

　　韩愈"非三代两汉之书不敢观""唯陈言之务去"②，其古文出于经史古书，而词藻新奇，字字珠玑，后来多出成语，尤其是《柳子厚墓志铭》，诸如"踔厉风发""经史百子""隽杰廉悍""指天誓日""自以为计""泛滥停蓄""酒食征逐""崭露头角""落井下石""诩诩笑语""士穷见节义""深博无涯涘"，等等。据悉，"（百姓）顺赖""相取下（趣下，谓迎合）""反眼（不相识）"等亦"始见韩文，后人采用者甚多"③。"精敏""推挽""顾藉""重然诺"等词亦见习用，盖学韩文而得，甚至于日本某些词典，误以"肝胆相照""刻苦"为出典见《柳子厚墓志》④。

　　《柳子厚墓志铭》篇幅不长，约一千字，而成语十来条皆出于此一篇，在韩愈所撰《墓志》之中最多，或许在韩愈作品之中最多。其所以然者，除韩愈天赋文才之外，尚有一二：一则国内外自古爱读，相承习用。为何爱读，韩愈唐代古文大家，"文章盟主"⑤，北宋以来，学古文者必经入门。北宋则文豪欧阳修，南宋则大儒朱熹，贡献其尤。二则韩志柳墓。柳宗元，韩愈之文友⑥，亦唐宋八大家之一。盟友刘禹锡接子厚讣曰："退之承命，改牧宜阳。……勒石垂后，属于伊人。"⑦子厚、禹锡以

---

　　*　本文为日本科学研究费助成事业学术研究助成基金助成金研究项目（26370409）阶段性成果之一。

　　①　《古典 B 汉文编》，日本筑摩书店出版 2015 年版，第 140—146 页。

　　②　韩愈：《答李翊书》。

　　③　刘真伦、岳珍：《韩愈文集汇校笺注》，中华书局 2010 年版，第 2429、2432、2433 页。

　　④　《中国故事物语》，日本河出书房新社 1963 年版，第 65 页；《四字熟语辞典オンライン》http://yoji.jitenon.jp/yojie/2477.html；《四字熟语の辞典》，あすとろ出版（现代言语研究会考）。

　　⑤　刘禹锡：《唐故中书侍郎平章事韦公集序》："（李）翱昔与韩吏部退之为文章盟主。同时伦辈，惟柳仪曹宗元、刘宾客梦得耳。"《旧唐书》卷一六〇《韩愈传》："史臣曰：贞元、大和之间，以文学耸动搢绅之伍者，宗元、禹锡而已。"

　　⑥　《五百家注音辨昌黎先生文集》引韩醇注《墓志》云："梦得则属于公，而不敢当，公之文在当时为侪辈所傅如此。"子厚自以《墓志》托韩愈，非"梦得则属于公"。

　　⑦　刘禹锡：《祭柳员外文》。

盖棺定论大事托于韩愈,韩愈感而应其请,千锤百炼,遂锻成一篇"墓志中千秋绝调"①,故此非"谀墓"②。清人评之为"昌黎墓志第一,亦古今墓志第一。以韩志柳,入太史公传李将军,为之不遗余力矣"。③

韩愈"文从字顺,各识职"④,其文通畅明确,锵然粲然,甚有魅力吸引后人,尤其是《碑志》,诸如元潘昂霄《金石例》、明王行《墓铭举例》、清黄宗羲《金石要例》即所谓"金石三例",皆以韩愈为准而归义例,实则《子厚墓志》一篇乃特殊。虽粲如珠宝盒,而有文眩而含糊,有言隐约暧昧,故早有二说:一则褒美子厚,一则抑贬,如宋文谠云:"讥其赘附憸人。"元程端礼云:"退之乃厚交,欲以善撺恶。"明胡震亨云:"柳子厚污王叔文党。……韩志柳墓,何不言为此事辩乎。"艾南英云:"观韩子之志子厚,自永州以前不少假藉。"清吴楚材云:"子厚不克持身处,公亦不能为之讳,故措词隐约,使人自领。"林云铭云:"昌黎与子厚,千古知己。"章学诚云:"盖韩柳虽以文章互相推重,其出处固自不同,臭味亦非投契。"章懋勋云:"昌黎可称千古知己矣。"⑤褒贬互出,至今亦然,如王一民先生《韩愈〈柳子厚墓志铭〉的背后》⑥云:"似赞许又是似薄责。……韩愈文章惯用微言大义,言在此而意在彼",郭新庆先生《韩愈和柳宗元并非挚友》⑦云:"韩柳是一生的好朋友,是古文运动的战友,但不是挚友。"陈琼光先生《文人相亲的楷模——谈"韩柳的争论与友谊》⑧:"在《柳子厚墓志铭》中又说柳宗元'遇用事者(指王叔文)得罪,例出为刺史。未至又贬州司马。'……作为朋友的韩愈,对柳宗元还作此番评议,实在遗憾。"祁世坤先生《试析韩愈〈柳子厚墓志铭〉〈罗池庙碑〉文对柳宗元形象的损益》⑨:"在铭文中只有'遇用事者得罪,例出为刺史'……韩愈把柳宗元似乎也说成了受害者,……这显然不符合实际。"历来议论不止,莫衷一是。

韩愈真意何在,难以窥探,何况又有异文。除常见异体字如"爲为""真眞""强强""於扵"等等之外,异文已达80字之多,约占全文十分之一。此千古名篇与唐人墓志以及韩愈墓志诸作相照,多不合程序,如题作《柳子厚墓志》,不冠官衔,称其字,又志末铭辞仅十多字之短,皆属于特例。此等异文及其笔法是否含有史官寓褒贬之义,需探讨。

韩文研究成果,至今汗牛充栋,校勘方面亦颇有积累,如方崧卿《韩集举正》、朱熹《昌黎先生集考异》等宋人以来,管见所及,今有屈守元等《韩愈全集校注》⑩、罗联添《韩愈古文校注汇辑》⑪、刘真伦《韩愈文集汇校笺注》⑫。屈氏书,全五册,共3243页;后二书俱不含诗赋,罗氏书全5册,共4839页,刘氏书7册,共3279页,皆可谓集大成。此三大书汇校周到,其实未免有所遗漏。如《汇校笺注》所校尤多,而止于56条,远不如80条。又有未参用者:今传世宋刻诸本卷三二《碑志》皆收《子厚墓志》,而最早收者乃《柳集》,至今知者极少。本文先尝试重新校核,再探讨韩愈笔法以及褒贬

① 沈德潜:《评注唐宋八家古文读本》卷六《柳子厚墓志铭总评》。

② 胡可先:《新出土唐代诗人碑志综论》指出:"后人对韩愈有谀墓之讥,……至于像传世文献记载的《柳子厚墓志铭》,写得深挚感人,而柳与韩政治立场、思想观点互有参差,甚或完全相反,这也不是谀墓之说所能解释的。故韩愈所撰墓志的研究还有广阔的空间。"《唐研究》十七卷,北京大学出版社2014年版,第78页。

③ 储欣:《唐宋八大家类选》卷一三《柳子厚墓志铭》。

④ 韩愈:《南阳樊绍述墓志铭》。

⑤ 皆见罗联添《韩愈古文校注汇辑》、刘真伦《韩愈文集汇校笺注》,二书详于下文。

⑥ 《柳宗元研究》16,永州柳宗元研究学会、湖南科技学院柳宗元研究所,2004年。

⑦ 《柳宗元研究》15。

⑧ 《第四届柳宗元国际学术讨论会—柳宗元研究论文集》,柳宗元研究会2009年版,第292页。

⑨ 《第四届柳宗元国际学术讨论会—柳宗元研究论文集》,第510页。

⑩ 屈守元、常思春主编,四川大学出版社1996年版。

⑪ 罗联添编,台湾编译馆主编出版,2003年。

⑫ 刘真伦、岳珍校注,中华书局2010年版。刘真伦亦《韩愈全集校注》编委之一。

二说之所出，又关于韩柳交谊，略陈鄙见，以供同仁参考。

一、宋本《柳集》所收韩愈《柳子厚墓志铭》

柳宗元曾贬为柳州刺史，病卒于元和十四年冬。永贞革新盟友刘禹锡为连州刺史，七月母死，归柩洛阳，途次接讣于衡州，时在元和十五年初。潮州刺史韩愈遇赦量移为袁州（今湖南宜春），由禹锡受噩耗，应其临终遗言①，撰《柳子厚墓志铭》，并作《祭柳子厚文》，时在十五年（820）五月五日。稍后刘禹锡亦应遗言编成《柳集》。《柳君集纪（序）》②云：

> 柳子厚……不得召归。病且革③，留书抵其友中山刘某（禹锡）曰："我不幸，卒以谪死，以遗草累故人。"某（禹锡）执书以泣，遂编次为三十通，行于世。子厚之丧，昌黎韩退之志其墓，且以书来吊。……凡子厚名氏与仕与年暨行己之大方，有退之《志》若《祭文》在，今附于第一通之末。

可知刘禹锡以韩愈《柳子厚墓志铭》《祭柳子厚文》二篇附于《柳集》"第一通之末"即卷首《目录》之后④。刘禹锡署名于《集纪》，冠以官衔"夔州刺史"。禹锡赴夔州，长庆二年（822）正月五日到任⑤，盖元年季秋除丧拜命。启程之前，编成《柳集》附以《墓志》等韩文。故曰：韩愈《柳子厚墓志铭》一篇在今传世文献中最早者非《韩集》所收，乃《柳集》所附。

《柳集》今传宋刻本不少，其中附有《柳子厚墓志铭》者，管见所知，至少有三种：

（一）南宋《永州本》＝以下简称"永本""永"

乾道元年（1165）永州知州叶棵校刊《唐柳先生文集》三二卷、《外集》一卷，今存残卷，北京图书馆所藏⑥。另存残本，嘉定元年（1208）永州知州汪槭校刊，日本山本书店藏⑦。二本《外集》后俱有《后序》，收录韩愈《柳子厚墓志铭》《祭柳子厚文》《柳州罗池庙碑》及《柳子厚先生传》（节录《新唐书》本传）。永本三二卷之中，末二卷即《非国语》上下，原单行，除此二卷，刘编原集即三十卷，《墓志》等原在卷首。永本与此不同，盖后人移入集后，再加以相关传记史料，编为一卷。

（二）韩醇《诂训本》＝以下简称"诂本""诂"

韩醇《诂训唐柳先生文集》四五卷、沈晦编《外集》二卷、韩醇新编《外集》一卷，成书于淳熙四年（1177）。曾有宋刊本《新刊诂训唐柳先生文集》藏于乾隆帝"天禄琳琅"，今本即《四库全书》荟要本、文渊阁本、文津阁本等，皆清钞本。北京图书馆藏有四库底本，卷1末有《墓志》《祭文》二篇，荟要本等皆删去。四库底本《墓志》题下有小字注云：

> 刘梦得序公之集云："凡子厚名氏与仕与年暨行己之大方，有退之之志若祭文在，附于第

① 刘禹锡《祭柳员外文》云："退之（韩愈）承命，改牧宜阳（袁州），亦驰一函，候于便道。勒石垂后（墓志），属于伊人。"
② 现存刘禹锡集，绍兴八年（1138）严州刻本《刘宾客文集》卷19作《唐故尚书礼部员外郎柳集纪》，南宋中期蜀中刊本《刘梦得文集》卷二三作《唐故柳州刺史柳君集〔纪〕》。此"纪"谓"序"，因与父讳"绪"同音而避。
③ 《礼记·檀弓上》"夫子之病革矣"，郑玄注云："革，急也。"
④ "编次为三十通"谓正集三十卷，"第一通"即卷首《目录》，非正集卷一。详见拙稿《刘禹锡编〈唐柳先生文集〉三○卷本复原事始——由南宋永州刊三三卷本窥探刘禹锡"编次"及其用意》，第7届柳宗元国际学术讨论会（2015年10月，运城市运城学院）提交论文。
⑤ 刘禹锡：《夔州上表谢》。
⑥ 北京图书馆所藏《古逸丛书·三编》，中华书局1987年版，原寸影印。
⑦ 详拙文《南宋永州刊〈唐柳先生文集〉三三卷本初考》，《岛大言语文化》39，日本岛根大学法文学部2016年。

一通之末。"今悉依公所编次用附于见于此①。

由此得知：所据原本无此二篇，后人照刘《序》所记而加。此属改窜，非韩醇所作，必为书坊射利装古所附②。韩醇又曾诂训《韩集》，成书于淳熙初。《柳子厚墓志》等韩文二篇盖出于韩醇所藏《韩集》，如韩醇云："世所传昌黎文公文，虽经名儒手，余昔尝校以家集，其舛误尚多有之，用为之训诂。"③韩醇，四川邛州临邛县人，家传有《韩集》，似韩愈后裔④。

"天禄琳琅"曾藏诂训《韩集》宋刊本一部，早佚。四库馆臣未及抄写⑤，据最近普查⑥，刊本钞本于海内外皆不存。《五百家注音辨昌黎先生文集》多征引韩醇诂训，而以韩醇本校出者则极少，如《五百家注》本仅引"3条"，《举正》"1条"⑦。韩醇诂训本《柳集》所入《柳子厚墓志》等正文，原为南宋诂训本《韩集》所收，极为贵重。

（三）魏仲举《五百家注本》＝以下简称"魏本""魏"

建阳魏仲举辑注《新刊五百家注音辨柳先生文集》四十五卷、沈晦编《外集》二卷、韩醇新编《外集》一卷、《龙城录》二卷、《附录》四卷，附有《柳子厚墓志铭》，刊于庆元六年（1200）。曾有宋刊残本，亦藏于天禄琳琅，"自廿二卷以下皆阙""外集诸种卷帙完好"⑧。北京图书馆藏有宋刊本，仅存十一卷（卷十六—二一，卷三七—四一）；四库全书本亦残本，据"内府藏本"⑨所抄，正集仅存前二十一卷，符合天禄琳琅所记。集后有《附录》四卷⑩，卷三有刘禹锡《柳文集序》及《旧史本传》《新史本传》、韩愈《柳子厚墓志铭》《柳州罗池庙碑》《祭柳子厚文》、诸人《祭文》以及汪藻《永州祠堂记》、张敦颐《柳先生历官纪》等共15篇，卷四有穆修《后序》、沈晦《后序》等五篇。天禄琳琅藏本"后附《柳先生序传碑记》一卷、《文集后序》五篇"⑪。《附录》卷五即《柳先生序传碑记〔纪〕》一卷。另有日本覆宋刻本。元末福州莆田县人俞良甫逃难渡海，覆刊于日本嘉庆元年即洪武二十年（1387）⑫，《柳先生序传碑记纪》在卷首《目录》之前。魏仲举以《柳集》与《韩集》合刊，天禄琳琅曾藏足本二种，一本"前载《昌黎先生序传碑记》一卷、《看韩文纲目》一卷、《引用书目》一卷、《评论诂训音释诸儒名氏》一卷，后有《别集》一卷、《论语笔解》十卷……《昌黎文集后序》五篇"⑬。由此得知：魏本《序传碑记》应原在卷首，日本覆刻本近是。魏本《柳集》所附《柳子厚墓志铭》疑出于魏本《韩集》。

至今校勘精审者有《韩愈全集校注》《韩愈古文校注汇辑》《韩愈文集汇校笺注》，皆未尝用《柳集》所附《柳子厚墓志铭》。永本、诂本成书较早，具有高度文献价值。宋时《柳集》大致分为二系统，即三十二卷本（不含《非国语》上下二卷，则三十卷）、四十五卷本（除《非国语》，则四十三卷），永

---

① "今悉依公所编次用附于见于此"不通，疑"见于"或前"于"衍字，盖传写之讹。
② 参拙文《韩醇〈诂训唐柳先生文集〉南宋刊本初考》，载《孙昌武教授八十华诞纪念文集》，百花文艺出版社2016年版。
③ 韩醇记于《柳集》新编《外集》后。
④ 参拙文《韩醇〈诂训唐柳先生文集〉南宋刊本初考》。
⑤ 不见于《钦定四库全书总目》。刘真伦《韩愈文集汇校笺注》云："雍正间陈景云作《韩集点勘》，曾有所征引。"引一例，注云："韩醇《新刊诂训唐昌黎先生文集》，影文渊阁四库全书本，卷一，第三叶下。"《前言》页43、页61。误。四库全书无《新刊诂训唐昌黎先生文集》，有陈景云《韩集点勘》四卷，疑《点勘》之讹。
⑥ 《中国古籍总目》未著录，中华书局、上海古籍出版社2012年版，集部第1册，第113—122页。
⑦ 刘真伦：《韩愈集宋元传本研究》，中国社会科学出版社2004年版，第306页。
⑧ 《天禄琳琅书目》卷三，上海古籍出版社2007年版，第72页。
⑨ 《钦定四库全书总目》卷一五〇，中华书局整理本1997年版，第2009页。
⑩ 文津阁本编有所乱，今从文渊阁本。
⑪ 《天禄琳琅书目》卷三《宋版集部》录《新刊五百注音辨柳先生文集》，第72页。
⑫ 详见拙文《日本旧校钞〈增广注释音辩唐柳先生集〉四十五卷本及南宋刻〈音注唐柳先生集〉略考》，《文史》2014年第1期。
⑬ 《天禄琳琅书目》卷三，第70页。

本属前者,祜本、魏本均属后者。

二、《柳子厚墓志铭》校勘

宋时所刊《韩集》不减十种。方崧卿《举正》、朱熹《考异》以及今人《校注》《校注汇辑》《汇校笺注》,校勘皆仍有遗漏:《柳集》所附以外,《旧唐书》(后晋天福六年 941)卷 160《柳宗元传》、文安礼《柳先生年谱》(绍兴五年 1135)、张敦颐《柳先生历官纪》(干道五年 1169),皆参用韩愈《墓志》而未见参校。

下文以永本所收《柳子厚墓志铭》为底本,校以《柳集》祜本、魏本、《韩集》等以及文《谱》、张《纪》等所引。诸本简称如下:

文苑:《文苑英华》,雍熙三年(986)编成,嘉泰四年(1204)周必大等校定。

文粹:姚铉《唐文粹》,大中祥符四年(1011)编成。

文本:文谠《新刊经进详注昌黎先生文》,绍兴十九年(1149)序。

张本:张监税《昌黎先生集》,淳熙元年(1174)刻。

举正:方崧卿《韩集举正》淳熙十六年(1189)刻。

《举正》所参校唐宋文献达七十种之多,就《柳子厚墓志铭》一篇而言,文苑、文粹以外,见其名者有七本:保大,南唐保大年间(943—957)本;钱,钱思公(惟演 962—1034)家本;杭,大中祥符二年(1009)杭州明教寺刊本;宋,宋庠(996—1036)、宋祁(998—1061)家本;蜀,嘉祐年间(1056—1063)蜀苏溥刻本;谢,谢克家(? —1134)校本;沈,沈元用(1084—1149)校本①,皆五代北宋本。

蜀本:《昌黎先生文集》,绍熙间(1190—1194)蜀眉山地区刻 12 行本。

祝本:祝充《音注韩文公集》,绍熙间重刻。

考异:朱熹《昌黎先生集考异》,庆元三年(1197)初刻。

魏本:魏仲举《五百家注音辩昌黎先生文集》,庆元六年(1200)刻。

王本:王伯大《朱文公校昌黎先生集》,宝庆三年(1227)初刻②。

廖本:世彩堂廖莹中《昌黎先生集》,南宋末刻。

柳子厚[01]墓志铭[02]

子厚讳宗元。七世祖庆,为拓跋[03]魏侍中,封济阴公。曾[04]伯祖[05]奭[06],为唐宰相,与褚遂良、韩瑷俱得罪武后,死高[07]宗时[08]。皇考讳镇,以事母弃太常博士,求为县令江南。其后以不能媚权贵,失御史。权贵人死,乃复拜侍御史。号为刚直,所游[09]皆当世名人。

01【子厚】 文苑作"柳州刺史柳君墓志铭",文粹作"唐柳州刺史柳子厚墓志铭并序",北宋《京兆金石录》作"唐柳州刺史柳宗元墓志"。题名互异,不可忽略,后文详考。

02【铭】 文粹"铭"下有"并序"二字。凡《墓志》,后有"铭曰",前文谓"序"。题名程序颇多,今检《唐代墓志汇编》所收约 3000 方③,可分为 30 余类,绝大多数作"……墓志铭并序",约 2170 方,可谓常例,余有"……墓志铭"约 330 方、"……墓志"约 230 方、"……墓志并序"约 210 方,皆变例。

---

① 详见刘真伦《韩集举正汇校》附录二《〈韩集举正〉引用文献提要》,凤凰出版社 2007 年版,第 576—626 页。

② 傅增湘旧藏《宋元合璧本朱文公校昌黎先生集》,卷三二即 12 行 21 字本,今藏于台北故宫博物院。元刻本为 13 行本,疑 12 行本为南宋末建阳书坊据宝庆三年南剑州王伯大刻本所宣刊。详见拙文《〈增广注释音辩唐柳先生集〉〈朱文公校昌黎先生集〉合刊初考(中)》,《岛大言语文化》40,2016 年。

③ 上下二册,上海古籍出版社 1992 年版。收录 3600 余件,今志盖、碑碣、塔铭、无题残志等除外。

其他破例，不达 50 方。中唐以降，变例、破例渐少。

03【拓跋】　举正："宋景文、钱思公家本皆无'拓跋'二字。"凡举正、考异未提其余校本者，盖无异文也。"宋景文"，即宋庠（初名郊），弟宋祁撰《新唐书》列传，卷一六八《柳宗元传》当用宋家校定本。本传起文于"从曾祖奭"。《旧唐书》卷一六〇本传始于"后魏侍中济阴公（柳庆）"，后文亦与《墓志》相似而无"拓跋"。

04【曾】　当作"高"。诸本及其宋人注皆无异文，今人校勘尚未足。《新》本传改"曾伯祖"作"从曾祖"，绝非"曾祖"之世代。曾伯祖于子厚为缌麻之亲，高伯祖乃五服之外。《先侍御史府君（父柳镇）神道表》（卷十二）[①]："六代祖讳庆（柳镇之六代祖即宗元之七代祖），后魏侍中、平齐公。五代祖讳旦，周中书侍郎、济阴公。高祖讳楷，隋刺济、房、兰、廓四州。曾伯祖讳奭，字子燕，唐中书令。曾祖讳子夏，徐州长史。祖讳从裕，沧州清池令。皇考讳察躬，湖州德清令。"又《伯祖妣赵郡李夫人墓志铭》（卷十三）："临邛府君（宗元之伯祖）之先曰我曾王父清池府君讳某（曾祖从裕）；清池之先曰徐州府君讳某（高祖子夏）；又其先曰常侍府君讳楷（五代祖）；常侍之兄曰中书令讳奭（五代伯祖）。自中书以上，为宰相四世（奭—则—旦—庆）。"据此，子厚先世昭穆次第如：宗元—（考）镇—（祖）察躬—（曾祖）从裕—（高伯祖）奭—（高祖＝四代祖）子夏—（五代祖）楷—（六代祖）旦—（七代祖）庆。则柳奭非子厚"曾伯祖"，乃"高伯祖"。方崧卿未校出，朱熹未考异，韩醇诂本题下注云："公《表》以'讳奭'为侍御（柳镇）'曾伯祖'则奭当为公高伯祖，而《新史》传及韩文公为公作《墓志》，皆云'曾伯祖'，若有误焉。"文安礼《年谱》"（柳）则……生奭，唐中书令"下略同，张敦颐《历官纪》据《宰相世系表》而不提柳奭。《新唐书》卷七三上《宰相世系表》：宗元—镇—察躬—从裕—子夏—楷—旦—庆；且有五子：燮、则、绰、楷、亨，可知柳奭即柳则之子[②]。柳奭于宗元为高伯祖已审，而《亡姊前京兆府参军裴君夫人墓志》不同："柳氏至于唐，其著者中书令讳奭。中书之弟之子曰徐州府君讳某（子夏）。"徐州府君柳子夏即宗元高祖，非"中书之弟（柳子夏）之子"。清陈景云《柳集点勘》亦据《世系》考辨，吴文治校勘[③]："今据（《柳集点勘》《宰相世系表》）删'之子'二字，故"中书之弟之子"改为"中书之弟"，视为"之子"乃衍字。实则亦非"弟"，"从弟"为是。"弟之子"，应作"侄"一字，疑因与《子厚墓志》抵牾而后人加"之子"二字。又吴氏校勘："'兄'下原脱'子'字。"改"之兄"为"之兄子"。亦可作"之兄之子"或"之侄"。

总之，宋人谓柳奭于宗元为高伯祖，《子厚墓志》"曾伯祖"误。清人由校勘进而究其误之缘由，如王元启曰[④]："据法，当称'五世伯祖'，或称'奭为庆孙'，皆通。若指为曾祖之兄，则考之《世系》，实舛。一云：'曾'下当补'祖之'二字，未知是否。"高步瀛曰[⑤]："此当云'高伯祖'，'曾'字疑传写之讹。然《诗·维天之命》曰：'曾孙笃之。'郑《笺》曰：'曾犹重也，自孙之子而下，事先祖皆称曾孙。'或祖之父以上亦可通称曾祖欤。"子厚常用"高""曾"严分，诸如《先侍御史府君神道表》"六代祖……五代祖……高祖……曾祖……祖……皇考"，《柳府君坟前石表辞》"先府君……高祖王父……曾祖王父……祖王父……昭穆之有位序，壤树之有丰杀，皆如律令"，《裴府君（墐）墓碣》"高祖……曾祖……祖……父"。韩愈（768—824）谓柳奭（？—659）"死高宗时"，若为"曾伯祖"，则世代不远，韩愈知悉，应为后人传写之讹，见于《旧唐书》本传，可知早已有误。疑其误始于《旧》本传。今传世

　　①　据《柳集》四十五卷本。下同。

　　②　赵超《新唐书宰相世系表集校（上）》卷三《柳氏》"超按"据《全唐文》卷三五一郭纳《柳公（嘉泰）神道碑》引证柳奭为柳则之子，"颇疑《裴君夫人志》有误"。中华书局 1998 年版，第 439 页。有误不止于此，韩愈《墓志》《新书》本传皆误。

　　③　《柳宗元集（2）》，中华书局 1979 年版，《校勘记》，第 338 页。

　　④　王元启：《读韩记疑》卷九《碑志》，北京大学图书馆藏。

　　⑤　高步瀛：《唐宋文举要》甲编卷三，中华书局香港分局 1976 年版，上册，第 351 页。

本《旧》本传,含宋版①,皆作"曾伯祖奭,高祖朝宰相"②。本传据《墓志》已明,而以"高宗"误作"高祖"。《墓志》原作"高伯祖奭……死高宗朝",《旧》本传节文或传写时,因重出"高"字而相混致误,"高伯祖"作"曾伯祖",又"高宗"作"高祖"。集本之讹盖与《旧》本传之误有关。

05【祖】　惟文苑作"且",字形近而误。举正未提,因"方氏所见,应为大中祥符二年(1009)校订本。其本与今传本即周、彭校本(孝宗朝间周大必、彭叔夏校正,嘉泰元年(1201)始刊)多有不同"③。

06【奭】　惟文粹"奭"上有"讳"字。前"七世祖庆"无"讳"字,后"皇考讳镇"有"讳"。举正未提。文粹始刊于宝元二年(1039),绍兴九年(1139)临安府重刻。举正用宝元本④。

07【高】　永本"高"下注:"一作'中'。"文苑注:"集注作'中',非。"举正亦云:"他本一作'中宗',非。"此本今无传。"中宗朝"不合事实,"中"字形较近"高"而误。

08【时】　文苑作"朝"。举正"以文苑校",不及余本,似皆作"时"。文粹等作"时"。《旧》本传作"高祖[宗]朝宰相"。"时"形义均近"朝",故误。

09【所游】　诂本作"所与游"三字。按文法,近是。举正:"沈元用本作'所与游'。"未提余本,则似皆无"与"字。沈晦,字符用,曾"为雠勘,颇完悉"⑤。"沈元用本"应指沈晦所雠刊《韩集》,而"后人所用者不多。《举正》引用仅《柳子厚墓志铭》一篇共4条,朱熹《考异》引用《南山诗》一篇计1条,至宋末魏仲举五百家注无沈晦名氏,似其书已佚⑥。所引极少,又多在《子厚墓志》,沈晦校《韩集》是否曾刊刻,存疑。《子厚墓志》见于诂本、魏本(五百家注本)所附,魏本袭百家注本,此三本皆出于沈晦所编刊《柳集》四十五卷本,而沈晦原刊本是否附有韩愈《墓志》,亦存疑。魏本"所游",诂本"所与游",二本不同之处不止此一例。仅由《墓志》一篇而观,诂本合举正所谓沈本。"所与游"者详见《先君(柳镇)石表阴先友记》(卷十二)。韩愈之兄乃其一,云:"韩会,昌黎人。善清言,有文章,名最高。然以故多谤。至起居郎,贬官,卒。弟愈,文益奇。"

　　子厚少精敏,无不通达。逮其父时,虽少年已自成人,能取进士第,崭然见头角。众谓柳氏有子矣。其后以博学宏词授校书郎[10]、蓝田尉[11]。儁[12]杰廉悍,议论证据古今[13],出入经史[14]百子,踔厉风发,率常屈其座人。名声大振,一时皆慕与之交。诸公要人,争欲令出我门下,交口荐誉之。

【逮其父时,虽少年已自成人】　不知韩愈真意何在。《旧》本传:"宗元少聪警绝众,尤精西汉诗骚,下笔构思,与古谓侔。精裁密致,璨若珠贝,当时流辈咸推之。登进士第。"《新》本传:"宗元少精敏绝伦,为文章卓伟精致,一时辈行推仰。第进士、博学宏辞科。"《新》据《旧》去粗取精,俱释《墓志》"少精敏,无不通达"一句而敷衍。至于后句"少年已自成人",含义不明。是否谓十七岁求进士,如刘禹锡《集序》:"子厚始以童子有奇名于贞元(785—805)初,九年(793)为名进士。"子厚《与杨诲之第二书》云:"吾年十七,求进士,四年乃得举。"十七岁,求进士举,即贞元五年,则子厚于贞元三四年十五六岁时已有名,故曰"贞元初""少年"。《礼记·冠义》:"已冠而字之,成人之道

① 百衲本《旧唐书》用绍兴刊本,列传卷一一〇。重刊涵芬楼影印本,第15445页上。
② 中华书局本《旧唐书》校勘记:"'高宗',各本原作'高祖'。本书卷七七……《新书》卷七三上《宰相世系表》……据改。"1975年版,第4216页。
③ 刘真伦:《韩愈集宋元传本研究》,中国社会科学出版社2004年版,第365页。
④ 《举正叙录》"文粹"条:"姚宝臣(铉)大中祥符四年所纂,……大约多用杭本。"杭本刻于祥符二年,《韩集举正汇校》,第565页。
⑤ 沈晦:《后记》,附于诂本、五百家注本等《柳集》。
⑥ 刘真伦:《韩愈集宋元传本研究》,第282页。

也。"《礼记·曲礼上》："人生十年曰幼，学。二十曰弱，冠。"贞元八年二十岁应进士，明年春及第，两三月后父卒，如《先侍御史府君（父柳镇）神道表》（卷 12）："贞元九年，宗元得进士第。上问有司曰：'得无以朝士子冒进者乎？'有司以闻。上曰：'是故抗奸臣窦参者耶？吾知其不为子求举矣。'是岁五月十七日，终于亲仁里第。"韩文"逮其父时，虽少年已自成人，能取进士第，崭然见头角。众谓柳氏有子矣"其谓此欤。此"成人"之词或出于《论语·宪问》："子路问成人。子曰：'若臧武仲之知，公绰之不欲，卞庄子之勇，冉求之艺，文之以礼乐，亦可以为成人矣。'曰：'今之成人者，何必然。见利思义，见危授命，久要不忘平生之言，亦可以为成人矣。'"

10【校书郎】　诂本作"集贤殿正字"五字，注："一作'校书郎'。"文苑作"集贤殿正字"，注："集作'授校书郎、蓝田尉'。"举正作"集贤殿正字、蓝田尉"，云："杭、宋本、钱、沈本同。文苑无'蓝田尉'三字，上亦同。以《柳集》考之，实尝为集贤正字也。"《陈公（京）行状》（卷八）云："宗元，故集贤吏也。"①《柳公（浑）行状》（卷八）所附《谥议》首自署"贞元十五年正月日，故……柳公从孙、将仕郎（从九品下）、守集贤殿正字（从九品上）宗元谨上"。集贤殿校书郎乃正九品下，视集贤殿正字高一级②。

11【蓝田尉】　文苑、文粹皆无此三字。方崧卿未改，考异不从举正，云："此下方有'蓝田尉'三字。今按：三字下文已见，不当重出。"朱熹持"一以文势、义理及它书之可证验者决之"之说，故"有所未安，则虽官本、古本、石本不敢信"③。王伯大本从朱熹校定，后为通行本。可知：一作"授校书郎、蓝田尉"，一作"授集贤殿正字、蓝田尉"，一作"授集贤殿正字"。而《旧》本传作"登进士第，应举宏辞，授校书郎、蓝田尉"，多和《墓志》，《新》本传略同，作"第进士、博学宏辞科，授校书郎，调蓝田尉"，文安礼《年谱》引《旧书》本传，皆不及"集贤殿正字"。子厚曾为集贤殿正字，见柳文，故张敦颐《历官纪》作"十四年，为集贤殿正字，……十六年，授校书郎，调蓝田尉"，云："《新、旧·本传》及退之所作《墓志铭》，皆不言先生为'正字'者，盖略之尔。"《新》本传为宋祁所撰，卷二〇八《艺文志》录"柳宗元集三十卷"，宋祁藏有《柳集》三十卷本④，宋郊、宋祁兄弟曾参撰《崇文总目》（庆历元年 1041）⑤，亦作"三十卷"。可知当时通行本多作"授校书郎、蓝田尉"，故南宋时注文苑云："集作'授校书郎、蓝田尉'。"疑《柳集》三十卷本所附《墓志》亦然，惟诂本早作"授集贤殿正字、蓝田尉"，极贵重。稍后，魏本作"授校书郎、蓝田尉"而引孙注："贞元十四年中此科，以'将仕郎守集贤殿正字'。"孙汝听，南宋前期，蜀中眉山人，而此句见《谥议》，故所用不必同蜀刊诂本。

12【隽】　文苑作"俊"，举正未提，文粹、张、王、廖等皆作"儁"，异体字。

13【古今】　诂本作"今古"，文苑、文粹等同。举正亦乙作"今古"："杭、蜀、苑、粹皆同。"

14【史】　文苑注："文粹作'旨'。"举正未提，疑今本之讹。"旨"与"史"音近而误。李汉《昌黎先生集序》："经书……诸史百子，皆搜抉无隐。"

　　　　贞元十九年，[15]拜监察御史，[16]王叔文、韦执谊用事[17]，拜尚书礼部员外郎[18]。且将大用[19]，遇叔文等败[20]，例出为刺史。未至，又例贬永[21]州司马。居闲[22]益自刻苦，务记览，为

---

①　赖瑞和：《唐代基层文官》谓集贤殿"正字的这种社会地位，他之能够和比他官高的长官交往，也见于诗人柳宗元和他上司（陈京）的关系上"，从与韩愈、白居易等《与陈给事书》比较探讨，中华书局 2008 年版，第 86—88，尤误。子厚曾任集贤殿正字，陈京即上司，而其所以"和老上司不寻常的亲密关系"乃由二家亲戚，无他原因，故与韩、白之关系显然不同，详《亡姑渭南县尉陈君（陈京之弟）夫人权厝志》（卷十三）。

②　《新唐书》卷四七《百官志》"集贤殿书院"云："贞元八年，罢校理，置校书四人，正字二人。元和二年，复置集贤校理，罢校书、正字。""校书四人，正九品下。正字二人，从九品上。"

③　《考异》卷一首：上海古籍书店影印宋刻本 1985 年版，第 1 页。

④　详参拙文《南宋永州刊〈唐柳先生文集〉三三卷本初考》，《岛大言语文化》39，2015 年。

⑤　参池田温《〈崇文总目〉管见》，《东方学论集》，东方学会 1997 年。

词章,泛滥停[23]蓄[24],为[25]深博无涯涘。而自肆于山水[26]之[27]间。

15【十九年】　文苑"十九年"下有"由蓝田尉"四字,举正从文苑云:"钱、谢本同。"疑余本皆无异文,而与文粹不同。考异校出,并有考辨。此段多有异文,皆涉及褒贬,后文详考。

16【拜监察御史】　诂本"观察使"下注云:"一有'顺宗即位'。"文苑、钱本、谢本以及文本、蜀本等有此四字,举正、考异、王本等从之。

17【王叔文、韦执谊用事】　文苑、举正、考异、王本等皆无此八字。

18【尚书】　文苑、举正、考异、王本等无此二字。举正等未提。无此,亦自明。

19【且将大用】　文苑、文粹、举正、考异、王本等无此四字,举正未校出。《新》本传作"贞元十九年,为监察御史里行。善王叔文、韦执谊二人者奇其才,及得政,引内禁近,与计事,擢礼部员外郎,欲大进用",据《墓志》作,已审无疑。

20【叔文等败】　文苑、文粹、举正、考异、王本等作"用事者得罪"。文苑注:"集作①、文粹作'十九年,拜监察御史,王叔文、韦执谊用事,拜尚书礼部员外郎,且将大用,遇叔文等败。'"举正不提。此处之互异,径涉及韩愈真意,后文容细考。

21【永州司马】　文苑无"永"字,注云:"文粹有'永'字。"今人或云:"既称'例贬',则不当有'永'字,今从苑本。"②后文有"例召至京师,又偕出为刺史,而子厚得柳州"之语,记明"柳州",又有"衡湘以南为进士者,皆以子厚为师",不言"永州",文意不明。必有"永"字,当从文粹。

22【闲】　魏本中互有异,日本覆刻本作"闲",四库文渊阁本作"闲",异体字。

23【停】　文苑作"伫"(音贮),文粹作"淳",举正等未提。柳文《游黄溪记》有"黛蓄膏淳"之名句。盖"停"之"人"字旁疑原作"水",因草行二书不分"亻"与"氵",又"淳"字较少见,故后人"淳"改作"停"。

24【蓄】　蜀本作"畜",失误。

25【为】　诂本"为"下注:"一有'文'字。"蜀本注同。祝本、文本有"文"字。举正等未提。前有"为词章",同"为文",不当重复。"文",衍字。

26【水】　惟魏本作"林",字形近而误。日本覆刻本、四库文渊阁本均作"水"。

27【之间】　文苑无"之"字,注:"文粹有'之'字。"举正云:"文苑。《新史》作'自放山泽间',疑'之'字不当有。"《新》本传引柳文,出于宋祁所校三○卷本。

元和中,尝[28]例召至京师;又偕出为刺史,而子厚得柳州。既至,叹[29]曰:"是岂不足为政耶[30]?"因其土俗,为设教禁,州人顺赖。其俗以男女质钱,约不时赎,子本相侔,则[31]没[32]为奴婢。子厚与[33]设方计,悉令赎归。其尤贫力不能者,令书其佣,足[34]相当,则使归其质。观察使下其法于他州,比一岁,免而归者且千人。衡湘以南为进士者,皆以子厚为师,其经承子厚口讲指画,为文词者,悉有法度可观。

28【尝】　文本作"常",与异体字"甞"音形俱近,往往相混。

29【叹】　文苑作"叹",同。魏本之中,日本覆刻本作"叹",文渊阁本改作"叹"。

30【耶】　文粹、王本、廖本作"邪",助词,同音。

31【则】　文苑注:"集注作'许'。"祝本"则"下注:"一有'许'字。"此本今无传。"一有"疑"一作"之讹。"许"与"则"形近而误。

32【没】　惟文本作"殁",失误。

_____

① 后又有"作"字,前一"作",衍字。

② 刘真伦:《韩愈文集汇校笺注》,中华书局 2010 年版,第 2412 页。

33【与】　惟蜀本作"为"，当读于伪反。韩愈所用"与"或谓为、给，如《权公（德舆）墓碑》"与阳城为助。……公常与疏陈"。

34【足】　惟文粹作"直"。文本注："'佣'，雇直也。"《新》本传亦有"直"字，云："柳州以男女质钱，过期不赎，子本均，则没为奴婢。宗元设方计，悉赎归之。尤贫者，令书佣，视直足相当，还其质。"前后皆合《墓志》。文粹非从《新》而改，确有一本作"直"。

其召至京师而复为刺史也，中山刘梦得禹锡亦[35]在遣中[36]，当诣播州。子厚泣曰："播州非人所居，而梦得亲[37]在堂，吾不忍梦得之穷，无辞以白其大人；且万无母子俱往理。"请于朝，将拜疏，愿以柳易播，虽重得罪[38]，死[39]不恨。遇有以梦得事白上[40]者，梦得于是改刺[41]连州。

35【亦】　文苑"亦"下有"以"字，注："集无此字。"衍字。举正等未提。"亦"异体字有上"一"下"从"者，极似"以"字，是否与此有关未知。

36【遣】　文苑注："文粹作'遣'。"谓遣谪，作"遣"为妥。举正等未提。

37【亲】　蜀本作"老亲"，注云："一无'老'。"文本注云："一有'老'字"。《新》本传作"播非人所居，而梦得亲在堂，吾不忍其穷，无辞以白其大人"。

38【罪死】　文苑作"死罪"，误乙。

39【死】　魏本无此字，误脱。魏本之中，日本覆刻本、文渊阁本均作"罪死"。

40【白上】　举正云："谢本刊作'上白'。"误乙。

41【刺】　文苑注："文粹无此字。"亦通。举正云："杭本无'刺'字，然文苑与蜀本皆只同今文。"前贬为州司马，有"刺"为近。

呜呼。士穷乃见节义。今夫平居里巷相慕悦，酒食游戏相征[42]逐，诩诩强[43]笑语，以相取下，握手出肺肝相示，指天日涕泣[44]，誓生死不相背负，真若可信；一旦临小利害，仅如毛发比，反眼若不相识。落陷穽，不一引手救，[45]反挤之，又下石焉者，皆是也。此宜禽兽夷狄所不忍为，而其人自视以为得计。闻子厚之风，亦可[46]少愧[47]矣。

42【征】　文苑注："文粹作'逌'。""逌"谓逃避，文义不通。此处谓征求追随，"逌"与"追"形近而误。文粹今本改作"追"字。

43【强】　张本作"强"，异体字。

44【涕泣】　惟文苑作"泣涕"，误乙。

45【救】　文苑"救"下有"而"字，注："集无此字。"举正云："文苑、蜀本、宋本'救'下皆有'而'字。"按文义，有"而"为近。

46【可】　文苑作"可以"二字。举正："文苑'少'上有'以'字，宋本同。"

47【愧】　多作"媿"，异体字。魏本互有出入，日本覆刻本作"媿"，文渊阁本作"愧"。

子厚前时少年，勇于为人，不自贵重顾藉[48]，谓[49]功业可立就，故坐废退[50]。既退[51]，又无相知有气力得位者推挽[52]，故卒厄[53]于穷裔。材[54]不为世用，[55]道不行于时也。使子厚在台省时，[56]自持其身，已能如司马、刺史时，亦自不斥；斥时[57]有人力能[58]举[59]之，且必复[60]用不穷。然子厚斥不久，穷不极，虽有出于人，其文学辞章[61]，必不能自以力[62][63]传于后如今，无疑也。虽使子厚得所愿，为将相于一时，以彼易此，孰得孰失，必有能辩[64]之者。

48【藉】　文苑、蜀本作"籍"字，举正等未提。因形近而误。

49【谓】　文粹作"为"，因音同而误。《新》本传作"少时嗜进，谓功业可就，既坐废，遂不振"，据《墓志》已审。

50【退】　文苑无此字，举正等未提。下有"既退"，故失脱。

51【退】 下"退",王本作"道",字形近而误。

52【推挽】 文苑、文粹无此二字,文苑注:"集有'推挽'字。"若无,文义不审。

53【厄】 文苑作"死",注:"集作'厄'。"举正作"死",云:"苑、粹、蜀本、宋本同。钱、沈从'厄'。"文义通,而因"死"异体字以"歹匕"写作"歹巳",故误。

54【材】 文苑作"才",通而"才"字为丘。

55【道】 文苑作"而道",注:"集、粹无'而'字。"不须"而"字,必衍字。

56【自】 文苑"时"下注:"文粹有'亦'。"文粹、文本、蜀本作"亦自"。此"亦"衍字。后有"亦",承"使"假设。盖后有"时亦自",故致误。

57【时】 惟蜀本作"而"字,失误。举正等未提。

58【能】 文苑"能"下注:"文粹作'解'。"

59【举】 蜀本作"解"。举正"能举"作"解举",云:"杭,文粹同,宋本作'斥而有人力能举之',蜀本作'人力能解举之'。"考异:"'时',或作'而';'能',方作'解';或'能'下复出'解'字,皆非是。"

60【复】 文苑作"后"字,行草字体极似,故致误。

61【辞章】 文苑作"词意"。举正作"辞章",云:"杭本作'辞意',诸本皆同上。""词""辞"早通,"意"字与"章"形近而误。

62【以力】 诂本、文苑、举正、考异皆作"力以"。文苑注:"文粹作'不能自以力传于后'。"举正云:"蜀、宋、沈本同。杭本作'不能自以力传于后',钱、谢本从之。"

63【以力】 永本"以力"下注:"一有'致必'二字。"今有三种:诂本、文苑、举正、考异皆作"自力以致必传于后",蜀本作"自以力致必传于后";文粹、张本、祝本、魏本作"自以力传于后"。考异云:"'力以'或作'以力'、或作'以力'而无'致必'二字,皆非是。"然前亦有"必","必不自力以致必传于后如今"则重出"必"字,缺妥。

64【辩】 诂本、文苑、文粹等作"辨",早分不严,如"音辩"作"音辨"[①]。

> 子厚以元和十四年十[65]月五[66]日卒,年四十七。以十五年秋[67]七月十[68]日,归葬[69]万年[70]先人墓侧。子厚有子男二人,长曰周六,始四岁;季曰周七,子厚卒乃生。女子[71]二人,皆幼。其得归葬也,费[72]皆出[73]观察使河东裴君行立。行立有节概,重[74]然诺,与子厚结[75]交,子厚亦为之尽,竟赖其力。葬子厚于万年之墓者,舅弟卢遵。遵,涿[76]人,性谨顺[77],学问不厌。自子厚之斥,遵从而家[78],逮其死不去。既往葬子厚,又将经[79]纪其家,庶几有始终[80]者。

65【十月】 文苑作"十一月",举正、考异等皆从文苑。

66【五日】 文苑、举正、考异等作"八日"。文苑注:"集、粹作'十月五日'。"举正云:"文苑。宋本同。诸本皆作'十月五日'。"《新》本传只作"十四年卒",《旧》本传用《墓志》作"元和十四年十月五日卒,时年四十七",特记月日,可知五代时已有一本作"十月五日"。文安礼《年谱》:"《墓志》云:'子厚以元和十四年十月五日卒,年四十七。'"张敦颐《历官纪》:"以是年(元和十四年)十月五日卒,年四十七。"诂本亦同,又韩醇注《贺皇太子笺》[②]:"宪宗元和十四年……公是年十月卒于柳。"可知韩醇诂训《韩集》所收《墓志》亦作"十月五日",盖皆据集本也。总之,早有二说:文苑等作"十一月八日",《旧》等作"十月五日"。举正往往从文苑,而集本多合《旧》。

---

① 国家图书馆藏宋刊本《五百家注音辩唐柳先生文集》(今中华再造善本之一)残卷,每卷首行有书名,卷一六、一七、一九作"音辩",卷一八等作"音辨"。

② 《柳集·外集》四库全书本。百家注本等引韩主云:"公时在柳州,其年十月卒于柳。"

67【秋】　　文苑等无此字，详下文。

68【十】　　诂本作"十七"二字，文本作"七"字，文粹无"十日"或"七日"二字。举正云："蜀本无'十日'字，宋本并'秋'字亦无。今从文苑。"文安礼《年谱》引《墓志》作"明年七月十日，归葬万年先人墓侧"。惟文本作"七"字，与"十"字形近而讹。诂本作"十七"，疑"七"字衍文。文粹、蜀本、宋本皆无记其日。不仅此处，文苑、文粹往往不同，可分为二系统。手稿盖无月日，禹锡编《柳集》或李汉编《韩集》时填字。

刘真伦校勘云①："刘禹锡《重祭柳员外文》：'自君之没，行已八月。今以丧来，使我临哭。'宗元葬于元和十五年七月，诸本无异文。自此上推八月，可以判定宗元卒于元和十四年十一月。今从苑本。"有理而未尽考。先自柳州遣使至桂管报刺史之讣，再上京，禹锡《祭柳员外文》作于"元和十五年岁次庚子正月戊戌朔日"云："途次衡阳，云有柳使。谓复前约，忽承讣书。"一般情况下，自柳至衡不需二月，则非"十月五日"。若禹锡《重祭文》作于"明年七月十日"，上推"元和十四年十一月八日"则仅差二日"行已八月"，"十"下似脱"一"字。实则元和十五年有闰正月②，仅差二日满九月，非"行已八月"。凡"三年之丧以二十七月为断③，遇闰月不在此数"④，若不含闰月，则合"行已八月"。而此"八月"似谓所经实数。若卒于元和十四年"十月五日"，过"八月"，含闰月，则十五年五月五日。韩愈《祭文》作于"元和十五年岁次庚子五月壬寅朔初五日景[丙]午"，与禹锡《重祭文》"自君之没，行已八月"相符，而不合"归葬万年先人墓侧"于"七月十日"，是否与丧礼有关，暂留待考。

69【葬】　　文苑"葬"下注："集作'于'。"文本作"葬于"。无"于/于"亦通，而下文作"葬子厚于万年之墓"。

70【万年】　　惟文苑"年"下有"县"字，举正等未提，文苑嘉泰校本亦不提。有"县"为妥，而下文作"万年之墓"。韩柳用"万年"，除谓"令/尉"外，加"县"较多。

71【子】　　惟文苑无此字，注："集有'子'字"，举正等不提。王本等据考异，有此字。韩愈《墓志》屡用"女子"。

72【费】　　诂本注："一作'资'。"张、祝、魏等本注皆同，文苑注："集作'资'。"举正云："谢本校'费'作'资'。诸本皆同上。"因"费""资"形近而误。

73【出】　　文苑、蜀本作"出于"。文苑"于"下注："文粹无此字。"

74【重】　　诂本注："一作'立'。"举正作"立"，云："杭、宋本同。'贯高能自立然诺'。文苑、蜀本'立'作'重'。""然诺"早见于《史记》、宋玉《神女赋》等，历来常用，"立然诺"见《汉书》卷三二《张耳陈余传》："上贤（贯）高能自立然诺"，唐时用"重然诺"者较多，韩愈以前有于志宁《盖公墓碑》、独孤及《萧公墓志铭》、顾况《韩公行状》、孟浩然《醉后赠马四》诗等。"裴君行立。行立有节槩，立然诺"，"立"字重出，颇为绕口，不如"重"字。

75【结】　　惟蜀本无此字，失脱。

76【涿】　　诂本注："'涿'一作'可'，一本（涿人）作'为人'。"蜀本注同。文苑注："文粹作'可'。"今本作"涿"。举正云："文苑。钱、宋本同。子厚母卢氏，实涿人也。杭本作'可人'，蜀本作'为人'，皆非。""涿"字与"为""可"行草书体形近而误。举正所用"蜀本"即嘉祐年间刻本，南宋蜀本注

---

①　《韩愈文集汇校笺注（6）》，第 2415 页。

②　《新唐书》卷八《穆宗纪》，第 221 页。

③　《通典》卷一三四《开元礼纂类·总论制度》："二十七月禫祭，……踰月，抚平常。"卷一四〇《不及期葬》"二十七月禫"下云："禫一月者，终二十七月之数。"中华书局 1988 年版，第 3438、3578 页。

④　清赵翼《陔余丛考》卷三二"三年丧不计闰"条，商务印书馆 1957 年版，第 673 页。

所云"一本"即此也。

77【顺】 罗《汇辑》、刘《汇校》云:"廖本作慎。"字形近而误,而廖本实作"顺",明蒋之翘辑注《唐韩昌黎集》(崇祯六年 1633)"顺"作"慎",疑"廖"即"蒋"之误。

78【家】 文苑"家"下有"焉",举正云:"苑。宋本同。诸本皆阙。"

79【经】 文粹无此字。"经""纪"字形近而失脱。

80【者】 祝本、魏本"终"下注:"一有'焉'字。"疑原在前行"从而家"下,因近而误移。

　　　　铭曰:"是惟子厚之室;既固既[81]安,以利其嗣人。"

81【既】 蜀本注:"一作'且'。"举正作"既安"云:"保大本作'且安'。"韩文"既 A 既 B""既 A 且 B"二句型均有,前者朴素古雅,多见于碑志祭文。

| | 柳集 | | | 韩集 | | | | | | | | | | | | | | | | | |
| | | | | | | | | 方氏《举正》所引 | | | | | | | | | | | | | |
	永	诂	魏	张	祝	文	蜀	保	钱	宋	杭	蜀	沈	谢	文苑	文粹	方	朱	魏	王	廖
01	×	○	○	○	○	○	○	○	○	○	○	○	○	○	君	○	○	○	○	○	○
02	×	○	○	○	○	○	○	○	○	○	○	○	○	○	并	○	○	○	○	○	○
03	拓	○	○	○	○	○	○	○	○	×	×	○	○	○	○	○	○	○	○	○	○
04	曾	○	○	○	○	○	○	○	○	○	○	○	○	○	○	○	○	○	○	○	○
05	祖	○	○	○	○	○	○	○	○	○	○	○	○	○	且	○	○	○	○	○	○
06	×	○	○	○	○	○	○	○	○	○	○	○	○	○	讳	○	○	○	○	○	○
07	高	○	○	○	○	○	○	○	○	○	○	○	○	○	○	○	○	○	○	○	○
08	时	○	○	○	○	○	○	○	○	○	○	○	○	○	朝	○	朝	朝	○	朝	朝
09	×	与	○	○	○	○	○	○	○	○	○	○	与	○	○	○	○	与	○	与	与
10	校	集	○	○	○	○	○	集	集	集	○	集	○	○	集	集	集	集	○	集	集
11	蓝	○	○	○	○	○	×	○	○	○	×	○	○	○	×	×	○	×	×	○	×
12	隽	○	○	儁	○	俊	俊	○	○	○	○	○	○	○	俊	儁	○	○	○	儁	儁
13	古	今	○	○	○	○	○	○	○	今	○	今	○	○	今	今	今	今	○	今	今
14	史	○	○	○	○	○	○	○	○	○	○	○	○	○	旨	○	○	○	○	○	○
15	×	○	○	○	○	○	由	○	○	○	○	○	○	○	由	由	○	由	由	○	由
16		○	○	顺	顺	○	顺	○	○	○	○	○	○	○	顺	顺	○	顺	顺	○	顺
17	王	○	○	○	○	○	×	○	○	○	○	○	○	○	×	×	○	×	×	○	×
18	尚	○	○	○	○	○	○	○	○	○	○	○	○	○	○	○	×	○	×	○	×
19	且	○	○	○	○	○	×	○	○	○	○	○	○	○	×	×	○	×	×	○	×
20	叔	○	○	○	○	○	用	○	○	○	○	○	○	○	用	用	○	用	用	○	用

续表

	柳集			韩集				方氏《举正》所引													
	永	诘	魏	张	祝	文	蜀	保	钱	宋	杭	蜀	沈	谢	文苑	文粹	方	朱	魏	王	廖
21	永	○	○	○	○	○	○	○	×	○	○	○	○	×	×	○	×	×	○	×	×
22	闲	○	○	○	○	○	○	○	○	○	○	○	○	○	○	○	○	○	○	○	○
23	停	○	○	○	○	○	○	○	○	○	○	○	○	○	仁	淳	○	○	○	○	○
24	蓄	○	○	○	○	○	畜	○	○	○	○	○	○	○	○	○	○	○	○	○	○
25	×	○	○	○	文	文	○	○	○	○	○	○	○	○	○	○	○	○	○	○	○
26	水	○	○	○	○	○	○	○	○	○	○	○	○	○	○	○	○	○	林	○	○
27	之	○	○	○	○	○	○	○	○	○	○	○	○	○	×	○	×	×	○	×	×
28	尝	○	○	○	常	○	○	○	○	○	○	○	○	○	○	○	○	○	○	○	○
29	叹	○	○	○	○	○	○	○	○	○	○	○	○	○	叹	○	○	○	○	○	○
30	耶	○	○	○	○	○	○	○	○	○	○	○	○	○	○	邪	○	○	○	邪	邪
31	则	○	○	○	○	○	○	○	○	○	○	○	○	○	○	○	○	○	○	○	○
32	没	○	○	○	○	殳	○	○	○	○	○	○	○	○	○	○	○	○	○	○	○
33	与	○	○	○	○	○	为	○	○	○	○	○	○	○	○	○	○	○	○	○	○
34	足	○	○	○	○	○	○	○	○	○	○	○	○	○	○	直	○	○	○	○	○
35	×	○	○	○	○	○	○	○	○	○	○	○	○	○	以	○	○	○	○	○	○
36	遣	○	○	○	○	○	○	○	○	○	○	○	○	○	○	遣	○	○	○	○	○
37	×	○	○	○	○	○	老	○	○	○	○	○	○	○	○	○	○	○	○	○	○
38	罪	○	○	○	○	○	○	○	○	○	○	○	○	○	死	○	○	○	○	○	○
39	死	○	×	○	○	○	○	○	○	○	○	○	○	○	罪	○	○	○	×	○	○
40	白	○	○	○	○	○	○	○	○	○	○	○	上	○	○	○	○	○	○	○	○
41	刺	○	○	○	○	○	○	○	○	○	○	○	○	○	○	○	○	×	○	○	○
42	征	○	○	○	○	○	○	○	○	○	○	○	○	○	○	追	○	○	○	○	○
43	强	○	○	强	○	○	○	○	○	○	○	○	○	○	○	○	○	○	○	○	○
44	涕	○	○	○	○	○	○	○	○	○	○	○	○	○	○	泣	○	○	○	○	○
45	×	○	○	○	○	而	而	○	○	而	○	而	○	○	而	○	○	○	○	○	○
46	×	○	○	○	○	○	以	○	○	○	○	以	○	○	以	○	○	○	以	以	以
47	愧	○	媿	媿	媿	媿	媿	媿	媿	媿	媿	媿	媿	媿	媿	○	媿	媿	○	媿	媿
48	藉	○	○	○	○	○	籍	○	○	○	○	○	○	○	○	籍	○	○	○	○	○
49	谓	○	○	○	○	○	○	○	○	○	○	○	○	○	○	为	○	○	○	○	○
50	退	○	○	○	○	○	○	○	○	○	○	×	○	○	○	○	○	○	○	○	○
51	退	○	○	○	○	○	○	○	○	○	○	○	○	○	○	○	○	○	○	道	○
52	推	○	○	○	○	○	○	○	○	○	○	×	○	○	○	○	○	○	○	○	○

续表

	柳集			韩集																	
								方氏《举正》所引													
	永	诂	魏	张	祝	文	蜀	保	钱	宋	杭	蜀	沈	谢	文苑	文粹	方	朱	魏	王	廖
53	厄	○	○	○	○	○	死	○	○	死	○	死	○	○	死	死	死	死	○	死	死
54	材	○	○	○	○	○	○	○	○	○	○	○	○	○	才	○	○	○	○	○	○
55	×	○	○	○	○	○	而	○	○	○	○	○	○	○	而	○	○	○	○	○	○
56	×	○	○	○	○	亦	亦	○	○	○	○	○	○	○	○	亦	○	○	○	○	○
57	时	○	○	○	○	○	而	○	○	○	○	○	○	○	○	○	○	○	○	○	○
58	能	○	○	○	○	○	○	○	○	○	解	能	解	○	○	解	解	○	○	○	○
59	举	○	○	○	○	○	解	○	○	○	○	○	○	○	○	○	○	○	○	○	○
60	复	○	○	○	○	○	○	○	○	○	○	○	○	○	○	○	○	○	○	○	○
61	章	○	○	○	○	○	○	○	○	意	○	○	○	○	意	○	○	○	○	○	○
62	以	力	○	○	○	○	○	○	○	力	○	力	力	○	力	○	力	力	○	力	力
63	×	致	○	○	○	○	致	○	○	○	○	○	○	○	致	×	致	致	○	致	致
64	辩	辨	辨	辨	○	辨	○	○	○	○	○	○	○	○	辨	辨	辨	辨	辨	○	辨
65	×	○	○	○	○	○	○	○	○	○	○	一	○	○	一	○	一	一	○	一	一
66	五	○	○	○	○	○	○	○	○	○	○	八	○	○	八	○	八	八	○	八	八
67	秋	○	○	○	○	○	○	○	○	○	○	○	○	○	×	○	×	×	○	×	×
68	十	十七	○	○	○	○	七	○	○	○	×	○	○	○	○	×	○	○	○	○	○
69	×	○	○	○	○	○	于	○	○	○	○	○	○	○	○	○	○	○	○	○	○
70	×	○	○	○	○	○	○	○	○	○	○	○	○	○	县	○	○	○	○	○	○
71	子	○	○	○	○	○	○	○	○	○	○	○	○	○	×	○	○	○	○	○	○
72	费	○	○	○	○	○	○	○	○	○	○	○	○	○	资	○	○	○	○	○	○
73	×	○	○	○	○	○	于	○	○	○	○	○	○	○	○	○	○	○	○	○	○
74	重	○	○	○	○	○	○	○	○	立	立	○	○	○	○	立	立	○	立	○	立
75	结	○	○	○	○	○	×	○	○	○	○	○	○	○	○	○	○	○	○	○	○
76	涿	○	○	○	○	○	○	○	○	可	为	○	○	○	○	○	○	○	○	○	○
77	顺	○	○	○	○	○	○	○	○	○	○	○	○	○	○	○	○	○	○	○	○
78	×	○	○	○	○	○	○	○	○	焉	○	○	○	○	焉	×	焉	焉	○	焉	焉
79	经	○	○	○	○	○	○	○	○	○	○	○	○	○	×	○	○	○	○	○	○
80	×	○	○	○	○	○	○	○	○	○	○	○	○	○	○	○	○	○	○	○	○
81	既	○	○	○	○	○	○	且	○	○	○	○	○	○	○	○	○	○	○	○	○

○＝与永本相同；×＝无此字

宋代《韩》《柳》二集诸本间之关系

《柳集》永本所收《柳子厚墓志铭》与《韩集》张本、祝本及魏本相近。魏本合刊《柳》《韩》二集，除"媿/愧""辨/辩"等异体字之外，全相符。魏本《韩集》另误以"水"作"林"，疑即南宋本之讹。《柳集》诂本所收特殊，《墓志》一篇中有注 8 条：校语 6 条，即 10、16、25、72、74、76；此外"踔厉风发"下注云："踔，敕较切。《前汉》：'非有踔绝之能。'"魏本征引韩醇注："《前汉》：'非有踔绝之能。'注：'高远也。''踔'，敕较切。"又"诩诩强笑语"下注云："'诩'，虚甫切。"魏本引韩醇注："'诩诩'，人语也，虚甫切。"多合《韩集》本，推知诂本《柳集》用韩醇《韩集》诂本。《墓志》外，《柳集》诂本等收录《祭柳子厚文》，诂本与永本、魏本不同：

《祭柳子厚文》			柳集	韩　集
A	01	维元和十五年岁次庚子五月壬寅朔初五日丙午		魏本注一本
	02	维元和十五年岁次庚子五月壬寅朔　五日景午		诂、魏
				举正引晁本、今本文苑
	03	维元和十五年岁次庚子五月壬寅　　五日丙午		文本注一本
	04	维　某　年岁次庚子五月壬寅朔　五日景午		举正引文苑
B	01	维　　年　　月　　　日	永	文、张、祝、王等
	02	维　　年　　月		文　粹

其中，A01 最详，"丙"避唐世祖（李炳：高祖李渊之父）讳而用"景"。A02 即诂本等作"景"，近于唐本。而《祭文》原稿一般作"年月日"，原空后填，B 近是，A 似为后日所填。韩醇《韩集》出于家本，《韩集》诂本早佚无传，《柳集》诂本所附极为贵重。

《举正》尤从《文苑》，《考异》多从《举正》而有所补。王本多合《考异》。王本题《朱文公校昌黎先生文集》（宝庆三年 1227），南剑州"郡斋近刊《朱文公校定昌黎集》，附以《考异》"，王伯大（？—1253）"悉从校本，更定音训"[①]，故多合也。廖本用王本无疑，往往与魏本（即五百家注本）不同，又魏本多不合朱本，或云："以朱熹本为基础，杂采五百家注以成篇者，为王伯大本，廖仅抄撮王本而已，"[②]尚可商榷。

诸本互有出入如此之多，其中最大者乃在于第 15 至第 21 之间一段，余皆脱讹倒等一两字而已，可谓小异，因此《墓志》大致可分为二系统：

甲		乙	
		A	B
	贞元十九年，		
15	由蓝田尉，		
		拜监察御史。	
16	顺宗即位，		
17		王叔文、韦执谊用事，	

---

① 王伯大：《朱文公校昌黎先生文集序》。详见拙文《日本钞本绍定六年临江军刊王伯大〈昌黎先生集音释〉与方崧卿佚书〈韩诗编年笺校〉》，《中国诗学》2016 年。

② 刘真伦：《韩愈集宋元传本研究》，第 221 页。又马茂元《韩昌黎文集校注叙例》云："其（明万历中徐世泰所刊东雅堂本）注出宋末廖莹中手，采魏仲举五百家注本为多，间有引他书者十之三。"《韩昌黎文集校注》，上海古籍出版社 1986 年版（据 1957 年古典文学出版社断句本），第 1 页。

续表

	甲	乙	
		A	B
18	拜礼部员外郎。	拜尚书礼部员外郎。	
19		且将大用，	
20	遇用事者得罪，	遇叔文等败，	
	例出为刺史。未至，		
21	又例贬州司马。	又例贬永州司马。	

甲种＝文苑、钱本、谢本、举正、考异、王本、廖本。

乙种＝A：文本、蜀本；B：文粹、永本、讦本、张本、祝本、魏本。

《韩集》所收多半属于甲种，《柳集》所附皆属于乙种。举正仅提"文苑。钱、谢本同"，而文苑注："集、文粹作'十九年，拜监察御史，王叔文、韦执谊用事，拜尚书礼部员外郎，且将大用，遇叔文等败。'"举正不提，所用余本除钱本、谢本外似皆同文粹，即乙种。乙种 AB 二本之异在于"顺宗即位"四字一句。乙 A 有此句，与甲种相同，而下文承接则"拜礼部员外郎"不如"王叔文、韦执谊用事"通顺。"顺宗即位"即贞元二十一年正月，八月改元为永贞元年。乙 A 即文本、南宋蜀本，文本"属于南宋监本系统，但……较多地受到蜀本系统的影响"①，所谓"蜀本"应指嘉祐年间苏溥刻本，即举正所谓"蜀本"，而南宋蜀本"渊源于北宋苏溥嘉祐蜀本"②，而南宋蜀本近于文本，皆远于北宋蜀本，是否出于南宋监本，待考。

钱本，即北宋初本，《举正》所引校共 6 条③，皆见于《柳子厚墓志铭》一篇，不知备具《韩集》全文与否。钱本、文苑、谢本，即甲种，皆北宋本，乙种则除《文粹》外皆南宋本。由此可推，乙种出于《文粹》。然而《举正》未提校本中亦有五代北宋本，《举正》"十一月八日"下云："文苑。宋本同。诸本皆作'十月五日'。"则"诸本"应指保大本、钱本、杭本、蜀本、沈本、谢本等。此外，《举正》引校有"石本""秘阁本""李本"等④，或谓"古本"即洪兴祖《韩子年谱》所引"唐本"，亦祝本、文本、魏本所引"唐本"⑤，谢本引校有"贞元本"，而《举正》、祝、文、谢、魏等诸家注本于《柳子厚墓志铭》中未引古本、唐本、贞元本，则可以视为无异文，皆同乙种。

《旧唐书》本传所载近于乙种。《旧》《新》本传与集本互有出入，而俱用《墓志》无疑。《旧》本传作：

> 贞元十九年，为监察御史。顺宗即位，王叔文、韦执谊用事，尤奇待宗元，与监察吕温密引禁中，与之图事。转尚书礼部员外郎。叔文欲大用之，会居位不久，叔文败，与同辈七人俱贬。宗元为邵州刺史，在道，再贬永州司马。

极似乙 A。《新》本传作：

> 贞元十九年，为监察御史里行。善王叔文、韦执谊，二人者奇其才。及得政，引内禁近，与计事，擢礼部员外郎，欲大进用。俄而叔文败，贬邵州刺史，不半道，贬永州司马。

亦似乙 A，盖据《旧书》而删改故也。今梳理所考：

---

① 刘真伦：《韩愈集宋元传本研究》，第 82 页。
② 刘真伦：《韩愈集宋元传本研究》，第 141 页。
③ 刘真伦：《韩愈集宋元传本研究》，第 235 页。
④ 见《韩集举正叙录》；《韩集举正汇校》，第 562—566 页。
⑤ 刘真伦：《韩愈集宋元传本研究》，第 226 页。

正史	选集	《韩集》		《柳集》	种	
旧书		文本、蜀本	余集本	张敦颐《历官纪》	乙	A
	文粹	张本、祝本		永　本		B
		咕本、魏本				
	文苑	钱本、谢本；举正、考异、王本、廖本			甲	

此外,张敦颐亦据《墓志》编《柳先生历官纪》,云:

> 十九年,擢监察御史,以御史主祀事,作《■[示昔]说》以明■[示昔]义。〔见退之所作《墓志》,《■[示昔]说》见集中。〕①明年,为监察御史里行,作《监察使壁记》。顺宗永贞元年,王叔文、韦执谊等用事,二人者奇其才,引内禁近,与计事,遂擢为礼部员外郎,且将大进用。元和初,宪宗即位,会王叔文等败,乃出为邵州刺史,半道,又谪永州司马。〔已上并载本传及退之所作《墓志》。〕

所据即《新》本传、韩愈《墓志》,《墓志》则近于乙种。张敦颐《历官纪》又云:"禹锡执书以泣,遂编次其文为三十二通。……十月五日卒。"应用《柳集》正集三〇卷本,附二卷,共三二卷,南宋永本属此系统,即乙种。至于卒月日亦有异文:作"十月五日"者有《柳集》永本、咕本、魏本、《文粹》、《韩集》蜀本等及《旧书》,皆乙种,而作"十一月八日"者有《文苑》、《韩集》宋本、《举正》等,又符合甲乙之异。至于葬日,文本"七"疑即"十"之讹,咕本"七"疑即衍字,则皆同永本等。

种	正史	选集	《韩集》	《柳集》	死于十四年	葬于十五年
乙	旧书			文《谱》、张《纪》	十月五日	╱
		文粹	蜀本			秋七月
			余集本	永本		秋七月十日
			魏本			
			文本			秋七月七日
			咕本			秋七月十七日
甲		文苑	举正、考异王本、廖本		十一月八日	七月十日
乙			宋本			七月

自南宋迄今,凡校《韩集》者皆从《举正》《考异》。《举正》从《文苑》,即甲种。然愚意谓《柳子厚墓志铭》一篇原附于《柳集》,《柳集》成书早于《韩集》,疑即乙种,近于原稿,下文进而深考。

三、《柳子厚墓志铭》与韩愈之笔法

唐《丧葬令》规定:"诸碑碣:其文须实录,不得滥有褒饰。"②《墓志》亦需实录。丧家求亲旧名士

---

① 〔　〕为原注,下同。
② 仁井田升:《唐令拾遗补》,东京大学出版会1997年版,第1465页。

或遵遗言,撰文并书,记事歌颂,为墓主献文哀悼也。其礼可溯于子为父母"称美不称恶"之孝德①,而往往溢美,甚至谄谀赚钱。刘禹锡为韩愈作《祭文》曰②:

> 公鼎侯碑,志隧(墓志)表阡(墓碑)。一字之价,辇金如山。权豪来侮,人虎我鼠;然诺洞开,人金我灰。

似微辞。当时韩愈有"谀墓"之语③。《柳子厚墓志铭》为古文领袖韩愈所撰,沈传师所书,俱为名人。沈传师(777—835)④,当时以书法驰誉,亦韩愈挚友⑤,曾书韩愈《柳州罗池庙碑》《黄陵庙碑》《祭湘君夫人文》《唐元稹妻韦氏墓志》等⑥,皆正书。今观《柳子厚墓志铭》一篇,绝非"谀墓",大体给予高赞扬、深切同情之印象,然而议者自古褒贬不一,恐与上述甲乙之异有关,如文谠(南宋初人)注云:"凡言'例出''例贬''例召'者,皆讥其赘附憸人也。"谓有讥刺子厚之意,"憸人"谓"叔文等",文本属乙种。清人陈景云曰:"'勇于为人'即言子厚党助叔文而微其词耳。"王元启亦"为人"下沿用曰⑦:"即谓党助叔文。公特为之微其辞耳。"皆似用甲种本。盖读乙种者猜疑含有贬抑之意,读甲种者以为婉转隐讳,反而言之。大致贬说出于乙种本,褒说出于甲种本。

凡韩愈墓志或隐讳或直书,无不凸现作者政治立场,《柳子厚墓志铭》何如?

(一)不隐而彰其先柳奭

《柳子厚墓志铭》首云:"七世祖庆,为石跋魏侍中,封济阴公。曾[高]伯祖奭,为唐宰相,与褚遂良、韩瑗俱得罪武后,死高宗时[朝]。皇考讳镇。"仅举其父及高伯祖、七世祖三人,不举其祖、曾祖、高祖。唐时"高祖上一世,则称五代祖"⑧,"凡叙人家世,皆自曾祖以下,无及高祖者。间及高祖,亦必其人其事足书,非空空仅及其名讳而已"⑨。子厚《先侍御史府君(柳镇)神道表》(卷一二)、《故大理评事柳君(宽)墓志》(卷一一)、《亡姑渭南县尉陈君夫人权厝志》(卷一三)等叙其先皆始于七世祖柳庆。唐前远祖"宰相四世"之始,盖韩愈《柳子厚墓志铭》从子厚所记。举"曾[高]伯祖"柳奭,亦取子厚所云"柳氏至于唐,其著者中书令讳奭"之意,故《柳子厚墓志铭》称"为唐宰相",然而"得罪武后,死高宗时"等字眼皆不见于柳文,韩愈所特加,其意何在?

清吴闿生"死高宗朝"下曰⑩:"叙祖德亦与其生平相发,盖文章义例,每篇中不得有一冗词滥语与主旨无涉者。今人不知此义矣。"其先"得罪"等言,虽属事实,而情理应不提,何况"小宗曰楷"⑪,早为旁系,又高伯祖于子厚已为五服之外。据史载,高宗显庆四年(659)许敬宗上奏长孙无忌与褚

---

① 《礼记·祭统》:"夫鼎有铭。……以称扬其先祖之美而明着之后世者也。……铭之义,称美不称恶,此孝子孝孙之心也。"又《论语》:"父为子隐,子为父隐,直在其中。"《孝经·开宗明义》:"夫孝,德之本也,教之所由生也。……扬名于后世,以显父母,孝之终也。"

② 刘禹锡:《祭韩吏部(愈)文》。

③ 李商隐:《杂记·记齐鲁二生》"刘叉"条:"闻韩愈善接天下士,步行归之。……持愈金数斤去,曰:'此谀墓中之人得耳,不若与刘为寿。'愈不能止,复归齐鲁。"当时有买文之风,如元稹《开府同三司检校兵部尚书……南阳郡王(张奉国)赠某官碑文铭》(《全唐文》卷六五四):"其子发哭于其党曰:'唐制:三品以上,殁既葬,碑于墓,以文其行。我父当得碑,家且贫,无以买其文。'"

④ 《旧唐书》卷一四九、《新唐书》卷一三二有传。《枕中记》作者沈既济之子。

⑤ 同撰《顺宗实录》,见韩愈《进〈顺宗皇帝〉实录》。韦处厚,《旧唐书》卷一五九有传。

⑥ 见《集古录目》卷九、《金石略》"沈传师"条。郑樵《通志二十略》,中华书局1995年版,第1884页。

⑦ 王元启《读韩记疑》卷九《碑志》2A,北京大学图书馆藏。书中多见"陈曰",即陈景云也。

⑧ 黄宗羲:《金石要例》"书祖父例"条,丛书集成初编·第2626册,第5页。

⑨ 梁玉绳:《志铭广例》卷一"书先世无例"条,丛书集成初编,第2629册,第8页。

⑩ 高步瀛:《唐宋文举要》甲编卷三:"死高宗朝"下引"吴曰",上册第351页。吴闿生(1877—1950),字北江,安徽桐城吴汝纶之子。

⑪ 《故大理评事柳君(宽)墓志》(卷一一)。

遂良、柳奭等谋逆，柳奭欲毒杀武后，遂被贬为岭南刺史，高宗诏使者斩杀①，"近亲皆流岭南为奴婢"②。至中宗神龙初（705），柳奭之从子、从孙乃皆见许，归还本贯③。柳子夏即柳奭从弟，子从裕、孙察躬（即子厚之祖），应悉坐奭贬流。韩愈特提"柳奭"而加"得罪武后，死高宗朝"一句似微词，是为柳家讥刺武后用事及高宗愚暗，而加"为唐宰相"之言以彰柳家也。子厚述家世："临邛府君之先曰我曾王父清池府君讳某；清池之先曰徐州府君讳某；又其先曰常侍府君讳楷；常侍之兄曰中书令讳奭。自中书以上，为宰相四世"④，反而言之，除高伯祖外，高祖子夏为徐州长史（正六品上）、曾祖从裕为清池县令（从六品上）、祖察躬为德清县令（从六品上），伯祖某为临邛县令（从六品上），其子某为旌德县尉（从九品上），父镇为侍御史（从六品下），叔父某为殿中侍御史（从七品上），仲父纁为华阴县主簿（正九品上），宗元为礼部员外郎（从六品上），无升五品以上高官者⑤。柳家之衰，其实始于柳奭一族之贬，出于武后之手，而至于子厚，柳家应再兴，是韩愈笔意。

史官赞："愈发言真率，无所畏避，操行坚正，"⑥直书不讳，彰善瘅恶，然而事及今政，笔法乃不同，如《柳子厚墓志铭》下文可觇。

（二）隐讳奸臣窦参

《柳子厚墓志铭》继而云："皇考讳镇，以事母弃太常博士，求为县令江南。其后以不能媚权贵，失御史。权贵人死，乃复拜侍御史。号为刚直，所游皆当世名人。"韩愈似又为子厚彰显其父，实则非是。至于"权贵"，韩愈隐讳其名。子厚《先侍御史府君神道表》云："丑类就殛，拜侍御史。……上曰：是故抗奸臣窦参者耶？"称"奸臣"，而韩愈称"权贵"，此词不必谓贬义。子厚直书其名，表以决不饶之意，况且《神道表》者立于墓旁，以示世人、子孙后裔。其碑阴列刻先友约七十人，即《先君石表先友记》，见有韩会、韩愈兄弟。韩愈知悉《神道表》而为"权贵"隐讳柳家仇人。

窦参（733—792）与董晋（724—799）俱为德宗宰相，二人有隙。董晋上奏，罢免窦参，后德宗欲杀参，遂赐死⑦。韩愈曾作《董晋行状》，见其名，而仅述窦参作疾，会朝不能传诏，董晋代行一事而已⑧，终不及董晋除窦参之功。权德舆撰《董公神道碑铭》，有"劫介夫，杀大吏"之语，为"皇太子（顺

---

① 《资治通鉴》卷二〇〇：永徽六年（656）六月"武昭仪诬王后与其母魏国夫人柳氏为厌胜"，柳奭即魏国夫人之舅，由吏部尚书贬为荣州刺史。十一月，武昭仪册立为皇后。显庆二年（657）八月"许敬宗、李义府希皇后旨，……荣州刺史柳奭为象州刺史"，四年四月"（许）敬宗又奏：（长孙）无忌谋逆，由褚遂良、柳奭、韩瑗构扇而成，奭仍潜通宫掖，谋行鸩毒。……除奭、瑗名"。《旧唐书》卷七七《柳亨传》附《柳奭传》："高宗遣使就爱州杀之，籍没其家。奭既死非其罪，甚为当时之所伤痛。"（第2681）

② 《资治通鉴》卷二〇〇：显庆四年七月"诏柳奭、韩瑗所至斩决。使者杀柳奭于象州。韩瑗已死，发验而归。籍没三家，近亲皆流岭南为奴婢"，八月"长孙氏、柳氏缘无忌、奭贬降者十三人"。《新唐书》卷一一二《柳泽传》附："遣使杀之，没其家，期以上亲并流岭表，奭房隶桂州为奴婢。神龙初，乃复官爵，子孙亲属缘坐者悉免。"（第4177页）

③ 《旧唐书》卷七七《柳亨传》附《柳奭传》："神龙初，则天遗制，与褚遂良、韩瑗等还官爵，子孙亲属当时缘坐者咸从旷荡。开元初，亨〔曾〕孙涣为中书舍人，表曰：'臣堂伯祖奭，去明〔显〕庆三年（避讳中宗李显），与褚遂良等五家同被谴戮。虽蒙遗制荡雪，而子孙亡殁并尽。唯有曾孙无添，见贯龚州，蒙雪多年，犹同远窜。……伏乞许圣臣伯祖还葬乡里，其曾孙无添放归本贯。'"（第2682页）《新唐书》本传略同，"无添"作"无添"，第4177页。《宰相世系》作"无恭"，第2839页。《新》卷112《柳泽传》云："泽从祖范、奭。""泽兄涣"第4177页。柳涣，子阳之孙，即柳亨之曾孙。赵超《新唐书宰相世系表集校（上）》卷三《柳氏》"无添""亨孙涣"皆未校出，中华书局1998年版，第434—439页。

④ 《伯祖妣赵郡李夫人墓志铭》（卷一三）。

⑤ 《与杨京兆凭书》（卷三〇）："先君……仕再登朝，至六品官（侍御史）；宗元无似，亦尝再登至六品矣（礼部员外郎）。何以堪此。且柳氏号为大族，五、六从以来无为朝士者。"

⑥ 《旧唐书》卷一六〇本传。

⑦ 见《新》卷一五一《董晋传》《谭宾录》。胡璩《谭宾录》见《太平广记》卷一七七《器量》。窦参，《旧》卷一三六、《新》卷一四五有传。

⑧ 云："五月朔会朝，……中侍郎平章事窦参摄中书令，当传诏，疾作不能事。……公遽巡进，北面言曰：'摄中书令臣某，病不能事，臣请代某事。'"

宗)侍书殿中丞王丕[伾]书"①。王伾(？—806)，叔文党魁之一，史称"二王八司马""二王刘柳"。韩愈彰子厚之父而隐其仇，可见韩愈另一笔法。

（三）佯彰而心毒桂管裴行立

《柳子厚墓志铭》特褒子厚与刘禹锡交谊，如"虽重得罪，死不恨""士穷乃见节义""闻子厚之风，亦可少愧矣"，后段云："费皆出观察使河东裴君行立。行立有节概，重然诺，与子厚结交，子厚亦为之尽，竟赖其力。"似又赞扬其人其交，即裴行立、柳子厚二人，而韩愈实则言行不符，言中藏毒，如韩愈《孔公（戡）墓志铭》云：

> 容、桂二管，利其房掠，请合兵讨之，冀一有功，有所指取。……桂将裴行立、容将杨旻，皆无功，数月自死。

"容、桂二管"谋利贪官，谁是，后文直书其名。韩愈为墓主孔戡讥骂裴行立。凡墓志有何用，韩愈墓志确有谀墓之作，又有明记其名，显作毁誉，盖棺定论。韩愈《张君（彻）墓志铭》曰："我铭以贞之，不肖者之咀也。""咀"，《广韵》"柜呵"，谓呵斥。又韩愈《论孔戡尚书致仕状》云：

> 为人守节清苦，议论平正。……忧国忘家，用意深远，所谓朝之耆德、老成人者。

二篇皆褒孔戡，反而痛斥裴、杨，不隐其名。不仅如此，韩愈又自作《黄家贼事宜状》极言谴责，毫不留情：

> 近者征讨，本起于裴行立、阳旻。此两人者本无远虑深谋，意在邀功求赏。……阳旻、行立相继身亡，实由自邀功赏。

裴行立一直被视为无能无策而邀功请赏之贪官小人，韩愈陈诉，进而自奏讨贼之策三条。凡对人之评价，经长期或有所变，而不尽评价相左，时间又极近，可谓同日之言，如《柳子厚墓志铭》赞语发于元和十五年五月初，秋七月归葬，纳于墓圹，《黄家贼事宜状》作于十五年（820）秋冬至长庆元年（821）初之间②，二文相距近则两三月，远则半年，而迥若二人所作。孰是韩愈真意，《黄家贼事宜状》及《孔公（戡）墓志铭》《论孔戡尚书致仕状》论旨一贯不变，皆"咀"裴行立。韩愈曰"与子厚结交"即可，而仍加以"子厚亦为之尽，竟赖其力"一句。是似赞其为"有节概"之人尽力，而"竟赖其力"四字乃多余，韩愈竟自露出腹藏之真意。子厚曾为裴行立撰文，今传有《为裴中丞上裴相乞讨黄贼状》《为裴中丞奏邕管黄家贼事宜状》《为裴中丞伐黄贼转牒》《为裴中丞谢讨黄少卿贼表》等不少，"子厚亦为之尽"即是。子厚大有助于裴行立"邀功求赏"，如《谢讨表》颂扬裴行立"尽瘁事国，期毕命于戈矛；不宿于家，思奋身于原野。……便披榛蹋石，摩垒陷坚"，终于"荡清海隅，永息边徼""凶渠尽殄，威武载扬"，反而此等赞语正合韩愈对孔戡之言。韩愈明知子厚《为裴中丞》诸文，而不久自作《黄家贼事宜状》奏进，结果揭露子厚伪报虚撰。"子厚亦为之尽"显有强烈叱责之心意，何况人入墓不远，可见韩愈之为人何如。若读者不知韩愈《黄家贼事宜状》等作，仅读《柳子厚墓志铭》，则易于误解真意，以为特述裴行立、子厚之交，皆诚心赞扬，而作者实际与此相反，亦可谓韩愈笔法之一。读者须知"竟赖其力"一句赘言之意。

（四）不讳而谴王叔文用事

韩愈《清河郡公房公（启）墓碣铭》作于元和十年，云：

---

① 欧阳修：《集古录目》，引于陈思《宝刻丛编》卷四《洛阳县》，《石刻史料新编》第1集（第24册）页18136上。《权德舆诗文集编年校注》未提及，辽海出版社2013年版，第344—343页。

② 宋人多系于元和十五年，文说谓长庆初，见《校注汇辑》，第3329页，《汇校笺注》，第3003页。

　　上闻其名,征拜虞部员外,在省籍籍,迁万年令,果辨慑绝。贞元末,王叔文用事,材公之为,举以为容州经略使。

　　房启亦原属王叔文党,亦子厚先父柳镇之挚友,"善清言"①。王叔文始约授荆南节度使。韩愈《顺宗实录》云:

　　　　(贞元二十一年)五月甲申,以万年令房启为容州刺史,兼御史中丞。初,启善于(王)叔文之党,因相推致,遂获宠于叔文,求进用。叔文以为容管经略使,使行,约至荆南授之。云:"脱不得荆南(节度使),即与湖南(观察使)。"故启宿留于江陵,久之方行。至湖南,又久之,而叔文与(韦)执谊争权,数有异同,故不果。寻闻皇太子监国。启惶骇,奔驰而往。

　　裴均,当时为荆南节度使,王叔文素恶均,欲排而以其位让房启。谁料,裴均等上表请皇太子监国②,力阻"王叔文用事",八月顺宗被迫让位,王党遂被肃清,或赐死或贬为远州员外司马。韩愈则与裴均终无有隙,反而敬之,如史载③:

　　　　(韩愈)拜中书舍人。俄有不悦愈者,撼其旧事,言愈前左降为江陵掾曹,荆南节度使裴均馆之颇厚,均子锷凡鄙,近者锷还省父,愈为序饯锷,仍呼其字。此论喧于朝列,坐是改太子右庶子。

　　与王党被贬同时,韩愈由连州阳山县令转为荆州江陵法曹参军,今仅存《喜雪献裴尚书(均)》诗、《荆潭唱和诗序》④,无传《(饯裴锷)序》。白居易曾作《论裴均进奉银器状》《论于頔、裴均状:于頔、裴均欲入朝事宜》等,亦严责裴均⑤。

　　韩愈《房公墓碣》直笔不讳"王叔文用事",《柳子厚墓志铭》亦原有"王叔文用事"等语殆无疑义。《顺宗实录》有详略二本,今传本虽为略本,文宗朝大和二年(828)所删削以有关宦官横行部分为主,其余"仍然是韩愈的手笔"⑥,其中屡述王叔文党得权专政,强调某一面,如:

　　　　上(顺宗)学书于王伾,颇有宠。王叔文以棋进,俱待诏翰林,数侍太子棋。叔文诡谲多计。……王叔文以棋待诏。既用事,恶其与己侪类相乱。……越州人,以棋入东宫。……叔文、执谊等益无所顾忌,远近大惧矣。……伾日诣中人并杜佑,请起叔文为相,且摠北军。……(韦)执谊……巧惠便辟,媚幸于德宗,而性贪婪诡贼。……叔文闻之,怒,欲下诏斩之。……叔文怒,亦将斩之。……执谊益不用其语。叔文怒,与其党日夜谋起复,起复必先斩执谊,而尽诛不附己者,闻者皆恟惧。

　　《实录》据实直书,而作者斥语不一而足。至于王叔文,曰"以棋进",事实无误,而凡编史时不需重言,何况重述三处,足见编者韩愈之恶意。宰相李吉甫令韩愈重修韦处厚所撰《顺宗实录》,韩愈进书,自芳独赏曰⑦:

　　　　削去常事,着其系于政者。比之旧录,十益六七。忠良奸佞,莫不备书。

　　全书十之六七皆涉及王党始末,尤其是王叔文。韩愈心目中,王叔文、王伾既非文儒骚人,不止以善棋能书得宠,身无经术之小人,又狙宰相之位,诡计多端,残酷无情。韩愈"莫不备书"之"奸佞"即指王叔文及其党类。

---

①　《先君石表阴先友记》卷一二:"房启:河南人,善清言。由万年令为容州经略。"
②　《顺宗实录》卷四:"六月韦皋上表请皇太子监国,又上皇太子笺。寻而裴均、严绶表继至,悉与皋同。"
③　《旧唐书》卷一六四《韩愈传》。
④　"荆"谓荆州刺史、荆南节度使,"潭"谓潭州刺史、湖南观察使。宋人注:"裴均、杨凭","均"一作"垍"。
⑤　参拙文《读柳宗元〈武冈铭并序〉》,《中华文史论丛》109,2013年版,第235页。
⑥　参刘真伦《韩愈集宋元传本研究》第5篇《〈顺宗实录〉考实》,第646页。
⑦　韩愈:《进〈顺宗皇帝实录〉表状》。

（五）谴责子厚"不自贵重"

韩愈《墓志》"子厚前时少年，勇于为人，不自贵重顾籍，谓功业可立就"之语，亦似褒其见义有勇，而严厉贬责。子厚撰《先君石表阴先友记》（卷一二），南宋邵博谓"列其姓名官爵，因附见其所长者可矣，反从而讥病之，……轻侮好讥议尚如此，则为尚书郎时可知也。退之云'不自贵重'者，盖其资如此云。"[1]所论甚是。《先友记》作于元和元年，仅三十四岁，所列六七十人中有宰相大官不少，意欲彰显而时有讥议，如"韩会：……以故多谤。""郑余庆：……及为大官，名益少。今为尚书、河南尹，无恙。""王纾：……鲁直，为尚书郎。"亦可想见子厚"隽杰廉悍……率常屈其座人"之情景。而韩愈《墓志》"不自贵重"等句指责"子厚在台省时"之交，如《顺宗实录》云："当时名欲侥幸而速进者……刘禹锡、柳宗元等十数人，定为死交。"即指子厚"谓功业可立就"，后"王叔文、韦执谊用事，拜尚书礼部员外郎"。《实录》所云子厚等"欲"、《墓志》所云子厚"谓"，皆韩愈之理解而已，可谓主观、偏见，子厚为王叔文之母撰《户部侍郎王君先太夫人河间刘氏志文》（卷一三）大半言其子以彰其母，如：

> 府君举明经，……修经术，以求尽人之道，通古今，以推一王之典。……夫人生二子：长曰彝伦，举五经，早夭；少曰叔文，坚明直良，有文武之用。……公居禁中，吁谟定命，有扶翼经纬之绩。……利安之道，将施于人。……知道之士，为苍生惜焉。……有其文武，弘我化理。天子是毗，邦人是望。

韩愈屡称王叔文"以碁进"，突现其无学，而子厚彰显叔文"文武"兼备、其道"利安""化理""施于人""苍生"，即显出王党政治立场，与韩愈本自不同，与其对裴行立、窦参等之言相通。

子厚参王党而"速进""立就"，俱在事实，韩愈视为"卒死于穷裔"之端。其才道俱备之友何以挫折，乃韩愈撰志主要动机，士人应何如结友，为其主题，自问自答而用直书或微辞之笔成《墓志》。宋末人李涂《文章精义》云[2]："退之志樊绍述，其文似樊绍述；志子厚，其文似子厚。"不知所据。

总之，凡墓志者体近于史传，而其用有所不同：墓志专美讳恶，史传不隐其恶[3]，韩愈《墓志》笔法却近于史传，每作品为文极其完善，而若知韩愈个人真意，需与余文相照。

四、《柳子厚墓志铭》与《韩集》

据韩愈所见，王叔文心狠手黑；据韩愈笔法，直书不隐其名，故《柳子厚墓志铭》应有乙种本殆无疑义。而实有甲种本自早传世，至今多人。孰是原本，何以分出异本？

《韩集》初本与更定本

按《举正》所用校本，甲本最早出于《文苑》。方崧卿置信于《文苑》，云[4]：

> 太平兴国间令宰臣……卷帙多，人家罕传，亦刊校之所不及，故颇为全正。晏元献公校定《柳文》，亦多取此以为证，则知此为最为可据。

《文苑》一大宗选集，敕编，年代早，太平兴国七年（972）始修，雍熙三年（986）编成，景德四年

---

① 邵博：《邵氏闻见后录》卷一四，中华书局 1983 年版，第 108 页。

② 《文则·文章精义》，中华书局香港分局 1977 年版，第 69 页。

③ 曾巩：《寄欧阳舍人书》："夫铭志之着于世，义近于史，而亦有与史异者。盖史之于善恶无所不书；而铭者，盖古之人有功德、材行、志义之美者，惧后世之不知，则必铭而见之；或纳于庙，或存于墓，一也。苟其人之恶，则铭乎何有。此其所以与史异也。"四部丛刊《元丰类稿》卷一六。

④ 方崧卿：《韩集举正叙录》"文苑英华"条。《韩集举正汇校》，第 564—565 页。

(1007)、大中祥符二年(1009)校定。又为丞相元献公晏殊(991—1055)校定《柳文》所据①。魏本《柳集》卷首《评论诂训诸儒名氏》列有"临川晏氏:名殊,字同叔,校正《柳文集》",沈晦校刊《柳集》于四明,所用四校本之一,《集后序》(政和四年 1114)云:"晏元献家本:次序多与诸家不同,无《非国语》。四本中,晏本最为精密。"晏校本《柳集》,当时流传,如李石校刊《柳文》于成都,亦三校本之一,《集题后》(绍兴三○年 1160)②云:"其一得之于范衷甫,云晏氏本。……阎氏本最善,为好事者窃去。晏氏本,盖衷甫手校以授其兄(范)偓刊之,今蜀本也。"《文粹》则何如,方氏曰③:

> 姚宝臣(铉),大中祥符四年(1011)所纂,……大约多用杭本。此集世所共传,故时有刊校失其旧者,然尚可以考古也。

评价颇低。"杭本"即"杭州明教寺大中祥符二年所刊本"④。因而至于《子厚墓志》"贞元十九年"一段异文,从《文苑》即甲本,不取《文粹》等即乙本。朱熹对《举正》评价较高,谓"近世号为佳本,予读之信然",而惜"不尽载诸本同异",故重校考异"择其文理意义之善者"⑤,后人多从大儒朱熹校本。朱熹此段从《举正》而考其异所由云:

> 今按:方本(《举正》)得婉微之体,它本则几乎骂矣。疑初本直书,后乃更定也。若从初本,则上文须补"蓝田尉"三字。

方氏从《文苑》,即甲本,故夺"王叔文、韦执谊用事""叔文等败"等句,是讳而不列其名,是"得婉微之体"也。"它本"即乙本,朱熹"疑初本",是反复直书其名,讥意淋漓。"几乎骂",谓作者韩愈斥骂墓主柳子厚。方、朱以及今人皆取甲本,实则朱熹谨慎,视为曾有初本、后更定本二种,即互异所生。具体何本,朱熹终无提及,而方崧卿亦指出,《举正》卷一《元和圣德诗》"通达今古"下云:

> 杭本作"先古",蜀本作"今古",《文录》作"通今达古",而易下语为"视听聪明",盖公初成进本也,晚年实从今本。公他文有异者,当以此推之。

方氏亦谓曾有二本,与朱熹所说相符,所指应同,一本则初成进本,一本则韩愈晚年更定本。"今本"《韩集》应指"长庆四年(824)冬,先生殁,门人陇西李汉……收拾遗文"⑥而分类编次为四○卷。今本作"通达今古,听聪视明",而《文录》作"通今达古,视听聪明",方氏以《文录》为"初成进本",曰⑦:

> 赵德《文录》:《文录》旧六卷七十五首,今已不传,而时得于诸家校本,惟潮本、浙本为详。

元和十四年(819)韩愈被贬为潮州刺史,以所作进授潮州学者赵德,赵氏编为《文录》,而诸本所引《文录》中有长庆元年所作,或谓成书于"长庆四年十二月韩愈去世之前"⑧。《文录》是否成于长庆初,尚需商榷,即使以潮州以前所作为主,方氏用诸家校本征引《文录》⑨,《柳子厚墓志铭》(元和十五年 820)中未见引。由此推知,诸家校本此处("几乎骂"即乙本)与《文录》相同。

此外,"初本"有《举正》所用宋人校本中称"唐本""贞元本"者亦可疑。"贞元本"见于谢本,方

① 陈振孙:《直斋书解题》卷一五:"《集选目录》二卷:丞相元献公晏殊集。……莆田李氏有此书,凡一百卷。力不暇传,姑存其目。"上海古籍出版社 1987 年版,第 444 页。《集选》今佚。《晏元献公类要》一百卷,今存三十七卷,多引唐人诗文,与今集本所收不同者亦不少:《四库全书存目丛书》166,影印清钞本,齐鲁书社 1995 年版。

② 参拙文《简州石刻柳宗元〈永州八记〉再考》,《岛大言语文化》29,2010 年。

③ 方崧卿:《韩集举正叙录》"文粹"条,第 565 页。

④ 方崧卿:《韩集举正叙录》"祥符杭本"条,第 563 页。

⑤ 《晦庵先生朱文公文集》卷七六《韩文考异序》,四部丛刊本,第 1404 页。

⑥ 李汉:《昌黎先生集序》。

⑦ 方崧卿:《韩集举正叙录》"赵德《文录》"条,第 564 页。

⑧ 刘真伦:《韩愈集宋元传本研究》,第 346 页。

⑨ 刘真伦:《韩愈集宋元传本研究》,钩稽诸本所引《文录》,复原初出 64 篇,第 350—352 页。

氏谓"诸联句多元和初年作,谢只当云'唐本'可也"。"贞元"谓年号,而既有元和所作,非贞元间本,何故称为"贞元",是否装古不知;"唐本",全集本,见于洪兴祖《年谱》、祝本、文本等,方氏曰①:

> 李、谢以"古本"为校删,《文苑》同。"古本"亦唐之旧也,此后不言"唐本",别于令狐氏本(咸通间令狐澄本)。

据此,"唐本""贞元本"与"古本"皆原出一本。或曰:"此本编次时间不详。……此本与保大本可能同出一源,为李汉定本之前流传的另一种编次的韩愈集。方崧卿曾怀疑韩集有'初进本',从此本及保大本、文录本看来,这一说法并非是空穴来风。"②此言颇为婉转幽昧。方氏所云"初成进本"应指潮州所献赵德之《文录》或其系统过录本,而除《文录》、李汉本外,确有"唐本"者即《举正》所云"古本"。此"唐本""与保大本可能同出一源"。方氏曰③:

> (保大本)今已无复得其全书而观之,姑以诸家所考证者参对一二,以存古焉。

《柳子厚墓志铭》中,《举正》引保大本仅有一处,"古本""唐本""贞元本"皆未见征引。"唐本"非《文录》,若成于李汉本之前,则可谓"初本"。而《墓志》"贞元十九年"一段中,《举正》仅云:"文苑。钱、谢本同。"未校出异文,亦未出示余本,至于《考异》,亦止言"方本得婉微之体,它本则几乎骂矣",则保大本与《文苑》、钱本、谢本不同而与"它本"相同。若是,保大本属于"初本","初本"收有《柳子厚墓志铭》,其文属于乙本,即"初本直书"者也。"古本""唐本"是否为初本,材料不足,无从稽考,只推测而已。即使如此,就《柳子厚墓志铭》一篇而言,疑李汉原编本亦属于乙本,后出甲本。下文再深考此疑。

《墓志》稿本与丧家

先有乙本,后出甲本,几乎无疑。而甲本非韩愈"晚年""更定"本。凡"更定"者非一人或一次:一则作者本人,二则他人,而他人亦非一人;一则后人,编辑者、校定者、补遗者等等,时在晚唐五代乃至北宋人,二则同时代人。换言之,前者第三人,后者第二人。甲本,必为第二人所改,何则:

一:先确认二本最大不同,是径涉王叔文等之记载,非一两字,近十字,又两三句。

二:朱熹"一以文势、义理及它书之可证验者决之"④,取"婉微之体",而甲本作"顺宗即位,拜礼部员外郎。遇用事者得罪,例出为刺史',文势不通顺,义理暧昧。读至"遇用事者得罪"一句,嫌太突然,既不承前句,又不连后句。"用事者"与子厚先"拜"后"出"升降处分之因果关系不明故也。若有"王叔文、韦执谊用事"一句,则因而"拜礼部员外郎",文意暸然。又若下有"且将大用",则"遇叔文等败,例出为刺史"即乙本,或"遇用事者得罪,例出为刺史"即甲本,均可,通畅,只嫌甲本重出"用"字而已。以二文结构相比,甲本不如乙本,换言之,更定本不如初本,一般情况下,难以发生。

三:此种矛盾偶有出现,往往在墓志、墓碑上。如最近出土"柳州刺史柳宗元撰"《唐朗州员外司户薛君妻崔氏(崔简女)墓志》⑤,与集本《朗州员外司户薛君妻崔氏墓志》(卷一三)有所不同,诸如集本作"始简以文雅清秀重于世,其后病惑,得罪投驩州",出土石刻"其后"下无"病惑"二字;集本作"简之温文,卒昏以易",石刻"卒昏以易"作"亦绍其直",文意全不同。崔简服石⑥,子厚未隐其

① 《举正》卷四《原道》"道有君子小人"下;《韩集举正汇校》,第 192 页。
② 刘真伦:《韩愈集宋元传本研究》,第 227 页。
③ 方崧卿:《韩集举正叙录》"南唐保大本",第 563 页。
④ 朱熹:《昌黎先生集考异》卷一,上海古籍书店影印家刻本 1985 年版,第 1 页。
⑤ 1987 年河南省巩县芝田官庄村出土,巩义市文保所(今巩义市博物馆)藏入,拓片载《隋唐五代墓志汇编·河南卷》,天津古籍出版社 1991 年版,第 96 页,《新中国出土墓志·河南(壹)上册》,文物出版社 1994 年版,第 290 页。
⑥ 柳宗元:《与崔饶[连]州论石钟乳书》(卷三二):"闻子敬(简字)时惯闷动作,……惧伤子敬醇懿,仍习谬误。……今再三为言者,唯欲得其英精,以固子敬之寿,非以知药石、角支能也。"

中毒"病惑",如《祭姊夫崔使君简文》(卷四一)云:"道不可常,病惑中途,悍石是饵,元精以渝。"又《崔君(简)权厝志》(卷九)云:"后饵五石,病疡且乱,故不承于初。"皆不为崔氏隐讳,正如韩愈《李君(于)墓志铭》。又最近出土"承务郎行京兆府蓝田县尉柳宗元纂"《故秘书省校书郎独孤君墓志》[①],集本有《亡友故秘书省校书郎独孤君墓碣》(卷一一),互异之处颇多,今举一例[②],如集本作"君短命",石本作"君之寿廿有七"。当然此例不止于韩柳,如出土"白居易奉敕撰"《唐故会王(李緈)墓志铭》[③],亦与集本所收《唐故会王墓志铭》稍有不同,"皇家略作修改后刻石,而集本则收录原稿,故有不同"[④]。

一般而言,丧家查收《墓志》或《墓碑》手稿,然后考虑石面多大,调整文字,书丹或钩渺上石。有时不免一两字脱讹颠倒等失误,如韩愈《柳州罗池庙碑》"团团"误刻作"团圆"[⑤],"后镌改之,今尚可见,则亦石本不能无误之一证也"[⑥]。而《子厚墓志》甲乙二本互异非一两字,句子不同,多则八九字,少则四五字,文意不同,不止不同,集本文多,并含贬义,石本缺文而失原意,几乎褒贬二义。由此可判断,集本绝非原作者于上石后所"作者自己润色"[⑦]而更定者。其所以与集本不同,盖由丧家人上石时嫌某字眼而删削更改故也。《子厚墓志》亦属此例。丧家嫌"几乎骂"之字眼而删改,故文理不通顺,呈出"婉微之体"。又由此可知,唐人**辄**改辄删,是已相沿成习,撰书人亦不甚介意。

凡《墓志》《墓碑》等石本"往往与集本互有出入"[⑧]确是,而谓"多以石本为优"[⑨]囿于成见,异文多非作者原文。

《柳子厚铭》与石本

《墓志》等稿本即第一人原作,有丧家即第二人所改,又有后人即第三人所改。后人据何而更定,疑即石本。方崧卿《韩集举正叙录》"石本"条[⑩]云:

洪氏《辨证》尚有京兆万年司马村《柳子厚铭》……皆未得之。然洪氏亦徒有其目耳。

曾有石本,洪兴祖撰《韩文辨证》(约宣和七年 1125)[⑪],未及目睹,似止见金石目录而已。刘真伦注意石本与集本之际曰[⑫]:

此《志》有石本。《举正叙录》云:"洪氏《辨证》尚有京兆万年司马村《柳子厚铭》……。"

……此志篇题,集本均作《柳子厚墓志铭》,而《文苑英华》题作《柳州刺史柳君墓志铭》,《唐文

---

① 1999 年西安市长安县大兆乡三益村出土,2000 年征集入藏西安碑林博物馆。赵力光主编《西安碑林博物馆新藏墓志汇编(中)》,线装书局 2007 年版,第 602 页;《北京大学图书馆新藏·金石拓本菁华 1996—2012》,北京大学出版社 2012 年版,第 208 页。

② 参拙文《唐人集本与石本之异及其因》,唐代文学国际学术研讨会(2016 年 9 月,西南交通大学人文院)提交论文。

③ 1951 年陕西长安县席王村出土,西安碑林收藏。拓片载《隋唐五代墓志汇编·陕西卷(2)》,第 38 页;《西安碑林全集》卷八五《墓志》,第 3431—3439 页。

④ 叶国良:《石本与集本碑志文异同问题研究》,《台大中文学报》第 8 期,1996 年版,第 29 页。

⑤ 今存宋拓本,参拙著《唐代岭南文学与石刻考》,中华书局 2014 年。

⑥ 朱熹:《昌黎先生集考异》卷八,第 304 页。

⑦ 如刘真伦《韩愈集宋元传本研究》第四编《石本》考《李观墓志铭》集本与石本之不同云:"文意并无大异,多数为语言润色而已。此篇……句上,集本增'食太学之禄'五字,……句上,集本增'卖马'二字,均使文意更为充实完善,显然是作者自己润色的结果。"(第 587 页)又《李虚中志》条云:"集本某些异文党为韩愈本人编集时修改的结果。"(第 602 页)未必是,尚需商榷。

⑧ 《韩愈集宋元传本研究》第四编《石本》:《李观墓志铭》,第 587 页;《裴复志》,第 589 页;《苗蕃志》,第 592 页。

⑨ 《韩愈集宋元传本研究》:《裴复志》,第 589 页;《苗蕃志》,第 592 页;《路应碑》,第 594 页;《刘统军碑》,第 597、598 页;《徐偃王碑》,第 599 页;《李虚中志》,第 602 页。

⑩ 刘真伦:《韩集举正汇校》,凤凰出版社 2007 年版,第 562 页。

⑪ 洪兴祖:《韩子年谱序》作为"宣和乙巳(七年)"。《新刊经进详注昌黎先生文》"绍兴巳巳(十九年 1149)孟春普慈文说词源序",征引《辨证》。

⑫ 刘真伦:《韩愈集宋元传本研究》,第 618 页;《韩愈文集汇校笺注》,第 2417 页。

粹》题作《唐柳州刺史柳子厚墓志铭》,均与石本题额相近,疑二本曾参稽石本。今检方崧卿《举正》出校《文苑》达十四条,其中不少文字特异,如……,与集本迥然不同,显然另出一本。据其篇题接近石本考虑,或许吸收了石本文字。

提问妥当而议论多疑。《柳州刺史柳君墓志铭》《唐柳州刺史柳子厚墓志铭》"均与石本题额相近"之言,难以理解。洪氏题《柳子厚铭》,盖从略者,却近于集本《柳子厚墓志铭》。又《文苑》《文粹》"二本曾参稽石本"亦可商榷。

录此石本者不少,如南宋书坊陈思《宝刻丛编》卷8《万年县》所引田概《京兆金石录》(元丰五年1082序)①录:

> 唐柳州刺史柳宗元墓志:唐韩愈撰,沈传师正书,元和十五年。

是当葬后二百六十多年。再二百多年后,骆天骧《类编长安志》(元贞二年1296自序)卷10《石刻》录②:

> 唐柳州刺史柳宗元碑:韩愈撰,沈传师正书。碑以元和十五年立,立凤栖原墓前。碑碎。

李好文《长安志图》(至正二年1342)卷中〈图志杂说〉③:

> 柳宗元碑:昌黎之文,在少陵原之北。

《京兆金石录》最早,可信,作《唐柳州刺史柳宗元墓志》。元时石碎而尚存,皆作《碑》,如《唐柳州刺史柳宗元碑》有官衔,合《京兆金石录》《文苑》《文粹》;《柳宗元碑》无官衔,从略简称而已。《志》《碑》孰是,或二方俱存?骆天骧《石刻》自序云:

> 仆自幼酷嗜古人法书名刻,凡有存者,不惮涉远,披荆莽而追访,抄录书撰人名暨所在,垂六十年,集成编帙,附《长安志》后。

作者自访抄录,则所录可置信。李好文在其半百年后,亦自序云:

> 前辈有张茂中同其友为城南之游,尝作《记》以纪之。当时遗迹犹存者,今欲访之,尚能见其彷佛。据可知者,别为一图,掇其遗漏,以补其阙。

张礼《游城南记》(元祐元年1086)"西迄司马村"下仅注引《长安志》云:'少陵原南接中南山,北直㳽水,本为凤栖原。'后见"柳宗元志伯〔祖〕妣墓曰:'葬万年之少陵原,实凤栖原也。'"之句,不提柳宗元墓④。盖子厚《伯祖妣赵郡李夫人墓志铭》(卷13)所载墓地最详,有"少陵原""凤栖原",以证宋敏求(1019—1079)《长安志》(熙宁九年1076)故也。李好文亦跋涉探访,以补《柳宗元碑》条,并画出图上,即京兆万年县司马村凤栖塬⑤。《京兆金石录》所作《墓志》乃《墓碑》之讹,何则:

一:骆李二文皆自访录实,十分可信,均作"碑"。

二:《京兆金石录》早佚无传,为南宋书坊《宝刻丛编》所引,难以置信。"洪氏亦徒有其目耳',仅见金石目录之书。当时搜辑金石拓片,而成书体制大多以编次目录为主,不录其全文,故书名多称"录"。《宝刻丛编》用《京兆金石录》《诸道石刻录》《集古录》《复斋碑录》《曾南丰(巩)集古录》《金

---

① 今佚,见南宋陈思《宝刻丛编》卷八《万年县》所引。《直斋书录解题》卷八《目录类》云:"《京兆金石录》六卷:北平田概纂。元丰五年(1082)王钦臣为序,自为后序。皆记京兆府县古碑所在,览之使人慨然。"又方崧卿《韩集举正·叙录》"石本"碑本一十七末云:"洪氏《辨证》尚有京兆万年司马村柳子厚铭、……皆未得之。然洪氏亦徒有其目耳,姑志于此。"未校出文字。洪兴祖《韩文辨证》一卷,成于宣和七年(1125)洪氏撰《韩子年谱》之前,今佚不传。

② 《宋元方志丛刊(1)》中华书局1990年版,第372页下。

③ 《宋元方志丛刊(1)》,第219页上。

④ 史念海等:《游城南记校注》,三秦出版社2003年版,第151。

⑤ 详拙文《柳宗元茔地"万年县少陵原,实栖凤原"考释(上)》《岛大言语文化》27,2009年。余有〔嘉靖〕陕西通志》《古今石刻碑帖目》《天下金石志》等皆著录,作"柳宗元碑"。

石录》等。此外，北宋时此种书应不少，如崔君授《京兆尹金石录》十卷①，宋敏求《宝刻丛章》三〇卷②，《宝刻丛编》似皆未用。洪氏所见不必《京兆金石录》。

三：凡《墓志》见平置于墓圹内③，后人不易触目。若目睹，是必《墓碑》《墓碣》《神道碑》《神道表》等类，皆立于墓旁，在地上④。韩愈《韦公（丹）墓志铭》云："碑于墓前，维昭美故（墓碑）；纳铭墓中，以识公墓（墓志）。"韩愈别有《韦丹碑》；《刘统军（昌裔）碑》云："有幽堂之铭（墓志）。又若外碑刻文以显诗之（墓碑），其于传无已。"别有《统军刘公（昌裔）墓志铭》；《王公（仲舒）神道碑铭》云："既以公之德刻而藏之墓矣（墓志）。子初又请诗以揭之（墓碑）。"别有《王公（仲舒）墓志铭》；皇甫湜《韩文公（愈）墓志铭》云："器而叙铭其墓，其详将揭之于神道碑。"元时，骆氏作《碑》，记明"立凤栖原墓前"。

四：宋时搜辑金石拓本之风勃然兴起，及时广泛流行，而《墓志》拓本至少，如清缪荃孙辑本《集古目录》唐卷所收近450件，墓碑、神道表等"碑碣"类居多，偶有作"墓志"者仅11件，远不达1%。又其中10件皆录作"碑以……年立"，疑原为墓碑。墓志有小碑形直立者而极少数。其余1件原为"太清宫钟铭""碑石漫灭"⑤。《金石略》《宝刻丛编》等皆然，《墓碑》最多，《墓志》寥寥无几。盖墓碑立于地上，墓志纳于地下故也。

总之，洪氏是否曾见《京兆金石录》未详，"柳子厚铭"之称必见从略，或有缺漏字，原即"碑铭"之意。凡题额必叙其姓，又除集本以外，《文苑》《文粹》以及《京兆金石录》《类编长安志》等皆署官衔，疑题额作"唐柳州刺史柳君墓碑铭"，碑有篆额或作简称如《唐柳州刺史柳君碑》。

碑本与更定本《柳子厚墓志铭》

"疑二本曾参稽石本"，而《文苑》《文粹》"二本"不仅题名不同，正文互异达两三行二三十字，内容亦显然不同，《文苑》即甲本，《文粹》即乙本，"二本"所据应不同。

《文苑》一千卷，敕撰，大宗总集，参编者众多，又皆大方之家，应有知悉当时所辑金石录等书者，有力得以访搜碑本，故《文苑》"曾参稽石本"，或已有一本据碑本更定，《文苑》参之。而《文粹》则多合集本，未"曾参稽石本"。如上所述，所云"石本"有二：一则《墓碑》，一则《墓志》。

刘真伦谓唐时《墓碑》《墓志》"一文两刻，一碑一志者不少"⑥，近是，而考证未足。韩愈有《刘统军（昌裔）碑》《统军刘公（昌裔）墓志铭》《王公（仲舒）神道碑铭》《王公（仲舒）墓志铭》，所述全不同。然而确有一文两刻，今可以范传正《李白墓志》为证，云⑦：

> 今士大夫之葬，必志于墓，有勋庸、道德之家，兼竖[树]碑于[于]道。余才术贫虚，不能两致，今作《新墓铭》，辄刊二石：一寘于[于]泉扃，一表于道路，亦岘首、汉川之义也，庶芳声之不泯焉。……猗欤琢石为二碑，一临[藏]幽壤[隧]一临岐。岸深谷高变化时，一存一毁名不亏。

《文苑》卷945作"《赠左拾遗翰林供奉李白墓志》范传正"，集本所附作"《唐[赠]左拾遗翰林学

---

①　《宋史》卷二〇四《艺文志》，第5147页。
②　《直斋书录解题》卷一五："宋敏求次道以四方碑刻诗文，集为此编。多有别集中所逸者。"（第445页）
③　《通典》卷一三九《开元礼纂类·掩圹》："施铭旌、志石于圹门之内，置设讫，掩户，设关钥，遂复土三。二十七月禫祭，……踰月，抚平常。"中华书局1988年版，第3544页。
④　详参赵翼《陔余丛考》卷三二"神道""碑表""墓志铭""碑表志铭之别"等条。
⑤　《华中允墓志》，采自《舆地碑目》《宝刻丛书》（卷14《润州》）；《石刻史料新编》第1集（第24册）页18004下。《舆地纪胜》卷七《镇江府·碑记》"太清宫钟铭"条："唐冯宿撰，柳公权书，太和五年（831）刻，在永兴。华中允墓志附，碑石漫灭，咸通八年（867）立。"四川大学出版社2005年版，第436页。
⑥　刘真伦：《韩愈集宋元传本研究》，第619、592页。
⑦　《文苑英华》卷九四五，中华书局影印本，第4970页。

士李公新墓碑》宣歙池等州观察使范传正"①。今用[　]表出互异,大致传抄传刊失误。除此少数误字之外,皆同,《碑》《志》出于一文可据比证实。"志于墓""一寊于泉扃""一藏幽隧"谓《墓志》,"竖碑于道""一表于道路""一临岐"谓《墓碑》。"才术贫虚,不能两致"乃作者谦辞。范传正,应进士科、博学宏词科,皆高第②,亦柳宗元挚友③,故非"不能"而是不为也。"不能两致""辄刊二石""一存一毁"皆谓《碑》《志》二方以一文两用。是恐不止范传正一人。观察使范传正尚且如此,可以推知,中唐时已成习。韩愈既为子厚撰《墓志》,又如上所考,宋元存有《墓碑》,其文稍有异而大体相同,亦《碑》《志》两用也。

《文苑》参稽碑本,或已有据碑本更定,难以断定。《举正》多用北宋诸本,并参用北宋所引書五代本,《子厚墓志》中亦多征引,而"婉微"之处仅举《文苑》及钱本、谢本。三本之中,《文苑》最早,疑《文苑》参稽碑本。

总而言之:韩愈《柳子厚墓志铭》不隐"王叔文"等名,有人嫌而删改。其人非拾遗结集者,乃丧家,墓主柳宗元之亲属,其从兄弟皆去世,虽有二子而尚幼,删改者疑"经纪其家"之"舅弟卢遵"。立碑后,又有人参稽此碑本更定,《文苑》从之。

结　语

唐代古文大作家韩愈为友人古文大作家柳宗元盖棺定论,即《柳子厚墓志铭》。传诵至今,千古名篇,历来出有众多成语,而实有异文不少,最大者:一本有"王叔文、韦执谊用事""且将大用,遇叔文等败"等句,一本皆无此字。前者直书不讳其名其事,即朱熹《昌黎先生集考异》所称"几乎骂"者,《唐文粹》、文说《新刊经进详注昌黎先生文》、张监税《昌黎先生集》等即此本;后者朱熹所谓"婉微之体"者,即《文苑英华》、钱思公本、谢克家本。

刘禹锡编《柳集》,以《墓志》附于卷首《目录》后,即韩愈初手稿,最可信。今存《柳集》宋刊本中有收入韩愈《墓志》者,共三本,皆属"几乎骂"者,朱熹所谓"初本"即此,"婉微之体"即所谓"更定本",而非韩愈所改,乃为他人所改。其成立有二段过程:丧家嫌原稿有"几乎骂"之字眼而删改为"婉微之体"。唐时,《墓志》往往用于《墓碑》,一文两刻。子厚丧家用为《墓碑》,上石立碑。宋时柳家墓尚存,墓前立碑,题作《唐柳州刺史柳君墓碑铭》。至于后人重修《韩集》,参校以《墓碑》石本,朱熹所谓"更定本"应指此,《文苑英华》本即其一,韩愈《墓志》遂有"婉微之体""几乎骂"二种传世迄今。

凡墓志者其体近于史传,其用则有所不同,古礼为墓主彰善隐恶。韩愈《子厚墓志》原为"几乎骂"者,笔法近于史传,而方崧卿《韩集举正》置信于《文苑》,以"婉微之体"为韩愈晚年更定本,朱熹亦从之。朱熹(1130—1200),南宋大儒,晚年韩侂胄党禁止其道学,故着手集注《楚辞》、校定《韩集》,可谓毕生之业。至于侂胄(1152—1207)死,遂得平反,门下又始刊刻其着,朱文公校定本《韩集》即其一④。南宋后期,王伯大、廖莹中等亦皆从之辑注付梓,直至今人视为韩愈更定文,故用从此文。

　　① 宋蜀本(静嘉堂文库藏)、明影宋咸淳本、元刻萧本、清王琦本等及《全唐文》卷六一四。详詹锳《李白全集校注汇释集评》卷一,百花文艺出版社1996年版,第10页。以诸集本校勘,未用《文苑》《唐诗纪事》。计有功《唐诗纪事》,嘉定十七年(1224)王禧初刻,卷40"范传正"条引一半,近《文苑》,作"一藏幽隧一临歧"。参王仲镛《唐诗纪事校笺》(下),巴蜀书社1989年版,第1082页。
　　② 《旧唐书》卷一八五下、《新唐书》卷一七二有传。
　　③ 《送宁国范(传正)明府诗序》(卷二二),又见于《祭李中丞(汶)文》(卷四十)。
　　④ 参拙文《日本钞本绍定六年临江军刊王伯大〈昌黎先生集音释〉与方崧卿佚书〈韩诗编年笺校〉》,《中国诗学》2016年。

　　此外,《柳子厚墓志铭》具有独特风格。韩愈所作墓碑志类今传共 67 篇,与此有所不同,如称其字"子厚",正文中亦然,又铭辞极短平庸,亦皆涉及韩柳交谊、历代褒贬二说,兹仅一提,拟于另稿专论。

(作者单位:日本岛根大学法文学部)

唐五代诗歌的通俗化与商品化

——以敦煌诗歌与长沙窑瓷器题诗为中心

杨明璋

一、前　言

　　一作品在另一作品中隐约可见其踪迹,此种情形屡见不鲜,其或属引用、参考、暗示、抄袭,或为戏拟、仿作,它们往往是借由对旧作品的组合、再现、歪曲、改头换面等方式孕育而成的。① 像敦煌文学的不同文类,如诗、词之间,或敦煌讲唱文学的吟词与其他典籍文献的文人诗,亦有不少雷同的情形。又主要为九至十世纪的敦煌寺,有部分和也属九至十世纪的长沙窑瓷器题诗近同。② 而长沙窑瓷器题诗除与敦煌诗有所关联外,也有与其他典籍文献近同的。换言之,这些作品间,或为重出诗、同一作品的异本,或确实是展现了互文性的不同作品,而其互文性形成的因由,除语言艺术层次的追求之外,是否也因后来的编创者基于某种的理由,如因应不同阶层的阅听者,而对旧作品进行剪裁、改写?

　　朱光潜就说:“创造一件作品,……如果有求他人欣赏的实用目的,这实用目的决不能不影响到艺术创作本身上去。”③ 如本为创作者用以抒发个人情志的作品,当它与商业活动有了联结,甚至成为一项商品,是否为此而进行裁剪、改写?以长沙窑瓷器题诗为例,当一首诗被题写于作为商品的瓷器之上,其意义与刻画山水虫鱼鸟兽是一样的,同是作为纹饰令瓷器添色、增值,它也就成为商品的一部分,制瓷者题写什么样的诗,也会考虑购买者的审美观。故这些作为商品的瓷器纹饰之诗作,若取材自现成的诗歌,它们多出自哪些人的手笔?又为何是这些诗被制瓷者采用?制瓷器者是否对原作了剪裁、改写?其中反映了什么样的商机与购瓷者之审美观?等等问题均值得深究。

　　而敦煌文学中也有不少与商业性演出密切相关的作品。像《庐山远公话》中即提到,道安的讲经已采取以价制量的手段,从一开始纳绢一匹得听讲一日,到后来须纳钱一百贯文,可见当时像讲经这样相对而言是较为肃穆的活动,也有向商业靠拢的倾向。换言之,在作为艺术与作为以市场为导向的商品的文学二分法里,敦煌讲唱文学有部分的作品是可归属于后者的,④ 如演出者自称为“词人”的通篇七言词文——《捉季布传文》,或为后唐明宗李嗣源庆贺生日之用、“悦俗邀布施”意

---

① 〔法〕蒂费纳·萨莫瓦约着、邵炜译:《互文性研究》,天津人民出版社 2003 版,第 19、137—140 页。
② 长沙窑的时代可参长沙窑课题组编《长沙窑》紫禁城出版社 1996 年版,第 235 页。
③ 朱光潜:《作者与读者》,《谈文学》,安徽教育出版社 1996 年版,第 95—103 页。
④ 洛文塔尔在《文学、通俗文化和社会》一书的导言,即以为从能对不同的社会团体产生凝聚力的角度来看,文学包含两种强有力的文化合成物:作为艺术的文学和作为以市场为导向之商品的文学。参见〔美〕利奥·洛文塔尔著,甘锋译《文学、通俗文化和社会》,中国人民大学出版社 2011 年版,第 2 页。

味十分浓厚的《长兴四年中兴殿应圣节讲经文》，其末尾甚至有和伎艺表演——合生密切的九首诗。[①] 而在这些有吟词的敦煌讲唱作品中，还不时可见文人诗歌的引用，其间的异同，亦是我们考究唐五代诗歌与商品之交涉的重要素材。探究讲唱者引用文人诗歌时，是否基于市场之考虑，对原作进行重新组合、再现，甚或歪曲、改头换面？以及其中所蕴含的审美风尚、流播情形。

二、敦煌讲唱文学与文人诗歌的互文性及其商品化

在目前所见的敦煌文学里，除前述讲唱文学与商业活动关系密切外，《云谣集》一类的敦煌曲子词亦有浓厚的城市商业气息，或 P. 2633 一首《崔氏夫人训女文》于文末有"上都李家印，崔氏夫人一本"的题记，并有推崇崔氏善女之《白侍郎赞》二首及序，可见《崔氏夫人训女文》在当时已为长安李家印书铺刻印，[②] 成为在市场上流通的商品，P. 2633 的抄写者再根据该书铺印行的本子进行誊写。

现在我们要讨论的是那些具有市场导向特质的讲唱文学，特别是与文人诗歌间有互文性的作品。以目前笔者所掌握的，包括有《太子成道经》与北周释亡名《五苦诗》、隐峦《逢老人》，S. 2440 V《太子成道吟词》与刘朝霞《驾行温汤赋》，S. 3872《维摩诘经讲经文》与梁锽《咏木老人》，P. 2955《佛说阿弥陀经讲经文》与薛能《鄜州进白野鹊》，P. 2133《妙法莲华经讲经文》与崔铉《咏架上鹰》。

凡有八个写本的《太子成道经》，叙及太子于西门见瘦劣至甚的病儿，遣车匿问之："诸人亦复如然，"病儿答："殿下尊高，亦复如是。"其后并有吟词："拔剑平四海，横戈敌万夫。一朝床上卧，还要两人扶。"有部分写本"一朝床上卧"作"一朝床枕上"，"还要两人扶"作"转动要人扶"，[③] 又凡有三个写本的《八相变（一）》则作："拔剑平四海，横戈敌万夫。一朝床枕上，起卧要人扶。"而法照（747—821）撰《净土五会念佛略法事仪赞》有一则《相观赞文》也有这四句诗句，云："忧昙华，大众用心听。拔剑平四海，横戈敌万夫，一朝床枕上（希现），起坐听人扶（彩怜）。咄嗟长叹息，谁知老所侵，八十将衰迈（希现），万事不堪住（彩怜）。"[④] 它们应该都是援引自北周释亡名《五苦诗》，[⑤] 该组诗中的《病苦》云："拔剑平四海，横戈却万夫。一朝床枕上，回转仰人扶。壮色随肌减，呻吟与痛俱。绮罗虽满目，愁眉独向隅。"[⑥] 三者差异不大，大概就只是如"却万夫"作"敌万夫"，"回转仰人扶"作"还要两人扶""转动要人扶""起卧要人扶""起坐听人扶"等，看不太出讲经僧、法照有刻意改写《五苦诗》的意图，其歧异应只是编创、抄录时的衍误或所据本子不同所造成的。相较于释亡名《五苦诗》，《太子成道经》《八相变》《相观赞文》三作品的阅听者，世俗大众应该是比较多的，但编创者却未对释亡名作品有太大的更动，应是释亡名的作品在当时即被视为"文多清素，语恒劝善，存质去华"，[⑦] 该诗也是平实无华。讲经变文中类此直接引述文人诗之作的，还有 S. 2440 V《太子成

---

① 杨明璋：《论三组敦煌诗与唐宋伎艺表演的关系兼论敦煌文学研究的未来》，《出土文献研究视野与方法》第 1 辑，台湾政治大学中文系 2009 年版，第 223—251 页。

② 上都即长安，《新唐书·地理一》云："上都，初曰京城，天宝元年曰西京，至德二载曰中京，上元二年复曰西京，肃宗元年曰上都。"可见上都李家当是肃宗以后的印书铺。见欧阳修、宋祁撰《新唐书》，鼎文书局，1981 年影印新校本卷三七《地理一》，第 961 页。

③ 黄征、张涌泉校注：《敦煌变文校注》，中华书局 1997 年版，第 438、457 页。

④ 法照撰：《净土五会念佛略法事仪赞》卷二《相观赞文》（CBETA, T47, no. 1983, p. 483, b12—c10）。

⑤ 项楚《敦煌文学杂考》首先指出该讲经变文的诗句出自释亡名。参见《项楚敦煌语言文学论集》，上海古籍出版社 2011 年版，第 1—21 页。

⑥ 逯钦立辑校：《先秦汉魏晋南北朝诗》，中华书局 1983 年版，《北周诗》卷六，第 2434 页。

⑦ 费长房撰：《历代三宝纪》卷一一（CBETA, T49, no. 2034, p. 101, b2—3）。

道吟词》,此本研究者以为是撮抄《太子成道经》《八相变》的吟词而成的节本,①唯于"队仗白说"结束语——"无边神女貌萤萤"与"大王吟"之间旁有小字,云:"青一队,黄一队,熊踏(附图一)"此等语即唐代刘朝霞《驾幸温泉赋》:"青一队,黄一队,熊踏胸分豹擎背。"②该赋或许不是像任半塘所说是在讲唱中为讲唱者所全诵或节诵,③但讲唱者吸纳其中描绘玄宗游华清宫队仗之壮盛的若干字句,作为铺陈刻画净饭大王队仗之用,当是合乎情理的,且刘氏《驾幸温泉赋》的风格,就如郑棨所言"词调倜傥,杂以俳谐",④故讲经变文的讲唱者也就无须修改调整。

事实上,《太子成道经》《八相变》《太子成道吟词》中另有二句吟词与唐末僧人隐峦相关,即老人以吟词答言太子"何名老人"之问,其中有二句——"欲行三里二里时,须是四回五回歇",⑤正好和隐峦的《逢老人》相似,该诗云:"路逢一老翁,两鬓白如雪。一里二里行,四回五回歇。"⑥项楚以为二者没有必然的承袭关系,应是禅林中的成句之沿用与敷演。⑦这样的看法,在禅宗语录中可获得证实,像宋代昭如等编《雪岩祖钦禅师语录》卷二即有类似的句子,云:"若论履践个事,如人行路一般,行得一里二里,三里四五里便歇。"⑧雪岩祖钦(1214—1287)生活年代,虽较隐峦或讲经变文的形成年代都晚,且此则语录是以人行路为喻说明做事的态度,和讲经变文、《逢老人》以老人行路突显老的特质并不相同,但对行路样态的揣摹却是不谋而合,可见像这样的话语,确实应是禅林流行的成句。

又 S.3872《维摩诘经讲经文》称玄宗从蜀地回长安,肃宗代位,玄宗为上皇,"发白,面皱身,乃裁诗自喻",诗云:"克木牵丝作老翁,鸡皮鹤发与真同。须臾曲罢还无事,也似人生一世中。"⑨此诗《全唐诗》卷三、二〇二均有收,分别归于玄宗及梁锽名下,研究者以为玄宗仅是吟咏此诗,真正的作者为梁锽,诗题为《咏木老人》。⑩该诗于《维摩诘经讲经文》与《全唐诗》差异不大,仅个别字句有异,如"克"作"刻","曲罢还"作"弄罢寂","也似人生一世中"作"还似人生一梦中"。也就是说,《维摩诘经讲经文》和《太子成道经》《八相变》一样,直接引用原作并未改写,《维摩诘经讲经文》甚至还交代了原作者,并将其赋诗的故实一并融入讲经文之中,成为讲唱者解释"是身如聚沫"等经句的例证。而此一故实及诗,郑棨撰的《开天传信记》⑪或稍早郑处诲所撰的《明皇杂录》均有载记,可见唐玄宗退位为太上皇感生命奄忽灭没的故事,在晚唐应颇为流行,并为讲唱者所采纳,用以劝说门徒——"玄宗尚自如此,我等宁不伤身"。

---

①　黄征、张涌泉校注:《敦煌变文校注》,中华书局1997年版,第482页。

②　此赋敦煌吐鲁番文献凡有三本:P.2976、P.5037及日本龙谷大学藏吐鲁番出土文书大谷编号3504+3506一残卷。另外,郑棨撰《开天传信记》节录部分,见上海古籍出版社编《唐五代笔记小说大观》,第1230—1231页。

③　任半塘云:"揣想在讲经中,宜由讲唱人对原赋文全诵或节诵;如在表演中,或由大王于白说后接诵若干句,以壮声色。"见任半塘《唐戏弄》,顶渊文化公司2004年版,第877页。

④　语出唐代郑棨撰《开天传信记》,见上海古籍出版社编《唐五代笔记小说大观》,第1230页。

⑤　黄征、张涌泉校注:《敦煌变文校注》,中华书局1997年版,第438、457页。

⑥　圣祖敕编:《全唐诗》,中华书局1996年版卷八二五,第9295页。

⑦　项楚:《敦煌文学杂考》首先指出该讲经变文的诗句出自释亡名。参项楚《项楚敦煌语言文学论集》,上海古籍出版社2011年版,第1—21页。

⑧　昭如等编:《雪岩祖钦禅师语录》卷二:"若论履践个事。如人行路一般。行得一里二里。三里四五里便歇。"(CBETA,X70, no. 1397, p. 607, c17—21 // Z 2:27, p. 255, b8—12 // R122, p. 515, b8—12)

⑨　以上参见黄征、张涌泉校注《敦煌变文校注》,中华书局1997年版,第834—835页。

⑩　参见项楚《敦煌诗歌导论》,新文丰出版公司1993年版,第68页;徐俊纂辑《敦煌诗集残卷辑考》,中华书局2000年版,第882页。

⑪　吴曾《能改斋漫录·沿袭》"傀儡"条:"唐梁锽《咏木老人诗》:'刻木牵丝作老翁,鸡皮鹤发与真同。须臾弄罢寂无事,还似人生一世中。'《开天传信记》称明皇还蜀,尝以为诵,而非玄皇所作也。"吴曾《能改斋漫录》,中华书局1985年版,卷八《沿袭》,第187页。

P.2955《佛说阿弥陀经讲经文》有吟词："（白野鹊，鄜州进）①轻毛怗雪翅开霜，红觜能深练尾长。名应玉符朝北阙，体柔天性瑞西方。不忧云路阗河远，为对天颜送喜忙。从此定知栖息处，月宫琼树是家乡。"②研究者指出此段文字即薛能《鄜州进白野鹊》诗，③讲经文与原诗的差异包括："怗"原作"迸"，"体"原作"色"，"天"原作"金"，"家"原作"仙"。二者差异虽说不大，但恐怕不能以传抄过程的衍误视之，当是讲唱者有意识的调整、改写，特别是原作云"色柔金性瑞西方"及"月宫琼树是仙乡"二句，方术、道教的意味浓厚，与此本讲经文旨在阐述西方佛国净土，大异其趣，故讲唱者遂将之略做修改，以符合讲经文的需求。而P.2133《妙法莲华经讲经文》一首"黄鹰云云诗天边"的吟词：

> 恰似黄鹰架上，天边飞去有心。还同世上凡夫，出离死生有意。
> 鹰在人家架上，心专长在碧霄。众生虽在凡间，真性本同诸佛。
> 黄鹰虽在架头安，心胆终归碧落间。众生虽在娑婆界，心共如来恰一般。
> 鹰也有心飞去，未知谁解绦。众生大拟出兴，未知谁人救拔。
> 黄鹰爪距极纤芒，争那丝绦未解张。凡夫佛性虽明了，争那贪嗔业力强。
> 有一聪明智惠人，解与黄鹰解萦绊。有一释迦三界主，解解众生恶业绳。
> 丝绦解了架头鹰，飞入碧霄不可见。业绳断处超三界，却觅凡夫大嗟难。
> 劝君速解架头鹰，从他多翼飞云外。劝君速断贪嗔网，早觅高飞去净方。
> 丝绦断处碧云间，万里青霄去不难。争那妄心贪爱缚，万劫轮回不暂闲。
> 净土高飞未有程，凡夫颠倒妄心生。既无少善资身业，合眼三涂路上行。
> 须觉悟，早修行，浮世终归不久停。煞鬼岂曾饶富贵，无常未肯怕公卿。
> 直须认取浮生理，不要贪阗没底坑。来世示君何处好，西方净土证无生。
> 频听讲，学三乘，休向人间定爱憎。闻健速须求解脱，会取莲经能不能。
> 鹰解了，法门开，堪与门徒珍郭哉。净土碧霄今不远，遨游飞去也唱将来。④

研究者以为讲经文实本崔铉《咏架上鹰》，⑤二者立意全同，诗句亦多有沿袭相因之处。崔铉《咏架上鹰》出自唐代尉迟枢撰《南楚新闻》，云："魏公崔相铉，元略之子也。为童儿时，随父访于韩公滉，滉见而怜之，父曰：'此子尔来诗道颇长。'滉乃指驾上鹰令咏焉，遂命笺笔，略无仵思，于是进曰：'天边心性架头身，欲拟飞腾未有因。万里碧霄终一去，不知谁是解绦人。'滉益奇之，叹曰：'此儿可谓前程万里也。'"⑥二诗篇幅相差虽大，但讲经文此段吟词从头至尾概以架头鹰欲入碧霄为喻，说明众生佛性本具，却为贪嗔业力所束缚，待释迦解众生恶业，而架头鹰欲入碧霄正是崔铉主要歌咏的，其至有诗句如"未知谁解绦"与"不知谁是解绦人"大同小异。可见讲唱者应是受到中唐文人崔铉诗作的启发，将本为一首七言四句诗，重新组合并敷演为以七言为主凡有五十九句的吟词，以符合劝人修行向佛之讲经宗旨。

文人诗歌为敦煌讲唱文学所引用，成为某一讲唱文学作品一部分的例子，大抵如是。敦煌文学中尚有部分作品是具互文性的，只是它们与另外的作品之间，就目前现有的讯息，仍无法断言同样也是径自汲取、改造文人诗句。如S.2073《庐山远公话》有二诗偈，分别有云："身生智未生，智生

---

① 此六字以小字题写于诗句前，当非唱词，而是讲唱者用以辅助记忆者。
② 黄征、张涌泉校注：《敦煌变文校注》，中华书局1997年版，第704页。
③ 参见项楚：《敦煌诗歌导论》，新文丰出版公司1993年版，第69页。诗则见《全唐诗》卷五六〇，第6504页。
④ 黄征、张涌泉校注：《敦煌变文校注》，中华书局1997年版，第728—729页。
⑤ 张涌泉：《敦煌变文校读札记》，《中华文史论丛》第63辑，第100—111页。
⑥ 李昉等编：《太平广记》，中华书局2003年版卷一七五《崔铉》，第1303页。

身已老。身恨智生迟，智恨身生早。身智不相逢，曾经几度老。身智若相逢，即得成佛道。""儒童说五典，释教立三宗。视礼行忠孝，挞遣出九农。长杨并五策，字与藏经同。不解生珍敬，秽用在厕中。悟灭恒沙罪，多生忏不容。陷身五百劫，常作厕中虫。"①前者阐释身与智之关系，后者嗔诸人未敬字惜纸。研究者指出 S.2165 有一组题名作《别》的诗三首，前二首即上述二诗偈，或以为是《别》诗被采入《庐山远公话》，②或认定是《别》诗钞自《庐山远公话》。③《庐山远公话》二诗偈与 S.2165 二首《别》诗几全同，仅前者之"视礼"后者作"誓愿"，就字意来看，当以后者"誓愿"为佳，前者当是与"誓愿"音近而致讹。至于究竟是说话者引用无名氏的《别》诗，抑或《别》诗摘录自话本？

从 S.2165 整体的抄写情形来看，凡有十五首的释教箴偈铭，前后笔迹一致，应是同一人所抄，而诗文的风格也颇为一致，均是明白如话的学佛悟道之作，《别》诗以外的十二首之作者又都为僧人，故笔者以为《别》诗若非僧人之作，也是当时流行于庶民大众的作品。像笔者即在明代宗本集《归元直指集》卷二《劝人敬惜字纸》检得一段文字，云：

　　大明劝善书云："士之隶吾籍者，皆须敬重字纸，且如宋朝王沂公其父，见字纸遗地者，必撮拾以香汤洗过焚之，一夕梦先圣抚其背曰：'荷汝敬重吾字纸之勤也，恨汝老矣无可成就，他日当令曾参来生汝家，显大门户。'未几，果生一男，遂名王参，读书聪明，及状元第。以此推之，切不可抛撒践蹋，能依先训之言，敬惜字纸，生生世世得大辩才，不如是者得大罪报。"○偈曰："世间字纸藏经同，见者须将付火中，或送长流埋净处，赐君福寿永无穷。"○儒宗立五典，释道启三宗。一切闲文字，皆与藏经同。愚痴无见识，多抛粪秽中。堕身千万劫，永作厕中虫。④

最末一首五言八句诗与 S.2165 的《别》诗其二大抵相同，事实上，类似的诗句也可在宋俞文豹《吹剑录外集》见到，有云："王文正公之父见被旧文籍，必加整缉，片言一字不敢委弃，一夕梦孔子，曰：'汝敬吾书如此，吾遣曾参为汝子。'因名曰曾，甫弱冠，省、殿试俱第一，建昌张刚叔介绍定二年登科，其子渊微丁未年大魁及为正字，见其仆每聚故字纸焚之，曰：'恐为人践踏。'余母氏临终诵曰：'万般诸文字，即与藏经同，安在不净处，堕作厕中虫。'盖自开辟至今，扶持人极纲理世故，悉惟斯文，其可慢乎？"⑤又长沙窑瓷器题诗有一诗的结构与"身生智未生"诗的前四句全同，作："君生我未生，我生君与(已)老。君恨我生迟，我恨君生早"。且有 14 件之多，⑥足见以此诗为纹饰的瓷器，在市场中是属热销的商品，而纵观目前所见的长沙窑瓷器题诗与文人诗之互文现象，大抵均是瓷器题诗引用、改写文人诗。故笔者以为应先有《别》诗，不论是某僧人为宣教而作，或当时流行于世的劝世诗，后为《庐山远公话》的编创者或长沙窑瓷器题诗的制瓷者所采纳、改写，也为书手写录于 S.2165 一写本中。

另外，P.4889 有首名字叫《颂司空口号并序》，为定千所写，与敦煌曲子词《望江南》，不管是主旨，或者是文句，极为接近，徐俊以为《望江南》是隐括《颂司空口号》而成的。⑦像这样，诗、词间具互文性的作品，笔者还发现一例，P.2976 有一诗作："塞外芦花白，庭前柰叶黄，如今寒去也，兄弟在他乡。"而 P.3123 有一首失调名的曲子词作："一只银瓶□，两手全，催送远行人，弗禄安。曾闻黄

① 黄征、张涌泉校注：《敦煌变文校注》，中华书局 1997 年版，第 263、269 页。
② 参见项楚《敦煌诗歌导论》，新文丰出版公司 1993 年版，第 107 页。
③ 徐俊纂辑：《敦煌诗集残卷辑考》，中华书局 2000 年版 第 546 页。
④ CBETA, X61, no. 1156, p. 483, a16—b6 // Z 2：3, p. 171, a12—b8 // R108, p. 341, a12—b8。
⑤ 俞文豹撰：《吹剑录外集》，清知不足斋丛书本，"中国基本古籍库"。
⑥ 长沙窑课题组编：《长沙窑》，紫禁城出版社 1996 年版墓图第 427—428 页，以及第 143 页。
⑦ 徐俊纂辑：《敦煌诗集残卷辑考》，中华书局 2000 年版，第 838 页。

河长,不信宽,身上渡明官,恐怕人。大海芦花白,秋夜长,庭前树叶黄,旋草霜,门前寒来了,绣襟
裆,夫妻在他乡,泪千行。"①除了"庭前树叶黄"一句近同外,其他如同是"芦花白",其前诗作"塞
外",词则作"大海";同是"寒",其后诗作"去也",词则作"来了";同是"在他乡",其前诗是"兄弟",
词则是"夫妻"。也就是说,二者叙说的地点、对象虽不同,但彼此文句、旨趣的承袭痕迹甚深,当是
后创作的,对先创作的进行改写,只是孰先孰后,尚难断定。又敦煌本有一首江州刺史刘长卿《酒
赋》,或名为《高兴歌》,②其诗句与顾况《李供奉弹箜篌歌》、岑参《玉门关盖将军歌》时有互文的情
形:《酒赋》有"挑金灯,爇玉烛,绿珠姮娥送歌曲",顾况《李供奉弹箜篌歌》则有"爇玉烛,点银灯,光
照手,实可憎";③《酒赋》有"入凝冬,香满室,红火炉,相厌膝。银铛乱点野驼苏,迭迭酒消鱼眼出",
岑参《玉门关盖将军歌》则有"暖屋绣帘红地炉,织成壁衣花氍毹。灯前侍婢泻玉壶,金铛乱点野酡
酥",④三位诗人主要活动的年代又相当接近,因此,谁承袭谁,一时间也难以决断。

三、长沙窑瓷器题诗与文人诗歌、敦煌诗歌的互文性及其商品化

　　美国学者 Robert Finlay 在《青花瓷的故事》一书言:"我们若把瓷器视为一项文化聚焦物、一个
艺术与商业汇流的交会现象、一种在相当程度上将其制作者、购买者、欣赏者的风俗、心理等精神
面向,化为具象并清晰流露的人造物品,那么其中可透露的讯息就极大极广。瓷器一身三角,处于
日常生活、商业和艺术的交集,同时是实用品、商品又是藏品。"⑤一般的瓷器可视为文化的聚焦物、
艺术与商业的汇流,甚至可以说它反映了制瓷者、购瓷者或用瓷者的审美观,而往往以诗歌的题写
作为纹饰的长沙窑瓷器,更可如是观察。像以 1983 年长沙窑窑址出土为主的长沙窑瓷器,据统
计,不包含残缺不全的,有题诗、题字和款识者凡 248 件,其中题诗者共 193 件,合计 60 首,⑥此意
味着部分诗篇有超过二件以上的瓷器题写之,"日日思前路""小水通大河""一别行千里""只愁啼
鸟别"等四首诗更分别有二十件以上的瓷器题写之,⑦可见这些以诗为纹饰的瓷器,在当时应是颇
受欢迎,才会一再被复写。又 1999 年安徽淮北柳孜运河遗址出土一只长沙窑注壶,有题诗:"夕夕
多长夜,一一二更初。田心思远客,门口问贞夫"。⑧这则说明了在当时,题诗瓷器确实透过运河销
售到湖南长沙以外的地方,换言之,题诗瓷器据研究虽以内销为主,⑨但被接受、使用的地域并不局
限在长沙。接下来,拟分别就长沙窑瓷器题诗与文人诗歌、敦煌诗歌,具互文性的作品进行讨论,
借以了解商品化对诗歌的影响,同时,也试着探究仅见于长沙窑瓷器与敦煌文献的重出、具互文性
诗作之来源与传播途径。

---

　　① 林玫仪:《敦煌曲子词斠证初编》,东大 1986 年版,第 128 页。
　　② 徐俊纂辑:《敦煌诗集残卷辑考》,中华书局 2000 年版,第 731—733 页。
　　③ 清圣祖敕编:《全唐诗》,中华书局 1996 年版卷 265,第 2947 页。
　　④ 清圣祖敕编:《全唐诗》,中华书局 1996 年版卷 199,第 2059 页。
　　⑤ ［美］Robert Finlay 著,郑明萱译:《青花瓷的故事(The Pilgrim Art:Cultures of Porcelain in World History)》,台北猫头
鹰出版社 2011 版,第 28 页。
　　⑥ 胡可先新近统计则为 105 首。见胡可先《出土文献与唐代诗学研究》,中华书局 2012 年版,第 638—644 页。
　　⑦ 长沙窑课题组编:《长沙窑》,紫禁城出版社 1996 年版,第 141—143 页。
　　⑧ 刘艳:《淮北柳孜运河出土长沙窑瓷探析》,《文物鉴定与鉴赏》2013 年第 7 期,第 64—68 页。
　　⑨ 长沙窑课题组编:《长沙窑》,紫禁城出版社 1996 年版,第 229 页。

（一）长沙窑瓷器题诗与文人诗歌的互文性及其商品化

据徐俊的考证，长沙窑瓷器题诗与文人诗歌二者共有 10 首重出互见，①另有 3 首：包括胡可先指出："公子求贤未识真，却将毛遂等常伦。当时不及三千客，今日何如十九人。"②一诗为高拯《及第后赠试官》："破镜不重照，落花难上支（枝）。行到水穷处，坐看云起时。"一诗的后二句为王维《终南别业》，③至于头二句，笔者在《景德传灯录》卷十七"京兆华严寺休静禅师"中见之，为休静禅师回应后唐庄宗"大悟底人为什么却迷"的提问，④此条也可证明学界将长沙窑瓷器年代的下限定在宋初，⑤应是可信。另有一只长沙窑残瓷题写"元相公"，下有："忽忆前科第，此时鸡鹬鸴。群春霄索吹还，鸡在庭前鸴。"（附图二），研究者谓此诗不见于《全唐诗》，且认为应当是描述元稹状元及第时的景象，⑥事实上，此诗为白居易《寄陆补阙》诗。为便于论述，兹将这 13 首重出互见的诗歌罗列如表一：

表一

	长沙窑瓷器题诗	文人诗歌
1⑦	有僧长寄书，无信长相忆。莫作瓶落井，一去无消息。（图版 203，1 件）⑧	西曲歌《估客乐》："有客数寄书，无信心相忆。莫作瓶落井，一去无消息。"[南朝陈徐陵《玉台新咏》（中华书局影印清吴兆宜注本）卷 10，"近代西曲歌五首"其二，页 477] 宋孝武帝《客行乐》："有使数寄书，无信心相忆。莫作瓶落井，一去无消息。"[唐释皎然《诗式》（清光绪十万卷楼丛书本）卷 5《有事无事情格俱下第五格》。]
2	万里人南去，三秋（一作春）雁北（一作二）飞。不知何岁月，得共汝（一作女）同归。（图版 185、摹图 435，2 件）	韦承庆《南中咏雁》（一作于季子诗，题《南行别弟》）："万里人南去，三春（一作秋）雁北飞。不知何岁月，得与尔（一作汝）同归。"（《全唐诗》卷 46，页 557）按：S.555 亦有之。
3	主人不相识，独坐对林全。莫慢愁酤酒，怀中自有钱。（1 件）⑨	贺知章《题袁氏别业》（一作《偶游主人园》）："主人不相识，偶坐为林泉。莫邀愁沽酒，囊中自有钱。"（《全唐诗》卷 112，页 1147） 宋岳珂《宝真斋法书赞》卷 8《青峰诗帖（草书八行）》："野人不相识，偶坐为林泉。莫漫愁沽酒，囊中自有钱。回瞻林下路，已在翠微间。时见云林外，青峰一点圆。"（影印《钦定四库全书·子部八·艺术类》，"中国哲学书电子化计划"）

　　① 徐俊：《唐五代长沙窑瓷器题诗校证》，《唐研究》第四卷，北京大学出版社 1998 年版，第 67—97 页。
　　② 此诗录文据《长沙窑：大唐文化辉煌之焦点》重新录校。见李效伟《长沙窑：大唐文化辉煌之焦点》，湖南美术出版社 2004 年版，图 199。
　　③ 胡可先：《出土文献与唐代诗学研究》，中华书局 2012 年版，第 649 页。
　　④ CBETA，T51，no. 2076，p. 338，a18。
　　⑤ 长沙窑课题组编：《长沙窑》，紫禁城出版社 1996 年版，第 234—235 页。
　　⑥ 吴跃坚：《唐风妙彩——长沙窑精品与研究》，湖南美术出版社 2008 年版，第 99 页。
　　⑦ 本表编号依《全唐诗》卷次先后为序，《全唐诗》未收者，置于表末。
　　⑧ 图版、摹图指长沙窑课题组编《长沙窑》，紫禁城出版社 1996 年版书后、书中所附图。件数则参《长沙窑》及徐俊《唐五代长沙窑瓷器题诗校证》，《唐研究》第四卷（1998），第 67—97 页。
　　⑨ 徐俊：《唐五代长沙窑瓷器题诗校证》，《唐研究》第四卷（1998），第 67—97 页。

续表

	长沙窑瓷器题诗	文人诗歌
4	破镜不重照,落花难上支。行到水穷处,坐看云起时。①	《景德传灯录》卷17:"京兆华严寺休静禅师":"问:'大悟底人为什么却迷?'师曰:'破镜不重照,落华难上枝。'"(CBETA,T51,no.2076,p.338,a18) 王维《终南别业》:"中岁颇好道,晚家南山陲。兴来每独往,胜事空(一作祗)自知。行到水穷处,坐看云起时。偶然值(一作见)林(一作邻)叟,谈笑无(一作滞)还期。"(《全唐诗》卷126,页1276)
5	鸟飞平无近远,人随流水东西。白云千里万里,明月前溪后溪。(图版113,1件)	刘长卿《苕溪酬梁耿别后见寄》(一作《答秦征君徐少府春日见集苕溪酬梁耿别后见寄六言》):"清川永路何极(一作清溪落日初低),落日(一作惆怅)孤舟解携。鸟向(一作去)平芜远近,人随流水东西。白云千里万里,明月前溪后溪。惆怅(一作独恨)长沙谪去,江潭芳(一作春)草萋萋。"(《全唐诗》卷150,页1556)又《全唐诗》卷890题《谪仙怨》,首句作"晴川落日初低")
6	公子求贤未识真,却将毛遂等常伦。当时不及三千客,今日何如十九人。②	高拯《及第后赠试官》:"公子求贤未识真,欲将毛遂比常伦。当时不及三千客,今日何如十九人。"(《全唐诗》卷281,页3199)
7	近(一作自)入新丰(一作峯)市,唯闻旧酒香。把(一作抱)琴酤一醉,终(一作尽)日卧垂(一作钓香)杨。(摹图420、460,4件)	朱彬《丹阳作》(一作陈存诗):"暂入新丰市,犹闻旧酒香。抱琴沽一醉,尽日卧垂杨。"(《全唐诗》卷311,页3516)
8	元相公 忽忆前科第, 此时鸡鹤题。 群春霄索吹还, 鸡在庭前鹤③。	白居易《寄陆补阙(前年同登科)》:"忽忆前年科第后,此时鸡鹤暂同羣。秋风惆怅须吹散,鸡在中庭(一作庭前)鹤在云。"(《全唐诗》卷436,页4830)
9	二月春丰酒,红泥小火炉。今朝天色好,能饮一杯无?(图版194,摹图442,2件) 八月新风酒,红泥小火炉。晚来天色好,能饮一杯无④。	白居易《问刘十九》:"绿蚁新醅酒,红泥小火炉。晚来天欲雪,能饮一杯无?"(《全唐诗》卷440,页4900)
10	海鸟浮还没,山云断更(一作便)连。棹穿(一作以)波上(一作里)月,舡压水中天。(图版192,摹图438、461,2件)	贾岛《过海联句》:"沙鸟浮还没,山云断复连(高丽使)。棹穿波底月,船压水中天(岛)。"(《全唐诗》卷791,页8915)按:P.2622亦有之。
11	去岁无田种,今春乏酒财。恐他花鸟笑,伴醉卧池台。(图版190,摹图436—437,3件)	张蠙《醉吟》三首其一:"去岁无田种,今春乏酒材。从他花鸟笑,伴醉卧楼台。"(《全唐诗》卷852,页9636)

① 长沙窑编辑委员会:《长沙窑·综述卷》,湖南美术出版社2004年版。
② 李效伟:《长沙窑:大唐文化辉煌之焦点》,湖南美术出版社2004年版,图199。又长沙窑编辑委员会《长沙窑·综述卷》,湖南美术出版社2004年版。
③ 残片瓷。图见吴跃坚《唐风妙彩——长沙窑精品与研究》,湖南美术出版社2008年版,第99页。
④ 李效伟:《长沙窑:大唐文化辉煌之焦点》,湖南美术出版社2004年版,图284。

续表

	长沙窑瓷器题诗	文人诗歌
12	岁岁长为客,年年不在家。见他桃李树,思忆后园花。(图版193、摹图439—441,4件)	元和中长安沙门:"见他桃李树,思忆后园花。"(五代王谠《唐摭言》卷13)
13	一别行(一作八)千里,来时未有期。月中三十日,无夜(一作日)不相思。(图版186、摹图421—424,21件)	大唐容管道衙前散将蔡辅《大德归京敢奉送别诗》四首其三:"一别萧萧行千里,来时悠悠未有期。一年三百六十日,无日无夜不相思。"(日本圆城寺藏《唐人送别诗并尺牍》)[①]

上述这些作为商品的日用器物,其上题写文士之作,与一般传世文献或略有不同,或差异甚大。略有不同者,部分因制瓷者疏忽、业有不精造成的,如上表编号2题有韦承庆《南中咏雁》诗,大抵与原作相同,唯"与"作"共",于意无碍,亦无变易,应是题制时疏忽,编号6—8、10—11等亦是如此。特别要说明的是编号8,虽是残片,且制瓷者题写时讹误不少,就连作者都有误——白居易讹为元相公,但正好可用以说明元白之作在当时确实大受欢迎,各色人等透过不同的传播途径取得、接受元白的诗作,杂乱夹掺在所难免,元稹《白氏长庆集序》即云:"然而二十年间,禁省、观寺、邮候墙壁之上无不书,王公妾妇、牛童马走之口无不道。至于缮写模勒,衒卖于市井,或持之以交酒茗者,处处皆是。其甚者,有至于盗窃名姓,苟求自售,杂乱间厕,无可奈何!予于平水市中,见村校诸童竞习诗,召而问之,皆对曰:'先生教我乐天、微之诗。'"[②]

也有部分略有不同者和那些差异甚大者是一样的,应是制瓷者基于如商业销售等因素,有意识地进行调整、改写,上表编号1、3—5、9、12—13等7首即属此。像编号9二只题诗瓷壶,一作:"八月新风(丰)酒,红泥小火炉。晚来天色好,能饮一杯无。"二作:"二月春丰酒,红泥小火炉。今朝天色好,能饮一杯无。"显然是改写白居易《问刘十九》,将"绿蚁新醅酒"改为"八月新风(丰)酒""二月春丰酒""晚来天欲雪"也随前句分别调整为"晚来天色好""今朝天色好",研究者曾针对"二月春丰酒"一诗,指出"工匠所题不像是原诗的异文,而是自作剪裁","原句酒与天时都有具体限定,工匠将它普通化了",[③]换言之,制瓷者应是考虑原作首句用字仍不够平易,加上因应不同时序所需,遂有二月、八月的诗句,令此一款式的酒壶一年四季皆可推出,充分发挥诗作与瓷器结合以广开商路之效。其他像编号1"有僧长寄书"、编号3"主人不相识"二诗,分别将西曲歌《估客乐》(一作宋孝武帝《客行乐》)、贺知章《题袁氏别业》略作一、二字的微调,"客""使"改作"僧","野人"改作"主人","偶坐为林泉"改作"独坐对林全(泉)","囊中"改作"怀中"。前者应是为特定群体而制,有类似今日所谓客制化的倾向,而后者则是为了让文句更为口语,且也令个性化较浓的诗作变得有较高的普遍性。[④]

至于编号4、5、12、13等四首则与原作有较大的差异,正好又可分为两种类型。一是编号4、12的拼合型,"破镜不重照,落花难上支(枝)。行到水穷处,坐看云起时"一诗,将王维《终南别业》的诗句与休静禅师回应后唐庄宗的偈语,揉合成一首禅意颇浓的诗篇。"岁岁长为客,年年不在家。见他桃李树,思忆后园花"一诗,后二句为唐元和年间的某沙门回应张籍之吟句,而前二句虽未见于宋以前其他典籍文献,但长沙窑瓷器凡有四件,且宋以后诗集屡见之,如陆游《梅花绝句》:"湖上

---

① [日]圆城寺编:《圆城寺藏智证大师自笔文字史数据集》,东京三弥井书店2011年版,19—04—1。
② 元稹:《元稹集》,中华书局2000年版,第555页。
③ 蒋寅:《读长沙窑瓷器所题唐俗语诗札记》,《咸宁师专学报》1999年第4期,第63—66页。
④ 后者的论述参酌蒋寅之见。见蒋寅《读长沙窑瓷器所题唐俗语诗札记》,《咸宁师专学报》1999年第4期,第63—66页。

梅花手自移，小桥风月最相宜。主人岁岁常为客，莫怪幽香怨不知。"①王冕《春晚客怀》："落落穷途客，年年不在家。寄眠听夜雨，借景看春华。空着三山帽，难防两鬓华。清晨览明镜，载笑复咨嗟。"②二句在唐五代或许已是民间流行的熟语成句，遂为制瓷者摘取，将之与元和沙门所吟之句拼合。二是编号5、13的删节型，分别是截录了刘长卿《茗溪酬梁耿别后见寄》六言八句诗的中间四句，和将蔡辅《大德归京敢奉送别诗》七言四句诗改为五言四句。前者截录之因，大概是八句不便于题刻，③目前所见长沙窑瓷器题诗无一不是四句诗，而刘氏之作也以颔联、颈联的诗意最为连贯、完整。至于后者改七言为五言，应也是基于瓷器对题刻的限制，百余首的瓷器题诗七言者也不过八首，研究者以为大概就是诗句简短便于镌刻之故。④值得一提的，是制瓷者也并非制式的每句各删去二字，还能顾及诗意的完整性，索性将第三句叙说一年的日数置换成一月的天数，离愁相思依旧，但来时相见之期也因而缩短，别有一番滋味。

从上述长沙窑瓷器题诗与文人诗之互文性及其成因的讨论，可知晓制瓷者题写文人诗作或时有衍误，但他们也并非无所用心，反倒不时可见着意经营的情形，已懂得应市场的需求，对原作进行或小或大的调整、剪裁。而我们检视百余首的瓷器题诗，依其内容来看，大体有离愁、欢会、叹世、劝世、景物、游戏等主题之吟咏，其中又以离愁最多，且时常涉及饮酒，而其中引述、改写的文人诗也多为离愁、饮酒之作，二相符合。此一瓷器题诗的内容主题倾向，当与目前所见题有诗句的瓷器多为酒壶有关。⑤概观一般亲友间觥筹交错，多为离别远行、欢聚宴饮，往往也以诗佐酒，或消愁，或助兴，酒壶上题诗正可兼具此一功能，制瓷者当是观察到此一商机，故有酒壶题诗之发想与生产。值得一提的，还有包括编号5、6、8三首诗的旨趣正好与科第为官至为密切，而题写三首诗的又都是碗碟类器物，而非最为常见的酒壶，此一情形说明制瓷者在题写的过程中，应是连器物原本的用途都一并作了考虑。

（二）长沙窑瓷器题诗与敦煌诗歌的互文性及其商品化

敦煌文献及长沙窑出土陶瓷所属年代、阶层，大抵相当，皆以中晚唐五代居多，且多为来自民间的文物。而其所书写的作品许多是一般传世典籍所未见，如约二千二百首的敦煌诗歌，与一般传世典籍重出者约三百首；而长沙窑百余首瓷器题诗，与一般传世典籍近同者如前所述也不过十余首。这些不见于一般传世典籍的敦煌诗歌与长沙窑瓷器题诗之间，却有十五首是近同的：据徐俊《唐五代长沙窑瓷器题诗校证》一文，知有十二首，其于《敦煌诗集残卷辑考》一书又提到"忽起自长呼"诗亦重出，⑥笔者则检得"夕夕多长夜"诗及"远送还通达"诗也是二种文献可见者。兹将十五首诗罗列于表二：

---

① 陆游：《剑南诗稿》，清文渊阁四库全书补配清文津阁四库全书本，"中国基本古籍库"。
② 王冕：《竹斋集》，清光绪邵武徐氏丛书本，"中国基本古籍库"。
③ 昌庆志：《唐代商业文明与文学》，黄山书社2010年版，第288页。
④ 胡可先：《出土文献与唐代诗学研究》，中华书局2012年版，第659页。
⑤ 壶是长沙窑出土陶瓷器的最大宗器物，而瓷壶有部分柄上有铭文，作"赵注子""赵家注子""付家注子"，而注子即酒壶，唐李匡乂《资暇集》，明顾氏文房小说本，"中国基本古籍库""注子偏提"条云："元和初，酌酒犹用樽杓，所以丞相高公有斟酌之誉。虽数十人一樽一杓，抱壶而散了无遗滴，居无何，稍用注子。其形若罂，而盖觜柄皆具。"另参长沙窑课题组编《长沙窑》，紫禁城出版社1996年版，第29页；刘美观《解读长沙窑》，文物出版社2006年版，第60—62页。
⑥ 徐俊：《唐五代长沙窑瓷器题诗校证》，《唐研究》第4卷（1998），第67—97页；徐俊《敦煌诗集残卷辑考》，中华书局2000年版，第77页。

表二

	长沙窑瓷器题诗	敦煌吐鲁番诗歌
1①	春水春池满,春时春草生。春人饮春酒,春鸟哢春声。(图版 65,2 件)②	春日春风动,春来春草生。春人饮春酒,春鸟弄春声。(P.3597、中国书店藏敦煌写本;徐俊,页 285) 春日春风动,春山春水流。春人饮春酒,春棒打春牛。(日本北三井 103 号;徐俊,页 937)
2	竹林青付付,鸿雁北向飞。今日是倮日,早放学郎归。(图版 66) 望林心忧伤,鹄雁北向飞。今日是倮节,早盼学郎归。③	竹林清郁郁,伯鸟取天飞。今照是我日,且放学生郎归。(P.2622;徐俊,页 776) 写书今日了,先生莫醲池。明朝是贾日,早放学生归。(吐鲁番阿斯塔那 363 号墓出土卜天寿抄写文书④)
3	七贤第一祖 须饮三杯万士休,眼前花拨四枝柔。不知酒是龙泉剑,吃入伤中别何愁。(图版 103.1 件)	并有三盃万事休,眼前花发死池之。(S.4359;徐俊,页 886⑤)
4	白玉非为宝,千金我不须。意念千张纸,心存万卷书。(图版 177,1 件)	白玉非为宝,黄金我不须。□竟千张纸,心存万卷书。(P.2622;徐俊,页 778) 白玉虽未宝,黄金我未虽。心在千章至,意在万卷书。(P.3441;徐俊,页 778) 黄金未是宝,学问胜珠珍。丈夫无伎艺,虚沾一世人。(《王梵志诗校注》卷四,页 412⑥)
5	天地平如水,王道自然开。家中元学子,官从何处来。(图版 180,3 件)	高门出贵子,好木出良在。丈夫不闻学,观从何处来。(北 8317、S.614;徐俊,页 916) 高门出己子,好木出良才,交□学敏去,三公河处来。(吐鲁番阿斯塔那第 363 号墓出土的卜天寿抄诗)⑦ 三公何处来。(S.133《秋胡变文》)
6	客来莫直入,直入主人嗔。打(一作叩)门三五下,自有出来人。(图版 181、摹图 426.7 件)	主人相屈至,客莫先入门。若是尊人处,临时自打门。(《王梵志诗校注》卷四,页 401)
7	男儿大丈夫,何用本乡居。明月家家﹏,黄金何处无。(图版 182,3 件)	方员足,黄金何处无?(S.133《秋胡变文》)
8	我有方寸(一作一片)心,无人堪共说。遣风吹却去,托(一作语)向天边月。(图版 186、208,3 件)	我有一片心,价直万两金。若能。(P.2690、S.6349;徐俊,页 781)
9	自入长信官,每对孤灯泣。闺门镇不开,梦从何处入。(图版 199,1 件)	自处长信官,每向孤灯泣。闺门镇不开,梦从何处入。(P.3812;徐俊,页 384)

① 本表编号概依长沙窑课题组编《长沙窑》,紫禁城出版社 1996 版图版、摹图先后为序,《长沙窑》未收者,置于表末。

② 图版、摹图指长沙窑课题组编《长沙窑》,紫禁城出版社 1996 年版。书后、书中所附图。件数则参《长沙窑》及徐俊《唐五代长沙窑瓷器题诗校证》《唐研究》第四卷,1998 年,第 67—97 页

③ 见 1991 年沃勒·祖曼夫妇捐赠美国印第安纳艺术博物馆收藏诗文壶一只。杨瑾、王锐《美国印第安纳艺术博物馆收藏的长沙铜官窑瓷器》《陕西历史博物馆馆刊》第 6 辑(1999),第 241—245 页。

④ 见国家文物局古文献研究室等编:《吐鲁番出土文书(叁)》,文物出版社 1996 年版,第 582 页。

⑤ 徐俊纂辑:《敦煌诗集残卷辑考》,中华书局 2000 年版。

⑥ 项楚校注:《王梵志诗校注》,上海古籍出版社 2010 年版。

⑦ 国家文物局古文献研究室等编:《吐鲁番出土文书(叁)》,文物出版社 1996 年版,第 582 页。

	长沙窑瓷器题诗	敦煌吐鲁番诗歌
10	一日三场战,离家数十年。将军马上坐,将士雪中眠。[摹图446、459(第三句作"□□赏罚名"),2件]	昌昌三长战,李家数十年。将军马上前,百性霜中邻。(P.2622;徐俊,页778)
11	念念催年促,由如少水鱼。劝诸行道众,修学至无余。(摹图457)	中村不折氏藏敦煌本《礼忏文》:"白众等听说《黄昏无常偈》:西方日以暮,尘劳有微尘。老病死时至,相看不[久]居。念念催年足,犹如少水鱼。劝诸行道众,憨学至无畏。"① 《礼忏文》:"《黄昏偈》:西方日已没,尘劳犹未除。老病死时至,相看不久居。念念催年促,犹如少水鱼。劝诸行道众,修学至无余。"②(另有S.236、S.5562、S.5651、P.3842、P.3826等写本③)
12	远送还通达,逍遥近道边。迁逢退迤过,进退遒遛连。(1件)④	送远还通达,逍遥近道边。遇逢退迤过,进退速游连。(BD.01957、傅图15)
13	忽起自长呼,何名大丈夫。心中万事有,不愁手中无。⑤	忽起气肠嘘,何名大丈夫。心里百事有,□那手中无。(P.3573;徐俊,页805)
14	夕夕多长夜,一一二更初。田心思远客,门口问经(一作贞)夫。⑥	夕夕多长也,一一二更初。田心思欲见,门口问员疑。(BD.02126) 日日昌楼望,山山出段云。田心思远客,门口问贞人。(S.3835、P.3597)
15	忍辱成端政,多嗔作毒蛇。若人不遑恶,必得上三车。⑦	忍辱生端正,多嗔作毒蛇。若人不停恶,必得上三车。(《王梵志诗校注》卷四,页474)
16	自从君去后,常守旧时心。洛阳来路远,凡用几黄金。(图版206、摹图425,7件) 自从君去后,日夜苦相思。不见来经岁,肠断泪沾衣。⑧	《南歌子》:"自从君去后,无心恋别人。……"(P.3836、Dx2430)按:五代成彦雄《夜夜曲》:"自从君去后,锦幌孤兰麝。"[清张玉书《佩文韵府》(清文渊阁四库全书本)卷五十二之四"锦幌"]

从这十五首诗中可以发现,长沙窑瓷器题诗与敦煌吐鲁番诗歌二者的歧异较前述长沙窑瓷器题诗与文人诗歌为大,甚至长沙窑瓷器不同器物题同一诗就有不小的差异,如表二编号2的"竹林青付付,鸿雁北向飞。今日是假日,早放学郎归。""望林心忧伤,鹄雁北向飞。今日是佳节,早盼学郎归。"⑨或可视之为同一首诗的不同异文,也可视为利用同一组的程序化套语所作的不同作品,毕竟二首的旨趣还是略有不同,一首是诉说学郎望能提早放假的心声,另一首则表述学郎亲友于佳节望学郎早归的心情。同样的,长沙窑瓷器题诗与敦煌吐鲁番诗歌近同的作品,排除那些题写衍

① CBETA,T85,no.2854,p.1303,c26—29。
② CBETA,T85,no.2856,p.1306,a7—9。
③ 郝春文编著:《英藏敦煌社会历史文献释录第一卷》,科学出版社2001年版,第352页。
④ 《长沙窑》未有图,径录诗句。见长沙窑课题组编《长沙窑》,紫禁城出版社1996年版,第144页。
⑤ 长沙窑编辑委员会:《长沙窑·综述卷》,湖南美术出版社2004年版。
⑥ 李效伟《长沙窑:大唐文化辉煌之焦点》,湖南美术出版社2004年版,图195;长沙窑编辑委员会《长沙窑·综述卷》,湖南美术出版社2004版;刘艳《淮北柳孜运河出土长沙窑瓷探析》,《文物鉴定与鉴赏》2013年第7期,第64—68页。
⑦ 见长沙窑编辑委员会《长沙窑.综述卷》,湖南美术出版社2004年版。第一句长沙窑课题组编《长沙窑》,紫禁城出版社1996版图版217有之。
⑧ 见长沙窑编辑委员会《长沙窑·综述卷》,湖南美术出版社2004年版。
⑨ 杨瑾、王锐:《美国印第安纳艺术博物馆收藏的长沙窑瓷器》,《陕西历史博物馆馆刊》第6辑(1999)。

误者,有不少也是运用了程序化套语,像编号 1 的"春○春○○"、4 的"白玉非为宝"、5 的"官从何处来"、7 的"黄金何处无"、8 的"我有一片心"、14 的"夕夕多长夜,一一二更初"、16 的"自从君去后",或是前文曾提及的"身生智未生"诗与"君生我未生"诗的相似性,也可说是套语的运用所致。换言之,编创者概以程序化套语为基础,进行加工,而程序化套语正是口头文化常见的一种表述方式,故这也说明了表二的仅见于长沙窑瓷器、敦煌吐鲁番文献之作,与口头文化应有密切的关系。当然,其中也有文人气息较为浓厚的作品,如编号 9 的"自入长信官,每对孤灯泣。闺门镇不开,梦从何处入"一诗,与文人的闺怨诗差异不大,且 P.3812 抄录此诗的同时,也写录了其他不少风格相近的闺怨情诗,部分有交代题名、作者的,确实是来自文人的手笔,故此诗应也是出自文人的手笔,只是目前可见此诗的二种文献,均未交代作者,今姑置此。

　　长沙窑瓷器是作为商品而生产的,故题写于上的诗歌自然也成为商品的一部分,而这些作品有多少是特地为此一商品而编创?还是多取材自现成的文人之作,或是在它们成为商品之前已广泛流传而被制瓷者所吸纳?目前所见百余首的瓷器题诗,确实是因应作为商品的瓷器而编创的,大概就是"买人心惆怅,卖人心不安。题诗安瓶上,将与买人看"[1]一诗,还有一诗作:"一双青子鸟,飞来五两头。借问舡轻重,附信到扬州。"[2]而徐铉撰《稽神录》有云:"周显德乙卯岁(955),伪连水军使秦进崇修城,发一古冢,棺椁皆腐,得古钱、破铜镜数枚,复得一缾,中更有缾,黄质黑文,成隶字云(一双青鸟子,飞来五两头,借问船轻重,寄信到杨(扬)州)其明年,周师伐吴,进崇死之。"[3]可见此首《全唐诗》名之为《涟水古冢缾文》的诗作,[4]在流传的过程中,与陶瓷器干系不小,从诗的内容来看,甚至可能即是因应瓷器作为商品销售而写,方有"借问船轻重,寄信到扬州"的句子。其他也有十余首如前文所述取材自文人之作,只是多数作品的来历,至今仍不甚清楚。

　　令人费解的,尤其是那些一般传世典籍文献未见,而却同时被保存于唐五代南方的制瓷窑口——长沙窑及西北的丝路要道、宗教圣地——敦煌的十余首作品。从表二我们可以知道,这十余首基本上仅见于长沙窑瓷器及敦煌吐鲁番文献的作品,有不少是与佛教关系密切的劝世诗,包括编号 4、6、15 与王梵志诗关系密切,甚至就是王梵志诗的迻录,而编号 11 则是摘录当时礼忏文中《黄昏偈》的句子,[5]而不论是王梵志诗或者是《黄昏偈》,在敦煌文献均有相当多的写本,可见它们在当时是广泛地流传于民间,表一也有编号 4、12、13 是出自僧人禅师之手或与佛门有干系。由此可知,佛教相关人士及其诗作,在唐五代诗歌的传播与通俗化过程,起了一定的作用。值得一提的,还有表二编号 2、4、10,以及表一编号 10 贾岛与高丽使的《过海联句》,均同时可见于敦煌文献的 P.2622 一写本(附图三),此写本抄有诗十余首,概为学郎习书所录,故我们可以说,它们应是当时广泛流传为人们朗朗上口的诗作,学郎才得以信手书来,而制瓷者对这些作品及流行趋势大概也有所耳闻,故将之题刻于瓷器上头。

　　附带一提,笔者发现长沙窑瓷器题诗和磁州窑瓷器题诗也有部分是有联结的,如表二编号 1,也可在河北峰峰彭城窑出土金代白地黑花双系瓶见到,云:"春人饮春酒,春杖打春牛。"和日本北三井 103 号:"春日春风动,春山春水流,春人饮春酒,春棒打春牛。"尤为相同。又长沙窑瓷器题诗

---

① 见长沙窑课题组编《长沙窑》,紫禁城出版社 1996 年版),图版 209;另可参昌庆志《唐代商业文明与文学》,黄山书社 2010 年版,第 295—296 页。

② 长沙窑课题组编:《长沙窑》,紫禁城出版社 1996 年版,图版 202。

③ 李昉等编:《太平广记》,中华书局 2003 年版卷 390,第 3122 页。

④ 清圣祖敕编:《全唐诗》,中华书局 1996 年版卷 875,第 9917 页。

⑤ 有关礼忏文、黄昏偈的研究,可参汪娟《敦煌礼忏文研究》,台北法鼓文化出版社 1998 年版,第 164—179 页。

有一首作："上有千年鸟，下在百年人。丈夫具纸笔，一世不求人。"①宋金元的磁州窑也有多只瓷器有"鸟有千年鸟，人有百岁人"的诗句。二者时代不同，诗句却十分近似，可见二诗句所阐释的情志或有其普遍性，遂为不同时代的市井小民喜闻乐见，而传之久远。

四、结　论

　　透过以上的讨论，我们可以知道与商业活动关系密切的讲唱文学，在援引文人诗歌时，确实会因应讲唱的需要，有不同的作法，如某一文人诗歌不管是风格或内容，若均与某讲唱作品相符，则讲唱者径自摘选迻录，《太子成道经》与北周释亡名《五苦诗》，《太子成道吟词》与刘朝霞《驾行温汤赋》，S.3872《维摩诘经讲经文》与梁锽《咏木老人》都是如此。要是文人诗歌与讲唱的内容主题未尽相符，则会略作修改调整，如P.2955《佛说阿弥陀经讲经文》引薛能《鄜州进白野鹊》，与原作差异其实不大，但原作"色柔金性瑞西方"及"月宫琼树是仙乡"二句，方术、道教意味浓厚，故讲唱者略做修改，以符合讲经文阐述西方佛国净土的需求。而P.2133《妙法莲华经讲经文》"黄鹰云云诗天边"则是受到崔铉《咏架上鹰》的启发，将本为一首七言四句诗，重新组合并敷演为以七言为主凡有五十九句的吟词，以符合劝人修行向佛之讲经宗旨。另外，《太子成道经》《八相变》《太子成道吟词》的"欲行三里二里时，须是四回五回歌"，确如项楚所言，未必是承袭隐峦的《逢老人》，而是敷演禅林流行的成句，《雪岩祖钦禅师语录》卷二即有类似的句子。《庐山远公话》的二诗偈——"身生智未生""儒童说五典"，《吹剑录外集》有"万般诸文字"，《归元直指集》有"儒宗立五典"偈，都与"儒童说五典"偈近同，故可推知二诗偈当为流行于世的劝世诗，而为《庐山远公话》的编创者或长沙窑"君生我未生"瓷器题诗的制瓷者所采纳、改写。又P.2976"塞外芦花白"诗与P.3123失调名的曲子词——"一只银瓶□"，《酒赋》与顾况《李供奉弹箜篌歌》、岑参《玉门关盖将军歌》，亦有互文的情形。

　　而从前文长沙窑瓷器题诗与文人诗歌之互文性及其成因的讨论，可知晓制瓷者题写文人诗作或时有衍误，但他们也并非无所用心，反倒不时可见着意经营的情形，已懂得因应市场的需求，对原作进行或小或大的调整、剪裁。长沙窑瓷器题诗与文人诗歌二者共有十三首重出互见，其上题写文士之作，与一般传世文献或略有不同，或差异甚大。略有不同者，部分为制瓷者疏忽、业有不精造成的，也有部分应是制瓷者基于如商业销售等因素，有意识地进行调整、改写，像"八月新风（丰）酒""二月春丰酒"二诗显然是改写白居易《问刘十九》，制瓷者应是考虑原作首句用字仍不够平易，加上因应不同时序、产地所需，遂有二月、八月及新丰等的词句，令此一款式的酒壶一年四季皆可推出，充分发挥诗作与瓷器结合，以广开商路之效。其他像"有僧长寄书""主人不相识"二诗，或为特定群体而制，或令文句更为口语，而对原诗进行了微调。至于与原作差异较大的，又可分为拼合型和删节型，拼合型如"破镜不重照，落花难上支（枝）。行到水穷处，坐看云起时"一诗，是将王维《终南别业》的诗句与休静禅师回应后唐庄宗的偈语，捏合成一首禅意颇浓的诗篇"岁岁长为客，年年不在家。见他桃李树，思忆后园花"一诗，后二句为唐元和的某沙门回应张籍之句，而前二句则当是流行于民间的成句，为制瓷者摘取，将之与元和沙门所吟拼合。删节型如截录刘长卿《苕溪酬梁耿别后见寄》六言八句诗的中间四句，和将蔡辅《大德归京敬奉送别诗》七言四句诗改为五言四句，应是求诗句简短以便于镌刻而改之。

───────────

　　①　参见长沙窑课题组编《长沙窑》，紫禁城出版社1996年版，第147页。《长沙窑》未有图，径录诗句，图可参李效伟《长沙窑：大唐文化辉煌之焦点》，湖南美术出版社2004年版，图198。

　　值得一提的,是制瓷者在题写的过程中,应是连器物原本的用途都一并作了考虑,像百余首的瓷器题诗依其内容来看,大体可分为离愁、欢会、叹世、劝世、景物、游戏等主题,其中又以离愁最多,且时常涉及饮酒,此一瓷器题诗的内容主题倾向,当与目前所见题有诗句的瓷器多为酒壶有关。概观一般亲友间觥筹交错,多为离别远行、欢聚宴饮之际,往往也以诗佐酒,或消愁,或助兴,酒壶上题诗正可兼具此一功能。

　　不见于一般传世典籍的敦煌诗歌与长沙窑瓷器题诗之间,有十五首是近同的,二者的歧异较前述长沙窑瓷器题诗与文人诗歌为大,编创者概以程序化套语为基础,进行加工,这也说明了仅见于长沙窑瓷器、敦煌吐鲁番文献之作,与口头文化应有密切的关系。且这些作品有不少是与佛教关系密切的劝世诗,或出自僧人禅师之手或与佛门有干系,由此可知,佛教相关人士及其诗作,在唐五代诗歌的传播与通俗化过程起了一定的作用。值得一提的,P.2622十余首学郎习书所录的诗作有四首也可见于长沙窑瓷器题诗,可见这些虽未见于一般传世文献的作品,却在当时广泛流传着,学郎、制瓷者才得以信手拈来。附带一提,长沙窑瓷器题诗和磁州窑瓷器题诗也可见近同的,如河北峰彭城窑出土金代白地黑花双系瓶也有"春人饮春酒,春杖打春牛"的诗句,宋金元的磁州窑有多只瓷器有"鸟有千年鸟,人有百岁人"的诗句,近同于长沙窑瓷器题诗——"上有千年鸟,下在百年人。丈夫具纸笔,一世不求人"。可见诗句阐释的情志若有其普遍性,为不同时代的市井小民喜闻乐见,自可传之久远。

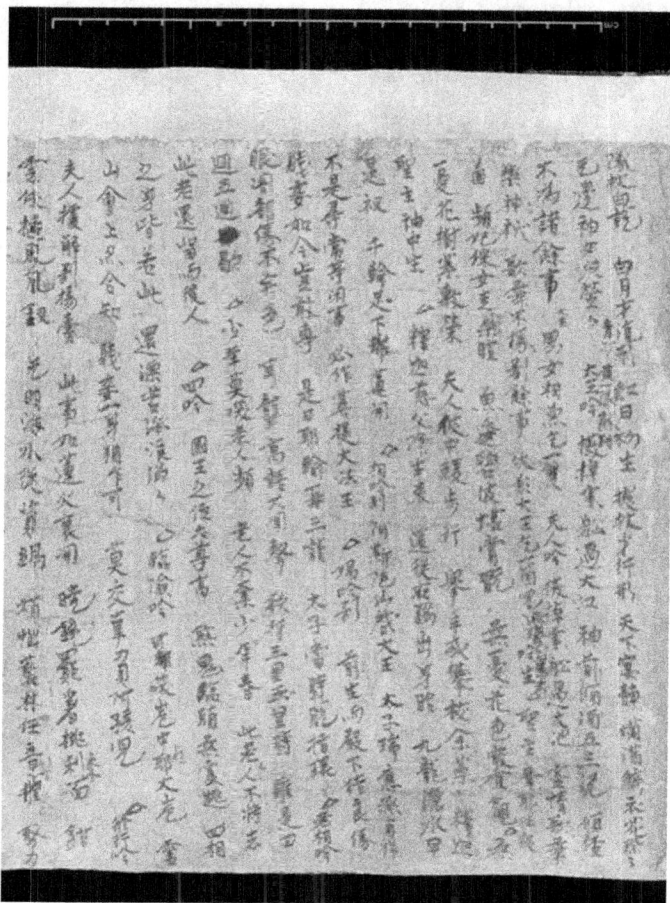

附图一　S.2440V(International Dunhuang Project,http://idp.bl.uk/)

附图二　长沙窑残瓷(吴跃坚:《唐风妙彩——长沙窑精品与研究》,第 99 页)

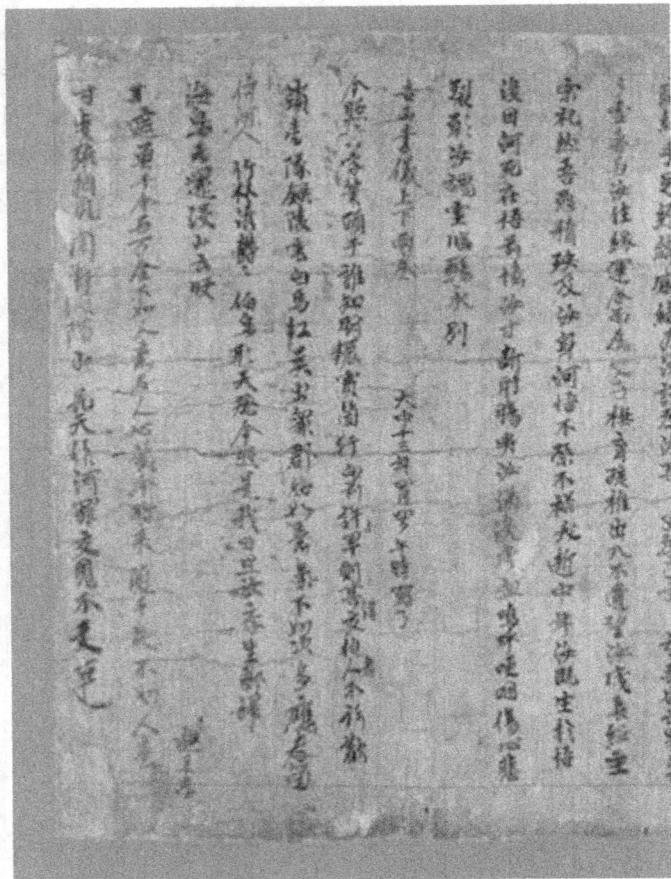

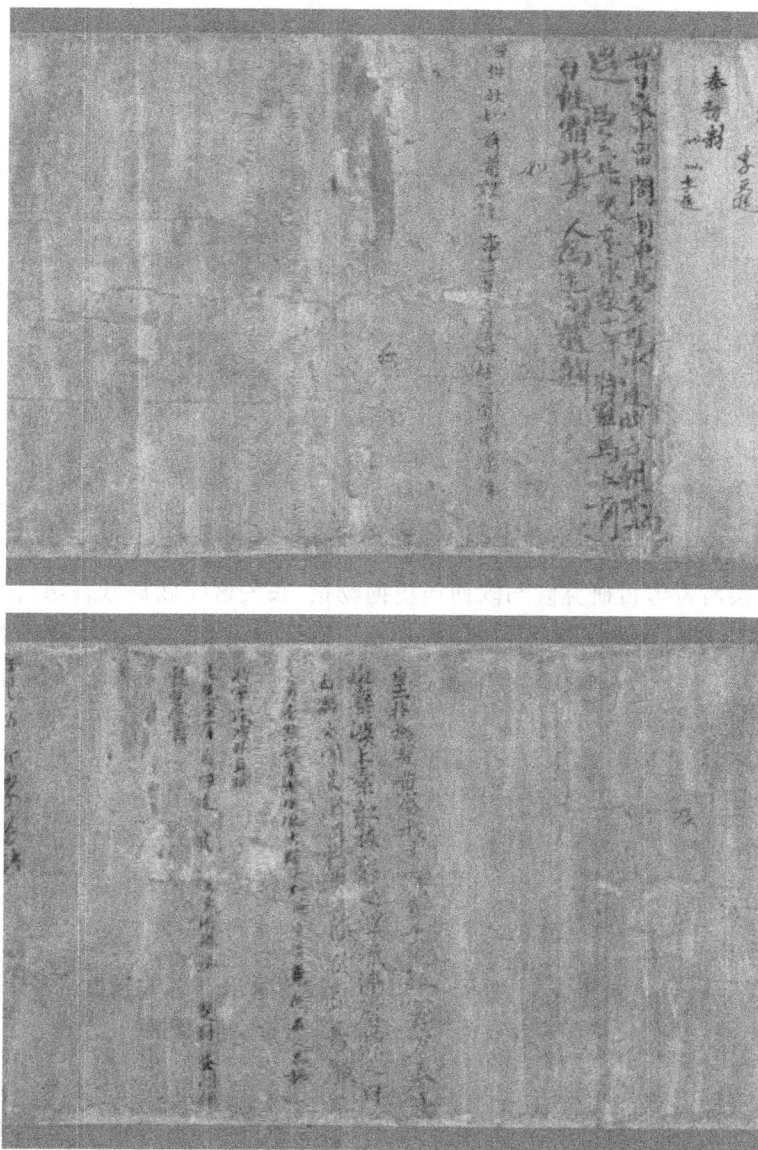

附图三　P. 2622(International Dunhuang Project,http://idp. bl. uk/)

（作者单位：台湾政治大学中国语言文学系）

新出唐太子少师韩休墓志考释[*]

裘 石

内容提要：2014 年陕西西安出土唐代著名宰相韩休墓志，志文所载可以补史所阙，可以纠史所非。志主韩休及撰者席豫，活跃在唐玄宗开元间文坛，均以文辞称于当时。故而这方墓志可谓兼具文史价值，有助于进一步地认识当时的中书词臣群体。

关键词：韩休；墓志；考释；席豫

2014 年 3 月，陕西省考古研究院与陕西历史博物馆、长安区文物局联合组成考古队，对西安市长安区大兆街办郭新庄村南的一座唐代墓葬进行了抢救性发掘。该墓曾经被盗，出土残存骑马俑、侍女俑及动物俑 140 余件，并墓主夫妇墓志各一合。① 其中，韩休墓志与志盖拓片、墓中壁画等于中央电视台国际频道 2014 年 11 月 25 日 22∶56 发布。墓志为方形，有志盖。志盖刻篆书 3 行，行 3 字，为"大唐故韩府君墓志铭"。志石刻正书 41 行，满行 44 字，计 1724 字。现逐录其文，试加标点，并略作考释，以就方家。

一、《韩休墓志》释文

大唐故太子少师赠杨②州大都督昌黎韩府君墓志铭并序
中散大夫守尚书左丞上柱国安定席豫撰

公讳休，字良士，其先颍川人也。七代祖魏从事中郎偃，徙居昌黎郡。夫鲁经说孝，立身之本；汉令称忠，立名之冠。尝历选于千载，难求备于一人，则有同曾闵之事亲，兼稷契之匡主。当朝具美，其在我国相韩公焉。自周室分枝，韩原食菜；晋称霸国，厥在六卿；汉举义兵，信为三杰。英灵间出，世济不陨，以至于我。曾祖随邓州长史、袭黄台公尚贤，祖皇朝阆州长史、巫州刺史符，父皇朝洛州司士、赠吏部郎中大智，并秀发地灵，才优天爵。或佐州典郡，谣颂起于生前；或翼子谋孙，哀荣加于没后。

公即郎中府君之次子也。禀秀异之姿，得清真之性。弱不好弄，幼而生知。十二能属文，十八通群籍。钩深索隐，体物缘情。汉殿论经，则戴凭重席；孔门用赋，则贾谊升堂。加以俨其衣冠，森然矛戟。道苟不合，邈若山河；义有所存，无改霜雪。弱冠应文笔绝伦举擢第一，注冀州下博县尉。公才虽拔萃，仕不择官。及过门下，属黄门李峤以笔札见知，公辅相许，由是

---

* 基金项目：国家社会科学基金重大项目"考古发现与中古文学研究"[项目批准号：14ZDB065]。
① 《考古与文物》编辑部：《"唐韩休墓出土壁画学术研讨会"纪要》，《考古与文物》2014 年第 6 期，第 107 页。
② "杨州"今作"扬州"，古从木，王念孙谓"自张参《五经文字》以从木者为非，而唐石经遂定从手旁"，详见《读书杂志》。

批屈，改授蒲州虞乡县尉。学以从政，绩著理人。梅福仙才，初从下位；桥玄公望，终陟上台。秩满一选，授陕州桃林县丞。时吏部侍郎郑愔以学府词宗，收笔精墨妙。蜀都才子，素重马卿之文；晋室名臣，还入山涛之启。是举也，君子韪之。中兴初，又应十道宣劳使贤良举。今上时在储宫，亲问国政。公对策高第，擢授左补阙，寻判主爵员外郎。衮职有阙，繄公能补；郎官之选，为国所难。时望见升，佥曰惟允。未几，转起居郎，迁给事中。南史直词，润色王业；东台驳议，振起朝纲。虽倚相之读九丘，陈劭之通六籍，无以过也。无何，拜中书舍人。转礼部侍郎，仍兼知制诰。初征徐邈，以训五经；乃命伯夷，以掌三礼。王言有序，祀典增修。时天子以九牧之雄，简百寮之秀，乃授公虢州刺史。地惟虢略，国有唐风。下车政成，閈阎人理。伫闻征拜，忽遘闵凶，丁太夫人忧罢职。蔡邕侍疾，不解带者三年；曾参执丧，其绝浆者七日。礼不灭性，代实须才。有制起复，除左庶子，兼知制诰。充穷垄隧，匍匐阙庭；固陈诚请，许终丧制。服阕赴职，寻转工部侍郎，依旧知制诰。公纶翰一掌，前后十年。武德初，中书侍郎颜师古掌经九年；贞观中，中书令岑文本经十八年。岁序深者，及公而三矣。自非兼苞文史、博达古今，孰能与於此？又转兵部侍郎，改尚书右丞。擢在夏官，六师是统；乃居右辖，三台以清。绩深官曹，望在舟楫。乃擢拜黄门侍郎、同中书门下平章事。公册拜之日，自京邑洎于海隅，苍生莫不踊跃喧呼，喜大贤入相。则知才之济於代弘矣，德之感於人深矣。於是乎缉熙王道，丹青神化，下顺万物，外安四夷。嘉谋嘉猷，乃告尔后；同心同德，是谓乱臣。进忠良，黜邪佞，簪绂震竦，朝廷肃清，而高行不杂，直躬多忤。未几，转工部尚书，迁太子少师，名刊八座，宦成两宫。运属唐虞，方侍登封之礼；年逢辰巳，俄兴下代之悲。以开元廿八年五月十日，遘疾薨于安兴里之私第，春秋六十有八。

有制曰："存为名臣，殁有褒赠，旌德悼往，义兼於斯。故银青光禄大夫、守太子少师、上柱国、宜阳县开国子韩休，时之良材，特禀和气，体正居厚，外柔内刚。文学富赡而见称，识度沉详而见用。往当大任，甞効吁谟；爰辅元良，率由直道。孰云与善，而不永年？奄此沦丧，情深悯惜，瞻言懿范，宜被宠章。俾承加等之荣，以叶饰终之典，可赠杨州大都督，赐米粟一百五十石、绢一百五十疋，葬日量借手力幔幕。"以其年八月十八日，迁窆于少陵原，礼也。

惟公峻摽拔俗，弘量过人，学擅大玉，词称雄伯。饬躬由礼，从政有经。其在补阙也，每有举人，甞预考策。属太平公主以妇人干政，窦怀贞以宰相持权，相与为人，固执不第，将谋危害，遽自诛夷。此公之正直，神道所佑矣。其莅虢州也，带河拒陕，百姓居山。西幸东巡，两都纳秸。险陆相半，转输为劳。曰抗表极言，至诚动听，特免兹役，以安厥人。此公之恻隐，毗心所赖矣。其理兵部也，有戴鹖之勇，丽龟之能，精简得材，请托无路。君子曰："若使韩公掌吏部选，必能变风俗、清流品，权贵失图，寒素得志。"此公之蔺要，众望所归矣。其居宰衡也，言必献替，事多弘益，在公尽节，为上所知，每顾谓公曰："卿是朕社稷臣，可比风、力。"此公之忠贞，圣怀所重矣。历官著称，当代推贤。而子产云亡，空存遗爱；臧孙不朽，所谓立言。迹虽没於丘山，名方传於竹帛。公所著文集九十卷。有子九人：长子浩，京兆府富平县尉；次子洽，蒲州永乐县主薄；次子洪，河南府洛阳县尉；次子滉，右金吾卫骑曹参军；次子法，左金吾卫兵曹参军；次子洞，京兆府参军，早亡；次子湜，右威卫骑曹参军；次子浑，左监门录事参军；次子洄，未仕。并业绍折薪，礼遵卜宅。长安东道，少陵南陌，始植松楸，思镌金石。豫对掌纶绂，亟历居诸，义感知己，文惭课虚。四海交游，空挂延州之剑；千年陵谷，谁刊汲冢之书。铭曰：

星象磊硌，山河氤氲；感降才子，弼谐圣君。唯公挺生，当代杰出；兼乃忠孝，半於文质。从学称敏，属词尤工；宦历中外，名成始终。厚禄尊官，清心直行；玉坚有体，松寒其性。爰自郡邑，至于公卿；所乐名教，不渝忠贞。方侍登封，俄嗟阅世；少陵原野，太常容卫。笳断山月，旆飞郊云；哀哀孝子，负土成坟。

二、韩休事迹考释

志主韩休，字良士，两《唐书》均有本传，有刚直贤能之称，为唐玄宗开元间名相，同时也是当时著名的文人。志文更是作出了高度的评价，谓"同曾闵之事亲，兼稷契之匡主"，既高彰其品质，又称许其才干。

韩休籍贯，志文题称"昌黎韩府君"，而两《唐书》本传均谓其为"京兆长安人"①，所载不同。志文谓"其先颍川人也。七代祖魏从事中郎（韩）偃，徙居昌黎郡"，及于韩休父祖，并无涉及京兆处。考之《元和姓纂》，韩氏"昌黎棘成县"条下有："后周有商州刺史、洪雅公韩护，状称（韩）潜后，居京兆。孙（韩）符，巫州刺史。"②韩符正为韩休祖父，故而韩护一支大约从北周时即迁居长安，志文称"昌黎"是称其郡望，而两《唐书》本传称"京兆长安人"即称其籍贯，韩休曾孙韩复墓志即谓"昌黎人也，后移籍于京兆府万年县，遂植松槚焉"③。同样，志文撰者自署"安定席豫"，而两《唐书》均谓其"襄阳人""徙河南"。《元和姓纂》："汉初，徙关东豪族，席氏后徙安定临泾。"④安定为席氏郡望，席豫自署安定而不称襄阳，与韩休的情况是相同的。翻检出土墓志，能够发现存在大量的志文所载籍贯与史籍所云相龃龉的，实际上一者称郡望，一者称籍贯，并不相悖。

韩休世系，《新唐书·宰相世系表》及《元和姓纂》均有载记，加之此志所及，多方相较，颇有可纠之谬。志文谓"七代祖魏从事中郎（韩）偃，徙居昌黎郡"，而据《新唐书·宰相世系表》，则韩偃当为韩休九代祖，且其文云："（韩）偃，临江令，生后魏从事郎中⑤（韩）颍，（韩）颍生（韩）播，（韩播）字远游，徙昌黎棘城。"⑥则韩休一支自其七代祖迁至昌黎当无疑惑，但其七代祖究竟为谁，则未可遽断，尚待更多的资料以佐厘清。再者，韩休曾祖《新唐书·宰相世系表》云"（韩）贤字思齐，隋邓州刺史，袭黄台公"。参之志文，则知其名当为尚贤，而史籍载录有误。

韩休之父韩大智，志文谓"洛州司士、赠吏部郎中"。考之史籍，《旧唐书》云"官至洛州司功"⑦，《新唐书》谓"洛州司功参军"⑧，《元和姓纂》则称"洛州刺史司户参军"⑨，而权德舆撰《韩洄行状》及顾况撰《韩滉行状》均谓韩大智"河南府士曹参军"⑩。河南府即洛州⑪，"河南府士曹参军"即"洛州司士"之他称，故尔两《唐书》及《元和姓纂》所载均非，而宜以权、顾所撰行状及志文所载为是。志文谓韩休为"郎中府君之次子"，结合《新唐书·宰相世系表》及《元和姓纂》，韩大智生子三人，除韩休外，长为韩偲，幼曰韩倩，《新唐书·宰相世系表》记其官职谓"偲，秘书郎"⑫"倩，殿中丞"⑬。今按同墓所出韩休夫人柳氏墓志，谓"公之季曰倩，今为光禄少卿，业富词学，志轻轩冕，将拍洪崖之肩，

① 《旧唐书》卷九八，中华书局1975年版，第3077页；《新唐书》卷一二六，中华书局1975年版，第4432页。
② 《元和姓纂》卷四，中华书局1994年版，第487页。
③ 赵力光：《新出柳公权撰〈韩复墓志〉考释》，《文物》2009年第11期，第91页。
④ 《元和姓纂》卷十，第1597页。
⑤ "从事郎中"当为"从事中郎"之误。
⑥ 《新唐书》卷七三上，第2859—2860页。
⑦ 《旧唐书》卷九八，第3077—3078页。
⑧ 《新唐书》卷一二六，第4432页。
⑨ 《元和姓纂》卷四，第487页。
⑩ 《全唐文》卷五〇七权德舆《太中大夫守国子祭酒颍川县开国男赐紫金鱼袋赠户部尚书韩公行状》、卷五百三十顾况《检校尚书左仆射同中书门下平章事上柱国晋国公赠太傅韩公行状》，中华书局1983年版，第5157、5382页。
⑪ 《元和郡县图志》卷五："河南府：洛州，东都。"中华书局1983年版，第129页。
⑫ 《新唐书》卷七三，第2861页。
⑬ 《新唐书》卷七三，第2871页。

且蹈留候之迹",正与史合,而所载官阶亦可补史传之阙。

韩休诸子,志文所载计九人,分别为韩浩、韩洽、韩洪、韩瀚、韩泆、韩洞、韩滉、韩浑、韩洄。柳氏墓志所序为七人,失韩瀚、韩洞二人,与两《唐书》本传所举相同。这种情况,一方面可能如部分研究者所怀疑的那样,韩瀚、韩洞非柳氏所出,故而柳氏墓志不载,但另一方面也可能是由于二人早卒而撰志者未详及(韩洞于韩休墓志中已谓"早亡",故而当早于开元二十八年(740),韩瀚卒于开元二十八年至天宝七载(748)之间亦非全无可能)。

此外,韩休之子韩泆墓志其曾孙韩复墓志也已出土(见本文附录),对于补充韩休世系也具有重要作用。韩泆墓志为其侄韩章撰。韩章撰志,近年亦有出土,如《唐故朝散大夫行太子洗马上柱国萧公(季江)墓志铭并序》,题署:"银青光禄大人行尚书兵部侍郎汉阳县开国男韩章撰。"墓主贞元十一年卒。又新出土《唐韩君妻魏琰墓志》云:"年未及笄,……归于韩人之室。公讳曇,祖休,父洄,都卿相之位,名在惇史。……元子宾,前岭南节度副使,殿中侍御史。次子□,举进士。"①《元和姓纂》载韩洽子述、武,而新出土《韩复墓志》载韩述为韩浑子,则墓志可订《姓纂》之误。现结合志文及史料,试厘清韩休世系如下:

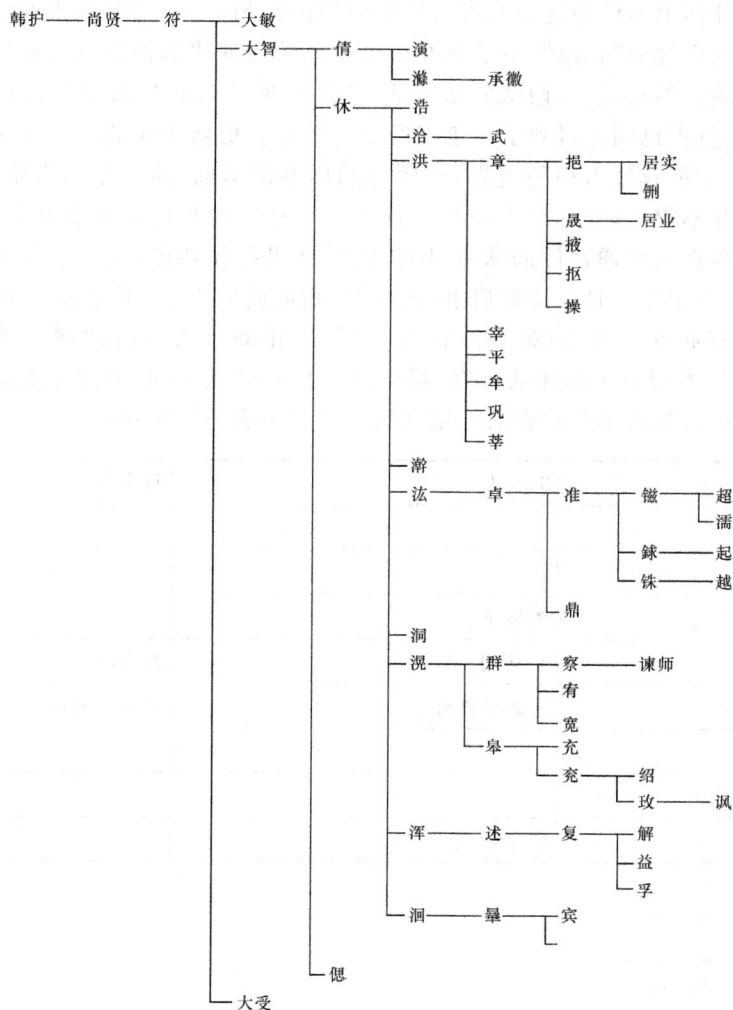

① 赵文成、赵君平:《秦晋豫新出墓志蒐佚续编》,国家图书馆出版社 2015 年版,第1150页。

　　观之两《唐书》,韩休卒年六十八,与志文所载同,然而其具体年份则史有歧说。《新唐书》不载,而《旧唐书》则有两说。其一见于《韩休传》:"(开元)二十七年病卒。"①其二则见于《玄宗本纪》:"(开元二十八年)夏五月乙未,太子少师韩休、太子少傅李暠卒。"②志文明言:"以开元廿八年五月十日,遘疾薨于安兴里之私第,春秋六十有八。"至此尚未可遽定是非。参以陈垣《二十史朔闰表》推之,开元二十八年五月十日为乙未,而二十七年五月乙未则在四日。再者,志文云"年逢辰巳,俄兴下代之悲","下代"犹言"下世",谢世之谓。开元二十七年为己卯,二十八年为庚辰,二十九年为辛巳,韩休卒于二十八年,当庚辰、辛巳之间,乃可有此语。朱玉麒先生《韩休卒年考辨》一文即以开元二十八年为是,然其考辨假旁证以作推测,惜其稍乏实据,志文之出,乃成定案。是知韩休生于唐高宗咸亨四年(673),卒于唐玄宗开元二十八年,终年六十八岁。

　　韩休的仕宦情况,两《唐书》已有详细的记载。其政治上的成绩,志文谓其正直、恻隐、蔺要、忠贞,尤其其中言及的为虢州百姓奏请减免赋役之事:"其莅虢州也,带河拒陕,百姓居山。西幸东巡,两都纳秸。险陆相半,转输为劳。回抗表极言,至诚动听,特免兹役,以安厥人。"此事同样为两《唐书》本传所载记。虢州地处长安与洛阳之间,因为銮驾的巡幸,作为近州需要负担粮草转运等常税以外的责任。韩休上书认为这个职责与负担应当由诸州均摊,中书令张说认为这是作为地方长官的韩休给予辖区百姓的"私惠",不予批准。属僚也劝阻韩休不再上书以免忤逆张说。韩休表示:"刺史幸知民之敝而不救,岂为政哉?虽得罪,所甘心焉。"③面对他的坚持,朝廷最终同意了他的要求,虢州百姓的负担也因此得到了一定程度上的减轻。史籍中还载有他在玄宗面前刚直不阿的许多事迹,甚至对于举荐他为相的萧嵩,韩休也同样不留情面,往往据理力争、当面驳斥。也正因此韩休入相时间并不很长(开元二十一年三月至十二月),而在这短短的九个多月里,即做了一系列不俗的工作。唐玄宗忌惮韩休的耿直,围猎张乐唯恐韩休知道,左右建议罢免他。对此玄宗感叹道:"吾虽瘠,天下肥矣。且萧嵩每启事,必顺旨,我退而思天下,不安寝。韩休敷陈治道,多讦直,我退而思天下,寝必安。吾用(韩)休,社稷计耳。"④正如志文所言:"卿是朕社稷臣,可比风、力⑤。"考察志文,可以发现对于韩休的历官,尽管两《唐书》已颇详细,但由于史籍的记载或因史料散失、或因撰者的取舍,始终不免存在着一定缺失。现试制表稍加比对:

志文	旧唐书	新唐书
冀州下博县尉(未就)		
蒲州虞乡县尉		
陕州桃林县丞	桃林丞	
左补阙	左补阙	左补阙
主爵员外郎	主爵员外郎	主爵员外郎
起居郎		
给事中		
中书舍人	中书舍人	

---

① 《旧唐书》卷九四,第 3079 页。
② 《旧唐书》卷九,第 212 页。
③ 《新唐书》卷一二六,第 4432 页。
④ 《新唐书》卷一二六,第 4433 页。
⑤ 风、力,指传说中黄帝的臣子风后、力牧。

志文	旧唐书	新唐书
礼部侍郎、知制诰	礼部侍郎、知制诰	礼部侍郎、知制诰
虢州刺史	虢州刺史	虢州刺史
左庶子、知制诰		
工部侍郎、知制诰	工部侍郎、知制诰	工部侍郎、知制诰
兵部侍郎		
尚书右丞	尚书右丞	尚书右丞
黄门侍郎、同中书门下平章事	黄门侍郎、同中书门下平章事，加银青光禄大夫	黄门侍郎、同中书门下平章事
工部尚书	工部尚书（《玄宗本纪》为兵部尚书①），罢知政事	工部尚书
太子少师	太子少师（《玄宗本纪》为太子少保），封宜阳子	太子少师，宜阳县子
银青光禄大夫、守太子少师、上柱国、宜阳县开国子、赠杨州大都督	开元二十七年病卒，赠扬州大都督，谥文忠；宝应元年，重赠太子太师	赠扬州大都督，谥文忠；宝应元年，重赠太子太师

由表易见，对于韩休早年初仕的任官及中间任期并不很长的官职，两《唐书》均从略省。故而志文所载可补史阙，并且对于全面地认识韩休具有相当的意义。除表外，据苏颋《授韩休起居郎制》②，韩休时官朝议郎、左补阙、内供奉、判尚书主爵员外郎；据张九龄《韩休平章事制》③，韩休时官大中大夫、守尚书右丞、上柱国；再检韩休所撰《许景先墓志》《柳儒墓志》，所署分别为中大夫、守兵部侍郎与尚书兵部侍郎兼知制诰。④

韩休应文笔绝伦举，志文称"弱冠"。结合其生卒年推断，当在武周天授三年（692）前后。据两《唐书》及陈冠明《苏味道李峤年谱》所考，天授三年一月，李峤以忤武则天，由给事中出为润州司马。⑤ 长寿二年（693）⑥，李峤以润州司马诏为凤阁舍人，其后四五年均在此任。按，凤阁舍人即中书舍人，属中书省，给事中属门下省，黄门即门下省之别称。志文称"黄门李峤"，则或以官署指称，或者李峤曾短暂担任黄门侍郎，而史籍未载。因此韩休应举当在天授二年、三年左右，而以三年可能性较大。据徐松《登科记考》引《资治通鉴》，其年"太后引见存抚使所举人，无问贤愚，悉加擢用"⑦。由于竞争者鱼龙相混，而授官又颇芜杂，韩休"才虽拔萃，仕不择官"的情况也就相对好理解了。韩休的遭遇受到赏识他的李峤的打抱不平，两位诗人的交集似乎并无他处史料可征，这或许可以为围绕他们的研究提供一些新的线索。按天授二年、三年《登科记考》及《登科记考补正》均无"文笔绝伦"之目，可据此志补之。

---

① 比之诸处，《旧唐书·玄宗本纪》所载当误。
② 《全唐文》卷二五〇，第 2531 页。
③ 《唐大诏令集》卷 45，商务印书馆 1969 年版，第 222 页。此制另见《全唐文》卷二三，第 271 页，题《授韩休黄门侍郎同平章事制》，文略同而称时官"尚书左丞"，非。
④ 有关《许景先墓志》的研究，可参胡可先《出土文献与唐代诗学研究》第七章《许景先墓志笺证》，中华书局 2012 年版；高慎涛《洛阳出土唐代文人许景先墓志考疏》，《中国韵文学刊》2014 年第 2 期。
⑤ 《苏味道李峤年谱》，中央文献出版社 2000 年版，第 105—106 页。
⑥ 武则天天授三年四月改元如意，九月复改长寿。
⑦ 《登科记考》卷三，中华书局 1984 年版，第 98 页。另见《资治通鉴》卷二〇五，中华书局 1956 年版，第 6477 页。

　　这篇志文所及的另外一个具有相似情况的人则是郑愔。一则韩休与郑愔的交集同样地于史无征，再则考之两《唐书》及《朝野佥载》等，各处俱备言其人品之劣劣。志文称："时吏部侍郎郑愔以学府词宗，收笔精墨妙。"更以山涛相譬，谓"是举也，君子韪之"，而《朝野佥载》则载有其掌吏部选时纳贿之丑事①。此处或为席豫之曲笔，或为他处所均不载之宝贵史料，其中当尚有可发之覆。

　　除李峤、郑愔及志文撰者席豫外，韩休同当时的著名文士诸如张九龄、王维等都有一定的交往。王维《暮春太师左右丞相诸公于韦氏逍遥谷燕集序》："时则有若太子太师徐国公、左丞相稷山公、右丞相始兴公、少师宜阳公、少保崔公、特进邓公、吏部尚书武都公、礼部尚书杜公、宾客王公。"②"始兴公"即张九龄，"宜阳公"即韩休。韩休本就以工文辞称于世，徐坚在张说评论李峤、崔融、薛稷、宋之问等"昔年皆擅一时之美"的文人以后，问其"今之后进，文词孰贤"。张说首言韩休，谓其文"雅有典则，而薄于滋味"，其次则及于许景先、张九龄、王翰。③ 从韩休今存诗文以观，应当说张说的评论是比较公允的。当然，韩休的文学风格同他中书词臣的身份以及儒学经典的功力都是密切相关的。志文谓韩休"纶翰一掌，前后十年"，制诰文章要求遣词雅正、用典密丽，长期知制诰影响到韩休平常的文章写作应该说并不奇怪。再者，"十二能属文，十八通群籍""汉殿论经，则戴凭重席；孔门用赋，则贾谊升堂""初征徐邈，以训五经"等处，无不显示出韩休作为一个熟知儒家典籍的学者形象。广泛地摘取经典中的典故、词藻，也就形成其"雅有典则"的特点了，然而整饬太过，又未免"薄于滋味"。

　　韩休诗文，《全唐诗》收三篇，为《南吕羽》《奉和圣制送张说巡边》《奉和御制平胡》。《全唐文》收十篇，为《驾幸华清宫赋》《奉和圣制喜雨赋》《授杜暹等侍御史制》《授皇甫翼等监察御史制》《授郑虚心监察御史制》《封张嘉贞河东县男制》《唐金紫光禄大夫礼部尚书上柱国赠尚书右丞相许国文宪公苏颋文集序》《梁宣帝明帝二陵碑》《赠邠州刺史韦公神道碑》《惠宣太子哀册文》。《宝刻丛编》收二篇，为《唐赠司农卿李元纮碑》《唐秘书监王珣墓志》。《全唐文补遗（千唐志斋新藏专辑）》收二篇，为《大唐故吏部侍郎高阳许公墓志铭》《大唐故银青光禄大夫行薛王府长史上柱国河东县开国男柳府君墓志铭》。放眼而去，多是应诏所作及铭诔文字。这些文学的样式必然地要求作者典雅平正、整饬典雅，故而韩休的文学创作同他的身份地位与要求的文学体式是紧密相连的。

三、韩休妻柳氏墓志

　　值得重视的是，韩休妻柳氏墓志亦已出土。该志为赵冬曦撰，墓志提供了有关柳氏家世和韩休仕历子嗣等方面的重要信息，今将志文释录于下：

　　　　皇唐天宝七载八月十三日壬午，故相文惠公、韩公夫人柳氏终于安兴里第，春秋六十有二矣。粤以十一月四日庚午合祔于少陵原之坟，依周制也。夫人亲启义随熊州司马斌之曾孙，鄜州别驾客尼之孙，戎州南溪县令明伟之女。庆承积善，著为华族。回生赐姓之系，封鲁居解之本。士林所知，故可略也。夫人性与道合，自然明晤；事非师训，动循仪矩；惠心内敏，□容外穆。既笄而归于韩氏，事姑以孝，接娣以睦。娌君子以从一，诲诸孤以在三，可谓仁之方也。已矣！韩公讳休，字良士，昌黎人。世茂衣冠，家操文史。始以秀才入仕，累践中外。自尚书

---

　　①　《朝野佥载》卷一："郑愔为吏部侍郎掌选，赃污狼藉。引铨有选人系百钱于靴带上，愔问其故，答曰：'当今之选，非钱不行。'愔默而不言。"中华书局 1979 年版，第 6～7 页。
　　②　《全唐文》卷三二五，第 3294 页。
　　③　《大唐新语》卷八，中华书局 1984 年版，第 130 页。

右丞拜黄门侍郎同中书门下三品,改工部尚书太子少师。昨长百寮,弥纶庶绩。以贞谅炙佩,而不假收弦;以清白为宝,而不藏全辟。荣贵数十载,室光私积,可不谓忠乎。夫人将顺其美,幽赞其事。丰学员厚禄,必散于姻戚;重锦缛绣,罔施于林第。有锵锵之和,无嗃嗃之历。公之季曰倩,今为光禄少卿。业富词学,志轻轩冕。将拍洪崖之肩,且蹈留侯之迹。公之七子:曰浩,高陵尉;曰洽,监察御史;曰洪,龙门县令;曰法,右补阙;曰滉,同官主簿;曰浑,云阳主簿;曰洞,经明高第。金相并振,三树罗生。棣华韡韡,布列于畿甸;鸰羽诜诜,差池于省阁。懿夫! 有哲夫焉,有令妻焉,有贤季焉。盛哉一门,备兹四美。夫人晚年好道,深味禅悦。划尘劳而万象皆空,解慧性格的面积葬身同现。迨游魂将变,神气自若。犹陈命源,载早炯诚,其达者欤。朝发高堂,暮归同穴;垄雾长昏,松声半咽;寂历荒埏,江洋遗烈。其铭曰:

　　翼翼河东,纯懿俭慈。始称女士,终咸母仪。穆穆文忠,敏德清规。明王之佐,储后之师。相攸孔乐,作合惟时。室无及目,馈有齐眉。采藻笲工,夭桃是宜。虔修向业,静习玄为。铅华莫御,藻缋无施。猿心已寂,驷隙俄驰。谷也难也,闻礼闻诗。终身之戚,寄我哀词。①

韩休一族的婚姻家族关系也是一个值得进一步深入考察的侧面。韩休妻柳氏志题为"唐故相韩公夫人河东郡夫人柳氏墓志文",故知其至少于天宝七载获褒赠"河东郡夫人"。志文谓柳氏为"随熊州司马斌之曾孙、鄜州别驾客尼之孙,戎州南溪县令明伟之女",据《新唐书·宰相世系表》,(柳)道茂生孝斌,孝斌生客尼,客尼生明伟、明亮,明伟生正巳、正礼,正礼生子华、子温,子温生公绰、公权、公谅。② 由此可知韩休夫人柳氏当属柳道茂一支,志文所记曾祖(柳)斌当即《新唐书》所谓"孝斌"。河东柳氏为有唐一代政治和文学上都颇具影响的望族,而昌黎韩氏则屡有登相位者(韩休一支即有休与其子韩滉)。另据韩休曾孙韩复墓志,韩复之父、韩休之孙韩述,其妻同样出身河东柳氏,其志撰者柳公权自谓为韩复堂舅。韩休妻为明伟之女,柳公权于其正为祖辈,于韩述妻为堂亲,故其所称恰如其分。结合韩休其妻墓志,厘清谱系,对于考察韩、柳两大家族之间的关系、探求他们在文学上的相互影响,应当都具有值得深入挖掘的价值。

四、韩休及妻柳氏墓志撰者考证

韩休墓志撰者席豫(680—748),字建侯,襄阳人,两《唐书》有传。席豫以文辞称于当时,玄宗许其"诗人之首出,作者之冠冕"③。《全唐诗》收其诗四篇,为《奉和勅赐公主镜》《江行纪事二首》《奉和圣制答张说南出雀鼠谷》《奉和圣制送张说巡边》。《全唐文》收其文三篇,为《请耕藉田书》《对嗣足不良判》《唐故朝请大夫吏部郎中上柱国高都公杨府君碑铭》。席豫于武周长安中④,举学兼流略、词擅文场科,擢上第,后历阳翟尉、监察御史、大理丞、考功员外郎、中书舍人、郑州刺史、吏部侍郎、尚书左丞、礼部尚书等职。在吏部侍郎任上,拔举寒远之士,当世推重称许其"知人",时人

---

　　①　柳氏墓志拓片及录文见赵占锐、呼啸《唐宰相韩休及夫人柳氏墓志考释》,《唐史论丛》第二三辑,2016年第2期,第249—268页。本文在独立完成之后,经胡可先师提醒,见赵占锐、呼啸先生撰文在前,数据丰富,论证亦颇详尽,可以参考。拜读以后,疵求之下,见尚有纰漏处。如韩休志文多处断句可榷,再如柳氏志文"回生赐姓之系"之"回"、"已矣"之"已"、"不藏金辟"之"辟"、"罔施于林第"之"冈""夭桃"之"夭",疑皆为唐时俗写之"囙"(即"因")"巳""璧""罔""夭"所误认。
　　②　《新唐书》卷七三,第2846—2848页。
　　③　《旧唐书》卷一九〇中,第5036页。
　　④　《新唐书》本传谓"长安中……时年十六",席豫卒于天宝七载,卒年六十九,以此推之,长安中已逾冠年,故尔疑"长安"或为"证圣"之误。

号为"席公"。①《旧唐书·席豫传》谓"天宝初,改尚书左丞"②,以志文勘之,可知为非,时当开元二十八年已为尚书左丞。

席豫曾三迁中书舍人,与韩休先后知制诰。席豫不惟才干拔群,为臣亦有直名。据《新唐书》本传,唐中宗时,安乐公主求为皇太女,席豫不顾安危,上疏坚持请立皇太子,言语深切,人为寒惧。太平公主因此事欲举其为谏官,席豫却深以为耻,拒之遽去。韩休为人与席豫颇多相似之处,志文谓其任左补阙时,"每有举人,尝预考策,属太平公主以妇人干政,窦怀贞以宰相持权,相与为人,固执不弟,将谋危害,遽自诛夷,此公之正直,神道所佑矣"。两人俱历中书,性情相似,故而大约有不错的交往,所以志文里说"义感知己,文惭课虚"。《旧唐书·席豫传》:"(席豫)与韩休、许景先、徐安贞、孙逖相次掌制诰,皆有能名。"③《新唐书·席豫传》:"(席豫)与韩休、许景先、徐安贞、孙逖名相甲乙。"④由此可见,这几位当时著名的文士都曾先后知制诰,负责皇帝诏令的起草,并且齐名当时。巧合的是,韩休的墓志为席豫所撰,而许景先的墓志为韩休所撰,而两篇志文从行文结构、遣词用典上可以说大有相似之处。考察以韩休、席豫、许景先、徐安贞、孙逖为中心的中书词臣所形成的文化圈子和他们的文学思想,是一个值得深入的课题。

韩休之妻柳氏,卒于天宝七载,别有志。志文撰者赵冬曦,字仲庆,博陵鼓城人,《新唐书》有传。赵氏墓志亦出,藏郑州市博物馆,墓志拓片见《隋唐五代墓志汇编》河南卷第一册,录文见《唐代墓志汇编续集》天宝〇六八。赵冬曦于景龙中应进士试,对策甲科,历校书郎、右拾遗、监察御史兼掌国史、殿中侍御史、集贤院学士、考功员外郎、中书舍人、太仆少卿、合眉濮亳许宋等州刺史、弘农荥阳华阴等郡太守诸职,天宝九载以国子祭酒卒于西京善和里第,年七十四。据两《唐书》,自景云二年(711)始,李隆基以皇太子监国。在其亲问国政期间,韩休与赵冬曦对策并中乙科,有同年之谊。赵冬曦以七十二岁高龄为韩休妻柳氏撰写墓志,除自身的文学造诣外,大概同此渊源也有相当关系。

附录一:韩休子《韩泫墓志铭》

唐故谏议大夫韩公墓志铭并序
侄银青光禄大夫守太子宾客上柱国汉阳县开国男章撰

古之立德立言者尚矣,昔臧文仲虽殁而其言立於世,郑子产云亡而其德垂於后,前史所称,代祀不朽,盖谓此也。则知潜道育德者,久而弥芳;履仁迪哲者,远而逾劭。缅玄古以贻祉,铄粹灵而诞和,推而言之,则见於谏议叔父矣。叔父讳泫,字泫,其先颍川人也。世功官族,史谍具详。至八代祖播,徙居昌黎,遂为昌黎人焉。曾祖符,皇潭阳郡太守;祖大智,皇河南府士曹参军赠吏部郎中,咸粹德钟美,垂裕后昆;清风茂烈,炳于当代。父休,皇太子少师赠司空,谥文忠公。以弼亮之才,缉熙王度,功存帝载,德被生灵。公受天元和,与运而出,聪明颖晤,日览千言,宗族甚器异之,以为必绍先烈矣。及长,以通经工文为业,未弱冠,诗礼坟籍,古今之训,无不该综。其於《春秋》《易象》而最深焉,故圣人之大略可得而言也,先儒之奥旨可得而明也。开元中,以门荫补弘文生,解褐授左金吾卫兵曹。秩满参选,时吏部侍郎李彭年特赏书判,言之於朝,曰:"今年吏部得人,得之於韩某矣。"因送名上堂,除左拾遗。寻以献《南郊颂》,改左补阙,仍蒙敕批云:"奠献郊坛,肃雍清庙,皆王者有祀。朕举而行之,卿以雅才,职惟近侍,俾陈诗以颂美,何甘泉之独高,深用嘉也。"天宝中,以亲累,贬为南阳郡司户。未几,有诏召还,却复本官,仍充翰林学士。俄属贼臣禄山作乱,称兵向阙。其秋肃宗於灵武践阼,密诏追公赴行在,授考功员外郎,专知制诰,仍赐绯鱼袋。公世掌纶翰,及居此地,海内无不称美。所有制诏,备传於人。以忠直为权臣所恶,除礼部郎中,又出为资阳太守。寻蒙恩除谏议大夫,追赴阙庭。公以久疾,未可朝奏,於是息心名宦,放志丘壑,因依道德之宗,想望三清之境。服勤吐纳,绝乜杜门。春秋六十有六,以遘疾而终。公名非不显,位非不达,而竟不登大位,天下士友,知与不知,莫不流泪长叹,盖伤其有盛才而不居右职也。文集十卷,行於代。顷以日月非便,权厝江南。粤以贞元廿一年四月十日,龟筮叶吉,归窆于京兆少陵原先茔,夫人陇西李氏祔焉,礼也。夫人父彦超,皇户部员外郎兼侍御史。母仪嫔德,为中外宗仰。嗣子卓,殿中侍御史,名立行成,先公而殁,今所改卜,皆孤孙监察御史里行准襄事焉。不其悲夫!虑陵谷有迁,乃为铭曰:

　　贤人之业,匪时不成。君子之道,匪时不行。显允丕烈,懿其芳声。文以礼乐,蕴之才明。一经垂训,五字作程。方期翼亮,永赞钧衡。昊天不惠,梁木其倾。言归旧国,源祔先茔。岗连地远,山与云平。不朽者德,所存者名。邈终天以垂轨,凛千载而犹生。　　侄孙复书

（墓志原石藏于洛阳九朝石刻博物馆）

附录二:韩休曾孙《韩复墓志铭》

唐故通议大夫守太子左庶子上柱国韩府君墓志铭并序
堂舅金紫光禄大夫左散骑常侍上柱国公权撰

　　府君讳复,字重构,昌黎人也。后移籍于京兆府万年县,遂植松焉。名显位高,德门盛族,时莫之俦也。曾祖休,皇朝太子少师,同中书门下平章事,赠司空。祖浑,皇朝襄阳郡长史,赠左散骑常侍。父述,皇阆州刺史,赠太子少保。公即少保之长子,少保早孤,为叔父兵部侍郎国子祭酒怜念教育,逾于已子。泊生府君,祖婆抱而视之.名曰婆奴,至八九岁,初失所恃。少保领度支陕府院,每公事上省,必携持府君以服拥随之,孺慕之声不绝于路,问而知者,莫不垂涕。尝苦身读书为文,以报慈爱。后居少保丧于亲仁里,抚育三羡二妹,中外感其孝友也。既免丧,逾岁进士及第,释褐试秘书省正字。充彰义军支度巡官,又守本官。充唐随节度掌书记,又守本官。充襄阳节度参谋,又试大理评事,摄监察御史。充山南西道节度参谋,又以本官充武宁军节度参谋。又改监察御史里行,依前充节度参谋。又以本官充魏博节度判官。罢,授大理寺丞,比类刑宪,人自以为不怨。权知京兆府司录参军,六曹咸肃,三县畏纠惧法。任美原令,农桑劝赋租集,盗贼不作。迁大理正,素熟刑法,议谳必中。拜安州刺史,继前政之善而革其弊,添减停值,皆惬人意。府君之姑叔姨舅兄弟云:有人道婆奴饮酒醉即信,婆奴犯赃吾不信也。其行着明如比。历国子司业,太府少卿,大理少卿,洋州刺史。辞郡经岁未得官。舅左散骑常侍公权见宰座云:韩复中外同词云:人说韩复醉归则信,云犯十钱赃则不信,诸座异而美之。除舒州刺史,中谢,时言毕,拜不就列,改授左庶子,人谓之美拜。无何有疾而渴渴,饮水日多,戌下痢痢,久无力而不能步履。以至大中五年六月十八日捐馆,享年六十有九。尊夫人河东柳氏,即余从父姐也。府君有弟三人,曰解,曰益,与府君皆柳氏出也。曰孚及吕氏妹、李氏妹继亲博陵崔氏所出也,皆有令名淑德,亲族知重。府君前婚,清河张士陵女,有一男一女,男先府君而殁。后夫人高阳许氏,生四男五女,男未成童,女才及香缨,唯

府君之所恨。府君嗜学，能诗赋强记，国朝实录历历在眼。德业已就，不至岩廊之位，神骨甚耸，不及从心之年。身往名存，家唯壁立，自启手足，外咸乃从父弟水部郎中宾，营之备之，痛深共祖之亲，急倍同堂之义。有犹子小牛，尽竭所力，摧心毁形，令妻孝女，共鞠四幼，必诚必信，惟神知之。小牛赍历任善绩，请余书之方础，庶为不朽，其铭曰：

　　矫矫宫相，生德门，履道坦坦，成性存存，春闱中第，学富文繁，良筹嘉画，盛幕雄藩，神州纲纪，近县轮辕，隼银印，熊轼朱，既罢郡符，来归魏阙，食贫坏室，历度月，台座宅心，桐安是缺，除而入谢，失在旋折，移辅龙楼，交亲胥悦，言病捐馆，浮云变灭，令妻群幼，抚心泣血，恭弟令，尽诚竭节，神岗宝势，生贤育哲，纪事刻铭，万古昭晰。
　　内弟宣义郎行太常寺协律郎骁骑尉仲年书鱼元弼镌

（赵力光《西安碑林博物馆新藏墓志续编》）

（说明：《韩洯墓志铭》和《韩复墓志铭》释文由胡可先提供）

（作者单位：浙江大学中文系）

词学与诗教:叶嘉莹先生诗词成就管窥

齐益寿

叶嘉莹先生今年已 92 岁了,仍然在天津南开大学中华古典文化研究所授课,在指导研究生的博士论文和硕士论文,所以她常常自嘲"好为人师"。她的"好为人师",却是将孔子"学不厌,教不倦"的精神发挥得淋漓尽致,为他人所难以企及。她自幼热爱中国古典诗词,不仅老而不衰,而且久而弥坚。其所以热爱诗词,先是来自家学和个人兴趣;上大学后则受到恩师顾随先生极大的启发;授业于台湾几所大学后,眼看现代诗提倡横的移植,切断纵的继承,以艰涩文饰浅陋,于是开始意识到要为中华文化的世代传承负起她们这一代人的责任;讲学于美国、加拿大之后,又默默地在尽一份搭建东西文化桥梁的义务,将中华诗词的含蓄深厚之美,酌用西方文学批评的理论视角加以解析,使西方人易于接受,乐于分享。如此数十年如一日的努力不懈,赢得西方学术界尊敬与肯定,因此在她自不列颠哥伦比亚大学(U.B.C.)退休的次年(1991),即被加拿大皇家学会赠予院士的荣衔,成为该学会有史以来唯一以中国古典文学的成就而获此殊荣的人。叶先生诗词成就是多方面的,既有五六百首高质量的诗词创作,又有从唐宋到明清数十位名家词的评赏,汉魏六朝至唐代近千年古近体诗的评赏,诗学词学理论推陈出新的建树,以及贯穿在这些成就之中的一种兴发感动生生不息的诗教精神。这篇短文仅就其词学理论的创获以及诗教的宏大深远两方面,略加管窥,先从其一生的讲学生涯及著述概况谈走。

一、讲学生涯

这位 92 岁高龄的诗词大家,从 21 岁开始教书,至今已有 71 年之久,不曾间断。1945 年自北平辅仁大学国文系毕业后,便被分发到一所教会中学教书,并在其他两个中学兼课,是同时教三个中学。1949 年起,先是在台湾南北三个中学教了五年中学"国文",然后于 1954 年受聘到台大任教,不久又在淡江文理学院以及新庄的辅仁大学兼课,同时教三所大学。当年同时教三所中学,是由于初试啼声,其教书的口碑便很快从学生之间传到学生的家长之间。于是一位父执辈担任一所私立女中校董的学生家长,便请她去兼一班"国文";又有一位负责校务的学生家长也请她去代一班高一女生班"国文"。就在教高一女生班不久,高二男生班闹事,接连赶走两位"国文"老师,于是这位负责校务的学生家长,只有把希望寄托在叶先生身上。没想到自叶先生教了这个调皮出名的男生班以后,竟风平浪静,无人作怪了。然而一人同时在三校担任五班"国文",每周上课三十小时,实在负荷超重。几个学校都很体谅,遂另请他人批改作文。① 至于在台北同时教三所大学,那是因为推介她去台大任教的是她当年辅大的两位师长戴君仁先生和许世瑛先生。戴先生是教叶先生大一"国文"的老师,许先生虽未教到叶先生这一班,却是她老家察院胡同外院南房的房客,对

① 见《红蕖留梦》,生活·读书·新知三联书店 2013 年版,第 110—111 页。

她的印象很深。1958 年淡江英专改制为淡江文理学院,许先生是创系主任,便将大二以后的"诗选""词选""曲选""杜诗"四门课全托付给她。1960 年辅仁大学在台复校,1963 年大学部正式成立,戴先生出任首届系主任,也将大二以后"诗选"及"词曲选"两门课交给了她。由于教课的负担愈来愈重,戴先生担心她过于劳累,遂将自己在台大担任的"诗选"课让给叶先生,而免去她"历代文选及习作"的课,并推荐她开"杜甫诗",而免去需要批改作文的大一"国文"课。因此叶先生在台大、辅仁、淡江三校每周要上的课可多达七八门,这还不包括有时还兼淡江夜间部的一门课,以及代替许先生在台湾教育广播电台担任的"大学国文"课。好在三校所开的课基本上一样,减轻了不少备课的负担。①

叶先生自 1954 年至 1969 年间任教于台大前后 15 年。在 1966 年至 1968 年间曾应邀至美国密歇根大学及哈佛大学客座讲学,并与哈佛大学东亚系海陶玮(James R. Hightower)教授进行学术合作。在此期间,叶先生的丈夫赵锺荪先生和她的两个女儿也来到了美国——因为赵先生在 20 世纪 50 年代台湾白色恐怖时期遭受过迫害,所以离开台湾是他多年来的愿望。1968 年台大的交换计划到期,此时赵先生已经在美国一所大学找到了一个教汉语的职位,两个女儿也在美国分别读大学和中学。尽管海陶玮先生再三挽留,叶先生还是决定如期返台了。她打算,今后可以每年暑假来美国探亲,并继续与海陶玮教授的合作研究。可是没有想到,她返回台湾以后,赵先生很快就失去了他的工作,而叶先生在台湾教书的收入根本就无法供养丈夫与两个女儿在美国的生活。1969 年,叶先生又接到了哈佛大学的聘书,便决定要把父亲也一起接出来。但是在办理签证的时候,竟遭美国领事馆拒绝,于是海陶玮教授要她先到加拿大温哥华,再去那边的美国领事馆申请,没想到竟再度遭到拒绝。海教授只好请 U. B. C. 的亚洲系主任蒲立本(E. G. Pulleylank)教授把她留下,暂时住在一位同事家的地下室里②,没想到蒲立本教授不但欣然同意,而且才过半年便给了她终身教授聘书。等海教授于 1970 年又寄来哈佛大学聘书时,已经晚了一步。叶先生从此便在 U. B. C. 担任终身教授,直到 1990 年退休,但仍利用暑假期间到哈佛大学与海教授进行学术合作计划。在 U. B. C. 只需教两门课,研究所的一门可以用中文上课,自然得心应手,但大学部的一门"中国古典文学"是全校性的选修课,必须用英文上课,不但经常要查字典到深夜两点钟,而且上课时无法从英文产生自由联想,不能享受到中文讲课时那种天马行空之乐。③ 然而却也因此而加强了她的英文能力,让她可以去旁听西方文学批评理论的课,将 20 世纪形式主义批评以降,诸如现象学、诠释学、符号学、接受美学、读者反应理论、新女性主义文学批评等等各种流派的重要著作进行阅读研究,使她对中国传统词学理论所引起的种种争议应当如何解决,得到不少启发。

1970 年加拿大与中国建交,叶先生便试写一封家书寄给阔别 30 年的两个弟弟。两个弟弟仍然住在察院胡同的祖屋。这时"文革"的十年浩劫正轰轰烈烈进行还不到一半,弟弟收到信后立即交给领导,领导同意可以回信后,弟弟再将写好的回信给领导看过,当面封好寄出。1973 年叶先生申请回祖国探亲旅行,1974 年成行。1977 年"文革"刚刚结束,叶先生又再度回祖国探亲旅行。经过两次回祖国四处旅行增广见闻之后,叶先生下定决心要回祖国讲学,于 1978 年向教育部(当时称国家教委)申请,第二年便得到国家教委的答复安排在北京大学讲学,然后又被南开大学邀请去讲授汉魏六朝诗,同学们热烈要求听诗之外还想听词,于是叶先生便白天讲汉魏六朝诗,晚上讲唐

---

① 《红蕖留梦》,第 129—136 页。
② 叶先生将当时感受,写成一首七律《异国》:"异国霜红又满枝,飘零今更甚年时。初心已负原难白,独木危倾强自支。忍辱为家甘受辱,寄人非故剩堪悲。行前一卜言真验,留向天涯哭水湄。"见《红蕖留梦》,第 1870 页。
③ 叶先生以七绝《鹏飞》一首,写其不能畅所欲言之苦云:"鹏飞谁与话云程,失所今悲匍地行。北海南溟俱往事,一枝聊此托余生。"见《红蕖留梦》,第 190 页。

宋词。当时南开大学主楼 102 阶梯教室只能容纳 200 人，但每堂听的人都超过 300 人，挤不进教室的南开本校生自然抱怨连连。校方于是印发 200 张听课证，优先发给本校同学。哪知凭证进入教室的还是超过 300 人，其中竟混进了 100 多张的山寨版。当年以山寨听课证来听课的，其中有三人竟从此追随叶先生至今达 37 年之久，当叶先生前年九十大寿时，她们都有诗文出现在祝寿论文集上，文中提到至今还保留两张山寨版听课证作为纪念。她们都是从万马齐喑的十年浩劫中走来的，自从听到叶先生讲诗说词之后，有的顿觉"忽有熏风海上来，携将玉露灌灵台。一从曲径通幽境，便有心花迤逦开"①；有的直接以周邦彦《蝶恋花》的词句"一笑相逢蓬海路，人间风月如尘土"为题②，表达她对叶先生的倾心和听课后的感受。因此叶先生在天津，不论是在南开上课，或是在校外甚至去北京演讲，未有动车前，天津至北京至少两小时车程，她们都是"无役不与"，并将叶先生许多演讲录音带，都整理成文字的"讲录"出版。

1981 年 4 月，杜甫学会第一届年会在成都草堂举行，叶先生非常兴奋在会场见到她心仪三四十年之久的《诗词散论》的作者缪钺前辈。缪老也刚拜读过叶先生去年在上海古籍出版社出版的《迦陵论词丛稿》，认为两人的看法很接近，于是约请叶先生每天午饭后的休息时间一起谈论诗词。会议期间缪老手写几首旧作相赠；会议结束之日，更作七律一首赠别，并商定以后两人合作撰写《灵溪词说》的计划。叶先生在回程的飞机上，作了七律两首答谢。从 1982 年起，当 U.B.C. 4 月初学期一结束，叶先生便飞往成都，一面讲课到 6 月底 7 月初，一面与缪老讨论并分题撰写唐宋名家词的评论。一连五年，于 1986 年大功告成。1987 年由上海古籍出版社出版。兹录两人的赠诗及答诗，以见上一代学者的风范：

缪钺《一九八一年四月，叶嘉莹教授自加拿大远来成都草堂，参加杜甫学会年会。数日盘桓，论学甚契，赋此奉贻，兼以惜别。嘉莹教授即将返加拿大温哥华也》

相逢倾盖许知音[1]，谭艺清斋意万寻。锦里草堂朝圣日，京华北斗望乡心[2]。词方漱玉多英气，志慕班昭托素襟。一曲骊歌芳草远，凄凉天际又清阴。③

[1] 自注：叶君谓少时即喜读余所著《诗词散论》，见解多与相合者。

[2] 自注：一九七七年叶君回祖国探亲，旅游西安，赋诗云："天涯常感少陵诗，北斗京华有梦思。今日我来真自喜，还乡值比中兴时。"

叶嘉莹《赋呈缪彦威前辈教授七律二章》

早岁曾耽绝妙文，心仪自此慕斯人。何期瀛海归来日，得沐春风锦水滨。卅载沧桑人纵老，千年兰芷意常亲。新辞旧句皆琪玉，惠我都成一世珍。

稼轩空仰渊明菊，子美徒尊宋玉师。千古萧条悲异代，几人知赏得同时？纵然飘泊今将老，但得瞻依总未迟。为有风人仪范在，天涯此后足怀思。④

U.B.C. 大学教授每五年可休假一年，但只能领六成薪。叶先生在任教 U.B.C. 21 年间（1969—1990），从《红蕖留梦》中所述，仅仅申请两次全年休假，一次是 1981—1982；另一次是 1986—1987。这两次休假，她都把一半的时间奉献给南开大学：1981 年 9 月到 1982 年元月在南开

---

①　安易：《祝寿歌》，《叶嘉莹教授九十华诞暨中国诗教国际学术研讨会论文集》，南开大学·中央文史研究馆 2014 年 5 月，第 1 页。

②　徐晓莉：《一笑相逢蓬海路，人间风月如尘土——可溯 35 年追随叶嘉莹先生学诗悟道之师恩暨庆祝先生九旬华诞寿辰》，《叶嘉莹教授九十华诞暨中国诗教国际学术研讨会论文集》，第 515—536 页。

③　缪钺：《冰茧庵诗词稿·卷三》，《缪钺全集》第八卷，河北教育出版社 2004 年版，第 55 页。

④　《迦陵诗词稿》，中华书局 2008 年版，第 153 页。

开了整整一学期的课；1986 年 9 月到 1987 年 4 月，则教了超过半年多的课。其他时间则应各地纷至沓来的邀请，四处讲学，近则天津、北京，远则东北的大连、沈阳、哈尔滨，西北的兰州、乌鲁木齐，西南的成都、昆明，东南的上海、南京。除了到二三十所大学举办讲座外，1987 年 2 月农历正月初六起，还应北京师范大学、辅大校友会、中华诗词学会、国家教委老干部协会以及中国国际文化交流中心五个单位的联合邀请，在可容纳 1500 人的教委会大礼堂，一连举行十场讲座，由唐五代讲到北宋。没想到听众反应极为热烈，欲罢不能，于是由沈阳化工学院、沈阳师范学院、大连辽宁师范大学接着举办七场南宋词的讲座。事后将 17 场的讲演录音整理成《唐宋词十七讲》，由湖南岳麓书院于 1988 年出版。在 20 世 80 年代各单位经费十分有限，叶先生 17 场讲座既未致酬劳，赴各大学讲座的来回机票也多自费。遇到有人问起，叶先生总回答说："这是我自愿回来的。"叶先生看到听众从老诗人、老教授到中学生、社会青年，都能听得兴致高昂，已经是非常欣慰了。

　　1987 年 7 月 14 日，台湾长达近 40 年的戒严令终于解除了。叶先生于 1974 年首次回祖国大陆探亲旅行而留下一首诗史之作的《祖国行长歌》（266 句，1878 字），在今天看来不过是思乡心切、真情实感的一首叙事长诗，在当时可激怒了台湾当局，不但列入黑名单不得入境，而且已在《文学杂志》排版好的一篇文章，都被临时抽掉。戒严令的解除，意味着叶先生的名字可望自黑名单中排除。果然，1989 年新竹的清华大学先获准请她回来短期讲学，继又获准于 1990 年秋至 1991 年夏作全学年的讲学，经由各大报陆续不断的报道，来听讲的不但有成群的清大师生，还有自台湾南北各地来的听众，让可容纳 1500 人的大礼堂座无虚席。此时当年她任教过的台北三所大学台大、辅大和淡江，自不能错失良机，都邀请她北上兼课一个学期。因此这一年叶先生是同时教四所大学，打破她过去同时教三所大学的纪录。

　　1991 年寒假，南开大学为叶先生荣获加拿大皇家学会的院士而举行一场庆祝会，同时也向叶先生提出请她担任所长成立一个研究所的要求。然而学校仅能提供一点点研究所的创办费，既无正式经费，亦无一间办公室，并且所挂靠的汉语教育学院尚未有招收研究生的指标，直到 1993 年中文系由陈洪教授出任系主任，接受可挂靠到该系，才分得两名硕士生名额而开始招生，所名先为"中国文学比较研究所"，后改为"中华古典文化研究所"，并得到加拿大华侨蔡章阁先生的巨额捐助，在与文学院合建的范荪楼中，分得了东侧四层楼，于 1999 年落成。叶先生自己也捐出退休金的半数（10 万美金），成立"叶氏驼庵奖学金"，以纪念她的老师顾随先生；又成立"永言学术基金"，以纪念 1976 年因车祸而双双身亡的大女婿宗永廷和大女儿赵言言。

　　这个研究所从 1991 年初创，真是筚路蓝缕，举步维艰。既无办公室、无电话费，无研究生名额。叶先生虽是挂名所长，实际业务由副所长处理，但她却是无可取代的古典文化研究所的灵魂，受她的讲课和著作感动的人实在太多了，至今有追随她长达 37 年之久的三位旁听生；有一对住在纽约的华裔姊妹，各从 11 岁、9 岁起便被母亲带到温哥华受教于叶先生，然后转到天津读中学、大学以及研究所，姐姐去年 17 岁，已成为叶先生指导的硕士生了。她们一经叶先生调教，很快都能诗能词，令人惊叹不已。那些由叶老师指导毕业后任教于各大学的年轻教授，在学术研究之外，也多擅长于作诗填词，从庆祝叶先生 90 华诞暨诗教研讨会的论文集中，可以一目了然。然而，受叶先生诗教感动的何止莘莘学子，连实业家都受到感动而乐于捐助，除了上述加拿大的蔡先生外，澳门实业家沈秉和先生，自从 2000 年在澳门大学举办的国际词学会议见到叶先生后，从此便一次又一次资助中华古典文化研究所。最特别的是这位实业家能诗善词，时与叶先生唱和，其才情甚为叶先生所赏识，特别请他为叶先生的口述自传《红蕖留梦》写序。

　　自从中华古典文化研究所成立之后，叶先生便像候鸟似的，春去秋来，往返于温哥华与天津两地：春夏两季住在温哥华；秋冬两季住在天津。住在温哥华的半年，每天上班时间都在 U.B.C. 图书馆内的研究小间中埋首著述,并在暑假期间开设公共讲座于当地"中华文化中心"或"岭南长者学院",还为留学生子女开设古诗班,教他们诵读吟唱古典诗歌,当然都是一律免费听讲。叶先生不但为小朋友讲诗,还为温哥华唐人街里的金佛寺讲陶渊明的《饮酒诗》呢!她有个 U.B.C. 的女学生,是虔诚的佛教徒,寒暑假都回到美国旧金山的万佛寺修行。有一次她的师父宣化上人从万佛寺来到金佛寺说法,她便带叶先生去听。宣化上人知道是叶教授来了,便请她上来随便讲话,叶先生于是选了《饮酒诗》"采菊东篱下,悠然见南山"这首来讲,宣化上人觉得讲得很好,便请她每周都来讲一首。叶先生的著作中有《陶渊明饮酒诗讲录》,便是与金佛寺所结的善缘。

由此可见叶先生的讲学生涯,其听众之多元,地域之广远,时间之长久,还有授课量之众多,当今之世,实罕有其匹。

一、著作概况

叶先生早在 20 世纪 50 年代初就有单篇诗词赏析的短文,发表于报纸杂志,但未收在日后出版的论文集里。收在论文集里最早的单篇文章为《说静安浣溪沙一首》及《从义山嫦娥诗说起》,均发表于 1957 年。她所发表于五六十年代的单篇论文,要到 70 年代,才结集成三种四册出版,分别为《迦陵谈诗》(一)(二)(台北:三民书局,1970),《迦陵谈词》(台北:纯文学出版社,1970)《中国古典诗歌评论集》(香港:中华书局,1977)。至于专著方面,则以出版于 60 年代的《杜甫秋兴八首集说》(台北:中华丛书编审委员会,1966)为最早。

到了 80 年代,叶先生出版的著作可说步入"大跃进"的阶段。据《我的诗词道路》(台北:桂冠图书公司,2000)书后所附录的《迦陵年表》。这十年中至少出版了 10 种 16 册,分别是:

一、《王国维及其文学批评》上、下(香港:中华书局,1980)

二、《迦陵论词丛稿》(上海:上海古籍出版社,1980)

三、《迦陵论诗丛稿》(北京:中华书局,1984)

四、《迦陵谈诗二集》(台北:东大图书公司,1985)

五、《灵溪词说(与缪钺合著)》(上海:上海古籍出版社,1987)

六、《唐宋词名家论集》(台北:"国文"天地出版社,1987)

七、《中国词的现代观》(台北:大安出版社,1988)

八、《唐宋名词家赏析》(台北:大安出版社,1988)

(一)温庭筠、韦庄、冯延巳、李煜

(二)晏殊、欧阳修、秦观

(三)柳永、周邦彦

(四)苏轼

九、《唐宋词十七讲》上、下(长沙:岳麓书社,1988)

《唐宋词十七讲录音带及录像带》(北京:北京师范大学出版社,1988)

十、增辑再版《杜甫秋兴八首集说》(上海:上海古籍出版社,1988)

以上 10 种 16 册,是未将 1982 年广东人民出版社出版的《王国维及其文学批评》计入的。

到了 90 年代,叶先生出版的数量有增无减,多达 12 种 21 册。其中有两种为再版,即《杜甫秋兴八首集说》(台北:桂冠,1994)与《唐宋名词家赏析》(台北:大安出版社,1998);两种为增订再版,即《王国维及其文学批评》与《中国词的现代观》(长沙:岳麓书社,1992)。其余八种为:

一、《词学古今谈》(台北:万卷楼图书公司,1992)

二、《清词选讲》(台北:三民书局,1996)

三、《清词名家论集(与陈邦炎合著)》(台北:台湾"中央研究院",1996)

四、《迦陵文集》十册(石家庄:河北教育出版社,1997)

五、英文版《中国诗歌论集(与海陶玮合著)》(美国哈佛大学研究中心出版,1998)

六、《好诗共赏析》(台北:三民书局,1998)

七、《诗馨篇》(北京:中国青年出版社,1991)

八、《叶嘉莹说词》(上海:上海古籍出版社,1999)

以上8种17册中,有三种是合著的,合著的人分别为缪钺、陈邦炎、海陶玮。缪钺前辈与叶先生一见便许为知音,已见前述。陈邦炎先生一般人可能知道的不多,他是上海古籍出版社第二编辑室主任,负责古典文学和普及读物的出版。1980年社中为是否出版叶先生的《迦陵论词丛稿》而有争论,因为该社尚无接受海外来稿之先例。陈邦炎先生读后认为该书虽来自海外,却是精熟中国诗词传统的"深辨甘苦,惬心贵当"之作,故向主管部门力陈应当开例,方才扭转局面,决定出版。初版印一万本,一售而光,引起词学界,尤其是大学生强烈的反响。因此叶先生的著作能在大陆一炮而红,陈邦炎先生功不可没。陈先生之所以有此胆识,当是由于家学,他的伯父陈曾寿是晚清词人,曾为张之洞幕客,官至监察御史,有《苍虬阁诗集》及《旧月簃词集》流传。他的高祖,即《诗比兴笺》的作者陈沆。他的堂姐陈邦织为赵朴初先生的夫人。赵朴初为大陆佛教界领袖,著名书法家,出身于四代翰林的书香世家。在过去书香世家的子弟,能诗能词是基本修养。书出之后,陈先生便给堂姐夫送去一本。叶先生当时与陈、赵二人完全不识。8年后,中华诗词学会正式成立,叶先生以顾问的名义被邀请发言后,主席将她介绍给坐在主席台上的赵朴初先生。没想到几天后,赵先生即差人带着他的亲笔信,约叶先生两天后到广济寺吃素斋。两天后,是阴历六月初一,恰好是叶先生的生日,而广济寺又是叶先生在44年前读大学时来听《妙法莲华经》的地方,这是何等奇妙的缘分!当赵先生问起当年听后有何等感受时,叶先生说:"到现在还记得的,只有'花开莲现,花落莲成'两句偈语。'花开莲现'是说成佛的种子在每一个人心里都有;'花落莲成'是说要当你把世上外表的繁华都撤除掉了以后,方能成正果。"①赵先生听了十分称许,认为这是佛法入门的真谛。当时在座的还有一位杨姓青年,笃信佛法,听了叶、赵二位先生的谈话后,便念出他自己写的两句诗偈:"待到功成日,花开九品莲"。这次聚会,令叶先生感触良深,回来后填了一阕《瑶华》词并序:

> 戊辰荷月初吉,赵朴初先生于广济寺以素斋折简相招。此地适为四十余年前嘉莹听讲《妙法莲华经》之地,而此日又适值贱辰初度之日。以兹巧合,枨触前尘,因赋此阕。

> 当年此刹,妙法初聆,有梦尘仍记。风铃微动,细听取、花落菩提真谛。相招一简,唤辽鹤、归来前地。回首处红衣凋尽,点检青房余几。　因思叶叶生时,有多少田田,绰约临水。犹存翠盖,剩贮得、月夜一盘清泪。西风几度,已换了、微尘人世。忽闻道九品莲开,顿觉痴魂惊起。②

这一首102字的长调,道尽叶先生一生的苍凉与辛酸,却又在苍凉与辛酸中,仍不肯放弃那微茫的希望。过些日子,赵老便和了这首《瑶华》词,亲笔写成一纸横幅,又亲自送到叶先生在北京察院胡同的老家。和词如下:

> 光华照眼,慧业因缘,历多生能记。灵山未散,常在耳、妙法莲华真谛。十方严净,喜初

---

① 《红蕖留梦》,第358页。

② 《红蕖留梦》,第359页。

度、来登初地。是悲心参透词心,并世清芬无几。　　灵台偶托灵溪,便翼鼓春风,目送秋水。深探细索,收滴滴、千古才人残泪。悲欢离合,重迭演、生生世世。听善财偈颂功成,满座圣凡兴起。(注:"灵溪"指《灵溪词说》)。①

　　这位佛教的居士,著名的书法家,听和的这阕词,有如九天的仙鹤,俯瞰下界的苦难,血液里却流动着一股菩萨的悲悯情怀。这样寥廓浑远的意境,"参透词心"的真赏,恐怕是叶先生旅居加拿大已20年都难得一遇的,难怪她有"海外空能怀故国,人间何处有知音"②(《再吟二绝》)的叹息。自1979年回国讲学后,方有"神州处处有知音"(《天津纪事绝句二十首赠杨成福先生》)③的惊喜。不但缪钺前辈、赵朴老一见便成知音,连尚未见面的只大她4岁的陈邦炎先生都成了知音。陈、叶二位直到1982年才在成都的杜甫草堂中相见,一起参加"杜甫学会"第二届的年会。兹录一阕陈先生的《金缕曲》以见其才情:

　　　　卅载于兹矣,记当年,迦陵一集,[1]艺林风靡。胜会蓉城[2]初识面,自尔文心绾缔。喜佳作,源源函寄。君每虚怀询我见,纵吾言,我亦言无忌。赏直谅,许知己。[3]君心澄净无尘滓。但潜心、穷年治学,广栽桃李。一片精诚思报国,万里归来深意。[4]筹文化、传承大计。九秩自强犹不息,读新篇,不减当年锐。真健者,今谁比?④

　　　　[1]嘉莹教授在大陆出版之第一部论集题名为《迦陵论词丛稿》。
　　　　[2]杜甫研究学会于1982年4月在成都杜甫草堂举行第二届年会。
　　　　[3]嘉莹教授在致我函中曾云:"古人有云,直、谅、多闻,益者三友,今于先生见之。"多闻,我不敢当;直、谅或天性使然。又函云:"我与您自八十年代初相识……自以为与您之研究兴趣相近,足以相知。"
　　　　[4]嘉莹教授自海外归来,曾赋诗述志云:"构厦多材岂待论,谁知散木有乡根。书生报国成何计,难忘诗骚李杜魂。"

　　至于海陶玮教授,叶先生从1966年便与他合作,直到1994年才终止,前后28年。这本两人合著的英文版《中国诗歌论集》共17篇,叶先生的有13篇,海教授的仅4篇。但这只是他们合作成果的一部分,叶先生的《王国维及其文学批评》与海教授的《陶渊明研究》两本巨著,也都是合著期间的产物。两人的合作,叶先生以诗词文本的讲解为主,海教授则参考叶先生的讲解来撰成陶诗及宋词论文。叶先生在撰成论文后,由海教授与之讨论而译成英文,或发于西方学报,或带去参加国际学术会议,因此叶先生的诗词学在西方汉学界备受推崇,海教授一篇又一篇辛勤的英译,功不可没。由于叶先生70年代后思乡情切,一次又一次回国探亲、旅游、讲学,80年代后更是心在大陆,在成都四川大学与缪钺前辈合作兼讲学达四五年之久,其他时间更自费在各地数十所大学或社会团体举行讲座,讲完还要对每一卷录音带整理出来的"讲录"立即审订,因为出版社等着出版。如此叶、海二人的合作便中断许多年。海教授治学十分谨慎,在他尚未与彻底精通诗词文本的人讨论之前,不轻易下笔。合著中,仅得四篇,或由此故。

　　在12种21册90年代出版的著作中,首次出现一套10册的《迦陵文集》,分别为:(一)《杜甫秋兴八首集说》、(二)《王国维及其文学批评》、(三)《迦陵论词丛稿》、(四)《迦陵论诗丛稿》、(五)《唐宋词名家论稿》、(六)《清词丛论》、(七)《古典诗词演讲录》、(八)《汉魏六朝诗讲录》、(九)《唐宋词

---

① 《红蕖留梦》,第359—360页。
② 《迦陵诗词稿》,第139页。
③ 《迦陵诗词稿》,第148页。
④ 《叶嘉莹教授九十华诞暨中国诗教国际学术研讨会论文集》,第2页。

十七讲》、（十）《我的诗词道路》。这十种只有最末一本是新样貌，其他九种都是旧面孔。何以要选这 10 种成一套书呢？书上的说明是："前六种皆亲笔拟定的有关诗词的论著，第二类是演讲授课的录音整理，第三类是谈自己诗词研究和创作道路的。"由此可见叶先生是将自己数十种的著作分成三类：一类是亲自拟定题目的诗词论著；一类是整理演讲录音的讲录；一类是有关诗词研究及创作的心路历程的表白。

进入 21 世纪后，出现一种规模更大的套书，就是台北桂冠出版社于 2000 年出版的《叶嘉莹作品集》，原预定出版十八种廿四册，但当年仅 12 种 17 册问世；2002 年再出版一种，即《迦陵学诗笔记顾羡季诗词讲记》上、下，共十四种十九册。这个规模更大的套书，是在前述一套 10 册分成三类的基础上，将"诗词论著"一类再细分为"诗词论丛"与"诗词专著"两类，而成为四类。"诗词论丛"是单篇论文的结集，如《清词散论》《词学新诠》《名篇词例选说》等；"诗词专著"是全书首尾贯串、纲举目张的专门著作，如《杜甫秋兴八首集说》《王国维及其文学批评》等。这个新的套书最为难得者，也许是在其第四类"创作集"中，除了《我的诗词道路》外，更收入《迦陵诗词稿》与《迦陵杂文稿》两种，成为探索叶先生的家世背景、生平经历、交游唱和、性情襟抱以及生命理想与价值追求最重要的凭借。

《迦陵诗词稿》除了桂冠版，还有同年出版的河北教育版，但都收录诗词作品到 1994 年为止。2008 年又有北京中华书局的增订版，则收录至 2007 年的作品，共有诗词约 540 首（不计入曲稿），是目前为止较好的一种版本。

除了 2000 年桂冠出版的 14 种 19 册，2004 年则有《风景旧曾谙：叶嘉莹说诗谈词》（香港城市大学出版）和《多面折射的光影：叶嘉莹自选集》（天津南开大学出版）两种。前者是叶先生于 2003 年春季学期在香港城市大学中国文化中心的十个专题讲座和一次城市文化沙龙演讲，共 11 讲，当是由录音整理出的"讲录"。其中如《从中西文论谈赋比兴》《诗歌吟诵的古老传统》《简介几位不同风格的女性词人由李清照到贺双卿（上）（下）》《当爱情变成了历史晚清的史词》这些专题，都是新样貌，而非旧面孔，至少也是推陈出新者。《叶嘉莹自选集》排除了著作中的"讲录"部分，分成（一）《论诗文稿三篇》、（二）《论词文稿三篇》、（三）《杂文四篇》、（四）《各体创作选录》四个部分。第四部分中各选"古体诗四篇""近体诗六题（79 首）""令词三首""慢词三首""散曲三套""联语四则""骈文一篇""歌辞"一首。还附录了英文论文一篇：《Wu Wen—ying's Tz'u：A morden View》（吴文英词的现代观）。确实包含了叶先生著作的方方面面，是名副其实的"多面折射的光影"。其中"古体诗四首"便收有前述的《祖国行长歌》一首；而"慢词三首"中便收有《瑶华》一阕。

2013 年，叶先生出了一本别开生面、独树一帜的口述的自传：《红蕖留梦·叶嘉莹先生谈诗忆往》。一本自传竟能将家世背景、生平经历、交游唱和、师友恩情与自己的诗词创作、评赏以及理论的探索建构，水乳交融地合为一体，这应是前所未有的创格，是他人所难以模仿的。这种既谈诗，又忆往，从谈诗中忆往，在忆往中谈诗，可谓既以史说诗，复以诗证史。一部诗史合璧的自传，岂非创格？谁易模仿？这应该要感谢纪录者张候萍女士的锲而不舍，在被叶先生断然拒绝之后，仍然耐心等待因缘。当因熟缘至，叶先生终于点头接受访谈。从断然拒绝到成此巨著，前后历时十年之久。

这三十几万字的别开生面的口述自传巨著，不妨看成叶先生数十种著作的导论，人与诗，诗与人，既融成一体，又相互辉映。其丰富的内容限于篇幅，不能细表。但读者读后的感受却有颇多共鸣。南开大学副校长陈洪教授读后写了三首绝句，叶先生将他这三首诗放在书前序言的位置，应是以诗为序的。这三首诗如下：

　　夜半，掩卷《谈诗忆往》，久久不能释然，有作才命相妨今信然，心惊历历复斑斑。易安绝唱南迁后，菡萏凉生秋水寒。

　　读《谈诗忆往》重有感二首

北斗京华望欲穿，诗心史笔两相兼。七篇同谷初歌罢，万籁无声夜欲阑。

锦瑟朦胧款款弹，天花乱坠寸心间。月明日暖庄生意，逝水滔滔许共看。[①]

台北大块出版社于 2008 至 2014 六年间，也陆续出版叶先生 12 种书，分别为：

一、叶嘉莹说诗讲稿（2008）

二、叶嘉莹说中晚唐诗（2008）

三、叶嘉莹说汉魏六朝诗套书（2012）

四、叶嘉莹说杜甫诗套书（2012）

五、叶嘉莹说唐诗套书（2012）

六、叶嘉莹说诗论诗套书（2012）

七、叶嘉莹说词套书（2013）

八、灵溪词说（2013）

九、叶嘉莹文集套书（2013）

十、唐宋词名家论稿（2014）

十一、叶嘉莹杂文集（2014）

十二、人间词话七讲（2014）

这十二种中，除第二、第五、第十二这三种或具新样貌外，其余九种均为旧面目。总之，叶先生出版的著作，已有六七十种，八九十册之多，其中重复出版、再版或增订出版者不少，书名虽异而内容实近者亦非罕见，其实际总数应如何统计，将来编全集时或需费神斟酌。这里仅略述概况而已。

二、词学理论的建树

　　叶先生的词学，包括作品评赏以及理论探索两部分。作品评赏又可分讲堂上的演说与书桌上的文稿两类。讲堂上的演说既有录像录音的音像版，又有整理录音而成文字的讲录版。书桌上的文稿亦有单篇的论文结集与专门著作之别。如《唐宋词十七讲》既有岳麓书社的讲录版，又有北京师大的音像版。《唐宋词名家论集》《清词名家论集》都是单篇论文的结集；《杜甫秋兴八首集说》《王国维及其文学批评》则都是专门著作。在一般人的观念中，音像版应不能视为著作，因为只有语音影像，而无文字；讲录版虽有文字，但仅经由录音整理出来的，与亲笔以论文形式书写的文稿仍有差异，恐亦难为今日学术界视为著作。然而叶先生却有不同的看法，她最重视的反而是课堂的讲授，胜过文字的论著。且看叶先生在《红蕖留梦》第三章《恩师顾随》中的一段话：

　　　顾先生对诗歌的讲授，真使我眼界大开。他讲课跟一般老师真是不一样，一般老师讲的只是书本上的知识，而顾先生给我的是心灵的启发。顾先生不仅有着深厚的中国古典文化的修养，而且具有融贯中西的襟怀，加上他对诗歌有极敏锐的感受与深刻的理解，所以他在讲课时往往旁征博引，兴会淋漓，那真的是一片神行。我虽然从小在家诵读古典诗歌，却从来没有听过像顾先生这样生动深入的讲解，他的课给我极深的感受与启迪。从此以后，凡是顾先生所开的课，我全都选修，甚至毕业以后，我已经到中学教书了，仍然经常赶往辅仁大学或中国大学旁听顾先生的课，直到 1948 年我离开北平南下结婚为止，有六年之久。这一时期，我从

---

① 《红蕖留梦》，第 10 页。

　　顾先生所获得的启发、勉励和教导是说不尽的。先生的才学和兴趣，方面甚广，无论是诗、词、曲、散文、小说、诗歌评论，甚至佛学禅学，先生都留下了值得人们重视的著作，足供后人的诵读景仰。但作为一个曾经听过先生讲课有六年之久的学生，我以为先生最大的成就，并不在于他各方面的著述，而是在于他对古典诗歌的教导讲授。因为顾先生在其他方面的成就，往往还有踪迹可寻，只有顾先生的讲课是纯以感发为重，全任神行，一空依傍。是我平生所接触过的讲授诗歌最能得其神髓，而且也最富于启发性的一位难得的好老师。①

　　叶先生听过顾先生6年之久的讲课，认为顾先生在课堂讲授方面的成就更超过他在文字方面的著述，因为他的讲解旁征博引，兴会淋漓，最得诗歌神髓，能给人最深的感发与启迪。叶先生自己不但是此一衣钵的传人，而且更不负恩师在信中对他的期待："年来足下听不佞讲文最勤，所得亦最多。然不佞却不希望足下能为苦水传法弟子而已。假使苦水有法可传，则截至今日，凡所有法，足下已尽得之。此语在不佞为非夸，而对足下亦非过誉。不佞之望于足下者，在于不佞法外，别有开发，能自建树，成为南岳下之马祖，而不愿足下成为孔门内之曾也。"②叶先生的讲课极其生动精详，条理清晰，善于"跑野马"，正是"旁征博引，兴会淋漓"，其在诗词评赏的教学艺术令人叹为观止。听过她讲座或讲课的人不但如沐春风，而且终生难忘，小说家陈映真在12年前叶先生八十寿诞的论文集中，写过一篇《四十年前的朱批》③，叙说他当年听课时所体验的"审美的惊诧"；散文家席慕蓉于2009年在台北听叶先生《王国维〈人间词话〉问世百年的词学反思》的讲座，而深深领受了一场丰美的《心灵的飨宴》。④ 回忆听叶先生的讲授而深受感动又无比享受的文章，不胜枚举，单是见于八十及九十寿诞论文集中的就有三四十篇之多。叶先生的诗词评赏，能使人在听得如醉如痴中而得到心灵的感发启迪，已得到顾随先生的真传。她所不同于乃师之处，乃是她除了特重诗词中生命的兴发感动外，亦兼重书本上的知识，绝不忽略知人论世，而且还适当地酌取西方文学批评的理论，作为释疑解惑之助力。她的诗词评赏之所以如此精彩绝伦，缪钺先生在《迦陵论诗丛稿》的"题记"中曾归纳出四个特点："知人论世""以意逆志""纵观古今""融贯中西"。其文如下：

　　　　叶君论述古代诗人，先说明其历史背景，思想性格，为人行事以及撰述某诗篇之时、地及人事关系，然后因迹求心，进而深寻诗人之幽旨深情，远想遐思，遂能获鱼忘筌，探骊得珠。并就诗人性格、思想内容剖析其艺术风格之所以形成，意境韵味之所以独异。此叶君论诗知人论世、以意逆志之特点也。

　　　　叶君又用"通古今之变"之观点评论中国诗歌，对于一位诗人、一种体裁、一个主题，常是穷源溯流，探寻其演变之迹，指出其革新之功，既可见古代诗歌生生不息之作用，又为今后新诗之创作指明借鉴之途径。此叶君论诗纵观古今之特点也。

　　　　叶君研治中西文学批评，较其异同，各有短长。中国古人论诗，极多精义，然习为象喻之言，简约之语；西方文评，长于思辨，擘肌分理，剖析明畅。中国诗评，宜于意会；西方文论，工于言传。故叶君论诗，汲取中国古人之精言巧譬，而用西方文评思辨之法，准确详尽以辨析之，明白晓畅以表达之，如抽丝剥茧，如水银泻地，使读者豁然易解。对于古人诗论中神妙难晓之说，如严羽所谓"兴趣"，王士禛所谓"神韵"，王国维所谓"境界"，均能加以科学之解释，义

① 《红蕖留梦》，第65页。
② 《红蕖留梦》，第104—105页。
③ 《叶嘉莹教授八十华诞暨国际词学研讨会纪念文集》，南开大学出版社2005年版，第258—259页。
④ 《心灵的飨宴叶嘉莹先生的诗教》，《叶嘉莹教授九十华诞暨中国诗教国际学术研讨会论文集》，第508—511页。

界明确,清除模糊影响之弊,如拨云雾而见青天。此叶君论诗融贯中西之特点也。①

从缪钺前辈四个特点的精当归纳中,已可见出叶先生对她最景仰的顾随老师既有所传承,又有所开展。然而真正能使她不负乃师的期待,能够"别有开发,能自建树",终于成为衡岳怀让禅师之下的马祖道一,而非孔门之曾参,则尤在于她能突破传统词学之困局,而有令人赞叹的词学理论的建构。叶先生对词学理论的重要建树有二:一是标举出从周邦彦起步入"赋化之词"的阶段,从而建构出"歌辞之词""诗化之词""赋化之词"三阶段的发展史;二是探讨词异于诗的审美特质及此特质所以形成的要素。

1985 年夏,正是叶先生在成都川大与缪钺前辈合作撰写《灵溪词说》的第 4 年,这一年叶先生撰成《论周邦彦词》及《论陆游词》两篇大作。在《论周邦彦词》篇首,先生便以一首论词绝句概括出周词之特色及影响:"顾曲周郎赋笔新,惯于钩勒见清真。不矜感发矜思力,结北开南是此人。"②先生标举出周邦彦以"赋笔"为词的特色,深得缪钺前辈的肯定。后来程千帆先生读到这篇论文,也称赞此说可以解决词学中许多困惑的问题。1988 年叶先生撰成《对传统词学与王国维词论在西方理论之观照中的反思》一宏文(收入缪钺、叶嘉莹合著《词学古今谈》中),将唐五代至两宋词的发展,划分出三个阶段,正式提出"歌辞之词""诗化之词"及"赋化之词"之说。"歌辞之词"源自民间,本是歌筵酒席之艳曲。流入士大夫阶层后,虽美其调,但鄙其语,遂自己写作为之填词,《花间集》便是文人词的最早结集,内容无非写美女与爱情。其中流于浅俗柔靡者固然甚多,然而由于文人只是依声填词,摆脱了言志载道的伦理政教传统,其中有些佳作,在写美女与爱情中,不自觉注入作者心灵中深隐的一些质素,引发读者产生丰富的联想,而形成唐五代至北宋早期小词的一种美感特质。然而士大夫究竟是习惯于言志抒情的诗学传统,因此对词的写作便逐渐由歌辞之词进入了诗化之词。像李后主深怀家破国亡之痛,所作之词便不同于《花间词》的风格,而演成感慨身世的诗化之词了。所以王国维评李后主词有云:"词至后主而眼界始大,感慨遂深,始变伶工之词而为士大夫之词。"③"变伶工之词而为士大夫之词",正是由歌辞之词转入诗化之词。然而诗化之词的代表人物,却当推北宋的苏轼和南宋初年的辛弃疾,李后主不过开其端而已。叶先生以为诗化之词失败的作品是流于浮率叫嚣,而尤秀的作品则如"夏敬观说苏轼的词'正如天风海涛之曲,中多幽咽怨断之音'";又如陈廷焯说辛弃疾的词是"'词中之龙也,气魄极雄大,意境却极沉郁',虽属于豪放之词,但仍然具有曲折含蕴之美……仍然保持着属于词的特殊美感。"④然而不论歌辞之词与诗化之词在内容风格上有多大的转变,叶先生认为"在本质上他们却仍然有着一点相似之处,那就是他们都以自然的感发之力量为作品中之主要质素。而周邦彦《清真词》的出现,特别是一些他的长调慢词,则使得词之写作在本质上有了一种转变,那就是一种以思索安排为写作之推动力的新的质素的出现。这种质素的转变逐渐形成了一种写词的新途径与新趋势,对后来南宋相当多的作者产生了极大的影响,也造成了南宋词与北宋词之两种迥然相异的质量与风格。"⑤当创作的主要质素,由心物交感的自然感发之力,转到由脑力的思索铺排所形成的经营勾勒之力,风格上便呈现出"赋化"了,而对南宋词产了很大的影响,以致与北宋形成迥然有别的词风。失败的"赋化之词",当然就是那些只知堆砌而内容空洞之作。至于成功之作,"则往往在勾勒中见浑厚,隐曲中见

① 叶嘉莹:《迦陵论诗丛稿·题记》,中华书局 2005 年版,第 7—8 页。
② 《灵溪词说》,台北正中书局 1993 年版,第 289 页。
③ 施议对译注:《人间词话》,台北贯雅文化事业有限公司 1991 年版,第 50 页。
④ 《红蕖留梦》,第 319 页。
⑤ 《灵溪词说》,第 289—290 页。

深思，在思力安排之中蕴含深隐之意……仍然保留着属于词的特殊美感。"①赋化之词虽在南宋发展到了高峰，却仍与诗人之词及歌辞之词并存。以后直到明清，填词者虽然意境风格各有千秋，但都不离"歌辞之词""诗人之词"及"赋化之词"这三大途径，未有更新的突破。因此叶先生"赋化之词"的提出，不仅建构了完整的词史，并且觉悟到"写作之质素既然有了转变，因之评赏之途径与标准遂亦不得不随之而有所转变"。因此她能一语破的，道出王国维对南宋词人除辛弃疾外都不能欣赏的症结所在："那主要便因为他们对此种质素的转变，未能有清楚之认知，常常仍想要用评赏北宋词的眼光来评赏南宋词，则自然无怪其扞格而不能入了。"②由此可见叶先生已在王国维既有的词学成就上，又向前迈出了一大步。

至于词异于诗之审美特质为何，前贤辨析，不乏精义。如王国维《人间词话》即云："词之为体，要眇宜修，能言诗之所不能言，而不能尽言诗之所能言。诗之境阔，词之言长。"③缪钺《论词》，则列举"文小""质轻""径狭""境隐"四端以说明词之特性，并将诗词之不同归纳成四点："诗显而词隐；诗直而词婉；诗有时质言而词更多比兴；诗尚能敷畅而词尤贵蕴藉。"④王、缪二人的说法，都要比嘉庆二年（1797）张惠言在其《词选序》将词说成"盖诗之比兴，变风之义，骚人之歌，则近之矣"⑤要明达的多。叶先生对词的审美特质，则追本溯源到最早的词集《花间集》中。她从西方女性主义文学批评中，读到有关"女性形象""女性语言"以及"双重性别"等论述，而领悟到《花间集》的审美特质的奥秘，于1992年撰成一篇《论词学中之困惑与花间词之女性叙写及其影响》大作，从女性形象、女性语言以及男性作者在女性叙写中流露出的"双性心态"，而探索到此不同于诗歌的审美特质的根源。叶先生认为："《花间词》具含了一种不同于诗歌的、不属于作者显意识的活动，而完全由文本中的女性形象和女性语言传达出的深微幽隐的意蕴。这种意蕴特别富于引起人产生言外联想的潜能，这种潜能使得《花间词》为词这种文体创造出了一种特殊的美感质量，使后世的词学家因此形成了对词的衡量的一种特殊的期待视野，那就是以富于深微幽隐的言外之意蕴为美。"⑥因此，词中的"双重性别"与传统诗歌中的男子作闺音的喻托之作是不同的，前者是无心、潜意识的；后者是有意的、显意识的。

叶先生既将词所特有的深微要眇之美，溯源于《花间词》中双性心态的女性叙写，至于《花间词》之后男性作者以男性口吻叙写的词，何以仍含此种深微要眇的审美特质呢？叶先生又从清代朱彝尊《静志居琴趣》中的爱情词中有所领悟。她参考了陈廷焯评朱彝尊词："竹垞艳词，确有所指，不同泛设。其中难言之处，不得不乱以他词，故为隐语，所以味厚"之说，于1993年发表《从艳词发展之历史看朱彝尊爱情词之美学特质》这篇大作，认为朱彝尊所写的爱情词并非为歌妓而作，却是写他自己的一段不为现实所接受的私恋之情，因此遇到"难言之处"，不得不"乱以他词，故为隐语"，依然可以写出深微幽隐的意境。这种"难言之处"，与冯延巳深感国势岌岌可危却无力挽救的烦乱之情，或辛弃疾忠胆报国却壮志难酬的沉郁之怀，既有相通之处，却又有所不同。冯、辛的词正如张惠言《词选序》所说，是"兴于微言，以相感动"、"以道贤人君子幽约怨悱不能自言之情"，而朱彝尊的爱情词只是单纯的私情，则并无贤人君子的寄托。这是他们的不同。至于相通之处，叶先生认为是"二者都同是处于外界的强势压力之下，不得不把自己的情思以委婉的姿态表达出

---

①　《红蕖留梦》，第 320 页。

②　《灵溪词说》，第 290 页。

③　《人间词话》，第 225 页。

④　缪钺：《论词》，《诗词散论》，台北开明书店 1979 年版，第 4 页。

⑤　唐圭璋：《词话丛编》第二册，中华书局 1986 年版，第 1617 页。

⑥　《红蕖留梦》，第 3210 页。

来，但内心在约束收敛中还有对理想的追求和对自身品格的操守。"①叶先生便从共通之处，将词的深微要眇之美感特质掘发出更为根本的质素，而称之为"弱德之美"。她认为过去词家所称赏的"低回要眇""沉郁顿挫""幽约怨悱"的好词，"其美感特质原来都是属于这种弱德之美"。② 又说："'弱德'，是贤人君子处在强大压力下仍然能有所持守、有所完成的一种质量。这种品质自有它独特的美。'弱'是指个人在外界强大压力下的处境，而'德'是自己内心的持守。'行有不得者皆反求诸己''躬自厚而薄责于人'，这是中国儒家的传统。"③

在外界强大压力下个人微弱无助之悲慨，也正是词由歌辞之词向诗化之词及赋化之词发展的背景。叶先生于 2000 年又有一篇《论词之美感特质之形成及反思与世变的关系》之宏文，她对常州词派词学家周济提出的"诗有史，词亦有史"的说法深表赞同，而认为"西蜀南唐的大多数歌辞之词中所蕴含的幽微要眇、悱恻凄凉的美感特质与世变的阴影有着密切的关系，在五代时也出现了少数的诗化之词，如李煜、鹿虔扆。这些诗化之词直抒哀感，变歌辞之词为士大夫之词，更是与亡国破家的巨大世变有着密切的关系"，"北宋之世所发生的新旧党争，不仅仅是苏轼的几篇佳作，如其《水龙吟·咏杨花》及《八声甘州·寄参寥子》等，其天风海涛之曲中有幽咽怨断之音的一些作品，是因为其中蕴含着党争世变之悲慨的缘故；就是由柳永一派所衍生出来的周邦彦的一些佳作，如其《兰陵王》("柳阴直")及《渡江云》("晴岚低楚甸)等作品，其低回曲折，令人寻味之处，也是因为其中隐含有党争世变之悲慨的缘故。"④然后叶先生又提到北宋的灭亡，成就了由北入南的豪杰词人辛弃疾，将诗化之词推向了高峰；南宋的灭亡，则成就了身历亡国之痛的王沂孙等一批词人，将赋化之词推向了另一高峰。⑤ 由此可见叶先生"弱德之美"的提出，一方面既呼应了由《花间词》中女性叙写所产生的幽微要眇的审美特质，一方面又贯穿了由歌辞之词而诗化之词而赋化之词的词体发展，同时更结合了词风与世变攸关的"诗有史，词亦有史"的史观，可以说是对词的特殊审美质量的形成及演进，作出更有透视力的理论建树，是王国维"境界说"之后的新发展。

三、宏大深远的诗教

叶先生在词学方面，单是对唐宋明清数十名家词的精详的评赏，其贡献已极为可观。况且在理论的建树上，又能继王国维之后，别有开发，无论是提出"赋化之词"而完成了三阶段词史的建构，或是将词异于诗的审美特质探源于《花间词》中的女性形象和女性语言所传达出的幽微要眇之美，且掘发出这种幽微要眇之美的本质实乃"弱德之美"，都是使人耳目一新的突破性的创见，是十分难得的成就。但如果我们将这些词学理论的建树誉为叶先生学术研究的高峰，先生可能不会同意的。她引用过西方解析符号学女学者克里斯特娃(Kristeva)的一句话："我不跟随任何一种理论，无论那是什么理论。"叶先生认为"理论"乃是一种捕鱼的"筌"，她的目的只是在得鱼而不在制"筌"。⑥ 然则什么才是先生心中的"鱼"呢？

先生一生离不开古典诗词，直到退休都已 26 年的现在，每天所做的事都与诗词有关，不是讲课，便是撰写评赏及理论探索的文稿，偶然有所感发，不是作诗，便是填词。因此诗词的创作、评论

---

① 《红蕖留梦》，第 324 页。
② 《红蕖留梦》，第 324 页。
③ 《红蕖留梦》，第 325 页。
④ 《红蕖留梦》，第 326 页。
⑤ 《红蕖留梦》，第 326—327 页。
⑥ 见《叶嘉莹作品集总序》，《汉魏六朝诗讲录》上，台北桂冠图书公司 2000 年版，第 12—13 页。

和教学,便成为她生命的重要组成部分。如果要问叶先生在这三个组成部分中,她最重视、觉得最有成就感的是那个部分,她的答案应该是教学。我们从叶先生步上古典诗词道路的过程,从她对诗词本质的理解以及诗词对她生命意义的重要,便不难知道她以教学为首要,乃是十分自然的事。在《红蕖留梦》的结尾中,先生对如何一程一程步入诗词之路,有清楚地交待。她说:

> 回顾我平生走过的道路,是中国古典诗词伴随了我的一生。我从一个童稚天真的诗词爱好者,首先步入的是古典诗词创作的道路;后来为了谋生的需要,又步入古典诗词教学的道路;为了教学的需要,我又步入了古典诗词理论研究的道路。我对于创作、教学和科研本来都有着浓厚的兴趣,但一个人的时间精力毕竟有限,何况我还经历了许多忧患。首先是为了教学与科研的工作,而荒疏了诗词的创作,又为了繁重的教学工作,而没能专心致力于科研。
>
> 在创作的道路上,我没有能够成为一个很好的诗人,在研究的道路上,我也没有能够成为一个很好的学者,那是因为我在这两条道路上,都没有作全身心的投入。但是在教学的道路上,虽然我也未必是个很好的教师,但我却确确实实为教学工作,投入了我大部分的生命。①

以叶先生谦柔和婉的文化修养,是不便说自己有何成就的。她委婉地以创作、研究两方面未能全身心的投入,来反衬出她在教学上的全身心的投入,其重视教学胜于创作和研究,皎然可知。她步入古典诗词之路,是以创作为前导,而后继之以教学,再继之以理论的探索,这样的过程何其自然!在多愁善感的少年时代便能以古典诗词创作为前导,如此日积月累,方能为日后教学时的作品评析以及研究时的理论探索,培养出敏锐的感受能力和精切的解读能力,才不至于游谈无根,或隔靴搔痒。

对于诗词的本质,叶先生在《叶嘉莹作品集·总序》中说道:

> 无论是写作也好,讲授也好,我所要传达的可以说都是我所体悟的诗歌中的一种生命,一种生生不息的感发的力量。当然在传达的过程中,我可能也需要一些知识与学问来做为一种说明的手段和工具。……记得我讲课时,常对同学说起,真正伟大的诗人是用自己的生命来写作自己的诗篇的,是用自己的生活来实践自己的诗篇的。而我们讲诗的人所要做的,就是要透过诗人的作品,使这些诗人的生命心魂,得到又一次再生的机会。而且在再生的活动中,将会带着一种强大的感发作用,使我们这些讲者与听者或作者与读者,都得到一种生生不息的力量。在这种以生命相融合相感发的活动中,自有一种极大的乐趣。而这种乐趣则与所谓是否成为一个学者,或是否获致什么学术成就,可以说是并无任何干系。我想这很可能就是我虽然勤于讲学和写作,却全然没有过要成为一个学者之念头的主要原因吧。②

这段话是叶先生借写这篇总序的机缘,来响应先前媒体记者问她“何时决定终生从事学术研究”的问题,而她直白的回答必大出乎这位记者的意料,因为她的回答使记者所问成了无中生有。她既全然未有要成为学者的念头,当然就不存在什么“终生从事学术研究”的问题。然而既不认为自己是在从事学术研究,何以竟勤于讲学和写作长年不辍呢?叶先生说这是由于她体悟到诗歌中的一种生生不息的感发力量。讲诗的人就是要把这种感发力量给传达出来,使诗人的生命得到一次再生的机会,且在再生的活动中使讲者与听者或作者与读者都得到生生不息的感发力量,分享到精神的洗涤和审美的乐趣。当然,讲诗的人在传达过程中,有时也需要一些知识与学问作为说明的辅助工具,但此与要成为学者或获致学术成就并无关系。从叶先生的响应中,可以知道她是以诗歌所具有的生生不息的感发力量,作为诗歌的本质的。

---

① 《红蕖留梦》,第 416 页。
② 《叶嘉莹作品集总序》,《汉魏六朝诗讲录》上,第 10 页。

　　同样在《总序》中,叶先生又响应一件经常被人问到的问题,就是为什么叶先生经历过不少的忧患挫伤,却没有在精神形貌上留下痕迹?叶先生的回答竟像是将自己当模特儿,指着自己打广告说:"这是学习古典诗词的好处。"如果发问者问得比较斯文:"先生年逾古稀,何以还有年轻人的精气神?"叶先生便答得文雅:"使穷贱易安,幽居靡闷,莫尚于诗矣!"(钟嵘《诗品序》)先生一生历经数次重大的打击。头一次是 17 岁刚上大学而母亲病故,父亲随国民政府撤退重庆,已四年无消息。等接到父亲头一次寄给母亲的信,寄信人竟不知收信人已不在人世了! 其次是刚来台湾第二年(1949),在海军任职的丈夫因有人告发思想问题而入狱,关在海军监狱近 4 年才获释。自己也在丈夫入狱半年后,与同在彰化女中任教的教师、校长等六人被逮捕,又是一次白色恐怖。由于这时还带着未满周岁的女儿一起关进拘留所,叶先生因携有吃奶的女儿,幸而很快就被释放,其他五人则被转到台北宪兵司令部审讯。自己虽被释出来,但失去了教职和宿舍,只好在亲戚家的走廊打地铺过了一段日子。其次是 1976 年,结婚不到 3 年的大女儿大女婿,双双在一场车祸中丧生。此外,还有她一直不愿提起的遇人不淑的婚姻。[1] 一位旁听她 30 多年课的徐晓莉教授有一回在跟她弟媳的聊天中,得知她的种种不幸后,感叹地说:"她身上原来集中了天下女性所能遇到的所有不幸和苦难的总和。"[2]

　　先生一次又一次横遭重大的打击,终能一一挺住。又误铸了"终生错""一世悲"的婚姻,也都熬过。当先生说起是诗词治疗了她的悲苦,不少人以为是戏言,先生则强调此乃经由实践的证明,是她真诚的体悟。然则诗词竟能有效地治疗了她的悲苦,是何缘故? 先生如此回答:

　　　　如我在前文所言,我之喜爱和研读古典诗词,本不出于追求学问知识的用心,而是出于古典诗词中所蕴含的一种感发生命对我的感动和召唤。在这一份感发的生命中,曾经蓄积了古代伟大之诗人的所有心灵、智慧、品格、襟抱和修养。所以中国传统一直有"诗教"之说,以为"正得失,动天地,感鬼神,莫近于诗",这些话初看起来,虽似乎不免于夸大而不真实,但诗歌之富含一种感发作用,则是不可否认的。……所以孔门说诗,就一直重视"兴"的作用,既说"兴于诗",又说"诗可以兴",而且若根据孔子与其弟子端木赐(子贡)和卜商(子夏)的两段论诗的话来看(见《论语》《学而》篇及《八佾》篇),孔门所谓"兴"实也暗合着品德教化的作用在内。[3]

　　从先生的回答,可知首先是对待诗词的态度问题,如果只是用心在诗词中追求学问知识,那是不能治疗悲苦的,必须要能善于感应诗词中的感发生命对人的召唤,持这样的态度才能治疗悲苦。至于诗中的感发生命之内涵为何,叶先生非常肯定地指出,其中是"曾经蓄积了古代伟大之诗人的所有心灵、智慧、品格、襟抱和修养",我们要能体悟到这些诗人所有的品格修养,心灵智慧,还有宽广的襟抱,我们的悲苦才能得到治疗。诗歌中有如此丰富的内涵,善读诗歌的人因此受到感化,而提升了自己的质量和境界,这岂非是最好的诗歌教育? 这才是传统以诗为教的"诗教"原生态,而非被政治权力有所扭曲后的次生态。虽然"诗教"之名,出现较晚,文献上要到《礼记》的《经解》篇才看到,但诗教之实早已存在。就像地球上的生物几亿年前就存在,但是林林总总的生物之名却取得很晚,才不过几千年而已。传统的诗教可以追溯到何时呢? 叶先生追溯到孔子时常向弟子们提点的"兴",而且一提点到"兴"多与诗相连,而有"兴于诗""诗可以兴"之说。因为"兴"便是兴发

---

[1]　可由《天壤》诗中知其婚姻之不幸。诗云:"遮尽繁华不可寻,空余天壤蕴悲深。投炉铁铸终生错,食蘗虫悲一世心。萧艾欺兰偏共命,鸱鸮贪鼠吓鹓雏。回头三十年间事,肠断哀弦感不禁。"《迦陵诗词稿》,中华书局 2008 年版,第 132 页。

[2]　《红蕖留梦》,第 528 页。

[3]　《叶嘉莹作品集总序》,《汉魏六朝诗讲录》上,第 13—14 页。

感动的一种力量,能使人兴发感动才能使人得到教化,得到提升,所以从孔子与子贡、子夏两段论诗的谈话,可知"兴"确如先生所说:"实也暗合着品德教化的作用在内。"因此"兴"应即是诗教的初胚,诗与兴相结合,便是诗教的开花结果。诗之所以能"正得失",正因为具有兴发感动的教化之作用。用诗歌、舞蹈、音乐来祭祀天地,娱乐诸神,在人类历史中曾经历漫长的岁月,所以诗歌原具有"动天地,感鬼神"的功能。当祭神的功能在文化中逐渐淡去,"正得失"的功能仍然可以继续存在。叶先生之所以能够挺住一次又一次的打击,一次又一次的挫伤,都与诗教"正得失"的功能有莫大关系。不从古代诗人的品格修养,心灵智慧以及宽广的襟抱中去体悟,如何能认清"得失"的真谛,而有以自我纠正,不断超越呢? 由此可知,诗词对叶先生的生命意义是何等重要! 我们终于能够明白为什么她又在《总序》中说道:"诗词的研读并不是我追求的目标,而是支持我走过忧患的一种力量。"①她不是用诗词来追求知识学问的,她是借诗词的力量才能走过忧患。所以她认为理论的探索只是"筌",不是"鱼"。只有使人兴发感动的诗教才是"鱼"啊! 所以她在创作、研究、教学生命的三大部分中最重视的是教学,因为在教学的场合,经由出色的讲解人的敏锐感受及深刻理解,才能将讲者与听者或作者与读者都完全融入兴发感动的浪涛里,将诗教的功能发挥得淋漓尽致。创作和研究当然也重要,其读者的范围更广,可以无远弗届,但必须读者自己有足够的素养,否则难保不会隔靴搔痒,甚至买椟还珠。

由此我们也可以明白,在 1500 人的教委会大礼堂连讲十场而无报酬,到一两千里外的大学讲座而自买机票,她都欣然接受。她最大的收获是在讲授的过程中享受到诗教的洗礼,使古代诗人的感发生命得以再生,使讲者与听者都因感应到这些诗人心灵智慧以及品格修养的光彩动人而陶醉忘我,而得到精神的洗涤、愉悦。这些感发的力量既治疗了叶先生的创伤,也年轻了她的容颜,使她看起来要比实际年龄少了二三十岁。

我们从叶先生教学生涯时间之长(已 71 年),疆域之广(中国东南西北,新加坡、美国、加拿大等),场次之多(数不胜数)以及听众之深受感动,如醉如痴,便可以知道先生在诗教上的功业何其宏大深远!

四、结　论

我是叶先生在台大开设"诗选"及"杜诗"两门课时最早受教的学生,时间是 1959—1960 年、1960—1961 年,距离现在已超过半个世纪了。当时我们白天听她神采奕奕的讲课,从来没有人知道她到了晚上便气喘得厉害。她丈夫被拘禁近四年,她跟未满周岁的大女儿也进过拘留所,我们也从来没听人谈过。先生从 1948 年来台,1969 年离台,中间有两年赴美客座,她在台湾二十年所遭遇的辛酸,一句都没对人说过。我们除了对她上课的旁征博引、兴会淋漓,留下很深的印象外,其他一无所知。

四十年过去了。2000 年台北桂冠出版社出了一套《叶嘉莹作品集》,我万没想到先生会请桂冠送一整套到我家里。这套书的第四辑里,收有先生的诗词稿、诗词道路及杂文集三种,我是看了这些书后才知道先生竟经历过如此的沧桑! 2004 年叶先生邀我在她八十华诞的研讨会上发言,当我谈到她的沧桑之痛时,都忍不住哽咽起来。记得《世说新语》《赏誉篇》王济说过一句话:"家有名士,三十年而不知!"我则感叹地说:"师有苦难,四十年后方知!"记得老师的文章里引过两句佛家诗偈:"啼得血流无用处,不如缄口度残春。"从这里可以体会到老师论词何以会从"难言之处"提炼

---

①　《叶嘉莹作品集总序》,《汉魏六朝诗讲录》上,第 8 页。

出"弱德之美"，原来正是自身在磨难挫伤中仍有所持守、有所完成的体悟啊！

老师的著述多达数十种近百册之多，难以全览，聊作管窥，觉得她对词学的建树和诗教的实践，是她诗词成就的两座高峰。从学术的观点，有人可能偏好她在词学上的建树，既提出赋化之词的创见，而建构出"歌辞之词""诗化之词""赋化之词"三阶段的词史发展，又将幽微要眇富于言外之意蕴的词之审美特质，探源于《花间词》中的女性叙写，更从词人的"难言之处"提炼出"弱德之美"的本质。可说是继王国维词论之后又跨出了一大步。若从诗歌的感发本质之视野，则她毕生在诗教的实践上，本身就是一首极雄伟的诗篇，而且是以自己的生命来写出并以自己的生活来实践的雄伟诗篇。沈秉和先生以《和一首诗相遇》为题，作为《红蕖留梦》的代序，把叶老师的一生看成一首诗，可谓先得我心。然而是一首什么样的诗呢？我选先生于1980年填的《踏莎行》词来做代表：

一九八〇年春，偶于席上遇一女士云能以姓名为人相命，谓我于五行得水为最多，既可如杯水之含敛静止，亦可如江海之汹涌澎湃，戏为此词，聊以自嘲。

一世多艰，寸心如水，也曾局囿圆深杯里。炎天流火劫烧余，藐姑初识真仙子。　　谷内青松，苍然若此，历尽冰霜偏未死。一朝鲲化欲鹏飞，天风吹动狂波起。①

（2015年）
（作者单位：台湾大学中国文学系）

---

① 《迦陵诗词稿》，第228页。

夏承焘的词人年谱学

吴夏平

　　夏承焘先生是 20 世纪词学大家,被誉为"一代词宗"。夏氏开创的词学研究理论和方法,为学界继承和发扬。主要表现为两方面,一是对夏氏的学术思想进行深入研究和全面总结,一是充分运用其方法进行学术实践。就学术研究来说,主要集中在词学和诗学等领域,包括夏氏本人的词体和诗体创作,这方面以钱志熙、施议对、刘青海等先生的研究成果为代表。[①] 从夏氏学术道路探索其学术史意义和价值,主要有钱志熙和刘扬忠等先生的研究。[②] 回顾夏先生的学术道路,可以看到他研治词学首先从词人考证入手,其重要成果为《唐宋词人年谱》。但对夏氏年谱学成就的研究,从已有成果来看似嫌不足。学界比较重视对其词人年谱的辨正和补订[③],而全面系统地总结其理论和方法则不多见[④]。因此,系统研究夏氏年谱学成就尤为必要。

　　年谱是谱主个人的历史,年谱学本质上属于历史考据之学。魏晋至唐,谱牒主要集中于家谱和族谱,少有年谱之作。宋元时期年谱渐多。最早的年谱,当推元丰七年吕大防所作的《韩文年谱》和《杜诗年谱》。为何要做年谱? 梁启超先生说:"做年谱的动机,是读者觉得那些文、诗感触时事的地方太多,作者和社会的背景关系密切。不知时事,不明背景,冒昧去读诗文,是领会不到作者的精神的。为自己用功起见,所以做年谱来弥补这种遗憾。"[⑤]任公所言,显然是结合自身治学经历来讲的。明清时期,年谱学发展成为专门之学,有与之相应自成体系的方法和理论,已不仅仅是理解诗文的辅助手段。夏承焘先生所作唐宋词人年谱,当然也可以作为理解词人作品的辅助,但显然这并不是全部。在夏氏那里,词人年谱已成为专门之学,形成自活自足的方法体系。夏氏自学成才,但从一开始就表现出对考据学的浓厚兴趣,早年曾著《唐铸万学考》。他选择从词人考证进入词学研究领域,应与此学术趣向有关。其撰制词人年谱的时间,主要在 1928 年至 1937 年,夏氏自述"此十年,正值予作唐宋词人年谱及白石道人歌曲校律诸篇"[⑥]。在《天风阁学词日记》中,夏

　　① 参考钱志熙先生《试论夏承焘的词学观与词体创作历程》,《中国韵文学刊》2011 年第 1 期;《试从江郑重翻手,倘是春风觊面时——论夏承焘先生的诗学思想与各体诗的创作成就》,《中国韵文学刊》2012 年第 5 期。施议对《夏承焘旧体诗试论——〈天风阁诗集〉跋》,《河北大学学报》(哲学社会科学版)1982 年第 5 期;《夏承焘与中国当代词学》,《文学遗产》1992 年第 4 期。刘青海《论夏承焘〈瞿髯论词绝句〉中的词学观》,《中国韵文学刊》2011 年第 1 期;《夏承焘诗史研究初探》,《中文学术前沿》2012 年第 2 期;《夏承焘诗论初探》,《中国韵文学刊》2012 年第 5 期。

　　② 钱志熙:《夏承焘先生早年学术道路试探》,《中文学术前沿》2012 年第 2 期。刘扬忠:《夏承焘先生对辛弃疾其人其词的精深研究——兼及他对我的稼轩词研究的启迪和引导》,《中国韵文学刊》2012 年第 4 期。

　　③ 如李维新《读夏承焘先生〈贺方回年谱〉札记十一则》,《郑州大学学报》(哲学社会科学版)1983 年第 3 期。肖鹏《夏承焘先生〈周草窗年谱〉补证》,《南京师大学报》(社会科学版)1986 年第 2 期。姜书阁《夏承焘〈张子野年谱〉辨误》,《湘潭大学学报》(社会科学版)1991 年第 1 期。毛兰球《夏承焘〈韦庄年谱〉生平续考》,《柳州师专学报》2009 年第 1 期。

　　④ 参考边家珍《夏承焘与〈唐宋词人年谱〉》,《光明日报》2007 年 6 月 7 日版。曾大兴《夏承焘的考据之学与批评之学》,《浙江大学学报》(人文社会科学版)2008 年第 3 期。

　　⑤ 梁启超:《中国历史研究法》,上海古籍出版社 1998 年版,第 210 页。

　　⑥ 夏承焘:《天风阁学词日记》,浙江古籍出版社 1984 年版,第 2 页。

氏对自己的治学历程作了详细的记述。通观日记,参之以《唐宋词人年谱》等论著,大致可以勾勒其年谱学之特点。本文拟以此为基础,从方法、源流、影响等方面展开论述。

一、年谱学方法

年谱学既是人物传记之学,亦属历史考据之学,欲办此事,须有相当的目录学功力。夏氏对此有深刻的认识,较早地打下了目录学的基础。其经常使用的目录学著作,有《直斋书录解题》《四库全书总目》《书目答问》《邵亭知见传本书目》等。《四库提要》使用尤多,如1932年8月10日:"阅《四库提要·词曲类》,有误处,为匡纠数十事,拟写为点勘一卷。"①后撰成《四库全书词籍提要校议》一文。② 同时他还不断地向当代目录学家学习,如1931年7月7日,曾抄陈垣讲目录学笔记。③深厚的目录学功底,为夏氏进行词人年谱的撰制提供了扎实的基础。

(一)从词林年表到词人年谱

1928—1930年,夏先生执教于建德严州中学。此期有一个庞大的学术计划,即为唐宋金元词人作年表,对词人行迹和词作时间进行考辨。在严州中学和之江大学执教中的大部分时间都用于作词林年表和词人年谱。其工作思路,大致分成三步。

第一步,从正史中钩稽排比词人资料,一是《列传》,一是《艺文志》。据《列传》考词人履历,据《艺文志》考词人著述。如1928年7月20日,检《宋史》,得宋代词人有传者63人,罗列本传所在《宋史》中的卷数、词人姓名、兼及传中所载著述入词林年表。7月23日,复检《宋史·艺文志》,考词人著述,共得70余人。9月25日,检《元史》词人本传,得16人。12月5日,检《金史》词人传,得18人。正史中无传词人,则据其文集考其生平,汇入词林年表。④

第二步,确立拟作年谱对象。要为唐宋所有词人皆作年谱,夏氏感到工作量太大。其处理原则是:"词人年谱于诸小家太繁琐,拟先成各大家年谱,小家及非词名家者,或止载其生卒大事。"⑤"先成各大家十余人,以各小家附大家谱内,如尹焕附梦窗。大家事实太少,不能自为一谱者,亦附见大家谱中,如龙洲附稼轩,末附一年表,则撷各谱大事,以求醒目。"⑥大家和小家之分,是以存词数量多寡来确定的。这一原则,作词林年表时已确立:"年表行实以其存词多少为详略。其偶只一二首流传者,不以入表。"⑦"词林年谱以温飞卿为始。非词专家偶有数词流传者不录。"⑧夏氏所确立的词人年谱体例,得到当时学者的肯定。张尔田曾致信云:"骚人墨客,放浪江湖,本不能如学者之事功烜赫,其可以成谱者不论;凡不足成谱者,似宜别勒一编。"⑨龙榆生也认为:"凡不能确定生卒或事实过少者,皆不必用年谱。"⑩

---

① 夏承焘:《天风阁学词日记》,第302页。
② 夏承焘:《唐宋词论丛》,古典文学出版社1956年版,第212—237页。
③ 夏承焘:《天风阁学词日记》,第215页。
④ 夏承焘:《天风阁学词日记》1928年9月30日:"唐、五代、宋、金、元史无传词人,而集中有可考见其生平者,拟汇一编。"见该书第30页。
⑤ 夏承焘:《天风阁学词日记》,第90页。
⑥ 夏承焘:《天风阁学词日记》,第92页。
⑦ 夏承焘:《天风阁学词日记》,第36页。
⑧ 夏承焘:《天风阁学词日记》,第25页。
⑨ 夏承焘:《天风阁学词日记》,第318页。
⑩ 夏承焘:《天风阁学词日记》,第303页。

　　第三步，对拟做年谱之词人，先作年谱调查。如已有前人所作年谱，则在此基础上补充修订，如无则先作事辑。白居易、王安石、苏轼、黄庭坚、陆游、姜夔、元好问等人，均有前人所作年谱。对已有年谱者先转抄，或入词林年表，或全录以备考订。1928 年 8 月 7 日，抄《香东漫笔》卷一《白石年谱》入词林年表。8 月 22 日，节抄赵翼《放翁年谱》入词林年表。9 月 15 日，翻施国祁《遗山年谱》，校《遗山乐府》，"施谱只载有注明年月者，其余皆未核考。灯下细补注之。"①1929 年 1 月 16 日，札陈振孙《白文公年谱》及清汪立民《白香山年谱》入词人年表。苏轼年谱，清代有邵长蘅和查慎行所著两种，夏氏时僻处桐庐，无由寓目。其知见者，为王宗稷编《东坡文集》所附《东坡年谱》一卷。此书 1928 年 10 月 25 日由好友寄来，花两天抄完，旋取《宋史》本传校补。②蔡上翔《王荆公年谱》及杨希闵增订《山谷年谱》，1929 年 3 月 10 日由钱名山寄来。荆公年谱三月中旬抄完。夏氏记曰："阅蔡上翔《王文公年谱考略》。荆公之诬，得此大白。洵足了数百年一公案。惟颜习斋有《论王荆公》一篇，蔡书未引。杨希闵节要亦未录，可取补也。"③3 月 31 日，校《荆公年谱》完，旋抄《山谷年谱》。《山谷年谱》旧有南宋黄庭坚孙黄㽦所撰本，清徐名世曾据此删补。夏氏所抄，为杨希闵据黄㽦及乾隆中缉香堂刻年谱而成者④。姜夔此前虽无年谱，但有郑叔问所作《白石编年补传》。夏先生说："以其词叙岁月旁征宋元说部事迹，易为考见（原注：见其清真集校后录要）。此书作白石词考证时，当求得参阅。"⑤

　　还有一种情况，前人虽无年谱之作，但有词集笺证，此亦有助于编撰词人年谱。如张炎词，前有江昱作《山中白云词疏证》，此书为夏先生援入词林年表。⑥吴文英词有朱祖谋《梦窗词集小笺》。夏氏作《梦窗行实考》，参考不少。1928 年 9 月 11 日："晚翻《梦窗词》及朱孝臧《梦窗词集小笺》，作词林年表。"⑦1929 年 2 月 21 日："朱祖谋《梦窗词笺》甚详备，资采伐不少也。"⑧3 月 1 日："至晚作完《梦窗行实考》，……生卒考最可观，交游考补订朱彊村《梦窗词笺》而已。弃置一二月后，再取阅，如能满意，拟呈教彊村先生。"⑨《梦窗生卒考》后由龙榆生转致朱彊村。同时致书周癸叔，问其假阅《梦窗词稿》及万涧民圈《梦窗词》。彊村卒后，夏氏作《吴词补笺》，附入彊村遗书。据所作补笺，完成《吴梦窗年谱》。

　　大多数词人，此前既无年谱又无作品笺证。为此类词人作年谱，首先要据相关材料作词人事辑，或作行实考。词人行实，无外乎时、地、人三事。时者，考词人生平及词之作年。地者，考词人之行迹。人者，考词人之交游。夏氏对此有清晰的认识，曾致书龙榆生："拙作数种，词集考证，专就词中人事、年、地，阐发词意。"⑩1928 年 11 月 27 日："作词人年谱三、四人，能罗各地志数十部，校一过，此书颇可观也。"⑪1929 年 2 月 19 日："词人年谱各大家，须先作一篇事辑，世系、交游、著述，

① 夏承焘：《天风阁学词日记》，第 30 页。
② 夏承焘：《天风阁学词日记》，第 41 页。
③ 夏承焘：《天风阁学词日记》，第 87 页。
④ 夏承焘：《天风阁学词日记》，第 88 页。
⑤ 夏承焘：《天风阁学词日记》，第 118 页。
⑥ 夏承焘：《天风阁学词日记》1928 年 9 月 9 日："江昱疏证（《山中白云词疏证》）甚备，惜其尚未编年。灯下据其年代可考者志书眉上。"见该书第 30 页。
⑦ 夏承焘：《天风阁学词日记》，第 30 页。
⑧ 夏承焘：《天风阁学词日记》，第 80 页。
⑨ 夏承焘：《天风阁学词日记》，第 82 页。
⑩ 夏承焘：《天风阁学词日记》，第 133 页。
⑪ 夏承焘：《天风阁学词日记》，第 59 页。

皆入事辑中。"①1929 年 10 月 16 日:"翻《稼轩词》,钩出其交游姓氏几百人以上。"②

夏氏先后作词人事辑数种。兹以南唐二主及周草窗为例,以述事辑之方法。二主年谱始于 1934 年 8 月 31 日。至 9 月 16 日,已逾时半月,而旧辑事实犹未排比定妥。③ 从 16 日之 10 月 1 日,先后札《徐文公集》《说郛》《挥麈录》《五代诗话》等书。10 月 1 日晚着手写二主谱。10 月 6 日,二主谱初步完成,几近万字,预计全部完稿需 10 余万字。《周草窗年谱》始于 1928 年 11 月 2 日,先据《蘋洲渔笛谱》勾出相关行实。1929 年 11 月 20 日,阅冯沅君《草窗年谱》。1935 年 2 月 5 日,过浙江图书馆查《富阳县志》,考得周密父晋字明叔,绍定四年宰富阳。同年 3 月 12 至 22 日,札《癸辛杂识》。3 月 23 至 4 月 1 日,札《齐东野语》。4 月 2 日至 3 日,札《志雅堂杂抄》。4 月 4 日至 5 日,札《至正直记》《浩然斋雅谈》。4 月 7 日始着手作谱,6 月 18 毕,7 月 1 日校完。此后不断增补修订。如 1936 年 1 月 31 日,过孤山图书馆,翻牟氏《陵阳集》及《巽斋集》,得数事补入周谱。从上述情况可知,夏氏作谱的基本方法是"钩稽""排比",先遍查诸书钩稽材料,然后依时排比以成事辑。

(二)词人生卒年之考据

为古人做年谱,最重要也最困难的是生卒年考证。生卒年好比坐标,两个端点确定了,其他行迹皆可据此一一系年。如果生卒年弄错了,那么整个年谱也跟着错。比如陶渊明的生卒年,就有不同观点:一是咸安二年(372)(梁启超),一是兴宁三年(365)(逯钦立),一是永和八年(353)(袁行霈)。因生卒年的看法不同,诗人行实和作品系年也各异。这一点为古今年谱作者所共知,夏先生当然也意识到其重要性。1932 年 8 月 26 日,夏氏所作《梦窗后笺》及《梦窗年谱》,托龙榆生转请吴梅是正。瞿安许其能考核而嫌不能确定生卒。可见生卒年的考证是年谱工作中最重要的一项。夏氏云:"予作飞卿、梦窗二谱,皆无从确定生卒,盖资粮过乏也。"④所谓"资粮过乏",意谓文献不足征,足则能征之矣。可见夏先生审慎严谨的治学态度。

《韦端己年谱》考定韦庄生于唐文宗开成元年(836)。所据资料为《浣花集》卷四所载《镊白》诗:"新年过半百,犹叹未休兵。"这是韦庄集中唯一一次提到年龄的作品,是考证其生年最重要的材料,为历来研究韦庄者所注意。陈荩首作《韦浣花年谱》,确定韦庄生年与夏氏同,但未说明依据。曲滢生《韦浣花年谱》定韦庄生年为宣宗大中五年(851),虽与夏氏相左,但所据材料也是《镊白》诗。据《镊白》"新年过半百",知其为诗人 51 岁时所作。如果能确定该诗具体写作之年,往上逆推,即可知韦庄生年。但此诗所提供的信息无法确知具体作年。因此只能换一种思路来解决。夏氏考证韦庄生年,主要依据是《浣花集》的编排体例。《浣花集》共十卷,除第一卷和第七卷之下无注外,其余每卷第一首之下皆自注明此卷诗之年代或事缘、地点。第一卷皆为中年以前所作,时代较长,事缘地点不一,不易总括。第七卷则上承第六卷,以诗篇较多,分成两卷。据此,以《镊白》所在第四卷的作年和时间为依据,就能确定该诗写作的时间。《镊白》前 21 首有《闻再幸梁洋》:"暂喜中原息鼓鼙,又闻天子幸巴西。"所记为唐僖宗幸兴元(汉中)事。又据此诗后三首《夏初与侯补阙江南有约同泛淮泗西赴行朝》之韦庄自注:"已后自浙西游汴宋路,至陈仓迎驾,却过昭义相州路归金陵作",知此 25 首时约为同时所作。考《旧唐书·僖宗纪》,光启二年(886)正月幸兴元,三月至兴元,光启三年(887)三月还凤翔。韦庄同侯补阙西赴行朝迎驾在夏初,知其必在光启二年

① 夏承焘:《天风阁学词日记》,第 79 页。
② 夏承焘:《天风阁学词日记》,第 124 页。
③ 夏承焘:《天风阁学词日记》,第 319 页。
④ 夏承焘:《天风阁学词日记》,第 303 页。

（886）之夏初。据此可知《镊白诗》作于光启二年（886），时作者51岁，逆推知其生年为836年，亦即唐文宗开成元年（836）。如据曲滢生定其生年为851年，则作《镊白》诗时36岁，与"过半百"不合。①

韦庄生年之推定，可得出三条考据经验：一是谱主作品为最重要最可靠的考证材料；二是要充分利用文集编排体例（如《浣花集》以时间为序）；三是难以确定作年的作品，可据其前后作品来推定。有学者对夏谱提出质疑，认为以《浣花集》为严格的编年诗集，难免不妥。又举出《镊白》所在的卷四大率为886年前后所作，但也阑入了891年所作《寄右省李起居》等诗。所以《镊白》诗也并非不存在由其他时期阑入的可能。② 但并未举出证据来证明《镊白》属于"阑入"之例，因此并不能驳倒夏谱的结论。对于《镊白》诗"犹叹未休兵"之具体所指，有论者认为是光启二年（886）正月"镇海军将张郁之乱"，张郁攻陷常州，与镇海军周宝治所润州近在咫尺，故有所叹。③ "张郁之乱"与僖宗幸兴元的时间同在光启二年（886），故此论虽有新意，但于夏谱之结论助益无多。

判断材料之真伪，是生卒年考证中最重要的一项。因为有些文献记载往往不可靠，需要考其真伪择善而从。张子野的生年，宋人有两说。苏轼记为淳化元年（990）。苏氏《垂虹亭记》记其自杭移守高密，时子野年八十五。苏轼自杭移高密在神宗熙宁七年（1074）五月，逆推知子野生年为990年。陈振孙则认为子野生于淳化二年（991），与苏轼所记相差一年。陈氏所据资料为孙觉《十咏图序》。孙《序》称张先以尚书都官郎中致仕，年八十二，时在熙宁五年（1072）。陈振孙据此推算子野生于淳化二年（991）。苏、孙皆子野同时人，但两说中肯定有一种是错误的。当如何取舍？这就需要甄别。赵令畤《侯鲭录》卷七载张子野年八十五买妾事，其时陈襄守杭州，苏轼为倅，陈命苏作诗嘲张。《苏集》卷十一亦载其事，云"张子野八十五尚闻买妾，述古（陈襄）令作诗"。陈襄行迹有史可征，其守杭始于熙宁五年（1072）七月，去杭之南郡在熙宁七年（1074），与苏轼去杭知密州同时。若依苏说，熙宁七年（1074）子野正八十五。依孙说，则熙宁八年（1075）子野方八十五，其时陈襄、苏轼皆已离杭，与《侯鲭录》《苏集》所载均不合。据此可知，子野生年当以苏说为是。④ 梁启超《历史研究法》论伪事之鉴别，特别强调反证之重要。夏氏正孙说之误而断苏说之可信，即采用反证之法。此为夏氏考证谱主生卒年之常法。如姜白石之卒年，即以四库本韩淲《涧泉集》所载盖希之诗注，以正吴潜《暗香疏影序》所记白石卒于绍定二年（1229）之误，而定白石卒年为嘉定十四年（1221）。⑤

生卒年推定的另一种方法是旁证法。吴梦窗生年即以此法推定。夏氏曾说："宋词以梦窗为最难治。其才秀人微，行事不彰，一也；隐辞幽思，陈喻多义，二也。"⑥吴文英之生卒年，旧史无征。夏氏采用旁证法进行推论。据梦窗与吴潜之交游，知梦窗于吴潜为晚辈。考《宋史》本传，吴潜二十三岁登进士第，与梦窗兄翁逢龙同年，时在嘉定十年（1217）。可知吴潜生于1195（宋宁宗庆元元年），梦窗生年不可能早于此年。梦窗少于吴潜而长于翁元龙（吴文英之弟），约当生于宁宗庆元、嘉泰间。又据《梦窗集》载有甲子各词，大致可推定其生于庆元末年（1200）。以旁证推定梦窗生

① 参考夏承焘《唐宋词人年谱》，上海古籍出版社1979年版，第3页。
② 齐涛：《韦庄生平新考》，《文学遗产》1996年第3期。
③ 毛兰球：《夏承焘〈韦庄年谱〉生年续考》，《柳州师专学报》2009年第1期。
④ 夏承焘：《唐宋词人年谱》，第169—170页。
⑤ 夏承焘：《唐宋词人年谱》，第445—447页。
⑥ 杨铁夫：《吴梦窗词笺释·夏序》，广东人民出版社1992年版。

年,得到周癸叔等人的肯定。^① 其意义有二:一是纠正了此前朱祖谋和刘毓崧的系年之失^②;二是为后人的继续研究提供了参照。^③

(三)以词证史

"以诗证史"之法,因陈寅恪先生倡导力行而为世人熟知。陈氏有一段著名论述:"中国诗虽短,却包括时间、人事、地理三点。中国诗既有此三特点,故与历史发生关系。把所有分散的诗集合在一起,对于时代人物之关系,地域之所在,按照一个观点去研究,连贯起来可以有以下的作用:说明一个时代之关系,纠正一件事之发生及经过;可以补充和纠正历史记载之不足。最重要是在于纠正。元白诗证史即是利用中国诗之特点来研究历史的方法。"^④但实际上,早在1933年陈氏发表《读连昌宫词》之前的25年,刘师培已在光绪三十四年(1908)发表《读全唐诗发微》,提出唐诗可以证史的主张。^⑤ 诗词本一体,诗可以证史,词亦可证史。1934年,张尔田致信夏承焘:"独好谈史,而于诗之可以证史者,则尤好之。"^⑥这种方法得到夏氏的认同,并在研究中加以实践。比如夏氏曾欲"从元曲中考元代社会"^⑦。命文学史班学生分阅《全唐诗》,札唐诗中之社会问题。^⑧ 可见在夏氏看来,诗、词、曲均可证史。夏氏所作词人年谱中,以词证史体现为两方面:一是以词证谱主个人历史。二是以词证社会史。

以词证谱主个人历史,贯穿于作词人年谱的全过程中。这是因为词和诗一样,亦包涵时间、地点、人事三种要素。这三个要素是考证谱主生平最重要的材料。这一点,上文已有论述。如词人事辑,于正史本传之外,当首取词人作品钩稽排比其交游、世系、著述等。含有时间、地点、情事诸要素的词序,对考证词人行迹有特别重要的作用。词序在苏轼之前已出现,经苏轼至南宋更加繁兴。另外,词作本身也含有词人重要信息。夏氏对词人的考证,充分利用了这些资料。

以词证社会史,在唐宋词人年谱中也较为常见。比如《吴梦窗年谱》"淳祐三年癸卯(1243)"之下,引《喜迁莺》"甲辰冬至寓越,儿辈尚留瓜泾萧寺",以证本年秋梦窗置家于瓜泾萧寺。复引集中另首《喜迁莺》"福山萧寺岁除",指出南宋借佛寺为旅邸之现象:"宋南渡初,北来官属多寄寓佛寺,其后殆仍沿此风,借为旅邸,曾几侨寓茶山寺,自号茶山,其一例也。"^⑨梦窗年谱"淳祐四年(1244)"之下,夏氏引《渡江云》《帝莺序》《昼锦堂》《浣溪沙》《澡兰香》《绛都春》等词,指出唐宋词人多狎妓纳妾之风习^⑩。此为"以词证史"之著例。

(四)年谱体例

夏氏作词人年谱,非常注重体例。如二主年谱,"谱首恐有乖年谱体例,佚事琐细,又弃之可

---

① 夏承焘:《天风阁学词日记》,第126页。
② 据朱祖谋《梦窗词小笺》及刘毓崧跋,梦窗当生于淳熙(1174—1189)初,则比吴潜大二十余岁,不当。
③ 吴文英生年,夏氏之外尚有多种不同看法。如张凤子认为嘉定五年(1212)左右;杨铁夫则系于开禧(1205—1207)前后;谢桃坊认为生于开禧三年(1207),钱鸿瑛认为生于开禧元年(1205)前后。数说虽各不同,但均在庆元六年(1200)之后,可见受夏先生之影响。参见钱鸿瑛《梦窗词研究》第一章第二节《生卒年探讨》,上海古籍出版社2005年版,第9—17页。
④ 蔡鸿生:《金明馆教泽的遗响》,《广东社会科学》2005年第3期。
⑤ 卞孝萱:《现代国学大师学记》,中华书局2006年版,第53—54页。
⑥ 夏承焘:《天风阁学词日记》,第318页。
⑦ 夏承焘:《天风阁学词日记》,第364页。
⑧ 夏承焘:《天风阁学词日记》,第435页。
⑨ 夏承焘:《唐宋词人年谱》,第465页。
⑩ 夏承焘:《唐宋词人年谱》,第469—470页。

惜"①。其年谱体例主要包括三方面:一是注意正体与变体之别,也就是年谱与系年的不同;二是注意谱主事迹的详略安排;三是对词人年谱作通盘考虑,正确处理正谱与附谱的关系。

一般来说,能详尽考出时、事、人、地者,采用通行的年谱正格。也就是采用平叙体,以一年为单位,第一行顶格,写某朝某年号谱主几岁,第二行以下都低一格,分段写谱主的直接活动,时事、诗文目录。但也有一种情况,谱主的生卒年无可考,但有些活动事迹的时间可以考知。这种情况不宜用年谱正格,可采用变体,亦即系年之法。这种人的年谱虽看起来无首无尾,但亦可借以看他生平的一部分。②《唐宋词人年谱》所录 10 种 12 人,直接标以年谱者,有韦端己、冯正中、南唐二主、张子野、二晏、贺方回、周草窗诸人,而以系年标之者有温飞卿、姜白石、吴梦窗。可见夏氏对年谱之正体与变体之区别的自觉意识。

对于谱主事迹详略之安排,夏氏有自己的处理原则:"予为各词人年谱,皆详于考索行事,锱铢不遗。二主遗闻最多,当有所去取以见义例。大约中主详于拓境致败,有南唐不振之因。后主详于事宋苦心及二主奢华情状,附列冯正中事,则详其保大、升元间宋齐丘、孙觉、冯氏兄弟与韩熙载、江文蔚、常梦锡、徐铉门户党派之争。二主史实,人所熟闻。正中此节,治词者所罕知,当畅发之。"③于此可知夏氏作谱之义例:一是抓住谱主行事之关键,叙述分详略,不作泛论;如中主李璟之拓境致败,后主李煜之事宋苦心;二是词人年谱应突出词人之特色,如详述冯正中之事。

夏氏对唐宋词人年谱作通盘整体思考,妥当处理正谱与附谱之关系。他曾在日记中写道:"旧作毛东堂遗事考略,可附入贺方回谱中。又东坡、少游、山谷、已有年谱者,可专考其词事,作苏门词事谱一种。少游词事,予前有辨证,在《掬沤录》中。山谷词,旧命张苏鹭女士作考证,可补订入之。南北宋各大家,清真,静安已有考。梅溪无行事可作谱,其人是否即韩氏堂吏之史达祖,今尚无定论。稼轩谱,拟合任公、慈首作写为一编。惟欧公无可附丽耳。"④此段文字不仅涉及如何处理正谱与附录的关系,而且也论及如何处理新谱与旧谱的关系。对于旧谱的利用,夏氏主要着眼于两点:一是作词事谱,如苏门词事谱。二是合前人已有诸谱予以重订。如稼轩谱。其中第二种运用得较多。比如《姜白石系年》,就是在姜虬绿和陈慈首等人所作年谱的基础上,采用补证、勘误等方法加以重订的。

(五)修订完善

夏氏作唐宋词人年谱速度较快,但并不是完稿后就弃之不顾,而是长期关注,及时修订以求完善。《温飞卿年谱》,脱稿于 1929 年 5 月 29 日,此后不断补充新材料。如同年 10 月 4 日,翻《全唐诗话》,得庭筠子温宪一条,"陈书破纸中,数十字之获,欣然终夕"⑤。6 日,阅《唐摭言》,得温飞卿事数则。7 日,阅南宋叶大庆《考古质疑》,得飞卿《乾馔子》一事。1930 年 12 月 25 日,又借张尔田《玉溪生年谱会笺》,中有考温飞卿事数则,札入温谱。1954 年所作《温飞卿系年》后记云:"往年为此编,承张孟劬尔田贻书讨论;谱中定飞卿再贬方城在咸通间,即遵先生教也。近见顾肇仓君所著《新旧唐书温庭筠传订补》《飞卿感旧陈情诗旧注辨误》及《温飞卿传论稿》,皆多匡予不逮,爰一一注明补入。"⑥可见作温谱前后相续 20 余年。

①　夏承焘:《天风阁学词日记》,第 324 页。
②　参考梁启超《中国历史研究法》,第 231—232 页。
③　夏承焘:《天风阁学词日记》,第 320 页。
④　夏承焘:《天风阁学词日记》,第 320 页。
⑤　夏承焘:《天风阁学词日记》,第 122 页。
⑥　夏承焘:《唐宋词人年谱》,第 424 页。

《张子野年谱》脱稿于 1929 年 9 月 7 日。同年 10 月 5 日,阅《道山清话》,得张先事一条。23 日阅《侯鲭录》,得一事,入《子野年谱》。1931 年 1 月 2 日,阅蟫隐庐汪潮生手抄子野词,重订《子野年谱》一过。同年 7 月 28 日,翻《宛陵集》,考得数事,入《子野年谱》。1937 年 4 月 25 日,以《子野年谱》求教于佩秋先生,佩秋增得数事。同年 5 月 2 日,又接佩秋函,抄示《嘉泰吴兴记》子野一文,可入《子野年谱》。《韦端己年谱》亦复如此。成稿后阅《燕京学报》张荫麟译《秦妇吟之考证与校释》,中有《韦庄事迹考》一篇,札入韦谱。1934 年 9 月,《大公报》载俞平伯评《韦庄年谱》一文,又为改正一小节。1935 年初完成《冯正中年谱》。1 月 21 日,为改冯谱重翻各笔记一过。23 日,重翻《南唐书》。24 日夜改毕。夏氏自称为其"甚殚心力"①,诸谱之中,最爱此种。可见其对词人年谱反复修订以求完备之苦心。

二、年谱学渊源

追溯夏承焘先生年谱学之渊源,约有三端:一是清代年谱学之兴盛;二是同时代学者之助益;三是温州地域学术传统。

(一)清代年谱学传统

梁启超先生说:"年谱盖兴于宋""入清而极盛"。② 清代年谱学极为发达。清人所著年谱总数,据各家著录约略综计,当有 800 余种,1000 余卷。据李士涛所编《中国历代名人年谱目录》,著录谱主九百六十四人,来新夏估计以"清人"为谱主的"清人年谱"当占一半以上。③ 梁任公将清人所撰年谱分成四类。第一类是自撰年谱,如《恕谷先生(李塨)年谱》《孙夏峰先生年谱》等。第二类是友生及子弟门人为其父兄师友所撰年谱,如董旸《刘蕺山先生(宗周)年谱》,段玉裁《戴东原先生(震)年谱》等。第三类是后人补作或改作的昔先贤年谱。此类年谱"为极勤苦极忠实的考证,务求所研究之对象得彻底了解。此实清儒学风最长处"④。第四类是纯考证的远古哲人年表,如牟庭《周公年表》、江永《孔子年表》等。

夏承焘生于清末,广泛涉猎清儒著作,其年谱学当源于此。夏氏曾有作《清代学术大事表》之计划⑤,并为此多方罗致清代学者年谱等书籍。如购买《历代名人年谱》,向邵潭秋借陈柱《清儒学术讨论集》等。他大量阅读清人年谱,如 1934 年 9 月 18 日阅张穆《阎百诗年谱》,1935 年 1 月 1 日阅王懋竑《朱子年谱》,称其"真可为著作者矜式"⑥。同年 6 月 14 日,阅顾从龙《吴愙斋(大澂)年谱》。12 月 21 日,阅吴昌绶《龚定庵年谱》。1936 年 9 月 19 日,阅金叔远(鹤翀)《钱牧斋先生年谱》,称其足与蔡上翔《荆公年谱》并传。可见,夏氏有意识地取资清人年谱之学。

(二)同时代学者之助益

夏氏年谱之学还得益于同时代学者的学术研究。据《天风阁学词日记》所载,从 1928—1937 年,夏氏阅读了大量同时代学者的考据论著。主要有张寿林《老子道德经出于儒后考》,胡怀琛《墨

---

① 夏承焘:《天风阁学词日记》,第 358 页。
② 梁启超:《中国近三百年学术史》,北京市中国书店 1985 年版,第 324—325 页。
③ 来新夏:《近三百年人物年谱知见录·代序》,上海人民出版社 1983 年版,第 2 页。
④ 梁启超:《中国近三百年学术史》,第 329 页。
⑤ 夏承焘:《天风阁学词日记》,第 84 页。
⑥ 夏承焘:《天风阁学词日记》,第 352 页。

翟为印度人辨》,陈垣《回教入中国史略》《火祆教入中国考》《摩尼教入中国考》《元西域人入华考》,胡瑞亭《施耐庵世籍考》,顾颉刚《郑樵传》《郑樵著述考》,沈兼士《国语问题之历史的研究》,王国维《五代监本考》《太史公行年考》《秦妇吟跋》《宋元戏曲考》,冯沅君《玉田朋辈考》,苏雪林《李义山恋爱事迹考》,罗振玉《殷墟贞卜文字考》,刘盼遂《李唐为蕃姓考》,黄云眉《古今伪书考补证》,王馨一《刘伯温年谱》,陈独秀《老子考略》,向达《唐代长安与西域文明》等。夏氏阅读考据论著,着眼点有二:一是方法上的学习。如读陈垣论火祆教和摩尼教两篇,称其"真名作也"①。读任二北《补订词律之商榷》,赞曰"其好"②。当然也并非一味接受。如批评张寿林《老子道德经出于儒后考》:"予曩主以音韵证老书出于战国,此张君所未及者也。"③评论胡怀琛《墨翟为印度人辨》:"此说甚奇,然不敢深信。"④二是从中搜求与词人年谱相关资料。如从陈垣《回教入中国史略》,考得五代李珣事实。⑤ 读王国维《秦妇吟跋》,札入《韦端己年谱》。⑥ 读陈垣《元西域人入华考》,札数处入词林年表。⑦

　　夏承焘先生不仅广泛阅读时人考据论著,而且多向学术名家请益。与之交游者数量众多,举其大者如马一浮、朱祖谋、吴梅、任仲敏、唐圭璋、龙榆生、陆侃如、冯沅君、张尔田、陈柱、陈钟凡、王易、邓广铭、钱仲联、杨铁夫等。从词的音律、词韵、词史、声调、批评之学来看,朱、吴、任、唐、龙等人对夏氏的影响较大。当然并非说这些学者对夏氏年谱之学没有影响,比如夏氏曾向朱彊村请教吴梦窗年谱,与张尔田讨论年谱作法,特别是龙榆生对夏氏帮助尤多。但从历史考据学的角度,特别是史学思想和治史方法来说,梁启超、胡适、王国维、陈寅恪、顾颉刚诸人对夏氏的影响更为深远。兹以此四人为例,以见其概。

　　夏氏与梁启超并无交游,但早年熟读其书。1929年任公去世,夏氏于报纸得此消息,不禁为之长太息:"早岁读任公书,时形之梦寐。幸得并世,竟不及一瞻颜色。"⑧其挽任公联云:"士林失一代宗师,谁定吾文,并世自惭丁敬礼(原注:予撰中国学术大事表,方欲修书请益而先生卒矣);著述开百年风气,缅怀先辈,在公前有顾宁人。"⑨梁启超对夏氏的影响主要是历史研究方法。梁著《中国历史研究法》及《补编》为夏氏所熟习。夏氏曾在日记中说:"《史》《汉》相如传,即取相如自叙传。文人自叙,骚经以后,相如最先。"⑩此段文字,当本自《中国历史研究法》。其论年谱及其作法一章,说:"《汉书·司马相如传》《扬雄传》所采的本文,便是司马相如、扬雄的自传。"⑪当然夏氏对梁任公的学习是批判性的。如梁说辛弃疾《窃愤录》等所采阿计替笔记,是考证宋徽、钦二宗在北庭受辱情状之第一等史料。⑫ 夏氏于此提出疑问,认为《窃愤录》并非辛弃疾所作,"梁任公《历史研究法》

①　夏承焘:《天风阁学词日记》,第71页。
②　夏承焘:《天风阁学词日记》,第93页。
③　夏承焘:《天风阁学词日记》,第18页。
④　夏承焘:《天风阁学词日记》,第27页。
⑤　夏承焘:《天风阁学词日记》,第61页。
⑥　夏承焘:《天风阁学词日记》,第111页。
⑦　夏承焘:《天风阁学词日记》,第111页。
⑧　夏承焘:《天风阁学词日记》,第68页。
⑨　夏承焘:《天风阁学词日记》,第71页。
⑩　夏承焘:《天风阁学词日记》,第321页。
⑪　梁启超:《中国历史研究法》,上海古籍出版社1998年版,第211页。
⑫　梁启超:《中国历史研究法》,第82页。

引之不疑,亦失考也。"①任公《中国近三百年学术史》《清代学术概论》《中国历史研究法》等,对清代年谱学进行了深入研究。任公本人还撰写了多种年谱。这对夏氏产生极大影响。夏氏阅宋人马永卿《懒真子》,中有数则考渊明生年世系及妻子,认为"皆可补梁任公作年谱"。②按:《陶渊明年谱》旧有宋人吴斗南、王质两种。清代丁晏又作一部。陶澍作《陶渊明年谱考异》,订正旧说。梁任公又据以订正。1937 年 2 月 7 日,夏氏友读陈慈首、梁任公两家《稼轩年谱》,记曰:"可汇为一编。"③由此可见,任公的年谱研究方法对夏氏影响极深。

胡适长于批评和考证,其治史之方法对夏氏亦产生重要作用。夏氏与胡适有学术交往,曾致信请教作学术大事表之方法。④胡适所编《词选》中的词人小传等材料,对夏氏作词人年表多有助益。据夏氏日记,1928 年 8 月 1 日,阅胡适之《词选》各词人小传,发现其中材料可据入词林年表。8 月 3 日,再阅胡适之《词选》,发现其中有数处可商榷。8 月 23 日,翻胡适《词选》,作词林年表。胡适《白话文学史》亦为夏氏常读之书,曾指出其中两条错误,并云:"胡氏长于考证批评,他日如作中国学术大事表,文学一类,此书可参考者多也。"⑤胡适的学术思想和治学方法,得到夏氏长期关注。从 1929 至 1936 年,夏氏先后阅读了胡适《治学方法与材料》《胡适文存》《神会和尚遗集》《章实斋年谱》《说儒》等论著,指出《治学方法与材料》"洵有价值文字"⑥,《说儒》一文"近人虽多驳议,然自足益人神智"。⑦

夏承焘与顾颉刚交往颇深。20 世纪 30 年代,顾氏有一段时期常住杭州马坡巷。从夏氏日记 1932—1935 年所载可知,此数年中二人往来频繁,交情甚笃。夏对顾之学问非常钦佩,尤注目于《古史辨》的辨伪之学,称其"笃学可佩'⑧。顾氏年长于夏,又早出道,在学术上予夏诸多帮助。因顾氏之助,夏承焘与当时北平学界建立联系。夏氏成名作《白石旁谱辨》曾托顾转示唐兰。唐跋云:"承顾颉刚先生见示此文,并属附其管见,故略述如右,以就正于吴(梅)、夏(承焘)二先生。"⑨又因顾之关系,此文还得到张尔田的帮助。夏氏后记称:"此稿付印时,顾颉刚转示张孟劬(尔田)先生函。"⑩此文后发表于《燕京学报》。1934 年 10 月 25 日,二人在杭城相见,顾嘱其多为《燕京学报》投稿。1935 年 3 月 9 日,二人再次相会马坡巷,顾约其暑假游北平可住其家。可见顾颉刚对夏承焘在学术上助益良多。

夏承焘与陈寅恪亦有学术交往。1931 年,夏氏读陈《西夏文佛母孔雀明王经考叙》一文,深受启发。次年 3 月 10 日,致信罗颐仲转示陈寅恪,答其去岁所示《明王经考叙》。1937 年 1 月 6 日,阅《清华大学学报》载陈《读秦妇吟考》,弥其"考订极细,中引予《韦端己年谱》"⑪。可见陈对夏的学术支持,实为莫大鼓舞。其词人年谱之继作,与此莫不相关。

---

① 夏承焘:《天风阁学词日记》,第 95 页。按:汤志钧导读本《中国历史研究法》,上海古籍出版社出版 1998 年出版,汤先生于此条下注:"弃疾二书见《学海类编》。阿计替者,当时金廷所派监视徽、钦二宗之人也。二书盖其日记原稿,辛弃疾全部采录"(第 106 页)。据此,汤先生似未见夏承焘先生之说。
② 夏承焘:《天风阁学词日记》,第 108 页。
③ 夏承焘:《天风阁学词日记》,第 490 页。
④ 夏承焘:《天风阁学词日记》,第 25 页。
⑤ 夏承焘:《天风阁学词日记》,第 28 页。
⑥ 夏承焘:《天风阁学词日记》,第 104 页。
⑦ 夏承焘:《天风阁学词日记》,第 436 页。
⑧ 夏承焘:《天风阁学词日记》,第 88 页。
⑨ 夏承焘:《月轮山词论集》,中华书局 1979 年版,第 131 页。
⑩ 夏承焘:《月轮山词论集》,第 128 页。
⑪ 夏承焘:《天风阁学词日记》,第 486 页。

(三)温州地域学术传统

夏先生早期专治词人年谱,除其个性和学术爱好之外,还与温州地域学风的影响有关。钱志熙先生论夏氏词体创作,指出地域的影响问题:"温州从历史上看,是一个移民的地区,境土狭小,生存竞争比较突出,以形成一种比较严肃的民风与士风,少冶游奢靡之风。尤其是永嘉学派的事功经制之学,对温州历代的文人学者多少都有些影响,夏氏也深受这个地域学术传统的影响。他早年曾立意治宋史,并著《唐铸万学考》,追其渊源,都是继承永嘉学术传统的。"①晚清温州学术亦较发达,出现了著名经学家孙诒让等学者。与夏氏同时代的温州学者也不少,如戏剧史学家王季思、文史学家王起、现代考古学奠基人夏鼐等人。这种严谨朴实的学风,无疑影响夏先生走上研治词人年谱学之路。

三、年谱与词学

词人年谱,本属于词学研究范畴,可称之为词的图谱之学。但年谱又是词史和词学批评的基础。夏氏所作词人年谱,在当时已产生广泛影响,有学者称其"十种并行,可代一部词学史"②。夏氏所治年谱与词学之关系,当从三方面来理解:一是因治谱而兴起一系列词学研究计划,二是由词人年谱转入词集编年笺注,三是由词人考辨转向"知人论世"的词学批评。

(一)词学研究计划

夏氏在作词林系年和词人年谱时,翻阅了数百种书籍,积累了大量资料,由此产生一系列学术计划。就其大者而言,有《中国学术大事表》③《中国画家列传》④《野史》⑤《廿四史人物互见表》⑥《家常琐事考古》⑦《宋元野史笔记整理》⑧等。与词学相关的研治计划,主要有以下数种。

1.《全唐五代宋金元词注》。此见于1931年3月16日记:"颇思以三五年心力,编《全唐五代宋金元词注》。重考证及校雠,不徒抄辑而已。先着手校彊村丛书。全书若成,并可辑补历代诗余。

---

① 钱志熙:《试论夏承焘的词学观与词体创作历程》,《中国韵文学刊》2011年第1期。

② 夏承焘:《天风阁学词日记》,第361页。

③ 夏承焘:《天风阁学词日记》1928年11月7日:"月来颇致思于《中国学术大事表》,四、五年后苟能成书,亦快事也"(第54页)。1929年1月22日:"检新旧《唐书》,拟作学术家大事辑。作学术大事表前,先着手为此"(第69页)。同年3月11日:"阅北大《国学季刊》第四册国学研究院纪事,沈兼士报告,拟编《中国学术年谱》。此书不知已有人着手否,与予见适合。前拟作《中国学术大事表》,须缩小范围,作《清代学术大事表》,较易尽力"(第84页)。同年5月11日:"拟增补吴荣光之《历代名人年谱》,为《中国学术家年表》。每人生卒外,详其生平,无生卒而有行实可考者,皆入之"(第94页)。

④ 《天风阁学词日记》1928年10月19日:"拟尽集画家书,……拔其精粹,为《中国画家列传》"(第38页)。

⑤ 夏承焘:《天风阁学词日记》1928年12月14日:"笔记小说,价值不下于正史。拟尽罗历代稗官言,依正史分列帝纪、儒林、文苑、隐逸等目,断代自为一书,名曰《野史》。以补官史之阙"(第61页)。

⑥ 夏承焘:《天风阁学词日记》1929年5月28日:"思将各史本纪、列传中人物,凡本传互见他传者,一一札于史姓韵编之下,省后人精力不少。袁枢纪事本末以事为经,此则以人为经,一人之事散见各处者,得此皆有归宿矣。再能罗野史人之,尤佳。书名可定《廿四史人物互见表》"(第97页)。

⑦ 夏承焘:《天风阁学词日记》1929年8月7日:"拟撷民间小事之来历为一书(原注:若《陔余丛考》之考古人穿鞋袜等等),曰《家常琐事考古》"(第110页)。

⑧ 夏承焘:《天风阁学词日记》1931年6月25日:"宋元笔记小说中,可辑为宋元诗话、词话、荆公字说、宋元史学、经学、礼制、乐制、道学、语录等等"(第212页)。1931年7月22日:"宋元野记,亟待整理。可先作一著作年代考,一板本考,然后汇数百部书,作一索引,便后人寻索"(第218页)。

以元断代,不阑入明清作。使治词律者汇调以观,有所悟入。"①

2.《全宋词》。今本《全宋词》为唐圭章所编,但夏氏早年亦有此计划:"刘子庚《宋金元六十家词》以外各选本,自《花间》《尊前》《草堂》《花庵》《阳春白雪》《乐府雅词》《梅苑》《全芳备祖》《花草粹编》《历代诗余》《词综》《词综补遗》《歇指调古今词》《百尊红词》《草堂诗余》等,及宋元人笔记所载宋元人词为刘氏所未辑者,可每人总括为一集,为编《全宋词》之初步,并可札入词人年谱。"②其后又将此计划细化,拟付诸实施。其初步设想是:"《历代诗余》,清初辑此书,《永乐大典》尚在,有许多材料,今所难见者,故极可宝贵。宋元专集,清初人所未见者,则可依调补入。此书一出一入,皆编《全宋词》初步重要工作也。宋人专集及选本中咏梅诸作,可汇为一编,以校《梅苑》。《梅苑》中无名氏诸作,或能由此考得,亦《全宋词》不可少之工作。"③1931年9月7日,夜与顾雍如谈辑《全宋词》事。顾谓燕京大学今年不办研究院,希望为夏氏求得一部分经费。同年10月18日夜,夏氏为学生演说,提出《全宋词》研究题目。《全宋词》编纂一事,后来夏氏并未着手,因唐圭璋已从事矣。不过,唐得夏之助亦较多。如夏曾致言唐,对其《全宋词》须一丝不苟,勿蹈《全唐诗》之覆辙。《全宋词》付印之前,唐又多次与夏商榷体例,并欲请夏与赵万里为校阅人。可见,唐编《全宋词》中也有夏氏的辛勤付出。

3.《词林索事》。清人张宗橚有《词林纪事》,但此书缺漏错舛其多。夏氏在作词人年谱过程中,遍览宋人笔记,发现大量材料为张书所未备,由此产生作《词林索事》的设想。1931年8月9日记:"前拟作《词林索事》,以补清人作纪事之不备,卷帙甚繁,拟先辑宋南渡及宋亡事为一卷,考其时事、年代及作者身世,搜罗不厌甚详。卷中感慨世劫,羌无事实,以小字附入考中。专集以外,亦及选本材料,必甚丰富。"④并于8月31日作成《词林索事序》:"(张宗橚《词林纪事》)域于有本事之词,未遑就词人之时代、身世为疏证阐明之业,则犹为憾事也。……曩为《词林补事》成,辄有意为此。……兹摭南宋数十家集为此编,亦旁涉选集野记,名曰《词林索事》,虽考证未精,亦不敢稍涉附会。"⑤

4.《词集提要》。此见于1934年10月20日记:"榆生长于推论,予则用力于考证,思与合力共修《词集提要》。"⑥

5.《词学志》。此计划起于治宋史。夏氏作词人年谱,颇觉宋史有重订之必要。但重订宋史,规模太大,以一人之力绝难办成。顾转而先作宋代学术史,学术史又先从《词学志》入手:"予思治宋史,先从表着手。成《宋史表》一书,先从文学、理学着手。文学先从词人着手,作《词人系年表》。理学先从永嘉着手,作《永嘉学系年考》,则年来辛勤搜辑之词人遗事,不致废弃。"⑦夏氏设想《永嘉学系年考》,当仿王懋竑《朱子年谱》例,详其学术流变:一、所以明乡邦文献,二、以求心身为己之学,庶免玩物之讥,三、为宋史表之发轫。1935年3月3日,夏氏记道:"枕上思能成《词学志》数十卷,亦足不朽。不必骛高远治宋史。"⑧夏氏作《词学志》,欲同时作《词学史》《词学典》《词学谱表》三书,但又虑"头绪太繁,恐非一手所能了耳"⑨。

---

① 夏承焘:《天风阁学词日记》,第193页。
② 夏承焘:《天风阁学词日记》,第224页。
③ 夏承焘:《天风阁学词日记》,第224页。
④ 夏承焘:《天风阁学词日记》,第224页。
⑤ 夏承焘:《天风阁学词日记》,第232页。
⑥ 夏承焘:《天风阁学词日记》,第331页。
⑦ 夏承焘:《天风阁学词日记》,第350页。
⑧ 夏承焘:《天风阁学词日记》,第369页。
⑨ 夏承焘:《天风阁学词日记》,第488页。

6.《词史》。《词史》一书，起于 1935 年 5 月正中书局之约请委托。夏氏与书局签订合同，约定年底交稿。1935—1936 年上半年，夏氏都在从事《词史》的写作。

7.《永嘉词征》。此为一九三六年七月应温州乡哲遗著委员会之请而作。同年 8 月着手札《永嘉词征》，遍检诸书。

8.《宋词大事考》。1936 年 9 月 23 日记：作《宋词大事考》，"借此以熟读《宋史》"①。主要为研治宋史提供材料。1937 年 1 月 13 日年又记："阅《宋史》为《宋词大事考》，或改名《宋词考故》。"②

上述夏氏所拟庞大学术计划，其实都是他做词人年谱时期的副产品。这些学术设想，有的已经落实成书，如《永嘉词征》1949 年已初步完成。有的虽未成书，但以另一种形式出现。如《词集提要》，后作成《词籍四辨》《四库全书词籍提要校议》二文（均收入《唐宋词论丛》）。其大多数计划因兴趣转移或其他因素影响，未能成书。但这些学术构想，在启迪后人词学研究方面，意义是深远的。

（二）词集编年疏证

年谱以时间为序对词人行迹进行考证，是词集编年疏证的基础。这是因为，年谱之时序，为词集编年提供了可靠的依据，词人行实又为疏证提供了背景。夏氏《姜白石词编年笺校》《放翁词编年笺注》《韦庄词校注》《龙川词校笺》等著作，是其词集整理的代表作。实际上，他在作词人年谱的同时，已经开始做词集疏证的工作。1929 年曾拟仿江宾谷注《山中白云词》《苹洲渔笛谱》例，为白石、稼轩、山谷、淮海、片玉、乐章、龙洲、后村、东坡、六一诸大家词作疏证，名《十种宋人词疏证》。唐、金、元各总集，如《花庵词选》《中州乐府》，则以余力及之。"期以五、六年，词人年谱成，此亦可夺脱矣"③。1932 年 7 月 19 日记："年来所作旧稿，若《词人年谱》《词人年表》《子野词疏证》《明秀集疏证》《白石歌曲校证》《词源悬解》，皆待董理。"④

但年谱与疏证殊为二事，体例各自不同。夏氏于此有充分的认识，曾对勘陈慈首《白石年谱》与《白石词疏证》，认为"年谱极精审，多与疏证重出，只存年谱可矣"⑤。又谓其疏证："无考者甚多，陈氏且止证事不校律、不校字、不编年。其编年谱甚精博，予不敢望。其注歌曲，则予作较详。其实止存年谱，必传之作。歌曲疏证，反为蛇足矣。"⑥

（三）"知人论世"的词学批评方法

夏氏早年主要从事词人年谱和词律考辨，后期逐渐转向词学批评。有学者称此过程是由"此外看词"到"词内看词"的转变。⑦ 但"此外看词"无疑是"词内看词"的基础。夏承焘词学批评的基本原则是"知人论世"。这一点，在其早期作词人年谱时已确立。1929 年夏氏致书彊村，云其"曩尝欲于先生、半塘、伯宛诸老搜讨校勘之外，勉为知人论世之事，做词人年谱词集考证数种"⑧。夏氏最反对以张惠言为代表的常州词派"比兴说"的牵强附会，甚至称其为"痴人说梦"："阅刘子庚讲词

① 夏承焘：《天风阁学词日记》，第 465 页。
② 夏承焘：《天风阁学词日记》，第 487 页。
③ 夏承焘：《天风阁学词日记》，第 116 页。
④ 夏承焘：《天风阁学词日记》，第 301 页。
⑤ 夏承焘：《天风阁学词日记》，第 303 页。
⑥ 夏承焘：《天风阁学词日记》，第 303 页。
⑦ 曾大兴：《夏承焘的考据之学与批评之学》，《浙江大学学报》（人文社会科学版）2008 年第 3 期。
⑧ 夏承焘：《天风阁学词日记》，第 129 页。

笔记,附会牵强,几如痴人说梦。张惠言尝欲注飞卿词,若成书,则又一刘子庚矣。"①这显然与他的词学观念有关。在词体创作和词学批评上,他认为朱彝尊浙派上承白石、玉田,"对清代词的发展是有良好的影响的"②。这是因为白石以"骚雅"词风挽救了晚唐以来的词弊,而明代以来词的创作又逐渐走上晚唐花间、尊前一路,朱彝尊推重白石来救此弊,其意义等同于白石、玉田。当然,夏氏也并非一味排斥常州词派,他也肯定了张惠言的积极作用。浙派词到了嘉庆年间,走向了另一极端,内容空虚狭窄,流弊益著。张惠言欲挽此颓风,要求词与诗赋同流。这当然是有积极意义的。但张氏为了提高词的地位,说了许多过分夸张的议论,矫枉过正了。夏氏推崇浙派,实际上表达了他对常州词派的不满。夏氏研究词人年谱,含有以"知人论世"纠"比兴"之偏的用意。"知人论世"虽可破除"比兴"的附会之说,但前提必须是以考据"知人"。夏氏早期词人年谱工作,正为此提供了重要的基础。

夏承焘先生《月轮山词论集》《唐宋词欣赏》《唐宋词选》等著作,对温庭筠、韦庄、南唐二主、冯延巳、欧阳修、范仲淹、苏轼、周邦彦、李清照、陆游、辛弃疾、陈亮、姜夔、刘克庄等人的词作进行分析和鉴赏,一以贯之的批评原则是"知人论世"。如论温庭筠与韦庄词风格之别,指出根本原因在于"作品风格的不同决定于他们两人不同的生活遭遇"③。温庭筠出身于没落贵族家庭,虽然一生潦倒,但是一向依靠贵族过活。他的词主要内容是描写妓女生活和男女间的离愁别恨的。他许多词是为宫廷、豪门娱乐而作,是写给宫廷、豪门里的歌妓唱的。为了适合这些唱歌者和听歌者的身份,词的风格就倾向于婉转、隐约。他的词中也偶然有反映他个人情感、写自己不得意的哀怨和隐衷的,由于他不敢明白抒写自己的感情,所以要通过这种婉转、隐约的手法来表达。这些作品就很自然地继承六朝宫体的传统。由于继承这个文学传统,由于宫廷、都市的物质环境,形成温庭筠词的特色:一是外表色彩结靡华丽,二是表情隐约细致。这正是没落贵族落拓文士生活感情的一种表现。韦庄虽然也出身于没落贵族家庭,但他59岁才中进士,在这以前生活很穷苦,漂泊过许多地方,这种漂泊的生活占据了他一生的大部分岁月。他晚年在前蜀任吏部侍郎、平章事,第二年就死了。大半生的漂泊生活,使他能接受民间作品的影响,使他的词在当时词坛上有它独特的风格。④ 在《论韦庄词》中,夏氏指出韦庄对词史的贡献,就是把文人词带回到民间作品的抒情道路上来。韦庄之所以能够如此,与其个人生活经历有关。"韦庄五十九岁登第以前,流落江湖,除四十八岁逃出长安时一度献诗投靠于镇海军节度使周宝外,很少和贵人来往。他的诗集相与酬答的大都是秀才和尚一流人。由于时代的动乱,生活的贫困,迫使韦庄五十岁以后还为求食求官奔走四方,这和白居易少年时代的身世很相似。他的诗风近似白居易,因此也就影响到他的词风"⑤。夏先生运用"知人论世"之法,对温、韦词风差异做出透辟精到的分析,显然受益于早年所作《温飞卿年谱》和《韦端己年谱》。夏氏论李煜对词史的贡献,指出:"李煜晚年的生活经历是温庭筠、韦庄等人所没有的,所以他的作品能超过他们。"⑥所运用的也是"知人论世"的方法。这些例子足见词人年谱对词史与词风分析的作用。

"知人论世"方法还应用于具体作品的解析上。一些词人的作品往往隐晦难懂,如果不明背景,很难准确理解。如周邦彦《满庭芳》(风老莺雏)一词,"飘流瀚海,来寄修椽"二句素为难解,夏

①　夏承焘:《天风阁学词日记》,第212页。
②　夏承焘:《月轮山词论集》,第141页。
③　夏承焘:《唐宋词欣赏》,浙江古籍出版社2003年版,第20页。
④　夏承焘:《唐宋词欣赏》,第20—21页。
⑤　夏承焘:《唐宋词欣赏》,第37—38页。
⑥　夏承焘:《唐宋词欣赏》,第45页。

氏指出"飘流翰海"两句,是说燕子飞过大海来寄住在人家屋檐下,比喻自己的遭遇。联系周邦彦行迹,其 25 岁入都为太学生,29 岁进《汴都赋》,自诸生一命为太学正,32 岁教授庐州,来溧水之前几年大概都在荆州。再联系这首词是周 39 岁知溧水时所作,可知词中有宦情如逆旅的感慨。[①] 这种解释符合实际情况,令人信服。李清照《临江仙》"庭院深深深几许",为词人前期之作。那时李清照生活优裕,父祖都是高官,丈夫与她趣味相投。为什么还有这种幽怨呢? 夏氏认为这并不完全是无病呻吟。李清照接受了原本被剥夺的教育,闯进了男性作家的文化禁地。她敢于批评嘲笑男性作家,但是却又不得不在平凡的环境中平凡地打发日子。这种被束缚的女性的烦闷,要求过着正常人生活的女性的普遍烦闷,正是"庭院深深深几许"的最好注脚。[②] 这种解释显然要比"比兴说"的附会更切合实际。再如陆游《清商怨》(江头日暮痛饮)中"鸳机新寄断锦,叹往事不堪重省。梦破南楼,绿云堆一枕",前人多理解为写闺情宫怨。夏氏据词题"葭萌驿作",考证葭萌驿在四川昭化县之南,此词是陆游离开南郑(汉中)回成都之作。夏氏又考证出陆游此次回成都是带家眷同行的,可知此种所谓"鸳机断锦"云云,实是假托闺情写自己政治心情的。因为那时王炎南郑幕府解散,政府已经全盘打消恢复大计了。陆词说"往事不堪重省",又说"梦破",皆有所指。[③] 这样就揭示了陆游以"纪梦"来"述怀"的创作特点。

结　语

夏氏唐宋词人年谱研究之所以能够成功,是因为多种因素的共同作用。第一,1928 至 1937 年的 10 年,政局相对平稳,为其研究提供了安定的环境。夏氏在之江大学工作期间,待遇还是较好的。每周约十小时课程,月薪近二百元。那时茅台酒价格,每瓶两元左右。[④] 其时稿酬亦较高,夏氏在《燕京学报》发表《〈白石道人歌曲〉校律》,得稿费八十金。[⑤]

第二,良好的学术氛围为其提供了请益切磋的交流平台。朱彊村、吴瞿安、张尔田、顾颉刚等学者,于夏氏均为学术前辈,但并不以此相骄,而是奖掖提携。龙榆生对夏氏帮助尤多,夏对龙心怀感激,以为若无榆生相助,恐怕难以走出桐庐。

第三,夏氏本人对学术的执着和坚持,勤奋与严谨,是其成功的主因。夏氏在作词人年谱的过程中,并非没有动摇过。他曾想抛开故纸堆,而专心于拯世之学[⑥],亦曾想改治新文学[⑦]。但最终还是坚持下来。他常以名人自励,说自己生于公元 1900 年,与王尔德、尼采、陶孙、左拉、哈特、小泉八云、易卜生、俞樾、李宝嘉、托尔斯泰、般生、吴沃尧、刘鹗、王闿运、安特列夫、法郎士等"皆同时人也"[⑧]。他翻阅梁任公书,"叹其魄力不可及"[⑨]。夏氏持之以恒的坚韧品格,是与他的人生观念和学术思想分不开的。他曾说:"细思真人生,在能各发挥其一己之才性,何必婵阿附俗,强所不能。我

---

① 夏承焘:《唐宋词欣赏》,第 66 页。

② 夏承焘:《月轮山词论集》,第 1—2 页。

③ 夏承焘:《月轮山词论集》,第 19 页。

④ 顾君毅《贵阳杂写》"1939 年 3 月"条,转引自李华年《抗战时期外省过客眼中的贵阳和贵州》,《贵州文史丛刊》2008 年第 3 期,第 66 页。

⑤ 夏承焘:《天风阁学词日记》,第 328 页

⑥ 夏承焘:《天风阁学词日记》,第 49 页。

⑦ 夏承焘:《天风阁学词日记》,第 94 页。

⑧ 夏承焘:《天风阁学词日记》,第 67 页。

⑨ 夏承焘:《天风阁学词日记》,第 94 页。

国文学待垦殖掘发之地尚多,止看其方法当否耳。不入时何足病哉,任公、静安,皆独有千古。"①在这十年中,夏氏常常因为用功过度身体不适,其至"伏案过久,口中有血"②。执着与勤奋,才是夏氏学术成功的主要原因。从这个意义上说,夏承焘先生的年谱之学,向后人昭示的,不仅仅是具体入微的问学路径和研究方法,更多的是坚韧不拔的学术品格与实事求是的治学精神。

(作者单位:贵州师范大学中文系)

---

① 夏承焘:《天风阁学词日记》,第 119 页。
② 夏承焘:《天风阁学词日记》,第 111 页。

欧阳修词笺注例说

胡可先

内容提要:欧阳修是中国词史上继往开来的领袖人物,其词集有《近体乐府》《醉翁琴趣外编》和《六一词》。我们在笺注欧词的过程中,对注释的体例、注释的内容、注释的特点都做了一些思考,总结出欧词笺注有 13 个关键要素:以词证词,以诗证词,以文证词,以史证词,以物证词,以律笺词,以典笺词,以乐笺词,俚语释证,地名释证,人名释证,年代考证,真伪考证。欧词笺注的这些原则和方法,也有助于中国古人词集整理过程中举一反三和触类旁通的应用。

关键词:欧阳修词;笺注;释例;以词证词;以欧证欧

词是中国文学的一个独特形态,源起于中唐,发展于晚唐五代,极盛于两宋。在词的发展历史上,欧阳修堪称一位继往开来的领袖人物。他虽以余事作词,但却取得了很高的成就,顾随《驼庵词话》卷五云:"宋代之文、诗、词,皆奠自六一,文改骈为散,诗清新,词开苏、辛。……欧则奠定宋词之基础。盖以文学不朽论之,欧之作在词,不在诗文。"[①]基于此,我与徐迈博士合作校注了《欧阳修词校注》,由上海古籍出版社出版。在校注欧词的过程中,我们对于注释的体例、注释的内容、注释的特点都做了一些思考,并在该书的前言中撮其要以作说明:一是以词证词,以探寻词体文学的渊源和特点;二是以欧证欧,以体现欧阳修各体文学之间的相互关联,进而探寻欧阳修要眇之词心;三是详释名物,自《花间集》后,词家所用名物颇有与词之表现浑融一体,欧词尤为如此,前人注词往往重典故而轻名物,故本书于此多加致力;四是考订年份,本书对相关作品的年谱,详加考订;五是考订真伪,欧词或为抒怀之作,或为酬赠之作,或为应歌而作,真伪考订是一大难题,本书对于欧词真伪,综合前人成果而加以自同己的判断,部分疑伪词则置于附录。

然而纵观中国的学术史,历代对于中国古代典籍的校勘注释,往往集中于诗歌而忽略词作。诗有不少号称百家注乃至千家注的本子,而词作极为少见,如何利用诗歌注释的成就以拓展词籍注释的领域,同时在词籍注释中体现出词的特点,这是我们古籍整理和研究者需要面对的问题,因而我这里选取欧词注释的实例结合自己注释的体会,以举例的方式谈谈词籍注释的一些原则和方法,以便举一反三,触类旁通。

1. 以词证词

同门师弟陶然教授曾总结浙江大学的词学传统为"既注重文史之互通互证,又强调以词治词,以词还词"。我们在注释欧阳修词集的时候,为了体现词人之用心,将以词证词作为致力的方向,

---

① 顾随:《驼庵词话》卷 5,《词话丛编续编》,人民文学出版社 2010 年版,第 3198 页。

并从三个方面展开。

一是以欧词证欧词。《采桑子》(画楼钟动君休唱)中的"画楼""钟动",在欧阳修其他词作中也有例证,如《夜行船》词:"愁闻唱,画楼钟过。"又《玉楼春》词:"画楼钟动已销魂,何况马嘶芳草岸。"相互参证,会更有助于词义的理解。

二是以前人之词证欧词。《减字木兰花》(画堂雅宴)中的"画堂"乃唐五代词中常见,如《花间集》所录词如温庭筠之"偏照画堂秋思",丰庄之"卷帘直出画堂前",毛熙震之"画堂深院诸画堂",皆言装饰华美的闺阁。欧阳修此词及晏殊《拂霓裳》词"开雅宴,画堂高会有诸亲",张先《木兰花》(檀槽碎响金丝拨)题"宴观文画堂席上",则谓士大夫家中之待客厅堂,亦或歌馆华舍,范围虽有所扩展,而装饰华美之意则同。

三是以后人之词证欧词。《蝶恋花》(面旋落花风荡漾)中的"面旋"一词,"面旋"形容飞舞徘徊之状。其后苏轼《临江仙》:"面旋落英飞王蕊,人间春日初斜。"周邦彦《解蹀躞》:"候馆丹枫吹尽,面旋随风舞。"与欧词应该具有一定的承袭关系。

2. 以诗证词

台湾著名学者黄永武在《中国诗学》中说:"笺注一首诗,有时要将作者的其他诗或文,旁通比照,相互证明,才能得到线索的。所以笺注一首诗必须将作者的千百篇诗文,了然于胸,如能熟读成诵,当然更容易贯穿证发。"[1]这种笺注诗歌的方式运用词集的笺注当中,也更能够起到以诗证词的功效。

即如欧阳修《玉楼春》(常忆洛阳风景异)词,为景祐元年(1034)忆洛阳生活而作,词中有"关心只为牡丹红,一片春愁来梦里"句。按欧阳修作于嘉祐三年(1058)之《谢观文王尚书惠西京牡丹》诗:"我时年才二十余,每到花开如蛱蝶。……尔来不觉三十年,岁月才如熟羊胛。无情草木不改色,多难人生自摧拉。见花了了虽旧识,感物依依几拔睫。"欧诗欧词两相对读,既可见青年欧阳修居洛阳时"不知愁滋味"的愉快心情,也可见其对洛阳生活的美好回忆,以及涉世渐深后的丝丝愁绪,从而引导读者体会这位伟大文人的心路历程。

再如欧阳修《采桑子》词"群芳过后西湖好"一词,描写暮春百花凋零后的风景。是欧阳修通过衰景而作健语的典型词句,也表现他的词作的独特风格。这种表现方式在他的诗中也常常见到,如《四月九日幽谷见绯桃盛开》诗:"群芳落尽始烂漫,荣枯不与众艳随。"《春日西湖寄谢法曹歌》诗:"群芳烂不收,东风落如糁。""群芳远后"乃是常见景和常见句,而通过欧诗用语习惯来与欧词相参证,对于欧词之用语和风格就会有更深一层的体会。欧阳修面对衰败之景而唱出豪健之语,这是其他词人难以做到的,而这样的风格与他的诗歌完全合拍,无疑是欧阳修的独擅。

3. 以文证词

词是锐感灵心的表达,具有要眇宜修、纤细幽微的美感,与诗文相比,风格并不相同,但对于诗文兼擅的大文学家而言,诗与词、文与词互证,可以更加多元地挖掘词作的背景和内涵。同时,以诗证词更有助于探究词作的风格,以文证词则更有助于理解词作的背景。

《渔家傲》(一派潺湲流碧涨)一词,作于欧阳修知滁州时。按,欧阳修知滁州时,曾于丰山建丰

---

① 黄永武:《中国诗学·考据篇》,巨流图书股份有限公司 2008 年版,第 101 页。

乐亭,于琅琊山建醉翁亭。《丰乐亭记》文末题:"庆历丙戌六月日,右正言知制诰知滁州军州事欧阳修记。"词有"一派潺潺流碧涨,新亭四面山相向"语,所写多似滁州景色,即《醉翁亭记》所谓"环滁皆山也"。又同年欧阳修《与韩忠献王》书:"山州穷绝,比乏泉水。昨夏秋之初,偶得一泉于州城之西南丰山之谷中,水味甘冷。"可以此词参证。

《采桑子》(十年曾是樽前客)有"月白风清,忧患凋零"语,凋零,形容人老气衰,神色颓唐。欧阳修《乞洪州第六状》:"臣心志凋零,形骸朽瘁。"又《同年秘书丞陈动之挽词》:"凋零三十年朋旧,在者多为白发翁。"诗、文、词相互参证,可以更呈现出欧阳修晚年的心境。

4. 以史证词

业师吴熊和先生指出:"词学并不是个自我封闭的体系。词学不但要与诗学彼此补益,相互参照,联手共事;同时还要不断从其他相关学科,尤其是史学(包括音乐史、文化史)中取得滋养和帮助。宋词上承唐诗而旁通宋诗,两宋作家往往诗、文、词三者兼擅,并出一手。治宋词者若知其一不知其二,必然左支右绌,顾此失彼,难以弘通。"[①]从夏承焘先生的《唐宋诗人年谱》,到夏承焘、吴熊和先生的《放翁词编年笺注》,都是以史证词的典范之作。我们在笺注《欧阳修词集》过程中,也贯穿了这样的一种精神。

即如《玉楼春》"西湖南北烟波阔"词注释:皇祐元年(1049)作。据宋胡柯《欧阳文忠公年谱》,欧阳修于皇祐元年正月知颍州,二年七月改知应天府兼南京留司事。皇祐四年三月母卒,归颍州守制,至和元年(1054)五月服除至开封。此词是离颍别妓之作,则不当作于守制时。苏轼《木兰花令·次欧公西湖韵》:"霜余已失长淮阔。空听潺潺清颍咽。佳人犹唱醉翁词,四十三年如电抹。草头秋露流珠滑。三五盈盈还二八。与余同是识翁人,惟有西湖波底月。"又陈师道《木兰花令·汝阴湖上同东坡用六一韵》:"湖平木落摇空阔。叶底流泉鸣复咽,酒边清漏往时同,花里朱弦纤手抹。风光过手春冰滑。十事违人常七八。不将白发并黄花,拟下清流揽明月。"傅干《注坡词》:"辛未五月到阙,八月告下,除龙图阁学士,知颍州诸军事。到颍州,闻唱木兰花令词,欧阳修所遗也,和韵。"孔凡礼《苏轼年谱》元祐六年十月:"游西湖,赋《木兰花令》(霜余已失长淮阔)次欧阳修韵怀修。陈师道亦赋。"以元祐六年(1091)上溯四十三年,为皇祐元年。又《正德颍州志》卷六欧公诗文收此词,误调为《南乡子》。《正德颍州志》卷一《山川》:"西湖,在州西北二里,外湖长十里,广三里,相传古时水深莫测,广袤相齐。胡金之后,黄河冲荡,湮湖之半,然而四时佳景尚在。前代名贤达士往往泛舟游瞰于是。湖南有欧阳文忠公书院基。"

5. 以物证词

沈从文在《中国服饰研究》中提到:"唐宋以来读书人,谈日用器物历史起源,多喜附会,用矜博闻,照例是上自史前,下及秦汉,无所不及,而总是虚实参半。……如试从传世和出土大量画塑形象比证,所得知识多不想同。"我在撰写《欧阳修词校注》同样注意到这一问题,并尝试运用"传世和出土大量画塑形象"等实物进行参证。

以传世文献为依据而进行以物证词者,即如《归自谣》(春艳艳)中"烟脂"这一名物的注解,则以详证为主:胭脂,亦作"烟支""燕支",或作"烟肢",女子用之粉饰妆面。《史记·匈奴列传》司马

---

① 吴熊和:《吴熊和词学论集》,浙江大学出版社 1999 年版,第 441 页。

贞索隐引习凿齿《与燕王书》曰："山下有红蓝,足下先知不? 北方人探取其花染绯黄,采取其上英鲜者作烟肢,妇人将用为颜色。"崔豹《古今注》卷下："燕支,叶似蓟,花似蒲公。出西方。土人以染,名为燕支。中国亦谓红蓝。以染粉为妇人色,谓为燕支粉。"宋张淏《云谷杂记补编》卷二《燕脂》:"燕脂,今或书燕支,又作烟支、烟脂,然各有所据。《中华古今注》:'燕脂盖起于纣,红蓝花汁凝作。以其燕所生,故曰燕脂。'《苏氏演义》曰:'燕支叶似蓟,花似蒲,出西方土人以染,名为燕支,中国亦谓为红蓝,以染粉,为妇人面色,谓之燕支粉。'《北户录》载习凿齿书云:'此有红蓝,北人采取其花作燕支,妇人装时作颊色,殊觉鲜明。匈奴名妻作阏氏,言可爱如燕支也。'"程大昌《演繁露·烟脂》:"古者妇人妆饰,欲红则涂朱,欲白则傅粉,故曰:'施朱太赤,施粉太白。'此时未有烟脂,故但施朱为红也,烟脂出自房地。"

再如对《诉衷情》"呵手试眉妆"一句注释:将呵胶置于手中呵气,使之融化以贴梅花花钿。呵胶,一种易融的胶。宋叶廷珪《海录碎事·百工医技》:"呵胶出辽中,可以羽箭,又宜妇人贴花钿,呵嘘随融,故谓之呵胶。"这种呵胶,唐时即已使用。温庭筠《南歌子》词:"呵花满翠鬟。"韩偓《蜜意》诗:"呵花贴鬓黏寒发。"……梅妆,梅花妆的省称。古时女子妆式,描梅花状于额上为饰。相传始于南朝宋寿阳公主。故亦称"寿阳妆"。《太平御览》卷三〇《时序部》引《杂五行书》:"宋武帝女寿阳公主人日卧于含章殿檐下,梅花落公主额上,成五出花,拂之不去。皇后留之,看得几时,经三日,洗之乃落。宫女奇其异,竟效之,今梅花妆是也。"李商隐《对雪》诗:"侵夜可能争桂魄,忍寒应欲试梅妆。"牛峤《红蔷薇》诗:"若缀寿阳公主额,六宫争肯学梅妆。"冯延巳《菩萨蛮》词:"和泪试严妆,落梅飞晓霜。"可以参读。唐、宋以后亦称画淡妆为梅妆。《宛委别藏》本《说郛》卷七七载唐宇文氏《妆台记》:"美人妆,面即傅粉,复以胭脂调匀掌中,施之两颊,浓者为酒晕妆,淡者为梅花妆。"

利用出土文献对欧词进行注释,更是我所致力的重要方面,这样的例证较多,略举四例如下:

(1)《蝶恋花》(越女采莲秋水畔)中"窄袖"和"金钏"的注释:窄袖:宋时大袖女子喜欢大襦宽衣,但民间女子所著襦衣仍沿袭晚唐五代的窄袖,样式紧小,便于行动。太原晋祠水母殿所存北宋侍女彩塑所著襦裙皆小袖对襟,衣款瘦长,即可作为实物佐证。金钏:金质手镯。唐宋时流行,平民女子亦喜佩戴,河南偃师酒流沟宋墓出土画像砖中正在劳作的厨娘,其双腕即戴有钏饰。

(2)《南歌子》(凤髻金泥带)中"龙纹玉掌梳"的注释:雕刻龙纹的玉梳。……今湖南临澧新合元代金银器窖藏有"金二龙戏珠纹梳背"(瓦扬之水《奢华之色:宋元明金银器研究》),为宋元时代龙纹梳的实物见证。

(3)《蓦山溪》(新正初破)中"银蟾"和"金乌"的注释:银蟾:月的别称,传说月中有蟾蜍,故谓。……湖南长沙马王堆一号汉墓出土的帛画绘有蟾蜍、玉兔处月牙上,月下嫦娥作奔月状。金乌:传说中日中有三足乌,故作太阳的代称。……湖南长沙马王堆一号汉墓出土的帛画即绘有踆乌立于红日中。

(4)《南乡子》(好个人人)中"弓弓"注释:浙江衢州南宋墓出土的三寸金莲,其头高翘,底尖锐,长十四厘米,宽四点五厘米,高六点七厘米。

6. 以律笺词

词有词调,与诗不同,这是由其音乐决定,因此注词必须注释词调。欧阳修是宋人用词调最多者之一,故而词调的注释就非常重要,我们对此也甚为用力,既要注明词调的一般特点,又努力注出欧阳修运用词调的特殊情况。同时,在注释词调过程中,与词的题解和词的背景阐发联系在一起。

　　即如《采桑子》组词,本为唐教坊曲有杨下采桑,南卓《羯鼓录》作《凉下采桑》,词调名本此。又名《丑奴儿》、《丑奴儿令》、《罗敷媚歌》、《罗敷媚》、《忍泪吟》。双调,小令,就大曲中截取一段为之。尊前集注"羽调"。全词四十四字,前后阕各四句,二、三、四句用平声韵。欧词十首首句皆以"西湖好"出之,为联章体。清华兹亨《增订欧阳文忠公年谱》:"熙宁四年,公六十五岁。公在蔡,累章告老。六月甲子,以观文殿学士、太子少师致仕。……七月,归颍,赋《采桑子》词十首,述西湖风物之美。赵康靖概与公同在政府,相得甚欢,公被诬,密申辩理,至欲纳诰敕以保公,而不使公知,闻公归颍,自睢阳单车来访,年八十矣。吕正献公着守颍,为设宴于西湖,宾主称一时之盛,因题其堂曰'会老堂'。"按,据宋胡柯《庐陵欧阳文忠公年谱》,熙宁元年九月后,欧阳修筑第于颍,以备退居。又四年六月甲子致仕,闲居于颍,次年闰七月庚午卒。唯欧阳修数次居颍,施元之谓:"昔守颍上,乐其风土,因卜居焉。郡有西湖,公尤爱之,作念语及十词歌之。"现存《采桑子》组词十三首,前十首均以"西湖好"起首,当属施元之所谓欧阳修知颍时作的"念语及十词"。后三首未明写西湖景色,且多有年华老去之伤叹,故此十三首词必非一时所作,或经欧阳修闲居颍上时统一改定。《增订欧阳文忠公年谱》系《采桑子》十首于熙宁四年,恐未确。

7. 以典笺词

　　诗用典故,词亦用典故,欧阳修作为精通古代掌故的著名文人,能将其渊博的学识用于词体创作中,与其创造的词境融为一体。而其用典,又有语典和事典的区别。

　　就语典而言,《南歌子》(凤髻金泥带)"爱道画眉深浅入时无"句,用新妇探问夫君语。语本朱庆余《近试上张水部》诗:"洞房昨夜停红烛,待晓堂前拜舅姑。妆罢低声问夫婿,画眉深浅入时无。"朱庆余诗又本《汉书·张敞传》:"敞无威仪……又为妇画眉,长安中传张京兆眉怃。"入时,合乎时宜。

　　有时通过语典的运用,对欧词进行校勘。欧阳修《蝶恋花》"伤怀离抱。天若有情天亦老",《醉翁琴趣外编》作"伤离怀抱,天若有情人亦老",王伟勇《唐诗校勘北宋词示例》云:"此词首句,《醉翁琴趣外编》作'伤离怀抱',恐误刻。盖'离抱'一词乃唐人诗中常见用语,如唐韦应物《寄中书刘舍人》诗云:'晨露方怆怆,离抱更忡忡。'李商隐《酬令狐郎中见寄》诗云:'万里悬离抱,危于讼阁铃。'皆是其例,故笔者以为作'伤怀离抱'为古雅。""'天若'一句出自李贺《金铜仙人辞汉歌》。……是知欧词原结构,系自铸词与集句交错而成,故次句若作'天若有情人亦老',非但词意不通,亦非李贺原句,自是误刻。"①

　　就事典而言,欧阳修《望江南》(江南蝶)一首,连用了三个典故,既切蝶,又切人,都恰到好处。第一,"身似何郎全傅粉",用何晏的典故:何晏,字平叔,《三国志·曹爽传》裴松之注引《魏略》:"晏性自喜,动静粉白不去手,行步顾影。"《世说新语·容止》:"何平叔美姿仪,面至白,魏明帝疑其傅粉,正夏月与热汤饼,既啖,大汗出,以朱衣自拭,色转皎然。"以此比喻粉蝶美艳绝伦。第二,"心如韩寿爱偷香",用韩寿的典故:韩寿,字德真,南阳堵阳人。据《世说新语·惑溺》载:"韩寿美姿容,贾充辟以为掾。充每聚会,贾女于青琐中看,见寿,说之,恒怀存想,发于吟咏。后婢往寿家,具述如此,并言女光丽。寿闻之心动,遂请婢潜修音问。及期往宿。寿蹻捷绝人,逾墙而入,家中莫知。自是充觉女盛自拂拭,说畅有异于常。后会诸吏,闻寿有奇香之气,是外国所贡,一着人则历月不歇。充计武帝唯赐己及陈骞,余家无此香,疑寿与女通。……充乃取女左右婢考问。即以状对。

---

　　①　王伟勇:《词学专题研究》,台北文史哲出版社2003年版,第52页。

充秘之,以女妻寿。"以此比喻蝶之心性风流。第三,"又随飞絮过东墙",则又综合用宋玉和孟子的典故:宋玉《登徒子好色赋》:"天下之佳人,莫若楚国;楚国之丽者,莫若臣里;臣里之美者,莫若臣东家之子。……然此女登墙窥臣三年,至今未许也。"后常以"东墙""东家子"指美貌的女子。又《孟子·告子下》:"踰东家墙而搂其处子则得妻,不搂则不得妻,则将搂之乎。"

8. 以乐笺词

　　词是音乐的文学,这在欧阳修词中有着最为典型的表现,或言乐曲,或言乐器,或言歌声。苏轼的《水调歌头》小序曾记载有这样一件事:"欧阳文忠公尝问余:'琴诗何者最善?'答以退之职颖师琴诗。公曰:'此诗固奇丽,然非听琴,乃听琵琶诗也。'余深然之。"说明欧阳修非常精通音乐,他在词中也经常表达对于音乐的迷恋。如《木兰花》"贪看六么花十八""春葱指甲轻拢捻",《玉楼春》"从头歌韵响铮鏦,入破舞腰红乱旋"等等,都是观赏音乐时的动作刻画和心理描写。

　　就乐曲而言,欧阳修《渔家傲》(西湖南北烟波阔)词有"贪看六么花十八"句,《六么》是琵琶舞曲名,贞元时乐工进曲,德宗令录出要者,故称"录要",又名"绿腰""六么"。此舞曲节奏由急而缓,舞姿柔绵轻软。白居易《听歌六绝句·乐世诗》:"管急弦繁拍渐稠,绿腰宛转曲终头。"《乐谱》:"琵琶曲有《六么》,唐僧善本弹《六么曲》,下拨一声如雷发,妙绝入神。"《花十八》,《六么》舞曲中的一节。王灼《碧鸡漫志》卷三:"欧阳永叔云:'贪看六幺花十八。'此曲内一迭名'花十八',前后十八拍。又四花拍,共二十二拍。乐家者流所谓花拍,盖非正也。曲节抑扬可喜,舞亦随之,而舞筑球、六幺,至花十八益奇。"

　　就乐器而言,欧阳修《渔家傲》(檀槽碎响金丝拨)词多处涉及乐器,首句之"檀槽",即是弦乐器上檀木制的架弦的槽格,亦代指琵琶。李贺《感春诗》:"胡琴今日恨,急语向檀槽。"王琦评注:'唐人所谓胡琴,应是五弦琵琶耳。檀槽,谓以紫檀木为琵琶槽。"宋庠《和伯中尚书闻琵琶诗一绝》诗:"香拨檀槽奉客杯,细音余响碎琼瑰。"碎响,形容急促而清脆的乐声。金丝,琵琶琴弦的美称。末二句"暗将深意祝胶弦,唯愿弦弦无断绝",胶弦,指黏胶续补的琴弦,寓意情意已定,愿再重逢。古代传说凤麟洲以凤喙麟角合煮作胶,名续弦胶,又名集弦胶、连金泥,弓弦或刀剑断折,著胶即可连接。见旧题东方朔《十洲记》、张华《博物志》卷二。《北史·冯淑妃传》载:"淑妃弹琵琶,因弦断,作诗曰:'虽蒙今日宠,犹忆昔时怜。欲知心断绝,应看胶上弦。'"

　　就乐声而言,欧阳修《减字木兰花》(宛转梁州入破时)"宛转梁州入破时"句,这里的"宛转"是歌曲名,即《宛转歌》,一名《神女宛转歌》。郭茂倩《乐府诗集》卷六〇《琴曲歌辞》载晋刘妙容《宛转歌二首》云:"歌宛转,宛转凄以哀。愿为星与汉,光影共徘徊。"按"宛转"释为歌声抑扬动听亦可通。如白居易《卧听法曲霓裳》诗:"宛转柔声入破时。"梁州,唐教坊曲名,本作"凉州"。后改编为小令。顾况《李湖州孺人弹筝歌》:"独把《梁州》凡几拍,风沙对面胡秦隔。"入破,每套大曲分散序(器乐曲)、中序(歌曲)、破(舞曲)三大段,入破即歌舞进入舞曲的段落,入破后音乐由缓转急。

9. 俚语释证

　　欧阳修虽然是一个正统的文人,文学创作体现出典雅之风,而他作词的时候则体现出另外一种风格,是典雅和俚俗并举的。沈曾植《菌阁琐谈·醉翁琴趣中伪作》云:"醉翁《琴趣》,颇多通俗俚语,故往往与乐章相混。山谷俚语,欧公先之矣。琴趣中若《醉蓬莱》《看花回》《蝶恋花》《咏沉儿》《惜芳时》《阮郎归》《愁春郎》《滴滴金》《卜算子》《好女儿令》《南乡子》《盐角儿》《忆秦娥》《玉楼春《夜行船》，皆摹写刻挚，不避亵猥。与山谷词之《望远行》《千秋岁》《江城子》《两同心》诸作不异。所用俗字，如《渔家傲》之'今朝斗觉凋零晬'、'花气酒香相厮酿'、宴桃源之'都为风流晬'，《减字木兰花》之'拨头惚利'，《玉楼春》之'艳冶风情天与措'，《迎春乐》之'人前爱把眼儿札'，《宴瑶池》之'恋眼哝心'，《渔家傲》之'低难奔'，亦与山谷之用髊屎俗字不殊。"也正因为如此，我们注释欧词的时候，对于俚语，也就非常重视，略举数例如下：

1)《醉蓬莱》(见羞容敛翠)"重来则个"注释：张相《诗词曲语辞汇释》卷三："则个，表示动作进行时之语助辞，近于'着'或'者'。"黄庭坚《少年心》："待来时、鬲上与厮噇则个。温存着、且教推磨。"

2)《玉楼春》(夜来枕上争闲事)"大家恶发大家休"注释：《恶发，宋人口语，犹云发怒，发脾气》。陆游《老学庵笔记》卷八："北方民家，吉凶辄有相礼者，谓之白席，多鄙俚可笑。韩魏公自枢密归邺，赴一姻家礼席，偶取盘中一荔支，欲啖之。白席者遽唱言曰：'资政吃荔支，请众客同吃荔支。'魏公憎其喋喋，因置不复取。白席者又曰：'资政恶发也，却请众客放下荔支。魏公为一笑。恶发，犹云怒也。"柳永《满江红》："恶发姿颜欢喜面，细追想处皆堪惜。"

3)《迎春乐》(薄纱衫子裙腰匜)"人前爱把眼儿札"注释：眼儿札，札，眨眼。言相看时间极短。《朱子全书》卷四三："且说世间甚物事似人心危，且如一日之间内，而思虑外，而应接千变万化，札眼中便走失了，札眼中便有千里万里之远。"

4)《渔家傲》(姜本钱塘苏小妹)"今朝斗觉凋零晬"注释：斗觉，猛然发觉。斗，张相《诗词曲语辞汇释》卷二："与陡同，犹顿也。晬，宋时方言，犹甚，语气助辞，"晒"的俗字。张相《诗词曲语辞汇释》卷四："赛，犹毕也，了也……字亦作'晬'。清张德瀛《词征》卷三："'晬'，说文：'暴也。'欧阳永叔《渔家傲词》：'今朝陡觉凋零晬。'"柳永《迎春乐》词："近来憔悴人争怪，为别后相思晬。"欧阳修《与大寺丞书》："箔场近日如何般堕？并出买如何也？向后可晬欠折？"

10. 人名释证

对于文学作品的研究，人物是主体，这里的人物包括作者和作品中的人物，而诗歌作品中的人物，尤其是出现的人名，一直是学术研究的重点，即如对于《全唐诗》，即有吴汝煜、胡可先《全唐诗人名考》和陶敏《全唐诗人名汇考》两部综合考证的著作。词中人名，与诗或有相通的地方，或有相异的特质，更因为诗与词不同，词所能够提供线索较诗为少，故词中人名的考证较诗为难，相关综合研究的成果也极为少见，故我们在注释欧阳修词的过程中致力于此。

即如《渔家傲》(四纪才名天下重)词题"与赵康靖公"注释：赵康靖公，《宋史·赵概传》："赵概字叔平，南京虞城人……熙宁初，拜观文殿学士，知徐州。自左丞转吏部尚书，前此执政迁官，未有也。以太子少师致仕……元丰六年薨，年八十八。赠太子太师，谥曰康靖。"欧阳修先于赵概离世，词题称赵公谥号，当为后人所加。按，词为熙宁五年(1072)赵、欧致仕后访遇之作。熙宁四年冬欧阳修致信赵概，对赵概的来春约访致以谢意："所承宠谕，春首命驾见访。此自山阴访戴之后，数百年间，未有此盛事。一日，公能发于乘兴，遂振高风，使衰病翁因得附托，垂名后世，以继前贤，其幸其荣，可胜道哉！"欧阳修多篇诗、文、词述及此事，足见相惜之情。苏轼《赵康靖公神道碑(代张文定公作)》："欧阳修躐公为知制诰，人意公不能平。及修坐累对诏狱，人莫敢为言，公独抗章言修无罪。……修以故得全。公既老，修亦退居汝南，公自睢阳往从之游，乐饮旬日。"《蔡宽夫诗话》亦记："欧阳文忠公与赵康靖公概同在政府，相得欢甚，康靖先告老归睢阳，文忠相继谢事归汝阴。康靖一日单车特往过之，时年几八十矣。留剧饮逾月日，于汝阴纵游而后返。"

再如《朝中措》(平山栏槛倚晴空)"文章太守"注释:文章太守:指刘敞。欧阳修酬送刘敞出任扬州太守时所作的激赏之语。《宋史·刘敞传》:"欧阳修每于书有疑,折简来问,对其使挥笔,答之不停手,修服其博。"刘敞以博学能文著称于时,欧阳修《集贤院学士刘公墓志铭》:"其为文章,尤敏瞻。尝直紫微阁,一日,追封皇子、公主九人,公方将下直,为之立马却坐,一挥九制数千言,文辞典雅,各得其体。"一说欧阳修自谓。

11. 地名释证

就古籍注释的常例而言,人名、地名、官名、书名、物名都是需要重点关注的对象,对于词的注释,地名辨析尤其值得注意,因为词可证实的线索较少,故而于地名方面,稍有疏忽,即致错讹。故我们对于欧阳修词中涉及的地名都详加笺注。

即如《玉楼春·题上林后亭》词注释:上林:即上林苑,秦时宫苑名,汉武帝继而扩建,旧址在今陕西西安市西及盩厔、户县界。《三辅黄图·苑囿》:"汉上林苑,即秦之旧苑也。汉书云:'武帝建元三年开上林苑,东南至蓝田、宜春、鼎湖、御宿、昆吾,旁南山而西,至长杨、五柞,北绕黄山,滨渭水而东,周袤三百里。'离宫七十所,皆容千乘万骑。"东汉时亦有上林苑,在今河南洛阳市东。此处指洛阳的上林苑。欧阳修于天圣八年(1030)及第后,授将仕郎、试秘书省校书郎,充西京留守推官。景祐元年(1034)三月,秩满归襄城。比间欧阳修有《陪饮上林院后亭见樱桃花悉已披谢因成七言四韵》诗,及梅尧臣作《依韵和永叔同游上林苑后亭见樱桃花悉已披谢》诗记其游踪唱和。又景祐元年欧阳修《春日独游上林院后亭见樱桃花奉寄希深圣俞仍酬递中见寄之什》诗:"昔日寻春地,今来感岁华。"按,陈元靓《岁时广记》卷七引《古今词话》:"庆历癸未十二月二十九日立春,甲申元日,丞相晏元献公会两禁于私第,丞相席上自作木兰花以侑觞曰:'东风昨夜回梁苑。……'于时座客皆和,亦不敢改首句'东风昨夜'四字。今得三阕,皆失姓名。……东风昨夜传归耗,便觉镮屏寒料峭。年华容易即凋零,春色只宜长恨少。池塘隐隐惊雷晓。柳眼初开梅萼小。栏杆前贪爱物华新,不道物新人渐老。"欧本云:"此词与本词惟起首二句不同,以下诸句大抵无异。按:庆历三年(1043),欧阳修为谏官,居京师,同年12月3日,以右正言知制诰,仍供谏院。晏殊于本年12月会宴两禁于私第,欧阳修亦当预宴。故古今词话所录之第三阕,当为欧阳修即席更改本词而成。"录以存参。

再如《朝中措》首句"平山栏槛倚晴空"之"平山"注释:平山:堂名。旧址在今江苏扬州西北蜀冈大明寺内。方回《瀛奎律髓》卷一:"庆历八年二月,欧阳公以起居舍人知制诰守扬州,作是堂于蜀冈之大明寺,江南诸山拱列檐下,故名曰平山堂。"李璧注王安石《平山堂》诗:"蜀冈也,在维扬之北。按:堂在扬州城西北五里大明寺侧。庆历八年二月,欧阳公以起居舍人、知制诰来牧是邦。假日,将僚属宾客过大明佛寺,登古城,遂撤废屋,为堂于寺庭之坤隅。江南诸山拱列檐下,若可攀取,因目之曰平山堂。"叶梦得《避暑录话》卷上:"欧阳文忠公在扬州作平山堂,壮丽为淮南第一。堂据蜀冈,下临江南数百里,真、润、金陵三州隐隐若可见。公每暑时辄凌晨携客往游,遣人走邵伯,取荷花千余朵,以画盆分插百许盆与客相间。遇酒行,即遣妓取一花传客,以次摘其叶,尽处则饮酒,往往侵夜载月而归。余绍圣初始登第,尝以六七月之间馆于此堂者几月。是岁大暑,环堂左右,老木参天,后有竹千余竿,大如椽,不复见日色。……寺有一僧,年八十余,及见公,犹能道公对事甚详。"这样就不仅注意将平山堂的方位注释清楚,而且突出了欧阳修与平山堂的关系。

12. 年代考证

　　注释诗歌要注意时、地、人的关合，因此年代、人名、地名的考释至为重要，词是锐感灵心之物，资以考证的线索较诗为少，也较诗为难，故而历人注家不很重视，尤其对于唐五代北宋词更是如此，然而词作编年仍然是词籍注释的要义，故我们在欧词注释中也集中精力于此。

　　欧阳修《采桑子》十三篇，又有《西湖念语》冠于组词之首，是欧阳修居于颍州时的作品。欧阳修曾数度居颍，皇祐元年正月欧阳修移知颍州，二月丙子至郡。二年七月丙戌改知应天府。四年三月壬戌，欧阳修丁母忧归颍州，时 46 岁。至和元年，欧阳修复旧职，时 48 岁。熙宁四年六月甲子，欧阳修以观文殿学士、太子少师致仕，七月归颍州，时 65 岁。五年闰七月卒。此篇《念语》后系《采桑子》词十三首皆咏西湖，或非一时之作。欧阳修几度归颍，情怀都有所不同。这样对于欧阳修组词和其中单篇词作，结合其身世进行分析，才能更好地知人论世，进一步理解欧阳修要眇之词心。

　　年代考证还有较为特殊的情况。欧词《越溪春》有"三月十三寒食日"语，我们做了这样的注释：词有"三月十三寒食日"语，据陈垣《中西回史日历》推算，自欧阳修 20 岁至离世，嘉祐元年（1056）的寒食在三月十二（三月十三为小寒食），且本年春天欧阳修出使契丹还京，与词中"傍禁垣"亦相合。故系于嘉祐元年。这是借助年历学知识，外证结合内证，从而坐实词作之编年的案例。

13. 真伪考证

　　阅读和研究欧阳修词，一个难以回避的问题就是真伪情况。对于欧词真伪的处理，一般采取两种手段：一种是将欧阳修的疑伪词悉数删却，以毛晋汲古阁刻《六一词》为代表；一种是对欧词进行梳理，根据不同情况分别对待，以唐圭璋《全宋词》为代表。毛晋的做法过于武断，他删却了很多欧词，并将《近体乐府》三卷和《醉翁琴趣外篇》六卷改编为《六一词》一卷，这些都为后人所诟病。唐圭璋的做法较为审慎，他将《近体乐府》和《醉翁琴趣外篇》中的大多数作品编入《全宋词》，而对确定为伪作者编入附录，并详细注明出处。

　　我们对于欧词的重出之作，取舍比较审慎。比如，欧阳修词与冯延巳《阳春集》重出最多，不仅是毛晋汲古阁刻《六一词》归入删汰之列，即使是唐圭璋编纂《全宋词》也以为《阳春集》成书早于《近体乐府》而论定为冯作。但实际上，宋人不仅大多将这些词归为欧阳修所作，如《蝶恋花》"庭院深深深几许"一首，李清照就确认为欧作，而且从《阳春集》编纂的过程考察，也不能确定这些词就是冯延巳作，因为宋人陈世修所编的《阳春集》，距冯延巳之卒已近百年，这与欧阳修及其家人所编之集相比，当然以后者更为可信。

　　这里列举《欧阳修词校注》对于《瑞鹧鸪》词的考证以见一斑：《瑞鹧鸪》，底本题下有注："此词本李商隐诗，公尝笔于扇云：'可入此腔歌之。'"钱大昕《十驾斋养心录》卷一六《诗词蹈袭》条："吴融有诗云：（诗略）欧阳集亦有之，题为《瑞鹧鸪词》。欧公非窃人句为己作者，偶写古人句，编次公集者，误以为公作而收入之。"唐圭璋《全宋词》："又案此下原有《瑞鹧鸪》'楚王台上一神仙'一首，注云：'此词本李商隐诗，公尝笔于扇云：可入此腔歌之。'此首原非词，亦非欧作，今不录。其诗实非李商隐作，乃吴融七律，见韦縠《才调集》卷二。"李逸安校《欧阳集全集》："宋刊本词牌下有注云：'此词本李商隐诗，公尝笔于扇云：可入此腔歌之。'《全宋词》按云据韦縠《才调集》卷二所录，此为吴融一首七律,非词,非欧阳修作,亦非李商隐诗。"按,以此词与吴融诗比较,字句改动者颇多。如"楚王台",吴融诗《浙东筵上有寄》作"襄王席",实写宴饮之所。又如"眼色相看意已传",吴融诗作"眼色相当语不传",相较之下,欧阳修改动之后,更加情意缠绵,适合词之情调。故该词应为欧阳修改动吴融之诗为词,以应歌女演唱之作,不应视为吴融诗而误入欧集者。

(作者单位:浙江大学中文系)

禅宗语录、儒家语录词汇语法研究概观*

［日］铃木史己

内容提要：本文概括禅宗语录、儒家语录的原始资料以及语言研究的现状，还着重介绍日本学者的研究成果。近年来，中国大陆的学者陆续发表有关禅宗语录、儒家语录的语言研究，在很短的时间内积累了大量的学术成果，但这些研究往往忽略语料的精读、文本研究等方面。日本学者的研究主要集中于文本研究和译注工作。虽然从语言角度的专题研究不多见，但日本学界着重精读语料，研读时也十分重视语言现象，把思想史、历史学、文化史等多角度的研究成果结合起来，综合地解释原文。无论是禅宗语录或儒家语录，涉及的领域都相当广，不仅停留在语言方面。如果把其他领域的成果结合起来重新精读语料，在此基础上进行研究的话，就能进一步提高有关语录语言现象的研究水平。

关键词：禅宗语录；儒家语录；词汇语法；研究概观

一、前言

"语录"是"某人言论的记录或摘录。"①一般认为，禅宗语录始于南宗禅兴起的唐代。禅宗以"不立文字，以心传心"为宗旨，因此古典时期（即唐五代）的禅师们再三规诫弟子不要用文字记录他们的说法。② 可是，禅师的说法以及禅师和弟子之间的问答，以"语""语本""广语""语要"等名称被弟子隐藏着记录下来。到了宋代，随着参学禅门的人增加了，对前辈祖师的言行范例（即所谓"公案"）加以整理编纂了语录全集或禅宗通史。③ 禅宗语录的盛行还影响到宋代儒家。宋儒喜欢给儒家经典以新的解说，讲学之风一时大盛，于是陆续出现了儒家语录。

这些语录是弟子们边听边写的，反映着当时的实际语言。经过整理，作为书面语加以规范化，以致形成了独特的文体。语录中有大量的口语对话，方俗词语也颇为丰富，因此也是汉语史的重要语料之一。本文将简单地概括禅宗语录和儒家语录的原始资料以及语言研究的现状，还着重介

---

* 本文是根据中古近代汉语工作坊（2016 年 12 月 24 日，于浙江大学）的报告稿修改而成的。在撰写过程中承蒙汪维辉教授、衣川贤次教授、木津祐子教授的教导。在此衷心致谢。文中如有不当之处，一概由作者负责。

① 中国社会科学院语言研究所词典编辑室：《现代汉语词典（第 7 版）》，商务印书馆 2016 年版，第 1601 页。

② 例如，临济义玄（？ —867）、云门文偃（846—949）等禅师都有类似的说法，参看衣川贤次《禅籍の校雠学》，《田中良昭博士古稀记念论集 禅学研究の诸相》大东出版社 2003 年版；《禅籍の校雠学》，《中国俗文化研究》2003 年第 1 辑，第 219 页。

③ 柳田圣山：《语录の历史—禅文献の成立史の研究》，《东方学报 京都》1985 年第 57 号，第 211—663 页。

绍日本学者的研究成果。①

二、原始资料

太田辰夫(1958—2003)把文献分为"同时资料"和"后时资料"。② 禅宗语录是禅门弟子对禅师言行的记录,儒家语录则是儒学家及其门人讲学问答的实录,两者都具有"同时资料"的性质。可是,这并不等于说所有的禅宗语录、儒家语录都可看作汉语史研究的语料。下面我们整理一下有关语录的语料鉴别问题。

2.1 禅宗语录的原始资料

如上所述,禅宗语录始于唐代。太田辰夫(1958/2003)指出:"现存的唐代禅家语录几乎全是后代编纂的,即使不是,也是经过后代修改的,似乎不能把它作为唐代口语研究的基本资料。"③据他所说,《六祖坛经》敦煌写本以及《神会语录》可以看作唐代汉语的同时资料,④其他的唐代禅宗语录不能作为唐代口语研究的资料。太田辰夫(1953/1991)还指出,"应该用同时期资料敦煌写本来研究唐五代的语言,除此之外的资料不能作为根本资料。不过,作为辅助性的资料而援用当然不妨,而且不这样做,期待于完璧是不可能的。"⑤比如,临济义玄(? —867)的《临济录》可以作为唐代汉语的辅助资料之一。汪维辉教授指出,"《临济录》的语言整体上还是唐代的,只要我们善于把其中非唐代的语言成分剥离掉,即使'不能把它作为唐代口语研究的基本资料',但作为辅助资料是没有问题的。"⑥所言极是。

除《六祖坛经》和《神会语录》之外,《祖堂集》也可以看作唐代汉语的研究对象,因为其主要部分是根据唐五代的资料编纂的。现存的《祖堂集》只有韩国海印寺所藏的二十卷本原板,目前能看到的文本都是据此影印的。鉴于《祖堂集》的成书过程,此二十卷本可分为三层:第一层是卷1—卷2,即根据《宝林传》以及六朝、隋唐资料编成的,相当于静、筠二禅师编的一卷本;第二层是卷3—卷19,即根据唐五代的资料增补的,相当于一卷增广本;第三层是根据朝鲜碑文等域外资料增补的新

---

① 至于有关语录研究的概括性文章,张鹏丽《禅宗语录语言研究述略》(《南京理工大学学报(社会科学版)》2009年第4期,第59—62页)列出了2008年以前的禅宗语录研究。周裕锴《禅宗语言研究入门》(复旦大学出版社2009年版)详细介绍了中国和日本的禅籍研究史,卷末附有研究目录。小川隆《"禅の语录"导读》(筑摩书房2016年版)从思想史角度概括日本的禅宗语录研究。儒家语录方面有两本详细的书目:林庆彰主编《朱子学研究书目(1900—1991)》(文津出版社1992年版);吴展良编《朱子研究书目新编:1900—2002》(台湾大学出版中心2005年版)。本文还参考了石立善《战后日本的朱子学研究史述评:1946—2006》(《鉴往瞻来—儒学文化研究的回顾与展望》,复旦大学出版社2006年版,第266—311页)。

② 太田辰夫:《中国语历史文法》,江南书院1958年版;蒋绍愚、徐昌华译:《中国语历史文法(修订译本)》,北京大学出版社2003年版,第374—375页。

③ 同上,第374页。

④ 《六祖坛经》敦煌本以后的版本本身一般不能用作汉语史的语料,但与敦煌本的异同会反映出词汇语法的时代性,参看邓文宽、荣新江:《敦博本禅籍录校》,江苏古籍出版社1998年版,第5—7页。

⑤ 太田辰夫:《唐代文法试探》,《Azia gengo kenkyu》1953年第5号;江蓝生、白维国译:《汉语史通考》,重庆出版社1991年版,第87页。

⑥ 汪维辉:《有关〈临济录〉语言的几个问题》,《汉语史研究集刊》,巴蜀书社2016年第21辑。

罗、高丽禅师的章节。① 从近代汉语研究的角度来说,第二层具有极大的价值。② 以往研究似乎很少考虑到此书的层次性。③

宋代以后,基于公案的问答流行,陆续编纂了禅宗通史,如《景德传灯录》、《五灯会元》等。一般来说,大部分的古则公案反映着唐代语言,但经过整理或编辑往往会掺入宋代语言的成分。另外,对古则公案提出评论或新解释的《碧岩录》是用宋代语言记录的。这些语录可以作为宋代汉语的语料。元明以后,禅宗语录虽然继续出现,但语言已经格式化,不能用作汉语史研究的材料了。④

2.2　儒家语录的原始资料

宋代的著名儒学家几乎都有自己的语录,例如"二程语录"(程颐、程颢,包括《河南程氏遗书》、《河南程氏外书》)、《朱子语类》(朱熹)、《象山语录》(陆九渊)、《张子语录》(张载)、《上蔡语录》(谢良佐)、《龟山语录》(杨时)等。和禅宗语录一样,元明以后的儒家语录一般也不用作汉语史研究的资料。⑤

儒家语录中影响最大的是《朱子语类》。研读《朱子语类》时,一般使用的版本是黎靖德编《朱子语类大全》明成化九年(1473)刊本及其摘录本清张伯行编《朱子语类辑略》。⑥ 近年来,通过《朱子语类》的早期传本[即《晦庵先生朱文公语录》的宋刊本以及明抄本(所谓"池录")、宋刻本《晦庵先生语录大纲领》、朝鲜古写徽州本]的分析,对《朱子语类》的汇编过程有了新的认识,并发现早期传本中保留着不见于《朱子语类大全》的大量问答。石立善先生发表了一系列论文,例如:《宋刻本〈晦庵先生语录大纲领〉考—附录朱子、范如圭、程端蒙、李方子佚文》⑦《朝鲜古写徽州本〈朱子语类〉について—兼ねて语录体の形成を论ずる》⑧《古本"朱子语录"考—〈朱子语类大全〉未收语录书二十四种》⑨等。胡秀娟《〈朝鲜古写徽州本朱子语类〉研究》⑩杨艳《〈朱子语类〉版本与语言问题考论》⑪都是论及《朱子语类》早期传本的专书。徐时仪、杨艳《朱子语类汇校》是以朝鲜古写徽州本为底本的点校本,⑫徐时仪、潘牧天整理《朱子语录》则是以宋刊本《晦庵先生朱文公语录》为底本的

　　① 参看衣川贤次《关于祖堂集的校理》(孙昌武、衣川贤次、西口芳男:《祖堂集》,中华书局 2007 年版,第 944—949 页)以及衣川贤次《〈祖堂集〉の基础方言》(《东洋文化研究所纪要》2013 年第 164 号,第 139—204 页)。至于第三层的语言,可参看长田夏树:《罗末丽初における中国语学史资料としての海东禅师塔碑铭について》,《神户外大论丛》1964 年第 15(3)号;《长田夏树论述集(上)》,ナカニシヤ出版 2000 年版(承蒙竹越孝教授的指教,在此致谢)。

　　② 对《景德传灯录》(成书于 1009 年)内容相同的问答进行比较,就能发现《祖堂集》往往保存着更古老的形式。通过两者的对勘可以推测,编纂《景德传灯录》时似乎没有参看《祖堂集》(于日本花园大学祖堂集研究会上受教)。

　　③ 龙国富《试论〈祖堂集〉前两卷与后十八卷语言的时代差异》(《语言论集》2008 年第 5 辑,第 174—192 页)从语言角度分析《祖堂集》的层次性,但衣川贤次教授认为,龙文对前两卷的讨论不够严密,以致结论部分出现若干问题。参看衣川贤次:《祖堂集语法研究琐谈》,《花园大学文学部研究纪要》2012 年第 44 号,第 36—37 页。

　　④ 蒋绍愚:《近代汉语研究概要》,北京大学出版社 2005 年版,第 18 页。

　　⑤ 同上,第 18 页。

　　⑥ 目前最通行的文本是以光绪五年贺瑞麟刻本为底本的点校本(王星贤《朱子语类》,中华书局 1986 年版),但是,贺瑞麟本往往有随意窜改之处,并不是最好的版本。研读《朱子语类》时,用成化本校对是必不可少的。

　　⑦ 石立善:《宋刻本〈晦庵先生语录大纲领〉考—附录朱子、范如圭、程端蒙、李方子佚文》,《宋史研究论丛》2007 年第 8 辑,第 360—425 页。

　　⑧ 石立善:《朝鲜古写徽州本〈朱子语类〉について—兼ねて语录体の形成を论ずる》,《日本中国学会报》2008 年第 60 集,第 163—180 页。

　　⑨ 石立善:《古本"朱子语录"考—〈朱子语类大全〉未收语录书二十四种》,《宋史研究论丛》2008 年第 9 辑,第 597—610 页。

　　⑩ 胡秀娟:《〈朝鲜古写徽州本朱子语类〉研究》,华东师范大学出版社 2013 年版。

　　⑪ 杨艳:《〈朱子语类〉版本与语言问题考论》,广西人民出版社 2015 年版。

　　⑫ 徐时仪、杨艳:《朱子语类汇校》,上海古籍出版社 2014 年版。

汇校本。① 今后有待于根据这些校本的研究。

三、研究状况

3.1　禅宗语录的研究状况

最早对禅宗语录语言现象进行研究的是马伯乐。他早在 1914 年用法文发表了一篇论文,以五种唐代禅宗语录(即《庞居士语录》《传心法要》《宛陵录》《临济录》《赵州语录》)为对象试图系统地研究唐代汉语语法。② 其次可以举吕叔湘《释〈景德传灯录〉中"在""着"二助词》、③高名凯《唐代禅家语录所见的语法成分》。④ 吕文以《景德传灯录》为对象分析了禅籍中所见的句末助词"在"和"着"的用法。高文以四种语录(即《洞山悟本禅师语录》《洞山良价禅师语录》《抚州曹山元证禅师语录》《抚州曹山本寂禅师语录》,均为大正新修大藏经本)为对象分析唐代口语的几种语法现象,如"语尾或后加成分""前加成分""规定词"等。在 2.1 提到过,唐代禅宗语录不能用作唐代口语研究的基本资料,因此太田辰夫(1953/1991)批评马伯乐和高名凯的资料选择。⑤ 此外,入矢义高先生先后发表书评,从用例解读的角度来批评吕叔湘和高名凯的文章。⑥

禅宗语言研究有了良好的开端,但遗憾的是,由于政治原因,中国大陆的研究从 20 世纪 50 年代到 70 年代末几乎处于停滞状态。在此期间,禅宗语录研究在日本取得了划时代的成果。具有代表性的日本学者有太田辰夫、柳田圣山、入矢义高等人。

太田辰夫先生很早就注意到《祖堂集》在汉语语法史上的重要性,在《中国语历史文法》⑦中常常引用《祖堂集》的例子,《中国历代口语文》⑧中也收入《祖堂集》。太田辰夫《〈祖堂集〉语法概说》⑨依据《中国语历史文法》的框架来系统地描写了《祖堂集》的语法现象。此文章描述较为简略,但是现在仍然是研读《祖堂集》时的出发点。

柳田圣山先生在禅籍的整理工作和文本研究做出了不少贡献。《初期禅宗史书の研究》⑩通过敦煌文献和唐代碑文资料的严密考证,弄清了初期禅宗文献的成立过程。柳田先生主编的禅籍影

---

①　徐时仪、潘牧天整理:《朱子语录》,上海古籍出版社 2016 年版。

②　Henri Maspero. (1914) Sur quelques textes anciens de chinois parlé *Bulletin de l'Ecole Française d'Extrême Orient* 14(4). 中文版《晚唐几种语录中的白话》刊登于《中国学报》北京 C(1944 年第 1 卷第 1 期)。日本学者入矢义高先生翻译成英语:Yoshitaka Iriya Ruth F. Sasaki Burton F. Watson. (1954) *On Some Texts of Ancient Spoken Chinese*. Mimeographed. 日本京都大学人文科学研究所 824‖M-1171011536.

③　吕叔湘:《释〈景德传灯录〉中"在""着"二助词》《华西协合大学中国文化研究所集刊》1940 年第 1 期;《吕叔湘文集》第 2 卷,商务印书馆 1990 年版,第 58—72 页。

④　高名凯:《唐代禅家语录所见的语法成分》,《燕京学报》1948 年第 34 期;《高名凯语言学论文集》,中华书局 1990 年版,第 134—163 页。

⑤　太田辰夫:《唐代文法试探》,《Azia gengo kenkyu》1953 年第 5 号;江蓝生、白维国译《汉语史通考》,重庆出版社 1991 年版,第 74—87 页。

⑥　入矢义高:《高名凯氏の〈唐代禅家语录に见える语法成分〉を读む》,《中国语学研究会会报》1951 年第 2 号,第 1—5 页、入矢义高:《句终词〈在〉について——吕叔湘氏の论考への批判》,《中国语学研究会会报》1953 年第 14 号,第 1—6 页。

⑦　太田辰夫:《中国语历史文法》,江南书院 1958 年版;蒋绍愚、徐昌华译:《中国语历史文法(修订译本)》,北京大学出版社 2003 年版。

⑧　太田辰夫:《中国历代口语文》,江南书院 1957 年版;新订版,朋友书店 1998 年版。

⑨　太田辰夫:《〈祖堂集〉语法概说》,《中国语史通考》,白帝社 1988 年版。

⑩　柳田圣山:《初期禅宗史书の研究》,法藏馆 1967 年版;《柳田圣山集》第 6 卷,法藏馆 2000 年版。

印本和索引（《禅学丛书 唐代资料编》《基本典籍丛刊》①《祖堂集索引》②等）给禅宗语录研究提供了基本资料。③

　　入矢义高先生着重准确解读原文，尤其重视唐宋口语的语气，在此基础上发表了不少文章，如《禅语谈片》④《禅宗语录的语言与文体》等。⑤ 入矢先生的特点可以归于以下三点：⑥

　　1. 根据唐宋口语的词汇语法，从语言角度准确解读。

　　2. 对照类似或相关的几个问答而归纳其真正含义。

　　3. 从历时的观点解读相关的问答，从思想史角度进行研究。

　　第二点和第三点似乎是把汉语史的研究方法应用到禅籍解读的结果，表面上看来与语言研究没有关联，但是，禅宗语录毕竟是为传播思想而编辑的记录，如果只靠语言学知识，就无法充分了解到问答的真正含义，也不能用作语言研究的材料。因此，可以说这是一个必不可少的阶段。

　　柳田、入矢两位先生在日本花园大学禅文化研究所定期开办读书班，集体研读《祖堂集》等禅籍。入矢义高、古贺英彦《禅语辞典》⑦是从汉语史和思想史角度来编成的禅宗词典，也是持续多年的读书班的成果之一。

　　到了 20 世纪 80 年代，禅宗语录受到人们的重视，逐渐成为汉语史研究的一个热点，中国大陆的研究者相继发表有关禅宗语言的文章。在 80 年代，禅宗语言研究还处于积累期，大部分都是若干词语或语法的个案研究。进入 90 年代后，在大量个案研究的基础上，出现了一些具有体系的专书，⑧如袁宾《禅宗著作词语汇释》、⑨袁宾《禅宗词典》、⑩于谷《禅宗语言和文献》、⑪张美兰《禅宗语言概论》、⑫周裕锴《禅宗语言》⑬等。

　　在禅宗语言研究发达的过程中，起重大作用的是日本花园大学禅文化研究所在 1993 年成立的"禅籍俗语言研究会"。此研究会给中国学者提供禅宗的基本资料，并主办数次研讨会，作为中日双方研究者的学术交流园地创刊了学术杂志《俗语言研究》。⑭《俗语言研究》收入有关禅宗典籍及敦煌资料的语言研究，还把入矢义高、柳田圣山等日本学者的重要论文翻译成中文。

　　进入 21 世纪后，由于检索软件的迅速发展，从语言角度的学术成果加速增长，尤其是有关《祖

　　①　《禅学丛书 唐代资料编》是由中文出版社在 20 世纪 70 年代出版的，《基本典籍丛刊》则是日本花园大学禅文化研究所在 1990—1994 年出版的，包括福州东禅寺版《景德传灯录》、《祖堂集》等。

　　②　柳田圣山：《祖堂集索引》，京都大学人文科学研究所 1980 年版。

　　③　柳田先生率先着手研究《祖堂集》，在研究会上慷慨大方地提供了相关资料。专著有《祖堂集》（中央公论社 1990 年版）、《纯禅的时代：祖堂集ものがたり》（禅文化研究所 1984 年版）、《续·纯禅的时代：祖堂集ものがたり》（禅文化研究所 1985 年版）等。但是，柳田先生对唐代口语的理解并不深入，参看衣川贤次《柳田先生の〈祖堂集〉研究》，《禅文化研究所纪要》2009 年第 30 号，第 25—69 页。

　　④　入矢义高：《禅语つれづれ》，《讲座 禅》第一卷—第八卷月报，筑摩书房 1967—1968 年；《增补 求道と悦乐—中国の禅と诗》岩波书店 2012 年版，第 123—170 页；蔡毅译《禅语谈片》，《俗语言研究》1996 年第 3 号，第 30—52 页。

　　⑤　入矢义高：《语录の言叶と文体》，《禅学研究》1990 年第 68 号，第 1—19 页；李壮鹰译《禅宗语录的语言与文体》，《俗语言研究》1994 年创刊号，第 4—18 页。

　　⑥　小川隆：《"禅の语录"导读》（禅の语录 20），筑摩书房 2016 年版，第 260—261 页。

　　⑦　入矢义高、古贺英彦：《禅语辞典》，思文阁出版 1991 年版。

　　⑧　周裕锴：《禅宗语言研究入门》，复旦大学出版社 2009 年版，第 22—23 页。

　　⑨　袁宾：《禅宗著作词语汇释》，江苏古籍出版社 1990 年版。

　　⑩　袁宾：《禅宗词典》，湖北人民出版社 1994 年版。

　　⑪　于谷：《禅宗语言和文献》，江西人民出版社 1995 年版。

　　⑫　张美兰：《禅宗语言概论》，五南图书出版公司 1998 年版。

　　⑬　周裕锴：《禅宗语言》，浙江人民出版社 1999 年版。

　　⑭　参看《俗语言研究》发刊辞，载于《俗语言研究》创刊号，第 2—3 页。

堂集》的专题研究,例如:张美兰《〈祖堂集〉语法研究》①、曹广顺等《〈祖堂集〉语法研究》②、周碧香《〈祖堂集〉句法研究—以六项句式为三》③、谭伟《〈祖堂集〉文献语言研究》④、林新年《〈祖堂集〉的动态助词研究》⑤、梁银峰《〈祖堂集〉助动词研究》⑥、于涛《〈祖堂集〉祈使句研究》⑦、叶建军《〈祖堂集〉疑问句研究》⑧、徐琳等《〈祖堂集〉佛教称谓词语研究》⑨、鞠彩萍《〈祖堂集〉动词研究》⑩、田春来《〈祖堂集〉介词研究》⑪、王闰吉《〈祖堂集〉语言问题研究》⑫等。此外,学位论文中有以词类为单位的大量专题研究,在此不一一列举。

　　在日本,入矢义高先生的研究方法被继承下来,把汉语史的研究成果和思想史的观点结合起来,在禅宗问答的理解上取得了相当大的进展。其基本思路可以参看衣川贤次《禅宗语录导读》、⑬小川隆《语录のことば 唐代の禅》、⑭小川隆《“禅の语录”导读》⑮等著作。花园大学禅文化研究所的读书班由衣川贤次、西口芳男等人继承,以译注的形式发表其成果。⑯衣川贤次教授在此基础上还发表了从语言角度的单篇论文。《禅籍的校雠学》⑰以《祖庭事苑》为对象分析禅籍中常见的讹误现象及其原因,指出:“在它(引用者注:指禅宗语录)的记载文字中,变易偏旁、同音、近音的通假字的使用普遍存在。误写专名的现象尤其显著。”《〈祖堂集〉异文别字校证—〈祖堂集〉中の音韵资料—》⑱通过《祖堂集》中的通假现象和押韵情况的分析,指出《祖堂集》中能看出清浊混用等南方方

　　① 张美兰:《〈祖堂集〉语法研究》,商务印书馆 2003 年版。
　　② 曹广顺、梁银峰、龙国富:《〈祖堂集〉语法研究》,河南大学出版社 2010 年版
　　③ 周碧香:《〈祖堂集〉句法研究—以六项句式为主》,佛光山文教基金会 2004 年版。
　　④ 谭伟:《〈祖堂集〉文献语言研究》,巴蜀书社 2005 年版。
　　⑤ 林新年:《〈祖堂集〉的动态助词研究》,上海三联书店 2006 年版。
　　⑥ 梁银峰:《〈祖堂集〉助动词研究》,上海人民出版社 2008 年版。
　　⑦ 于涛:《〈祖堂集〉祈使句研究》,中国国际文化出版社 2008 年版。
　　⑧ 叶建军:《〈祖堂集〉疑问句研究》,中华书局 2010 年版。
　　⑨ 徐琳、魏艳伶、袁莉容:《〈祖堂集〉佛教称谓词语研究》,四川大学出版社 2010 年版。
　　⑩ 鞠彩萍:《〈祖堂集〉动词研究》,中国社会科学出版社 2011 年版。
　　⑪ 田春来:《〈祖堂集〉介词研究》,中华书局 2012 年版。
　　⑫ 王闰吉:《〈祖堂集〉语言问题研究》,中国社会科学出版社 2012 年版。
　　⑬ 衣川贤次:《古典の世界—禅の语录を读む(1)—(3)》,《中国语》1992 年 11 月号—1993 年 1 月号,内山书店;蔡毅译《禅宗语录导读(一)—(三)》,《俗语言研究》1994 年创刊号 第 41—45 页,1995 年第 2 号,第 114—118 页,1996 年第 3 号,第 133—137 页。
　　⑭ 小川隆:《语录のことば 唐代の禅》,禅文化研究所 2007 年版。
　　⑮ 小川隆:《“禅の语录”导读》(禅の语录 20),筑摩书房 2016 年版。
　　⑯ 丘山新、衣川贤次、小川隆:《〈祖堂集〉牛头法融章疏证—〈祖堂集〉研究会报告之一—》,《东洋文化研究所纪要》2000 年第 139 号,第 39—83 页;松原朗、衣川贤次、小川隆:《〈祖堂集〉鸟窠和尚与白居易—〈祖堂集〉研究会报告之二—》,《东洋文化研究所纪要》2000 年第 140 号,第 59—122 页;土屋昌明、衣川贤次、小川隆:懒瓒和尚《乐道歌》考—〈祖堂集〉研究会报告之三—》,《东洋文化研究所纪要》2001 年第 141 号,第 125—195 页;禅文化研究所唐代语录研究班:《〈祖堂集〉卷七雪峯和尚章译注(上、下)》,《禅文化研究所纪要》2011 年第 31 号,第 199—286 页、2013 年第 32 号,第 13—138 页;禅文化研究所唐代语录研究班:《〈祖堂集〉卷一译注(一)》,《禅文化研究所纪要》2016 年第 33 号,第 55—189 页。
　　⑰ 衣川贤次:《禅籍の校雠学》,《田中良昭博士古稀记念论集 禅学研究の诸相》,大东出版社 2003 年版;《禅籍的校雠学》,《中国俗文化研究》2003 年第 1 辑,第 218—231 页。
　　⑱ 衣川贤次:《〈祖堂集〉异文别字校证—〈祖堂集〉中の音韵资料—》,《东洋文化研究所纪要》2010 年第 157 号,第 1—126 页。

言的特征。《〈祖堂集〉の基础方言》[1]在前半部分经过仔细验证引例反驳梅祖麟先生的看法,[2]在后半部分通过《祖堂集》中的音韵特征考察了该书的方言背景,认为《祖堂集》的方言基础是闽语。

3.2 儒家语录的研究状况

儒家语录的语言研究大抵集中于《朱子语类》,"二程语录"也有若干研究成果。[3] 有关《朱子语类》语言现象的研究史与禅宗语录有相似之处,进入20世纪80年代、90年代后逐渐成为汉语史研究的热点之一。但是徐时仪指出,"历来的学者往往偏重从哲学、文学、历史学、文化史、思想史等角度研读《朱子语类》,而较少涉及其语言方面的文献史料价值。"[4]20世纪的早期研究基本上都是从文献学角度的,如白寿彝《朱子语类诸家汇辑叙目》(1935年)[5]、胡适《〈朱子语类〉的历史》(1950年)[6]等。从语言学角度的研究不多见,早期研究有高歌蒂《〈朱子全书〉中所见的宋代口语》(1958年)[7],此外日本学者也有若干研究,如上野惠司《朱子语类に现われる接尾辞"子"を伴う名词について》(1967年)[8]、早川通介《朱子语类に见られる重复形式》(1968年)[9]等。

在版本研究方面,日本学者做出了不少贡献,主要有友枝龙太郎《朱子语类の成立》[10]、福田殖《朱子语类の各种版本について》[11]、隈本宏、福田殖《朱子语类の各种版本について(续)》[12]、冈田武彦《朱子语类の成立とその版本》[13]、藤本幸夫《朝鲜における〈朱子语类〉—それは如何に扱われたか》[14]、藤本幸夫《朝鲜版〈朱子语类〉考》[15]等。

在二十世纪七十年代,以京都大学人文科学研究所的田中谦二为中心,组织了有关朱子研究的共同研究班,定期集体研读《朱子语类》。岛田虔次、福永光司、上山春平、山田庆儿、荒井健、入矢义高、清水茂、柳田圣山、村上哲见、竹内实、梅原猛、三浦国雄、小南一郎、横山弘、西尾贤隆、后

① 衣川贤次:《〈祖堂集〉の基础方言》,《东洋文化研究所纪要》2013年第164号,第139—204页;《〈祖堂集〉的基础方言》,《新国学》2014年第10号,1—56页。

② 梅祖麟先生认为,《祖堂集》基本上是用唐宋时期的共同语编写的,偶尔保留着闽语成分。参看《唐代、宋代共同语的语法和现代方言的语法》(《中国境内语言暨语言学》第2辑;《梅祖麟语言学论文集》,商务印书馆2000年,第247—285页)、《几个闽语语法成分的时间层次》(《中央研究院历史语言研究所集刊》1995年第66本第1分;《梅祖麟语言学论文集》,商务印书馆2000年,第286—305页)、《〈祖堂集〉的方言基础和它的形成过程》(《中国语言学报》1997 monograph series number 10:第48—63页)、《几个闽语虚词在文献上和方言中出现的年代》(何大安主编:《南北是非:汉语方言的差异与变化》,"中央研究院"历史语言研究所2002年版)。

③ 黄锦君先生发表了有关二程语录的一系列研究,参看黄锦君《二程语录语法研究》,四川大学出版社2005年版。此外,在中国大陆2010年以后有数篇硕士论文。竹田治美《宋代语录における副词の研究》(白帝社2012年版)也言及二程语录的语言现象。

④ 徐时仪:《略论〈朱子语类〉在近代汉语研究上的价值》,《上海师范大学学报(哲学社会科学版)》2000年第2期,第39页。

⑤ 白寿彝:《朱子语类诸家汇辑叙目》,《北平研究院院务汇报》1935年第6辑(4)。

⑥ 胡适:《〈朱子语类〉的历史》,1950年写成,1956年改定,附录于《朱子语类》(正中书局1962年版)卷首。

⑦ G. Kaltgren. (1958)Studies in Sung Time Colloquial Chinese as Revealed in Chu Hi's Ts'üanshu *Bulletin of Museum of Far Eastern Antiquitics* 30.

⑧ 上野惠司:《朱子语类に现われる接尾辞"子"を伴う名词について》,《中国语学》1967年第167号,第8—16页。

⑨ 早川通介:《朱子语类に见られる重复形式》,《爱知学院大学论丛(一般教育研究)》1968年第16号(3),第499—539页。

⑩ 友枝龙太郎:《朱子语类の成立》,《日本中国学会报》1963年第15号,第142—157页。

⑪ 福田殖:《朱子语类の各种版本について》,《九州中国学会报》1969年第15号,第29—51页。

⑫ 隈本宏、福田殖:《朱子语类の各种版本について(续)》,《久留米工业高等专门学校研究报告》1969年第12号,第1—22页。

⑬ 冈田武彦:《朱子语类の成立とその版本》,《和刻本 朱子语类大全》,中文出版社1973年版,第1—20页。

⑭ 藤本幸夫:《朝鲜における〈朱子语类〉—それは如何に扱われたか》,《朝鲜学报》1976年第78号。

⑮ 藤本幸夫:《朝鲜版〈朱子语类〉考》,《富山大学人文学部纪要》1981年第5号,第251—302页。

藤延子、藤本幸夫等各领域的学者均加入其中。① 此研究班涌现了很多研究成果,具有代表性的著作有田中谦二《朱门弟子师事年考》、②吉川幸次郎和三浦国雄《朱子集》③等。④ 田中谦二《朱门弟子师事年考》一文详细考证了朱门弟子的师事年次。吉川幸次郎和三浦国雄《朱子集》是《朱子语类》的选译,对宋代口语的解释相当准确。后来其修订版作为"讲谈社学术文库"被出版。⑤

到了 20 世纪 90 年代,中国大陆的学者陆续发表了有关《朱子语类》语言的研究。和禅宗语录研究一样,在大量个案积累的基础上,相继出现了多种专书,2010 年以后刊行的著作尤其丰富。语法方面的专书主要有祝敏彻《〈朱子语类〉句法研究》、⑥杨永龙《〈朱子语类〉完成体研究》、⑦吴福祥《〈朱子语类辑略〉语法研究》、⑧唐贤清《〈朱子语类〉副词研究》、⑨刘子瑜《〈朱子语类〉述补结构研究》、⑩李焱、孟繁杰《〈朱子语类〉语法研究》、⑪王树瑛《〈朱子语类〉问句系统研究》⑫等,词汇方面有程碧英《〈朱子语类〉词汇研究》、⑬陈昳娥《朱熹口语文献词汇研究》、⑭徐时仪《〈朱子语类〉词汇研究》、⑮冯青《〈朱子语类〉词语研究》、⑯黄冬丽《〈朱子语类〉语汇研究》⑰等。除此之外,还有大量的研究论文以及学位论文,在此不赘述。

在日本学界,有关儒家语录语言现象的研究并不多,只能举出数篇,如许山秀树《口语系资料における"V杀"の诸相〈游仙窟〉、〈敦煌变文集〉、〈祖堂集〉、〈朱子语类〉の用例から》、⑱木津祐子《〈朱子语类〉"有"构文における"存在"义》、⑲木津祐子《不定指称としての"一个"成立前史—〈朱子语类〉の场合—》、⑳蔡娟《〈朱子语类〉における"不见得"と"见不得"》㉑等,专书只有竹田治美《宋代语录における副词の研究》。㉒ 虽然从语言角度的专题研究不是很多,但是日本学界着重精读语料,在十分重视语言现象的同时,还把思想史、历史学、文学、文化史等多角度的研究成果结合起

①　三浦国雄:《〈朱子语类〉抄》,讲谈社 2008 年版。

②　田中谦二:《朱门弟子师事年考》,《东方学报》1973 年第 44 号,1975 年第 48 号。改订本收入《田中谦二著作集》第 3 卷,汲古书院 2001 年版。

③　吉川幸次郎、三浦国雄:《朱子集》,朝日新闻社 1976 年版。

④　作为此研究班的参会者的成果,还可以举出清水茂《朱熹における口语と文语》(尾崎雄二郎、平田昌司:《汉语史の诸问题》,京都大学人文科学研究所 1988 年版,第 129—150 页;蔡毅译:《朱熹的口语和文言》,《清水茂汉学论集》,中华书局 2003 年版,第 388—411 页)等。关于思想史方面的成果,可以举出山田庆儿《朱子の自然学》(岩波书店 1978 年版,2000 年再版)等。

⑤　三浦国雄:《〈朱子语类〉抄》,讲谈社 2008 年版。

⑥　祝敏彻:《〈朱子语类〉句法研究》,长江文艺出版社 1991 年版。

⑦　杨永龙:《〈朱子语类〉完成体研究》,河南大学出版社 2001 年版。

⑧　吴福祥:《〈朱子语类辑略〉语法研究》,河南大学出版社 2004 年版。

⑨　唐贤清:《〈朱子语类〉副词研究》,湖南人民出版社 2004 年版。

⑩　刘子瑜:《〈朱子语类〉述补结构研究》,商务印书馆 2008 年版。

⑪　李焱、孟繁杰:《〈朱子语类〉语法研究》,厦门大学出版社 2012 年版。

⑫　王树瑛:《〈朱子语类〉问句系统研究》,社会科学文献出版社 2012 年版。

⑬　程碧英:《〈朱子语类〉词汇研究》,巴蜀书社 2011 年版。

⑭　陈明娥:《朱熹口语文献词汇研究》,厦门大学出版社 2011 年版。

⑮　徐时仪:《〈朱子语类〉词汇研究》,上海古籍出版社 2013 年版。

⑯　冯青:《〈朱子语类〉词语研究》,中国社会科学出版社 2014 年版。

⑰　黄冬丽:《〈朱子语类〉语汇研究》,语文出版社 2016 年版。

⑱　许山秀树:《口语系资料における"V杀"の诸相〈游仙窟〉、〈敦煌变文集〉、〈祖堂集〉、〈朱子语类〉の用例から》,《中国诗文论丛》1994 年第 13 号,第 91—103 页。

⑲　木津祐子:《〈朱子语类〉"有"构文における"存在"义》,《东京大学中国语中国文学研究室纪要》2011 年第 14 号,第 63—88 页。

⑳　木津祐子:《不定指称としての"一个"成立前史—〈朱子语类〉の场合—》,《中国语学》2014 年第 261 号,第 46—63 页。

㉑　蔡娟:《〈朱子语类〉における"不见得"と"见不得"》,《中国语研究》2015 年第 57 号,第 39—55 页。

㉒　竹田治美:《宋代语录における副词の研究》,白帝社 2012 年版。

来，综合地解释原文。最近，日本学者还有计划全译《朱子语类》的项目，据《朱子语类》译注发刊辞所说，本项目以 20 年后完成全译为目标。[①] 2007 年首次发行，现在为止已出版了十册。该译注对每一条问答都加以详细的注释，包括词汇语法的考证和从思想史角度的解释，值得参考。

四、今后的研究展望

近年来，电子本的普及和检索软件的迅速发展，给语言研究带来了很多方便，在很短的时间内积累了大量的学术成果。与此同时，这种研究方法也有一个缺陷：往往忽略语料的精读、校勘、文本研究等方面。由此发生的诸多问题是不难想象的，就文献语言学而言，语料的可靠性会直接影响到论文的价值。徐时仪以《朱子语类》早期传本和成化本之间的对勘为基础，纠正了以往研究的不少问题。[②] 问题更严重的是禅宗语录研究。禅宗问答是很难读的，以往研究往往只看字面上的意思，未必准确解释引例。衣川贤次从文本研究和解读的角度指出了曹广顺等（2010）中出现的 42 个问题。下面试举其中一条。曹广顺等在讨论"表疑问语气"的助词时提到：[③]

33. 充天布纳到韶山，韶山勘曰："闻你有充天之气，是不是？"

34. 师云："有个爷年非八十，汝还知也无？"对曰："莫是与摩来底是不？"

35. 师与保福游山次，保福问："古人道妙峰顶，莫只这个便是不？"

第一例"是不是"是完整的反复问句，"不"是否定副词。第二例复杂些，如果认为"莫"是否定副词，那么"莫是与摩来底是不？"是两个分句，应该作"莫（不）是与摩来底，是不？"；如果认为"莫"是测度词（语气副词），那么"莫是与摩来底是不？"就仍是一个句子，但不管作何理解，"是不"肯定是反复问句，"不"是否定副词，只不过"不"后省略了"是"。第三例更复杂些，"莫"肯定是个测度词，但"不"前也有判断词"是"，"莫只这个便是不？"好像是测度问句和反复问句的杂糅，"不"的否定意义也很明显。按吴福祥（1997）[④]的意见，"莫"为测度词，是句子的语义标记，测度词和句尾否定词是不允许共现的，但最后两例却是例外。我们认为例外不等于反例，由于这两例不是典型的测度问句，所以句末的"不"还带有明显的否定意义，这恰恰说明了"不"由否定词向语气词的过渡。

根据衣川贤次教授的研究，用例 34"与摩来底是"和用例 35"只这个便是"均是马祖禅的一种套句，以肯定如实的自己的"作用即性"说为背景。关于用例 34，禅师提问，"除现实的八十岁的父亲之外，还有真正的父亲，你知不知道？"对话者察觉到"真正的父亲"意味着"真正的自己"（即自己的佛性），回答说"莫非是现在这样过来的'如实的自己'吧？"至于用例 35，长庆和尚和保福和尚一起爬到山顶时，保福向长庆提问："古人所说的'到达妙峰山山顶'莫非是这样吧？""妙峰顶"是根据《华严经》的典故，即善财童子去爬妙峰山，见到德云比丘。这里的句式应该是测度疑问句"莫是……不？"或"莫……不？"，不能看作"是不（是）？"的例子。[⑤] 由于缺少禅宗史的基本知识，只拘泥于字面上的意思，导致了一场误读。其实，这并不限于禅宗语言研究，儒家语录研究也存在着同样的通病。

目前，有关语录语言的词汇语法研究开展得十分全面。周裕锴讨论禅宗语言研究史时指出，"语言研究绝不应仅仅局限于词汇、语法，或是传统的文字、音韵、训诂等，其他的语言现象如话语

---

① 沟口雄三、小岛毅监修，垣内景子、恩田裕正编：《〈朱子语类〉译注》卷一——三，汲古书院 2007 年版，卷首。

② 徐时仪：《〈朱子语类〉词汇研究》，上海古籍出版社 2013 年版。

③ 曹广顺、梁银峰、龙国富：《〈祖堂集〉语法研究》，河南大学出版社 2010 年版，第 345—346 页。

④ 吴福祥：《从"VP-neg"式反复问句的分化谈语气词"么"的产生》，《中国语文》1997 年第 2 期。

⑤ 衣川贤次：《祖堂集语法研究琐谈》，《花园大学文学部研究纪要》2012 年第 44 号，第 49—50 页。

(discourse)、修辞(rhetoric)、口传(oral)、书写(writing)、对话(dialogue)、诡论(paradox)等等也应该纳入我们的视野。"①此提议也可以适用到儒家语录研究。如果以后要向此方面开展研究,更加需要严谨的精读。

　　我们认为,语言研究还是应该在精读语料的基础上进行的。无论是禅宗语录或儒家语录,涉及的领域都相当广,不仅是语言方面。近年来的语言研究为语录的解读做出了不少贡献,历史、思想、文化等其他领域也是利用汉语史研究成果发展过来的。如果把其他领域的成果结合起来重新精读语料,在此基础上进行研究的话,就能进一步提高有关语录语言现象的研究水平。

(作者单位:日本南山大学)

---

① 周裕锴:《禅宗语言研究入门》,复旦大学出版社 2009 年版,第 78 页。

梵汉对音研究概观[①]

[日]桥本贵子

内容提要：本文对梵汉对音方面的研究进行介绍，除了中国本土的研究之外，还着重介绍国外学界和佛教学方面的研究情况。笔者通过对各时期梵汉对音的研究情况以及最近研究动向的整理，指出意识到汉译佛典的印度原语或梵语原音的必要性，并提出一些汉语音韵史方面仍待研究的问题。

关键词：梵汉对音；汉译佛典；音译词；密咒对音；犍陀罗语；中期印度语；基础音系

导　言

"梵汉对音"一般是指以汉字音译梵语名词、术语、咒语等。我们可以利用梵汉对音来了解翻译时汉语音和梵语音的面貌。

其实"梵汉对音"这个名称并不太确切，如下所述，有些"梵汉对音"的印度原语并非梵语，而是某种印度俗语（Prākrit）或中亚语言。如果我们仍用这个约定俗成的名称，就有必要将"梵"解释为"印度语言"，甚至有些时候要将"西域语言"也放在其范围之内。

由于条件有限，本文的介绍范围为在音韵史方面重要性较高和具系统性的研究，不论及有关悉昙学方面的研究。以下行文省略作者敬称。

一、综合研究及研究史

梵汉对音概论性方面的论著有刘广和《梵汉对音》，《中国大百科全书 语言文字》（北京：中国大百科全书出版社）储泰松的一系列概论性论文：《梵汉对音概说》，《古汉语研究》1995年第4期；《梵汉对音与中古音研究》，《古汉语研究》1998年第1期；《梵汉对音与上古音研究——兼评后汉三国梵汉对音研究》，《南京师大学报》1999年第1期。

水谷真成《上中古の间における音韵史上の诸问题》（《中国文化丛书1 言语》，大修馆书店）主要利用梵汉对音概观上古音与中古音之间的音韵变化。Pulleyblank，E. G.（1983）Stages in the Transcription of Indian Words in Chinese from Han to Tang，Röhrborn，K.，Veenker，W. eds.，*Sprachen des Buddhismus in Zentralasien*：73—102，Wiesbaden：Harrassowitz，中蒲立本对两汉至唐代之间梵汉对音通史进行叙述。

有关研究史综括和整理的专论方面有徐通锵、叶蜚声《译音对勘和汉语音韵的研究——"五

① 本文写作期间承蒙太田斋教授指教，和马之涛博士对本文稿修改提出的宝贵意见，在此表示感谢。

四"时期汉语音韵研究方法的转折》,《北京大学学报(哲学社会科学版)》1980 年第 3 期;朱庆之《佛典与汉语音韵研究——20 世纪国内佛教汉语研究回顾之一》,《汉语史研究集刊》第 2 辑;竺家宁《佛经语言研究综述——音韵文字的研究》,《佛教图书馆馆刊》49;李柏翰《从承继到实践——梵汉对音研究的开展与成果》,《汉语史研究集刊》第 16 辑。此外,李无未、于东梅《日本学者的汉梵对音译音研究》,《延边大学学报(社会科学版)》2006 年第 3 期,专门对日本的梵汉对音研究进行了介绍。

二、各时期梵汉对音的研究概观

以下介绍的是各时期梵汉对音材料及其主要研究。有关译经史方面的记述主要参考船山彻《佛典はどう汉译されたのか——スートラが经典になるとき》,东京:岩波书店。

(一)东汉、三国、西晋

《史记》《汉书》《后汉书》《魏略》等史书中记载有一些与印度相关的固有名词、和来自印度方面的产物、佛教术语等的音译词。到了东汉时期,来自安息国的安世高和来自贵霜国的支娄迦谶等佛教僧人在洛阳展开了有组织性的佛经翻译工作。

中国学者在这时期的梵汉对音的研究成果有,俞敏《后汉三国梵汉对音谱》,《中国语文学论文选》,光生馆 1984 年版;刘广和《西晋译经对音的晋语韵母系统》,《芝兰集》,人民教育出版社 1999 年版;刘广和《西晋译经对音的晋语声母系统》,《中国语言学报》10。

在欧洲学界,较早认识到早期汉译佛典是译自某种印度俗语的,如 Pelliot, P. (1914) Les noms propres dans les traductions chinoises du Milindapañha, *Journal Asiatique*, 11(4): 379—419,认为失译《那先比丘经》中的音译词近似于某种俗语形式。Pelliot, P. (1933) Pāpīyān 波旬 Po-siun, *T'oung Pao*, 30 (1—2), second series: 85—99;汉译本:徐添译(2015)伯希和"PĀPĪYĀN〉波旬",《中西文化交流学报》7(2),考察早期汉译佛典中的 Pāpīyān"波旬"等音译词及其异译与梵语之间的对应关系,指出了其音译反映了中亚语言或印度俗语中的语音现象。

在印度学方面,Bailey, H (1946) Gāndhārī, *Bulletin of the School of Oriental and African Studies* 11(4): 764—797 研究佉卢文(Kharoṣṭhī)碑文和文献中的语言,即犍陀罗语(Gāndhārī),指出了汉译佛典中存在一些译自犍陀罗语的音译词。Brough, J. (1962) *The Gāndhārī Dharmapada*, London: Oxford University Press 则校订犍陀罗语《法句经》,指出早期汉译佛典(特别是《长阿含经》)中有不少音译词反映了犍陀罗语的音韵变化。

蒲立本依据域外对音来研究上古汉语的辅音系统时,把 Bailey 的研究成果运用到汉语音韵学,利用了早期汉译佛典中的音译词,Pulleyblank, E. G. (1962) The Consonantal system of Old Chinese, *Asia Major* 9 (1): 58—144; (1962) The Consonantal system of Old Chinese: Part II, *Asia Major* 9 (2): 206—265;汉译本:潘悟云、徐文堪译《上古汉语的辅音系统》,中华书局 1999 年版。柯蔚南也利用早期汉译佛典中的音译词来研究东汉时期的音韵系统,Coblin, W. S. (1983) *A Handbook of Eastern Han Sound Glosses*, Hong Kong: The Chinese University Press。虽然柯蔚南对汉译佛典的原语问题没有明确提出具体意见,但他也承认所利用的音译词反映了一些中期印度语(包括犍陀罗语)的音韵特点,参 Coblin (1983) 34—38 页。

近年来,犍陀罗语佛教写本陆续在中亚地区被发现,佛教学方面有关犍陀罗语的研究有了长足的进步。在此背景下,佛教学者辛岛静志发表了好几篇有关东汉三国译经的论著,支娄迦谶译

《道行般若经》、《大阿弥陀经》、支谦译《维摩诘经》,他指出这些译经中的音译词反映了中期印度语(特别是犍陀罗语)的音韵变化,比如参看 Karashima, S.(2013)Was the Aṣāhasrikā Prajñāpāramitā Compiled in Gandhāra in Gāndhārī,《创价大学国际佛教学高等研究所年报》16(汉译改订版收录于辛岛静志《佛典语言与传承》,中西书局 2016 年版);辛岛静志《大乘佛教とガンダーラ——般若经・阿弥陀・观音》,《创价大学国际佛教学高等研究所年报》17;辛岛静志《试探〈维摩诘经〉的原语面貌》,《佛光学报》新 1(2)。他还出版了辛岛静志《道行般若经词典》,创价大学国际佛教学高等研究所 2010 年版;辛岛静志《道行般若经校注》,东京:创价大学国际佛教学高等研究所 2011 年版。在这两部著作中,他把对中期印度语的见解充分发挥在对每个音译词的解释中。对西晋以前梵汉对音研究而言,这些都是十分值得参看的重要研究。

(二)东晋十六国、南北朝、隋代

在东晋十六国时期,很多西域僧人来到中土,他们在长安展开译经活动。最有代表性的译经僧是鸠摩罗什(350—409)。

汉语音韵学界在这时期的梵汉对音方面,主要有刘广和、储泰松、施向东的研究。刘广和《东晋译经对音的晋语声母系统》,《语言研究》1991 年增刊;刘广和《东晋译经对音的晋语韵母系统》,谢纪锋、刘广和编《薪火编》,山西高校联合出版社 1996 年版;储泰松《鸠摩罗什译音研究(声母部分)》,《语言研究》1996 增刊;储泰松《鸠摩罗什译音研究(韵母部分)》,《语言研究》1998 年增刊;储泰松《鸠摩罗什译音的韵母研究》,《安徽师范大学学报(人文社会科学版)》1999 年第 1 期;施向东《鸠摩罗什译经与后秦长安音》,《芝兰集》,人民教育出版社 1999 年版;施向东《十六国时代译经中的梵汉对音(声母部分)》,中国音韵学研究会徐州师范大学语言研究所编《中国音韵学研究会第十一届学术讨论会、汉语音韵学第六届国际学术研讨会论文集》,香港文化教育出版社有限公司 2000 年版;施向东《十六国时代译经中的梵汉对音(韵母部分)》,《天津大学学报(社会科学版)》2001 年第 1 期。另外,Coblin, W. S.(1991)Studies in Old Northwest Chinese, Journal of Chinese linguistics Monograph Series 4, Berkeley, Calif.：Project on Linguistic Analysis, University of California,利用鸠摩罗什和昙无谶的对音材料来研究古代西北方音。

佛教学方面有辛岛静志《长阿含经の原语の研究——音写语分析を中心として》,平河出版社 1994 年版;汉译摘录本为贺可庆译《〈长阿含经〉原语研究》,《正观杂志》38(包含了辛岛静志(1994)第一章及附录的内容)。汉译《长阿含经》译自西北印度的法藏部所传文本,Brough(1962)曾经指出《长阿含经》的音译词是译自犍陀罗语,但他只分析了《长阿含经》中的一部分符合于犍陀罗语的音韵特点的音译词。辛岛静志(1994)充分利用印度学对中期印度语的研究成果,全面地分析了《长阿含经》中所有的音译词。他指出《长阿含经》的音译词主要反映的是犍陀罗语,但同时也能看到梵语化(Sanskritisation)、其他俗语等的因素。他还对自东汉以后汉语音韵史的一些问题提出了重要的观点。辛岛静志《妙法莲华经词典》(创价大学国际佛教学高等研究所 2001 年版),对鸠摩罗什译《妙法莲华经》中的口语表现和佛教词作了注释,并对音译词和咒语进行了梵汉对勘,这也是东晋十六国时期梵汉对音方面的重要研究。

鸠摩罗什去世不久,由于刘宋进攻,长安陷没,译经中心地从长安转移到南朝的首都建康,特别是刘宋文帝元嘉年间(424—453)大批印度僧人到来建康,翻译了大量佛经。

南朝梵汉对音的研究并不多。其中汉语音韵学方面有蒲立本、柯蔚南、刘广和,这些都是对梁代僧伽婆罗《孔雀王咒经》中的对音进行的研究。Pulleyblank, E. G.(1979)Some Examples of Colloquial Pronunciation from the Southern Liang Dynasty, Studia Sino-Mongolica：Festschrift *für Herbert Franke*：315—327，Wiesbaden：F. Steiner；Coblin，W. S. （1990）Notes on Sanghabhara's Mahāmāyūrī Transcriptions，*Cahiers de Linguistique Asie Orientale* 19；刘广和《南朝梁语声母系统初探——〈孔雀王咒经〉僧伽婆罗译咒研究之一》，中国音韵学研究会、石家庄师范专科学校编《音韵论丛》，齐鲁书社 2005 年版；刘广和《南朝梁语韵母系统初探——〈孔雀王咒经〉僧伽婆罗译咒研究之二》，《音史新仑 庆祝邵荣芬先生八十寿辰学术论文集》，学苑出版社 2005 年版。刘广和还对南朝宋齐时期梵汉对音进行研究，如刘广和（2015）南朝宋齐译经对音的汉语音系初探，《西域历史语言研究集刊》8。

佛教学方面有榎本文雄《杂阿含经の文献学的研究》，京都大学 2000 年博士论文，是对刘宋求那跋陀罗译《杂阿含经》的综合性研究，其中讨论了《杂阿含经》的原语问题。汉译《杂阿含经》是译自中印度的说一切有部所传文本，其原语问题在佛教学界备受关注。榎本文雄通过对一些音译词的分析，指出了《杂阿含经》很可能是译自"广义的梵语"，而不是译自犍陀罗语，参看榎本文雄（2000）33—39 页。

在北朝，北魏废佛，5 世纪后半的译经活动变得消极，但 6 世纪又有印度僧人来到北魏洛阳和东魏邺城展开译经活动。这时期的梵汉对音研究有施向东《北朝译经反映的北方共同汉语音系》，中国音韵学研究会、石家庄师范专科学校编《音韵论丛》，齐鲁书社 2004 年版。

到了北周时期和隋代，阇那掘多等人在周隋首都长安展开了译经活动。对这时期的梵汉对音研究有尉迟治平《周隋长安方音初探》，《语言研究》1982 年第 2 期；尉迟治平《周隋长安方音再探》，《语言研究》1984 年第 2 期；尉迟治平《论隋唐长安音和洛阳音的声母系统》，《语言研究》1985（2）；尉迟治平《〈法华经·陀罗尼品〉梵汉对音所反映的隋唐汉语声调》，《西域历史语言研究集刊》8；梁慧婧《汉译〈法华经〉陀罗尼所反映的中古汉语语音》，《汉译佛典语言研究》，语文出版社 2012 年版；梁慧婧《汉译〈法华经〉陀罗尼译音所反映的韵母系统》，《南阳师范学院学报（社会科学版）》2012 年第 7 期。柯蔚南也利用阇那掘多的密咒对音研究了古代西北方音史，Coblin，W. S. （1991）*Studies in Old Northwest Chinese*，Journal of Chinese linguistics Monograph Series 4，Berkeley，Calif.：Project on Linguistic Analysis，University of California。

（三）唐代

在唐代，长安与洛阳的译经事业得到蓬勃发展。

唐代梵汉对音材料的种类很丰富，除了译经中的音译词和密咒对音以外，游记、传记类，音义、经疏类，梵汉对照词汇集等也存在大量的音译词。

玄奘是初唐最有代表性的译经僧。他翻译了大量的佛经，其中有一些译经包含密咒对音，他撰写的《大唐西域记》也有大量的音译词。水谷真成译注《大唐西域记》（中国古典文学大系 22），平凡社 1971 年版，在许多先贤的研究基础上对《大唐西域记》中的音译词作了注释，并给每个音译词注上高本汉构拟的中古音，对部分词汇也还复原了梵语或中亚语言的形式。此外，关于玄奘对音的系统性研究中还有施向东《玄奘译著中的梵汉对音和唐初中原方音》，《语言研究》1983 年第 1 期；李维琦《从〈大唐西域记〉汉译梵音看作者的语音（声母部分）》，《古汉语研究》1988 年第 1 期。

初唐末期的译经僧义净是根本说一切有部的僧人。有关义净对音的研究[1]有 Coblin，W. S. (1991) A Survey of Yijing's Transcriptional Corpus(义净梵汉对音探讨)，《语言研究》1991 年第 1 期；王思齐《义净译〈佛说大孔雀明王经〉中的唐代北方方言声母系统》，《西域历史语言研究集刊》8。

在盛唐以后梵汉对音研究中，关于不空对音的研究最多。马伯乐和柯蔚南都利用不空(学派)对音来研究古代西北方音；Maspero，H. (1920) Le dialecte de Tsh'ang-ngan sous les T'ang，*Bulletin de l'École française d'Extrême Orient* 20：1—124；汉译本：聂鸿音译《唐代长安方言考》，中华书局 2005 年版；Coblin，W. S. (1991) *Studies in Old Northwest Chinese*，Journal of Chinese linguistics Monograph Series 4，Berkeley，Calif.：Project on Linguistic Analysis，University of California。不空对音的系统性研究方面有刘广和《不空译咒梵汉对音研究》，《音韵比较研究》，中国广播电视出版社 2002 年版；桥本贵子《不空译〈佛母大孔雀明王经〉の音译汉字に关する音韵学的研究》，神户市外国语大学 2012 年博士论文。桥本贵子(2012)为不空译《佛母大孔雀明王经》密咒对音的综合性研究，以日本所传古写本为底本进行校订，将古写本中的悉昙文字转写为拉丁字母，并参照同时代的各种唐代音资料和有关梵语音的资料，分析不空对音所反映的汉语音和梵语音的语音特点。

唐代佛典音义中的音译词及其音义也是梵汉对音研究的重要资料。《慧苑音义》对音的研究有水谷真成《慧苑音义音韵考》，《大谷大学研究年报》1959(11)；黄仁瑄、聂宛忻《慧苑音系声纽的研究》，《古汉语研究》2007(3)。关于《慧琳音义》对音的研究有水谷真成《慧琳の言语系谱》，《佛教文化研究》1955(5)；聂鸿音《慧琳译音研究》，《中央民族学院学报》1985(1)。此外，黄仁瑄《唐五代佛典音义研究》，中华书局 2011 年版，自第六章到第八章"唐五代佛典音义音系研究(上、中、下)"利用玄应、慧苑、慧琳、可洪、希麟的梵汉对音考察了资料所反映的声母系统。

近年，李建强陆续发表有关初盛唐梵汉对音的论文，他有时利用于阗译本、藏译本、敦煌汉译写本来研究梵汉对音，其成果值得注意，如李建强《伯希和 2855 号残卷于阗文咒语对音研究》，《语言研究》2008 年第 4 期；李建强《敦煌文献中〈佛顶尊胜陀罗尼〉藏汉文本对音初探》，《中国语言学》4；李建强《提云般若译〈智炬陀罗尼〉咒语对音研究》，《西域历史语言研究集刊》8。

(四)北宋、南宋

在晚唐译经事业停滞 160 多年后，在北宋开封译经活动再次盛行。法天、施护、法贤(天息灾)等人翻译了密教经典。法护、惟净编纂了一部有关梵字的著作——《景祐天竺字源》七卷，对每个梵文字母用音译和反切来解释读法。

钢和泰以北宋法天的密咒对音来说明梵汉对音材料对汉语音韵学的重要性，引起了汉语音韵学界的高度关注，von Staël-Holstein，A.，胡适译《音译梵书与中国古音》，《国学季刊》1(1)。此后

---

① 《梵语千字文》据说是义净所著，《大正新修大藏经》No. 2133 收录了两种文本，第一种的底本为日本东洋文库所藏古写本，第二种的底本为刊本，后者有音译，前者没有。所以在《梵语千字文后序》中雕藏都鉴(高楠顺次郎)指出后者的音译或为后人添加(参《大正新修大藏经》54，1197 页)。从音译系统而言，该书的音译系统与盛唐以后的一致，与义净的音译系统完全不同，因此《梵语千字文》的音译部份不可能是义净所著。Mártonfi(1974，1975)依据 Bagchi(1929，1937)的研究对《梵语千字文》音译进行了分析，但他误认了这些音译反映的是义净的方音。Bagchi，P. C. (1929，1937) *Deux lexiques sanskrit-chinois：Fan yu tsa ming de Li Yen et Fan yu tsien tseu wen de Yi-tsing*，Sino-indica：Publications de l'Université de Calcutta，2，3，Paris；Librairie orientaliste Paul Geithner；Mártonfi F. (1974，1975) Yi-ching's Buddhist Sanskrit-Chinese Glossary：A Source for T'ang Phonology *Acta Orientalia Aacademiae Scientiarum Hungaricae* 28(3)：359—392；29(1)：15—53；29(2)：225—246.

的北宋梵汉对音有储泰松《施护译音研究》,《薪火编》,山西高校联合出版社 1996 年版;张福平《天息灾译著的梵汉对音研究与宋初语音系统》,《薪火编》,山西高校联合出版社 1996 年版;鹈木基行《北宋佛经所反映的汉语音韵》,复旦大学 2003 年硕士论文。

南宋梵汉对音研究方面有张嘉慧(2008)《法云〈翻译名义集〉的语言研究——以音写语段的分析为中心》,台湾"中央大学"2008 年硕士论文。辽代梵汉对音的研究有林家妃《慈贤音译梵咒所反映的汉语音系——以梵本〈般若波罗蜜多心经〉〈大随求陀罗尼〉〈佛说如意轮莲花心如来修行观门仪〉和〈妙吉祥平等观门大教王经略出护摩仪〉为中心》台湾"中央大学"2014 年硕士论文。此外,孙伯君《西夏新译佛经陀罗尼的对音研究》,中国社会科学出版社 2010 年版,搜集西夏时期新译的梵汉、梵夏对音资料,以考察 12 世纪河西方言的特点,值得关注。

三、课题与展望

(一)唐以前汉译佛典的原语

如上节所讲,早期汉译佛典的原语不一定是梵语,很有可能是犍陀罗语等中期印度语,或是俗语与梵语相混淆的语言,甚至有时候是中亚的语言。在研究唐以前的梵汉对音时,我们必须充分意识到原语问题,要了解犍陀罗语等中期印度语的音韵变化。平田昌司(1994)强调唐以前的梵汉对音(平田昌司特意使用"印汉对音"的说法)的原语并不是纯粹的古典梵语,而对俞敏(1984)给入声构拟浊韵尾这一点做出批评,参看平田昌司(1994)略论唐以前的佛经对音,Kitamura, H., Nishida, T., Nagano, Y. eds., *Current Issues in Sino-Tibetan Linguistics*, 144—150, Osaka: Organizing Committee of the 26th International Conference on Sino-Tibetan Languages and Linguistics;朱庆之主编《佛教汉语研究》,商务印书馆 2009 年版。佛教学界早就在这个前提上分析对音,而在汉语音韵学方面只有蒲立本和柯蔚南曾利用过中期印度语的研究成果,其他学者都未能重视这一点,朱庆之(1999)对此提出批评,参看朱庆之《佛典与汉语音韵研究——20 世纪国内佛教汉语研究回顾之一》,《汉语史研究集刊》1999 年第 2 期。

这时期梵汉对音的原语问题相当复杂,因此研究的难度较大,但若能适当有效地利用资料的话,相信一定会取得丰硕成果的。辛岛静志(1994)指出:

> 诚如蒲立本在其有关汉语中古音辅音体系的研究(1962)之中,再三引用《长阿含经》的音写语料所显示的,事实上除了本研究的对象《长阿含经》之外,魏晋南北朝译出的诸多汉译佛典,对研究汉语音韵而言,都是非常重要的语料。只要能够细心地运用其间数量及其庞大的音写语料,则对《切韵》之前汉语音韵的研究来说,应该可以是一笔丰富而可靠的资料。①

近年来,由于犍陀罗语佛教写本被陆续发现,中亚出土的梵文佛教写本的研究也不断地发展。为了对唐以前的音韵情况有更深一步的认识,我们今后应该吸收这方面的最新成果,利用佛教学者做过对勘研究的资料,谨慎地处理和分析对音,提供一套更为可靠的研究基础。平田昌司(1994)对唐以前梵汉对音研究提出以下的几个原则,值得引起重视:

(1)要确定某部经典的原本形成的地域、所属的部派、原文使用的语言。

(2)不能只列每个汉字单独的对音,要观察整个音译词的对应情形。就此一点,Coblin(1981)

---

① 贺可庆译:《〈长阿含经〉原语研究》,《正观杂志》35,第 126 页。

的处理方法比较谨慎。

（3）有些印度文字的形体相似，抄写、读字上的错误是难免的。这样就会出现"不规则的语音对应"。

（4）印度文字的拼写并不等于实际音值，参见 Brough（1962）。[①]

（二）唐以后梵汉对音的梵语原音

一般而言，唐以后的汉译佛典都是译自梵语，因此我们可以按照梵汉之间对应情况来进行分析，但还需要考虑对音所据梵语读音的实际音值如何。唐以后梵汉对音研究中似乎还有一些问题需要从这个角度来商榷。

比如，在梵汉对音中晓匣两母都对 h，有些梵汉对音研究者认为梵语 h 是清音，他们就推测对音反映了当时匣母已清化而与晓母合并了。但水谷真成《晓・匣两声母の对音——大唐西域记夷语音译稿（その二）考证出梵语 h 带有强烈的擦音性和微弱的浊音性，并指出在《大唐西域记》中晓匣两母的对音情况有所不同，晓母对梵语所有位置的 h，也对伊朗语的 kh，但匣母专对梵语词中的 h，在词头对梵语和伊朗语的零辅音（即词头的元音），也对伊朗语的浊辅音 gh，因此水谷真成认为匣母尚未完全清化。

（三）基础音系问题

东晋十六国和南北朝时期是中国历史上的一段大分裂时期，对汉语音韵学来说，这时期的汉译佛典基础音系是一个备受关注的问题。尉迟治平认为周隋长安译经所据是当时的长安音，刘广和对这种看法表示反对，他认为周隋译经的音译系统和不空的并不一致，前者反映的不可能是长安音。尉迟治平反驳了刘广和的说法，而主张周隋译经和不空译经的不同是周隋直至中唐二百年间长安音音韵变化的结果。具体讨论参看尉迟治平《周隋长安方音初探》，《语言研究》1982 年第 2 期；刘广和《唐代八世纪长安音声纽》，《语文研究》1984 年第 3 期；尉迟治平《论隋唐长安音和洛阳音的声母系统》，《语言研究》1985 年第 2 期。柯蔚南赞同尉迟治平的看法，把阇那掘多的长安译经视为隋代长安音的资料来利用，他认为五世纪的长安译经和姑臧译经（鸠摩罗什、昙无谶）、六世纪的长安译经（阇那掘多）、八世纪的长安译经（不空）都是西北方音史资料，Coblin，W. S.（1991）*Studies in Old Northwest Chinese*，Journal of Chinese linguistics Monograph Series 4，Berkeley，Calif.：Project on Linguistic Analysis，University of California。另一方面，施向东《梵汉对音和两晋南北朝语音》指出两晋南北朝时期梵汉对音所反映出来的语音系统基本是一致的，因此他认为当时在广大的汉语区域存在着一个通语系统。看来，这时期梵汉对音的基础音系问题，我们仍有必要继续探讨。

在唐代梵汉对音中，初唐末期音译系统开始转变，这一点值得进一步研究。对于初唐末期的菩提流志译经，桥本贵子《陀罗尼の音写字から见た次浊鼻音の非鼻音化について》，《中国语学》254；李建强（2015）从于阗文咒语对音看武周时期北方方音，徐时仪、梁晓红、松江崇编《佛经音义研究——第三届佛经音义研究国际学术研讨会论文集》指出在洛阳译经和长安译经之间发生了音译系统上的变化，特别是在全浊声母和鼻音声母的对应上有明显的差异，洛阳译经和玄奘的音译系统一致，长安译经有一部分音译和不空的音译系统一致。这种转变有可能反映了基础音系的转移现象，有必要从译经史的角度来进行商榷。

---

①　平田昌司（1994），第 148—149 页。

(四)汉语音韵史梵汉对音上仍有待研究的问题

梵语的辅音相当丰富,共有 35 个。按照发音部位可分成 8 类,发音方法上有清浊对立和送气不送气的对立。可以说,利用梵汉对音的优点主要在辅音上,我们可以拿梵汉之间的对应关系来推测出汉语辅音(声母和韵尾辅音)相对羊细的情况。梵语元音不多,梵汉对音对汉语韵母方面的表现有局限性,但梵语长短元音和重音的对立情况会提供一些有关汉语在韵母和声调方面的特点。

利用梵汉对音我们可以讨论以下问题。

上古音的遗留特点:第一口盖音化、去声辅音韵尾的音值及其消变、匣母与羊母的音值、鱼虞模韵的音值等。

中古音的语音演变:轻唇音和舌上音的产生、全浊声母的清化、鼻音声母的鼻冠浊音化、上摄诸韵的合并、入声韵尾的音值及其消变、声调的音长和音高等。

(作者简介:博士,毕业于日本神户市外国语大学)

关于《满文金瓶梅》成立的问题[*]

——以满文与汉文人名的对应关系为线索

[日]荒木典子

内容提要：正如先行研究中指出，《满文金瓶梅》有可能是由数人共同翻译的。笔者发现，对于包括亲属名称的通称，有两种满文译法：音译与意译。譬如说，"吴大舅"在绝大多数回里被译成 u-da-gio（以满文表达汉字的音），在一些回里被译成 u amba nakcu（用满文的固有词汇进行意译）。如此，同一个人物会对应两种（有时三种）满文译法。本文即以这些译法的分布为线索，来探索译者交替的界线。

关键词：满文旁附的汉字；译者交替；《满文金瓶梅》成立过程

一、引言

《满文金瓶梅》是一部由明代白话小说《金瓶梅》译成满文的文学作品。《金瓶梅》为什么会被译成满文？据寺村 2008：292 认为，这是由于满族的统治者考虑到让满族人吸收汉人文化"于品行有益"，所以鼓励将汉文文献译成满文。除了承圣旨翻译的《三国演义》外，《水浒传》《西厢记》等文艺作品的满文本都是译者作为业余爱好翻译的。

在现存刊本的卷首有序，写明为康熙四十七年五月谷旦序。这个刊本在国内外的研究机构有收藏[①]，有些是残本。报告者亲见或者通过目录确认过的这个刊本是：线装，白口，半叶版框 19cm×13.5cm，四周双边，半叶 9 行，版口有满文书名，单鱼尾，每行字数不等。都可视为同版。还有一些抄本收藏在几所机构[②]。这次调查以京都大学人文科学研究所的收藏本以及静嘉堂文库所藏的版本进行。

这部作品是比较神秘的资料。第一，译者未详[③]。序言称："因此书之立意惩戒明显，故命人译出，吾于闲暇修订而成。"[④]可见序文作者与译者不是同一人。第二，底本未详。从第 1 回的内容可以推测，其底本不是词话本（现存最古的版本），而是崇祯年间出版的改订本系统的版本，但是还不

* This work was supported by JSPS KAKENHI Grant Number JP16K21261.

① 在中国主要是中央民族大学、国家图书馆、首都图书馆、中国社会科学院民族研究所。在日本主要是静嘉堂文库、天理大学图书馆、京都大学人文科学研究所。

② 大连图书馆、吉林大学图书馆、首都图书馆等。

③ 有人提出译者为和素、徐元梦，但都缺乏可靠的证据。

④ 在《满文金瓶梅》中，把原书的前序后跋之类删掉，有的加上自己的序言。据季永海（2007：65），这也是早期满族文学的特点之一。该序里有下面的一部分。ememu ursei hendurengge，ere bithe. ming gurun‐i sula bithei niyalma lu-nan，yan-sung，yan-ši-fan-i ama juse be darime banjibuhangge sembi. inu waka be sarkū. gūnin ilibuha targacun obuhangge，getuken iletu ofi，tuttu ub-aliyambubufi，bi šolo de dasatame toktobuha.（或有人说，此书乃明朝闲散文人卢楠，为讥讽严嵩、严世蕃父子而编著。不知是否。因此书之立意惩戒明显，故命人译出，吾于闲暇修订而成。）汉译翻译根据季永海（2007：67）。

确定到底是哪一本①。无法否定底本有可能早就散佚，没传到现代。另外，部分满文旁附有用汉字写的词语或者短句。主要是人名、地名、官名、词牌、曲牌、成语、歇后语，还有一部分的普通名词②。既然底本未详，便无法确定这汉字是根据哪个版本写的。但是要研究满文与汉文的对应关系，只有通过附有汉字的部分，才能得出可靠的结论，所以这次以附有汉字的地方为调查对象，考察这部作品成立的过程。

关于译者，在先行研究中指出了下述问题。

　　……细究《满文金瓶梅》以及《满汉合璧西厢记》，可以推测译者不是一个人。

　　我们会看到这样情况：同一的汉语词汇被翻成不同的满语，一个是正确的，另一个完全是错误的。……《满文金瓶梅》在形式上也有些不统一的地方。有的地方近于满汉合璧，有的地方只有人名附有汉语翻译。恐怕属于翻译房③的几个人共同从事翻译，这个看法更有说服力④。

我们这次关注形式上不统一的地方，特别是如上所述的满文正文旁所附的汉文单词或者句子。笔者发现了能视为负责人交替以及方针变换的几个痕迹，例如：

1.正如寺村（2008）所指出，在某些满文旁边带有完整的翻译，这些地方近于满汉合璧。笔者的印象是，作品的后一半带有全译的满文比较多。例如，第79回有六首韵文，其中四首带着全译。

2.重新介绍早就出现过的人。比方说在第35回中，还能看到下面的例子。

u halangga amba nakcu（35・4b03）

吴大舅⑤

这个词的意思是"姓吴的大舅"。好像是用来介绍头一次出场的人物。其实，"吴大舅"在第12回里头一次出现过。有可能在译这一回或这一段时负责人交替了，新的译者不知道吴大舅早就出现过。

3.不可思议的错字。序的开头写着 gin-ping-mei bithe sioi（金瓶梅的书　序），带"金瓶梅序"的汉字。第1回开头写着 gin-ping-mei bithe ujui dedtalin（金瓶梅的书　第一卷），只带"金瓶梅"的汉字。以后每隔几回开头写明第几卷，旁边用汉字写着"金瓶梅"⑥。第95回开头写着 gin-ping-mei bithe gūsin uyuci debtelin（金瓶梅的书　第三十九卷），但是带的汉语令人费解："金屏梅"。可以推测在这里又换了负责人。

4.汉字写法不一样。在表达同一概念时，有时用正体字，有时用俗体字。上面提到的"吴大舅"有时写成"吴大旧"、"吴大旧ヒ"⑦。

---

① 关于这个问题，请参照荒木（2016）。

② 几乎所有的人名、地名、官名带汉文翻译，普通名词同一词汇也有时带，有时不带。
sini šan geli dudu akūgi（4・2b-2）（你的耳朵又不聋）。
yasa tu kiru be hargašame，šan sain majige be aliyambi（4・7b-6）（眼睛望看旗帜，耳朵听着喜报）
同一词语在同一回里再次出现，第二次没带汉文翻译。

③ 内阁里的组织之一。有满文房、汉文房、蒙古房。关于清朝的翻译机构，请参照丰田（1964）。

④ 寺村（2008：294）。

⑤ 满文本文带的汉语译文是照原样写的。

⑥ 在以下各回开头写着：1、3、6、9、12、16、22、25、27、29、31、33、35、37、40、46、48、50、52、54、57、60、63、66、68、70、72、74、76、78、80、82、86、89、92、95、98回。第98回开头写着 dehici debtelin（第四十卷）。第12回是 sunjaci debtelin（第五卷），第16回是 nadaci debtelin（第七卷）。由此可推测，第13、14、15回某一回开头脱漏了 ningguci debtelin（第六卷）。

⑦ "ヒ"是叠字符号。

二、人名的满汉对应

人名的满汉对应有两种类型：一、对应关系总是固定的。满文一个音节相当于一个汉字的音。如"西门庆"总是 si-men-king，"潘金莲"总是 pan-gin-liyen。这个"金"不会跟表达"金"的满语固有词汇 aisin 对应。二、满文有时表达汉字音，有时表达满语固有的词汇。如"吴大舅"有时跟 u-da-gio 对应，有时跟 u amba nakcu（amba＝大，nakcu＝舅），"沈姨夫"有时跟 šen-i-fu 对应，有时跟 šen dehema(d)ehema＝母亲妹妹的丈夫对应。"应二哥"有时跟 ing-el-ge 对应，有时跟 ing jacin age(jacin＝第二、age＝哥)对应。包括亲属名称、排行在内的"通称"往往会有这两种对应。

这次我们选择由"妗子"、"舅"、"哥"这些词构成的通称进行调查[①]。把音译叫 a 型，意译叫 b 型。

(一)含"舅"字的通称

以"吴大舅"、"吴二舅"、"花大舅"、"花二舅"、"孟二舅"等为调查对象。下面介绍 a 型、b 型的例子：

a 型"舅"译成 gio："吴大舅"u-da-gio、"吴二舅"u-el-gio、"花大舅"hūwa-da-gio "花二舅" hūwa-el-gio、"孟二舅"meng-el-gio

(1)juleri u amba nakcu, jacin nakcu, fu-ho-gi-i sargan jui hojihon, jai geren
　　　　　　吴大舅　　　　　二舅　　　傅伙计

niyaman hūncihin gemu banjiha inenggi arame doroi jaka benjihebi(12・21b4)[②]

(前边有吴大舅、吴二舅、傅伙计、女儿、女婿、众亲戚送礼来)[③]

b 型　 "舅"译成 nakcu(母亲的兄弟)："吴大舅"u amba nakcu、"吴二舅"u jacin nakcu、"花大舅"hūwa amba nakcu、"花二舅"hūwa jacin nakcu、"孟二舅"meng jacin nakcu

(2)u-da-gio，hūwa-da-gio gemu jihe (39[①]15a9)

吴大舅　　　花大舅

(吴大舅、花子繇都到了)

这两种对应的分布是：

a　　20、39 回

b　　7、12、31、32、35、40、46、48、50、57、58、59、60、61、62、63、64、65、66、67、68、72、73、74、75、76、77、78、79、80、84、85、89、90、92、93、95、96、100 回

A、b 两种都出现 34 回

包括"舅"的通称，在绝大多数的回中采用 b 型来翻译。

---

① 调查对象仅限于带汉文翻译的通称。因为如上所述，这本书的底本未详，只有带汉文的地方才能体现出事实上的满汉对应关系。另外，即使是人名也不一定全带汉文翻译。在这次调查中，发现了一些不带汉语的 amba hehe nakcu，但是调查结果中未包括这些例子。

② 上面用罗马字转写满文本文，下面就是跟着上面词汇的汉文翻译。括号里面是出处，并注明了页数、表里、行数。

③ 为了参考，在满文下面附上《新刻绣像批评金瓶梅》（天津图书馆藏明崇祯刻本影印，2012 年线装书局）的相应部分。下同。

(二)含"妗"字的通称

以"吴大妗子"、"吴二妗子"、"花大妗子"、"孟大妗子"等为调查对象。下面介绍 a 型、b 型的例子;

a 型　"妗子"译成 gin-dz:"吴大妗子"u-da-gin-dz、"吴二妗子"u-el-gin-dz、"花大妗子" hūwa-da-gin-dz"孟大妗子"meng-el-gin-dz

(3)u-da-gin-dz, pan mama, yang-gu-niyang, ioi-da-jiyei gemu u-yuwei-niyang ni
　　吴大妗子　　　潘妈妈　　　杨姑娘　　　　郁大姐　　　　吴月娘
boode bihe.(39・17b9)
(有吴大妗子、潘姥姥、杨姑娘、郁大妞都在月娘上房坐的)

b 型　"妗子"译成 hehe nakcu(母亲兄弟的妻子):"吴大妗子""吴二妗子""花大妗子""孟大妗子"

(4)u hehe nakcu tuwanjime jihe manggi(14・1b4)
　　吴大妗子
(吴大妗子来看)

很少看到颠倒的 nakcu hehe。

(5)si-men-king amba boode u amba nakcu hehe bisire turgunde,
　西门庆　　　　　　　　吴大妗①
meng-ioi-leo-i boode dedume genehe (12・23a1)
　孟玉楼
(西门庆因上房吴大妗子来了,走到玉楼房中宿歇)

b'型　"妗子"译成 aša(哥哥的妻子):"吴大妗子"u amba aša

(6)tere inenggi si-men-king dergi boode u amba aša bisire turgunde
　西门庆　　　　　　　　　　　　　　吴大妗
deduci ojorakū (33・5b1)
(那日西门庆因上房有吴大妗子在这里不方便)

(7)u-yuwei-niyang hendume, aša si kiyoo turici bahakū(89・9a7)
　吴月娘　　　　　　　　大妗子　轿
(月娘便说,"大妗子顾不出轿子来,……")

这三种对应的分布是:

a 39、40 回

b 12、14、19、21、22、23、24、31、41、42、43、44、45、46、48、50、51、52、58、59、62、63、68、74、75、76、80、90、91、94、95 回

b'32、33、35 回

b、b'两种都出现　89 回

含"妗子"的通称,在绝大多数的章回里采用 b 型来翻译。只在第 89 回里,两种意译都出现。一共有 20 多个"(吴)大妗子",其中只有一个跟 b'型对应,即例 7)。这是吴月娘叫吴大妗子本人。有可能担任翻译这回的人有意识地区别使用了 b 型与 b'型。

---

① 有时缺"子"字。

(三)含"哥"字的通称

以"吴大哥"、"吴二哥"、"花大哥"、"花二哥"、"应二哥"等为调查对象。下面介绍 a 型，b 型的例子：

a 型　"哥"译成"ge"："吴大哥"u-da-ge、"吴二哥"u-el-ge、"花大哥"hūwa-da-ge、"花二哥"hūwa-el-ge、"应二哥"ing-el-ge

(8)si-men-king hendume，hūwa-el-ge，ere sargan be gaifi，juwe aniya

　　　西门庆　　　　　　　花二哥

hono akū (10・13a7)

(西门庆道"花二哥娶了这娘子今不上二年光景…")

b 型　"哥"译成"age"："吴大哥"u amba age、"吴二哥"u jacin age、"花大哥"hūwa amba age、"花二哥"hūwa amba age、"应二哥"ing jacin age

(9)si-men-king hendume，tere inenggi kiyoo loo，juwe nakcu，hūwa amba age，šen

　　　西门庆　　　　　　　　　　　　　乔老　　　二位老舅　　花大哥　　　沈

deheme，jai musei hūi dorgi geren ahūta deote be solifi，emu inenggi

姨父

sebjeleki. (32・2b9)

(那日请乔老、二位老舅、花大哥、沈姨父并会中列位兄弟，欢乐一日)

这两种对应的分布是：

a 10、11、13、14、15、16、18、19、20、24、34、38、39、40、42、50、51、52、53、54、55、56、57、58、59、60、61、62、64、66、67、68、74、75、76、78、80、82、87、98、99 回

b 31、32、35、63 回

a、b 两种都出现 33、68、77、79 回

可见，含"哥"字的通称在绝大多回采用 a 型来翻译。

三、含"舅""妗子""哥"字的三种通称之调查结果与分析

现在我们总结一下含"舅""妗子""哥"字的三种通称之调查结果(见下表)。

回	舅	妗子	哥	回	舅	妗子	哥
1				10			a
2				11			a
3				12	b	b	
4				13			a
5				14		b	a
6				15			a
7	b*			16			a
8				17			
9				18			a

续表

回	舅	妗子	哥	回	舅	妗子	哥
19		b	a	54			a
20	a		a	55			
21		b		56			a
22		b		57	b		
23		b		58	b	b	a
24		b	a	59	b	b	a
25				60	b		a
26				61	b		a
27				62	b	b	a
28				63	b	b	b
29				64	b		a
30				65	b		
31	b	b	b	66	b		a
32	b	b′	b	67	b		a
33		b′	a/b	68	b	b	a/b
34	a/b		a	69			a
35	b	b′	b	70			
36				71			
37				72	b		
38			a	73	b		
39	a	a	a	74	b	b	a
40	b	a	a	75		b	a
41		b		76	b	b	a
42		b	a	77	b		a/b
43		b		78	b		a
44		b		79	b		a/b
45		b		80	b	b	a
46	b	b		81			
47				82			a
48	b	b		83			
49				84	b		
50	b	b	a	85	b		
51		b	a	86			
52		b		87			a
53				88			

续表

回	舅	妗子	哥	回	舅	妗子	哥
89	b	b/b'		95	b	b	
90	b	b		96	b		
91		b		97			
92	b			98			a
93	b			99			a
94		b		100	b		

＊第七回的例子是"张四舅"跟满文 jang-sy-gio 对应。sy 是"四"的音译。

由此看来,有些章回的翻译方针跟前后的章回不太一样。"舅"以及"妗子"b 型多、"哥"a 型多,在同样的情况下,有些章回采用相反的方式。可以推测,正是由于译者交替,才导致出现这个差异。在此关注这一点,列举一下有独特翻译方针的章回:

①只有第 20、39 回,把"舅"译成 a 型。

②第 39 回把"舅"以及"妗子"都译成 a 型。在第 40 回也把"妗子"译成 a 型,但是"舅"译成 b 型。我们可以推测在 39 回与 40 回之间译者交替。

③第 31 回把"妗子"译成 b 型,第 32 回译成 b'。这两回之间有译者的交替。后面的第 33 回以及 35 回也采用 b',但还不能确定 32—35 回是否由同一个人担任翻译的。至少可知,他们与担任 31 回的人物不一样。

④至于 a、b 以及 b' 在一个章回里同时出现时有没有区别,还得不出结论。看起来几乎没有区别。只有在 89 回里好像有意识地区别使用。

四、结语

根据这次调查,我们可以推测在翻译这本书过程中译者频繁地交替。不过除了这次调查的三种以外,在《金瓶梅》里还有很多包括其他的亲属名称的通称。这些通称也对应几种满文。如果日后增加一些作为调查对象的通称,继续进行同类调查,我们将能取得更精密的数据,便会更明显看出译者交替的界线来。

韩偓诗文解读献疑

吴在庆

内容提要：前人在解读韩偓诗文，尤其是他的《香奁集》中诗时，因各种误解而导致错会某些诗或诗句的意旨，以致远离韩偓这些诗的内在蕴含，令人不敢苟同。今即就其中的《寄恨》《袅娜》《金陵》《懒卸头》《拥鼻》等五首诗加以辨析，并提出自己的解读心得。

关键词：韩偓；《寄恨》等诗；解读；献疑

一

韩偓有《寄恨》诗："秦钗枉断长条玉，蜀纸虚留小字红。死恨物情难会处，莲花不肯嫁春风。"①

此诗乃韩偓《香奁集》中诗，震钧《香奁集发微》此诗下评云："'玉钗枉断'，'红纸虚留'，喻君宠不终，赐环无日也，于是思及唐代之盛时。夫以致尧之才，使遇贞观、开元，何难与房、杜、姚、宋比肩。乃生末季，不幸极矣。故以莲花不嫁春风自比。"②

按，震钧所谓"喻君宠不终，赐环无日也"云云之说恐不可信。据《新唐书·韩偓传》以及韩偓所作诗，我们不难明白韩偓在唐昭宗朝始终深得昭宗恩宠，其被贬官乃因遭到权臣崔胤和强藩朱全忠所嫉恨排斥，而昭宗其时受制于朱全忠，虽宠爱诗人而莫能助。此诚如《新唐书·韩偓传》所记："全忠怒偓薄己，悻然出。有潜偓喜侵侮有位，胤亦与偓贰。会逐王溥、陆扆，帝以王赞、赵崇为相，胤执赞、崇非宰相器，帝不得已而罢。赞、崇皆偓所荐为宰相者。全忠见帝，斥偓罪，帝数顾胤，胤不为解。全忠至中书，欲召偓杀之。郑元规曰：'偓位侍郎、学士承旨，公无遽。'全忠乃止。贬濮州司马。帝执其手流涕曰：'我左右无人矣。'再贬荣懿尉，徙邓州司马。"③况且天祐元年八月，昭宗竟为朱温所弑杀。己身尚且不保，安能召回韩偓欤？再说诗人一生始终忠于昭宗，感戴不尽，绝不愿因朱全忠之召复官兵部侍郎而受控于朱温之哀帝朝，故有"紫泥虚宠奖，白发已渔樵……若为将朽质，犹拟杖于朝""宦途巇崄终难测，稳泊渔舟隐姓名"之作，以抒绝不仕伪朝之决心。以此可见此诗绝无"喻君宠不终，赐环无日"之寓意。

其实细心体味此诗之意脉，乃咏男子尽管倾情于所恋之女，然最终留下"莲花不肯嫁春风"之遗恨。为明了此意，我们有必要对此诗以下诗句做进一步解读。体味诗中"秦钗枉断""蜀纸虚留""死恨""莲花不肯"云云，均在扣紧诗题"寄恨"二字。秦钗，此指宝钗，用秦嘉赠其妻徐淑宝钗事。

---

① 见吴在庆《韩偓集系年校注》卷四，中华书局 2015 年版，第 917 页。以下引韩偓诗均见此书，不具注。
② 震钧：《香奁集发微》，扫叶山房民国三年石印本，第 9 页。以下引震钧之说以及其《韩承旨年谱》均见此书，不具注。
③ 《新唐书》卷一八三《韩偓传》，中华书局 1975 年版，第 5389—5390 页。

《艺文类聚》卷三十二引秦嘉《重报妻书》："间得此镜，既明且好，形观文彩，世所希有。意甚爱之，故以相与。并宝钗一双，好香四种。素琴一张，常所自弹也。明镜可以鉴形，宝钗可以耀首，芳香可以馥身，素琴可以娱耳。"徐淑答云："未奉光仪，则宝钗不列也。"长条玉，即指宝钗。蜀纸，指蜀笺，乃蜀地所制精致华美之笺纸。唐李贺《湖中曲》："越王娇郎小字书，蜀纸封巾报云鬟。"小字红，乃谓写在蜀纸上的红色小字。

　　再释"莲花不肯嫁春风"一句。此句或从唐彦谦《离鸾》诗"闻道离鸾思故乡，也知情愿嫁王昌"句脱化改造而来①，而韩偓此句诗后多影响及诗词作者。如贺铸《踏莎行》之"断无蜂蝶慕幽香，红衣脱尽芳心苦。……当年不肯嫁东风，无端却被西风误"；宋范成大《菩萨蛮》之"冰明玉润天然色，凄凉拚作西风客。不肯嫁东风，殷勤霜露中"；宋邓肃《古意》之"妾如傍篱菊，不肯嫁春风。郎如出谷莺，飞鸣醉乱红"；清乾隆帝《芍药》之"度牖麝兰味，猗阶锦绣丛。……洁映冰盘白，艳争榴朵红。花王常欲傲，不肯嫁东风"等。此皆可见后人效仿之迹。因此韩偓"莲花不肯嫁春风"句乃用比喻表明因女子的不肯（不管是主观的，或也许是被迫的）嫁与，而造成男子"物情难会处"的"死恨"！

　　明白了上述诗句的基本含义，我们即可明了"秦钗枉断长条玉，蜀纸虚留小字红"两句，盖乃诗人借以表达与所眷恋之女子，因分离阻隔不得结秦晋之好的遗憾与痛苦。也就是说既然女子前曾赠送头钗和书信，以表达相眷念的情意，然而如今却因"莲花不肯嫁春风"而反成了令人遗憾的"秦钗枉断""蜀纸虚留"的徒然之举了！韩偓此诗所表现的这种切身的"死恨"之痛，在其《香奁集》中即有相关联的抒发痛苦思念某女子的《惆怅》诗："身情长在暗相随，生魄随君君岂知。被头不暖空沾泪，钗股欲分犹半疑。朗月清风难惬意，词人绝色多伤离。何如饮酒连千醉，席地幕天无所知。"此处"钗股欲分"涉及"分钗断带"之典故。晋袁宏《后汉纪·灵帝纪上》："夏侯氏父母曰：'妇人见去，当分钗断带。'"钗，为钗子，由两股簪子交叉汇编成的一种首饰，用来绾住头发，乃女子之首饰。钗分即比喻夫妻或恋人分离、离异。韩偓此诗则表示恋人之分离。据韩偓这两首互有关联的诗作，我们不难领悟出其《寄恨》诗乃咏男女伤离之情，而非如震钧所言的"喻君宠不终，赐环无日"。

　　这里还需附带略为辨析震钧认为韩偓的《惆怅》诗"当是闻昭宗被弑而作。"故有'生魄随君'语。似醉后愤激走笔，故重押'知'字。其语意之悲，直继《天问》。"（震钧《香奁集发微》此诗下评）我们则以为此诗并无震钧所说的意思。其实，此诗乃抒发因被阻隔两间而情深难忘之惆怅心曲。首二句即抒发"身情长在"之深情。"被头不暖"二句，则描述被阻隔而难于分离之愁苦。"朗月清风"二句，谓才子佳人为分离而伤怀也。才子和佳人乃分指男女双方。末二句则谓惆怅痛楚难于释怀，唯有"席地幕天"之大醉而已。诗歌之意脉又回归"惆怅"题意以醒题。因此，震钧谓此诗"当是闻昭宗被弑而作，故有'生魄随君'语"，显然与诗中"被头不暖空沾泪，钗股欲分犹半疑""词人绝色多伤离"等句意不合，所说实乃附会之言。

二

　　韩偓又有《袅娜》一诗，此诗题下有"丁卯年作"小注。诗云："袅娜腰肢澹薄妆，六朝宫样窄衣裳。著词暂见樱桃破，飞盏遥闻荳蔻香。春恼情怀身觉瘦，酒添颜色粉生光。此时不敢分明道，风月应知暗断肠。"

　　震钧在《韩承旨年谱》中谓："《香奁集》《袅娜》一首乃感唐亡赋也，故自注为'丁卯年作'。诗中

---

　　① 此文所引唐人诗歌均见《全唐诗》，中华书局 1960 年版，而引历代作者之诗词文以为证者，亦均见各家集以及有关总集、史籍，文繁，恕不具注。

所谓'此时不敢分明道',是其意矣。"同人又于《香奁集发微》此诗下评云:"此诗作于丁卯时,正朱全忠受禅,唐社已墟时也。故云'不敢分明道'也。"

按,此诗震钧谓作于丁卯年,即唐天祐四年(907),时李唐王朝为后梁所取代,故以为"乃感唐亡赋也"。此说恐未必。盖当唐亡之际,诗人感伤国事、唐亡之作,多直陈痛哭,虽有以典实比喻言之,亦分明可见所咏之意,而未见整首或大多诗句以儿女风月情事寓托之者。如唐亡前一年之《故都》诗之"天涯烈士空垂泪,地下强魂必噬脐。掩鼻计成终不觉,冯驩无路效鸣鸡";丁卯年唐亡时所作之《感事三十四韵》诗更是直抒感愤胸臆之作,如诗中云:"只拟诛黄皓,何曾识霸先。嗷嗷翻丑正,养虎欲求全。万乘烟尘里,千官剑戟边。斗魁当北坼,地轴向西偏。袁董非徒尔,师昭当偶然。中原成劫火,东海遂桑田。溅血惭稽绍,迟行笑褚渊。四夷同效顺,一命敢虚捐。……独夫长啜泣,多士已忘筌。郁郁空狂叫,微微几病癫。丹梯倚寥廓,终去问青天。"此皆分明道及李唐被篡夺覆亡之痛,故震钧以为《袅娜》一首"乃感唐亡赋也,……诗中所谓'此时不敢分明道',是其意矣"云云实不足为据,乃附会之说。又,徐复观先生以为韩偓晚年有所谓"畸恋"事,以此将包括此诗在内的几首诗均以为乃咏此"畸恋"事,中云:"若许我作进一步的推测,韩偓畸恋的对象,可能是我未及详考的赵国夫人;也可能是宫人宋柔。"[1]所说没有真实可靠的凭证,属臆想,亦不足信据。考诗题明题"袅娜",且诗中所言皆为儿女情事,虽"不敢分明道"透,然末句"风月应知暗断肠",则十分明确道出此乃"风月"情事;诗中的"春恼情怀"句也明谓乃因儿女恋情而苦恼。稍微品味诗情即可明白看透,所谓的"不敢分明道",乃是眷恋对方而缺乏勇气直接道出恋情耳。总之,全诗没有一句可令人体味出诗人感时伤世之意味。

那么如何解读此诗呢?据此诗题下小注,乃知作于丁卯唐亡之年。然诗中所咏儿女情事,并非指是年所发生之事,私以为乃追咏至其晚年仍萦系于心的其年轻时所曾经的恋情事。读其《香奁集》,我们不难从许多诗中明显感知诗人早年曾有过一段刻骨铭心的恋情,此恋情虽然未成正果,但诗人始终难于忘却,铭记于心。如《病忆》云"信知尤物必牵情,一顾难酬觉命轻。曾把禅机销此病,破除才尽又重生";《五更》诗云"往年曾约郁金床,半夜潜身入洞房。怀里不知金钿落,暗中唯觉绣鞋香。此时欲别魂俱断,自后相逢眼更狂。光景旋消惆怅在,一生赢得是凄凉"。直至其晚年之《思录旧诗于卷上凄然有感因成一章》亦云"缉缀小诗钞卷里,寻思闲事到心头。自吟自泣无人会,肠断蓬山第一流"。可见其晚年编录《香奁集》时,对于早年那些引发他创作某些香奁诗之背景情事,依然刻骨铭心,令其"自吟自泣"不已,故丁卯年有此追忆追思其早年情事之《袅娜》之作也就在情理之中了。据此,此诗乃诗人丁卯年追忆早年恋情事之作,当非臆断之辞可决矣。

三

韩偓《香奁集》有《金陵》诗云:"风雨萧萧,石头城下木兰桡。烟月迢迢,金陵渡口去来潮。自古风流皆暗销,才鬼妖魂谁与招。彩笺丽句今已矣,罗袜金莲何寂寥。"

对于这首诗的理解,首先要解决的是它是否是韩偓的手笔。徐复观先生在《韩偓诗与香奁集论考》中就以为韩偓未到过金陵,故此诗非韩偓作。按,此说不可信。据我所考,韩偓早年曾约于唐懿宗咸通十二、三年到过江南,此行有《过临淮故里》、《游江南水陆院》、《江南送别》、《吴郡怀古》等诗(详见《韩偓集系年校注》附录《韩偓生平诗文系年简谱》,第1148—1149页),则其或于此时游江南时过金陵,遂有《金陵》之咏。再者,诗人咏历史名城古迹,亦未必非到过方可咏,如刘禹锡《金

---

① 徐复观:《韩偓诗与香奁集论考》,见《中国文学论集》,台北学生书局1976年版,第291页。

陵五题》即咏于未到金陵时。其《刘禹锡集》卷二十四《金陵五题并序》云："余少为江南客，而未游秣陵，尝有遗恨。后为历阳守，跂而望之。适有客以《金陵五题》相示，逌尔生思，欻然有得。它日，友人白乐天掉头苦吟，叹赏良久，且曰：'《石头诗》云：'潮打空城寂寞回'，吾知后之诗人不复措词矣！'余四咏虽不及此，亦不孤乐天之言尔。"据此，且此诗收于韩偓《香奁集》中，则此诗乃韩偓作，未可否定也。

再者，有人虽认定此诗为韩偓作，然而却有如此的解读："此似讥徐知诰之不能拥戴皇家，徒知僭窃者。"（震钧《香奁集发微》此诗下评）按，此说乃误解此诗之主旨，盖徐知诰与此诗所咏可谓风马牛不相及。据新、旧《五代史》以及《资治通鉴》所载，震钧所说的徐知诰事乃在唐后五代时。如《资治通鉴》卷二六八后梁乾化二年五月载："徐知诰以功迁升州刺史。知诰事（徐）温甚谨，安于劳辱，或通夕不解带，温以是特爱之，每谓诸子曰：'汝辈事我能如知诰乎？'"此处记载下有小注云："徐温以善事杨行密而窃吴国之权，徐知诰以善事徐温而窃徐氏之权，天邪，人邪！"并在此后的"时诸州长吏多武夫，专以军旅为务，不恤民事；知诰在升州，独选用廉吏，修明政教，招延四方士大夫，倾家赀无所爱。洪州进士宋齐丘，好纵横之术，谒知诰，知诰奇之，辟为推官，与判官王令谋、参军王翃专主谋议，以牙吏马仁裕、周宗、曹悰为腹心。仁裕，彭城人；宗，涟水人也。"之下小注云"为知诰篡杨氏张本。"①据此记载，徐知诰"不能拥戴皇家，徒知僭窃者"之事应该在上文所引之事之后，也就是远在后梁乾化二年（912）之后。那么据我们所考，韩偓此诗乃作于唐懿宗咸通十三年（872），其时远在后梁乾化二年之前，诗人又怎能借此诗讥讽徐知诰呢！

其实此诗乃诗人未及第时游江南咏金陵之作，有如怀古诗。诗前半首似有刘禹锡《金陵五题·石头城》"山围故国周遭在，潮打空城寂寞回。淮水东边旧时月，夜深还过女墙来"之意绪；后半首则亦囊括刘禹锡《乌衣巷》"朱雀桥边野草花，乌衣巷口夕阳斜。旧时王谢堂前燕，飞入寻常百姓家"，《台城》诗之"台城六代竞豪华，结绮临春事最奢。万户千门成野草，只缘一曲《后庭花》"等诗之诗旨意趣，可见此诗乃受刘禹锡《金陵五题》诗之影响。

四

韩偓《懒卸头》诗云："侍女动妆奁，故故惊人睡。那知本未眠，背面偷垂泪。懒卸凤皇钗，羞入鸳鸯被。时复见残灯，和烟坠金穗。"

前人对此诗有如下评论：丁绍仪《听秋声馆词话》卷一《韩致尧词》谓：

"韩致尧遭唐末造，力不能挥戈挽日，一腔忠愤，无所于泄，不得已托之闺房儿女。世徒以香奁目之，盖未深究厥旨耳。……至《生查子》云：'侍女动妆奁，故故惊人睡。谁知本未眠，背面偷垂泪。懒卸凤凰钗，羞入鸳鸯被。时复见残灯，和烟坠金穗。'其蒿目时艰，自甘贬死，深鄙杨涉辈之意，更昭然若揭矣。"②震钧《香奁集发微》此诗下评云："一腔热血，寂寞无聊，惟以眼泪洗面而已。"施蛰存《读韩偓词札记》谓："王、林二家辑本，均有《生查子》二首。此二首均见于汲古阁本《香奁集》，第一首题作《懒卸头》，第二首题作《五更》，《全唐诗》韩偓诗卷四同。……《生查子》第一首，笺云：'一腔热血，寂寞无聊，惟以眼泪洗面而已。'按震氏此笺，犹嫌空泛。此作原题为《懒卸头》，其可注意。盖作者已指出全篇要语在'懒卸凤凰钗，羞入鸳鸯被'二句。何以'懒卸'？何以'羞入'？则由于时见残灯落穗耳。味其情绪，殆作于初入闽倚王审知时。偓有《闺情》七言律诗一首，起句

---

①　司马光：《资治通鉴》，中华书局 1956 年版，第 8757 页。

②　见《韩偓集系年校注》卷四此诗下集评引，第 801 页。

云:'清风滴砾动帘钩,宿酒初醒懒卸头。'此诗题下自注云:'癸酉年在南安作。'二诗同用'懒卸头',可知其实一时所作。癸酉为梁乾化三年。乾化二年六月,朱友珪杀朱全忠而自立。三年二月,朱友贞杀朱友珪而自立。时韩偓在闽之南安也。"①按,上述诸说均有需一辩者。丁绍仪《听秋声馆词话》所说的《生查子》即是《懒卸头》本诗这是对的,但他以韩偓"蒿目时艰,自甘贬死,深鄙杨涉辈之意,更昭然若揭矣"解读此诗则误解其旨。而他如此看待此诗之意旨,首先在于他将韩偓的香奁诗均看作"一腔忠愤,无所于泄,不得已托之闺房儿女"之作的有所寓托的政治诗,也就是所谓的"楚雨含情皆有托",香花美草均有所比兴之意。其实据我们研究,韩偓的香奁诗是不具有这种寓托之意的。因此震钧的"一腔热血,寂寞无聊,惟以眼泪洗面而已",以及施蛰存先生因认为此诗乃梁乾化三年作,而"乾化二年六月,朱友珪杀朱全忠而自立。三年二月,朱友贞杀朱友珪而自立。时韩偓在闽之南安",故此诗乃感此时事而作也是不得要领的。

今察导致上述误解的原因,其中尚有对《懒卸头》诗作年之误判。如施蛰存先生谓"味其情绪,殆作于初入闽倚王审知时"。他的如此体味即因他误认为韩偓《闺情》诗"题下自注云:'癸酉年在南安作。'二诗同用'懒卸头',可知其实一时所作。癸酉为梁乾化三年。"对《懒卸头》诗作年如此的考订是存在问题的。首先,不能因韩偓这两首诗同用"懒卸头",即认为是同时之作,这之间没有必然的逻辑关系。再者,所举的韩偓《闺情》诗"题下自注云:'癸酉年在南安作。'"这所谓的"自注"也是靠不住的。据《韩偓集系年校注》,此诗见于韩集旧钞本、汲古阁本、麟后山房刻本、玉山樵人本、统签本、屈抄本、石印本等等多种韩集,而只有石印本《香奁集》诗题下有"癸酉年在南安县作"小注。石印本据称乃以汲古阁本为底本,但今查汲古阁本实无此小注,则石印本所称此小注来历不明,实在不可信据。因此无论是《闺情》诗或是《懒卸头》,均不能依此"癸酉年在南安县作"的小注而系年。如是,则谓《懒卸头》诗是"癸酉年在南安作",其时乃"朱友珪杀朱全忠而自立。三年二月,朱友贞杀朱友珪而自立",而此诗"味其情绪,殆作于初入闽倚王审知时"云云均是无根之说,实在不可信。

再说丁绍仪谓此诗乃诗人"蒿目时艰,自甘贬死,深鄙杨涉辈之意,更昭然若揭矣"云云亦实牵强附会。所谓杨涉辈事,据《新五代史》:天祐四年"三月,唐哀帝逊位于梁,遣中书侍郎同中书门下平章事张文蔚为册礼使,礼部尚书苏循为副,中书侍郎同中书门下平章事杨涉为押传国宝使,翰林学士、中书舍人张策为副,御史大夫薛贻矩为押金宝使,尚书左丞赵光逢为副。四月甲子,文蔚等自上源驿奉册宝,乘辂车,……朝梁于金祥殿。梁王衮冕南面,臣文蔚、臣循奉册升殿进读已,臣涉、臣策奉传国玺,臣贻矩、臣光逢奉金宝以次升进,读已降,率文武百官北面舞蹈再拜贺。"②则杨涉等大臣,乃于天祐四年主动称臣于朱全忠之后梁。考韩偓此诗收于《香奁集》,并无证据表明此诗作于后梁代唐之际,而大抵乃未仕时所作艳情诗,故其当无"自甘贬死,深鄙杨涉辈"之政治寓意。此诗当以艳情诗视之。此诚如许学夷《诗源辩体》卷三十二所云:"韩偓《香奁集》,皆裙裾脂粉之诗。……五言古如'侍女动妆奁,故故惊人睡。那知本未眠,背面偷垂泪。'七言古如'娇娆意绪不胜羞,愿倚郎肩永相着'……则诗余变为曲调矣。……至七言律如'仙树有花难问种,御香闻气不知名','静中楼阁深春雨,远处帘栊半夜灯',亦颇有致。又'分明窗下闻裁剪,敲遍栏干故不应',则曲尽艳情。"③因此我认为此诗乃描写女子因相思愁苦,而终夜未眠之情景。其"懒卸凤凰钗,羞入鸳鸯被",乃扣"懒卸头"题面。首二句侍女之所以"动妆奁",乃因女子之未卸头钗而睡,故

---

① 见《韩偓集系年校注》卷四此诗下注释一引,第798页。
② 欧阳修、宋祁:《新五代史·唐六臣传》,中华书局1974年版。
③ 见《韩偓集系年校注》卷二《南浦》诗下集评引,第340页。

而欲以此促敦女子起卸头钗再睡也。"那知本未眠，背面偷垂泪"，则谓侍女不晓得女子尚"背面偷垂泪"而未眠也。四句中两人之举动心态，被展现得细腻婉曲而场面活现。沈雄《柳塘词话》卷三评末两句谓"'时复见残灯，和烟坠金穗'，如此结构方为含情无限"。因此末两句乃表现女子彻夜苦思之"柔情密意"（陈廷焯《闲情集》卷一）。①

五

韩偓《拥鼻》诗云："拥鼻悲吟一向愁，寒更转尽未回头。绿屏无睡秋分簟，红叶伤心月午楼。却要因循添逸兴，若为趋竞怆离忧。殷勤凭仗官渠水，为到西溪动钓舟。"

前人评论此诗云："天复二年，昭宗在凤翔，宰相韦贻范遭丧图起复，偓不肯草制，忤李茂贞意。'趋竞'，谓贻范也。'离忧'，谓有去志而思西溪钓舟也。问曰：'君于致尧诗何太拳拳？'答曰：'弘、嘉人惟求词，不求意，故敢轻忽大历。余故举唐末诗之有意者，以破天下之障。人能于唐诗一二字中见透其意，即脱宋、明之病。仙人灵丹，岂须升斗？'致尧又有诗云：'昨夜三更雨，今朝一阵寒。海棠花在否？侧卧卷帘看。'亦必伤时之作。"②又震钧《香奁集发微》此诗下评云："致尧集中有《寓汀州沙县闻前郑左丞璘随外镇举荐赴洛作七言四韵赠之或冀其感悟也》，诗中有云'公干寂寥甘坐废，子牟欢忭促行期。移都已改侯王第，惆怅沙堤别筑基'之句，正可证此诗之'却要因循沾逸兴，若为趋竞怆离忧'二句。夫因循者得逸兴，趋竞者反离忧，此意可会也。结句凭仗官渠水而动钓舟者，是虽五湖之兴，亦必藉君恩而动，否则西山薇蕨，亦非殷之土地所生，则置身无所矣。"《韩偓诗注》盖主震钧之说，故其注释诗中"西溪"云："指闽江之西源。闽江上游有二源：一曰富屯溪，源出福建光泽县；一曰将溪，源出福建归化县，至顺昌县合流为西溪。"③

按，上述所言亦有未合此诗之真意者。吴乔认为此诗正是他所认为的"唐末诗之有意者"，他从此诗"一二字中见透其意"者乃是"'趋竞'，谓贻范也。'离忧'，谓有去志而思西溪钓舟也"。而韩偓之所以有此诗之咏，乃是因"天复二年，昭宗在凤翔，宰相韦贻范遭丧图起复，偓不肯草制，忤李茂贞意"。也就是说解读此诗应与此背景相联系。震均则联系韩偓在闽沙时因不赞同郑璘因外镇举荐而赴洛阳朱全忠朝，故以"公干寂寥甘坐废，子牟欢忭促行期"诗句规劝他的诗，以证韩偓此诗"趋竞"之所指。今细味此诗，上述之说恐缘附会而误解，盖均无确证以证实其所说也。且如谓"'趋竞'，谓贻范也"，"趋竞怆离忧"与劝"郑左丞璘随外镇举荐赴洛"同一用意，则此讥、劝又与"拥鼻"前四句所表现的秋日寒更时分因离别而睹景伤愁之情景何干？无乃诗意阻隔不畅矣。又如谓致尧时在闽中沙县，"西溪"乃在闽中，则与所言"为到西溪动钓舟"又有何关涉？又如何能"凭仗官渠水"至"西溪"？盖此诗中的"官渠"，乃指官家之渠，即御沟。《汉书·王嘉传》："引王渠灌园池。"颜师古注："苏林曰：王渠，官渠也，犹今御沟也。"唐白居易《杂兴三首》之二："国中新下令，官渠禁流水。"那么如谓"西溪"乃闽中之溪，则又如何"凭仗"京城的御沟水到"西溪动钓舟"呢？此皆难于读通前后诗句。

品味诗意，此诗未必与吴乔等人所言官场政治之事有关，恐为一般抒发离别愁情、一表心志之咏。此诗以"拥鼻"为题，何为拥鼻？我们认为拥鼻即拥鼻吟。《晋书·谢安传》："安本能为洛下书生咏，有鼻疾，故其音浊，名流爱其咏而弗能及，或手掩鼻以效之。"后即以"拥鼻吟"指用雅音曼声

---

①　以上评语均见《韩偓集系年校注》卷四《懒卸头》诗下集评引，第800—801页。

②　吴乔：《围炉诗话》卷一，见《韩偓集系年校注》卷四《拥鼻》诗下集评引，第923—924页。

③　陈继龙：《韩偓诗注》，学林出版社2001年版，第409页。

吟咏。韩偓稍前的诗人唐彦谦即有《春阴》诗,中云"天涯已有销魂别,楼上宁无拥鼻吟。"韩偓此诗之意,或即有唐彦谦这两句诗之意。其所以要"拥鼻"吟,即因"离忧"之故,也即是因感慨如唐彦谦所说的"天涯已有销魂别"。所谓"离忧",即离别的忧思,离人的忧伤。唐杜甫《长沙送李十一》诗:"李杜齐名真忝窃,朔云寒菊倍离忧。"仇兆鳌注:"离忧,离别生忧也。"因此寻味此诗前四句,乃抒发秋日之悲愁,故以"绿屏无睡秋分簟,红叶伤心月午楼"明之。而其所悲愁者乃"离忧",所向往者为"逸兴",故径逼出"却要因循添逸兴,若为趋竞怆离忧"二句以发明一己之情志。所谓"因循",即道家所谓的顺应自然。如《史记·太史公自序》:"道家无为,又曰无不为,……其术以虚无为本,以因循为用。"张守节正义曰"任自然也"。故"因循"句乃表明诗人欲追求顺任自然的自由自在的无拘束的超逸生活。"殷勤凭仗官渠水,为到西溪动钓舟"二句,则明谓欲过"动钓舟"之"逸兴"生涯矣。而"西溪"并非《韩偓诗注》所谓的"指闽江之西源",而更可能指韩偓故居之溪流。盖考韩偓《汉江行次》诗有"痛忆家乡旧钓矶"、《归紫阁下》诗有"钓矶自别经秋雨,长得莓苔更几重"句,则诗人故居本有"钓矶"。以此,此诗末"动钓舟"之西溪,疑指诗人故居钓矶之溪流。据上分析,颇疑此诗乃诗人觅仕或初仕在京时所作,而非天复二年或晚年避难入闽时之作。

(作者单位:厦门大学中文系)

《文选集注》卷七三残卷文献辑佚札记二题

——《列女传》孟姜女故事与《别录·文子》[*]

林晓光

日藏古钞本《文选集注》，堪称 20 世纪文选学最重要的发现之一，其中所保存的《文选钞》、《音决》、陆善经注及六臣注异文，包含了大量珍贵的佚书。目前通行的《唐钞文选集注汇存》^①书后附吴正岚编《〈文选集注〉引书索引》已钩沉条目，但未遑辑录文本、细作分析；长谷川滋成《〈文选钞〉的引书》^②亦有一些辑佚，但远未完备，仍有必要通过逐卷复原整理，加以全面的稽查汇录。笔者曾对该书卷九一作相关研究（整理文本及文献辑佚刊《域外汉籍研究集刊》第 12 辑），近日复从事于卷七三残卷，辑得该卷所见亡佚文献共七条，其中《列女传》孟姜女故事和刘向《别录》关于先秦子书《文子》的两条材料，与民间文学、诸子学术研究关系颇深，对既有观念有补正纠偏的意义，尤为重要，故试撰札记二题，以就正于方家焉。

一、《文选集注》卷七三文献辑佚

下面先将《文选集注》卷七三所见佚书，除《列女传》及《别录》二条之外的五条录出如次，并略加案语辩证，以供学界参用（文末以括号注出《唐钞文选集注汇存》页码，□为残卷阙字，【】号内为笔者复原文字）：

1.《文选钞》曰："《列子》云：'□□钩，使鱼远近食之。'"

按，今本《列子》无此句，其《汤问第五》载詹何以钓鱼喻治国之道。《钞》引佚文或即与此相关。

2.《汲冢记》："'□□【射鸟】，不射者亦落也。'"

按，《汲冢记》，唐释慧琳《一切经音义》卷九三"《续高僧传》卷十四汲冢"条："汲郡有安厘王古冢，晋时有人盗发此冢，得竹简数束，皆古之坟典也，时俗号为《汲冢记》。"《史记·周本纪》正义曰："汲冢书，晋咸和五年汲郡汲县发魏襄王冢，得古书册七十五卷。"

3.《文选钞》曰："《韩诗外传》曰：'卞庄子，鲁人。母存之时，每战，三战三败。交游以为耻，□【侣】以为怯。及母死，鲁与齐国战，庄子谓曰："前母存之时，每战而背。今母死，请雪前耻。"于是遂陈而战，勇冠三军，斩首五百□【以献于】君，曰："请以此雪前耻也。"'"

按，《韩诗外传》卷十第十三章："卞庄子好勇，母无恙时，三战而三北。交游非之，国君辱之。卞庄子受命，颜色不变。及母死三年，鲁兴师，卞庄子请从。至，见于将军曰：'前犹与母处，是以战而北也，辱吾身。今母没矣，请塞责。'遂走敌而斗。获甲首而献之：'请以此塞一北。'又获甲首而

* 本文初稿曾于 2015 年 11 月 21 日人民大学文学院"从文献到文本——先唐经典研究的新范式"学术研讨会上作口头报告，承詹福瑞、徐正英、韩高年等专家评议，徐建委、吴真、施爱东等学界同仁多有建议启发，谨此致谢。

① 周勋初纂辑，上海古籍出版社 2000 年版。

② 章琦译，载《古典文献研究》第 14 辑，2011 年。

献之：'请以此塞再北。'将军止之曰：'足。'不止，又获甲首而献之，曰：'请以此塞三北。'将军上之曰：'足，请为兄弟。'卞庄子曰：'夫北以养身也。今母殁矣，吾责塞矣。吾闻之：节士不以辱生。'遂奔敌，杀七十人而死。"①与此同事而文颇异。又许维通《韩诗外传集释》校曰："元本'塞'作'雪'，误，下同。"观此佚文，则知"雪"未必误，盖即此引文"雪耻"之残留痕迹欤。

3.《钞》引《汉官仪》云："远游冠者，诸王之服也。"

按，检《汉官六种》，未见此条。

4.《文选钞》引《史记》："衍济□年□②岁，家贫，为【人】牧牛羊。有群□□□□□□衍后来，当其踪迹，实非此□牛所食，地主枉打之至重。衍仰天告怨，天六月【为】之降霜于此地。"

按，此非常可怪之论，不见于《史记》，殆为当时流行俗书，误引入《史记》中。然对保存中世俗文学则颇有价值。此条系引《史记》释曹植《求通亲亲表》"殒霜"一语，然古书如《论衡》感虚篇、变动篇及《后汉书》卷五七李贤注引《淮南子》等，但载邹衍得罪于燕惠王，仰天而哭，五月天为下霜之事，为忠臣含冤故事，《史记》中则并无相关记事。此引文中"衍济"云云，显为"邹衍"之遗蜕，而故事本身却已变为民间故事色彩浓重的牧童谭。顾颉刚先生指出，南宋人托名孙奭之《孟子疏》，即往往有"把流行的传说写在里面，冒称出于《史记》"③的现象，这里正是同一性质的冒称，可见野事者以《史记》为造作假托的惯用对象；又可见此现象唐人已然，非自宋人始。

二、《列女传》载孟姜女故事

《文选集注》卷七三曹植《求通亲亲表》下注文引《文选钞》：

《列女【传】》云："【孟姿】□□④未嫁，居近长城杞□□□□□□□【避】役此孟姿后园池□⑤树水间藏。姿在下，游戏于水中，见人影，反上见之，乃曰："请为夫妻。"梁曰："见死役为卒，避役于此，不敢望贵人相采也。"姿曰："妇人不再见。今君见妾□兔□【此】⑥，岂□⑦更⑧乎？"遂与之交□□□□□□□馈食。后氾其死，遂将酒食往收其骸骨。至城下，问尸首，乃见诚人之筑在城【中】，遂向所筑之城哭，城遂为之崩。城中骨乱，不可识之，乃泪点之变成血。"

众所周知，顾颉刚先生在20世纪20年代围绕孟姜女主题进行了一系列的著名研究，后来编为《孟姜女故事研究集》⑨，搜集梳理了从《左传》所载杞梁妻吊夫事以下的历代文献，建立起孟姜女故事的历史演变脉络。这已成为中国现代学术史上民俗学、民间文学的一个经典案例。顾先生在研究中勾勒出了孟姜女故事主题演进的基本轨迹：

春秋：杞梁妻知吊丧之礼→战国中后期：杞梁妻悲歌→西汉：杞梁妻哭崩城→唐代：发生关键转变（春秋→秦始皇时；杞梁被筑入城；杞梁妻哭骸骨出土）→宋代：出现孟姜之名……

① 许维通：《韩诗外传集释》，中华书局1980年版，第352—353页。
② 按，就残存字形辨之，当为"九"字。
③ 顾颉刚《孟姜女故事的转变》，收入《孟姜女故事研究集》，上海古籍出版社1984年版，第20页。
④ 按，上字残存下部"曰"字右半，下字残存右捺。《集注》"齐"字写法下部正作"曰"，就字形及文义审之，阙字疑即"齐人"二字。
⑤ 按，此字漶漫，尚可见下横，疑为"上"字。
⑥ 按，此字残存右侧大半，据字形补"此"字。上蜀字残存右侧"口"部，据文义审之，当为"如"字。
⑦ 安，此字残存右半，似为"无"字。
⑧ 安，此字残存右半，下部弯钩影印本尚隐约可见，就文义及《集注》书法审之，当为"嫁"字。
⑨ 最初由中山大学语言历史学研究所出版于1928年。本文据上海古籍出版社1984年版。

并认为唐代发生这些转变的原因之一即在于"唐代的时势的反映"①。而《文选集注》中的这条史料，顾先生在《孟姜女故事研究》一文中也已经引及，但顾文仅概括其大要，并非直引全文，且称"《文选集注》残卷（日本写本，罗振玉影印，题为"唐写"，其中引及李善及五臣注，最早亦在中唐以后）曹植《求通亲亲表》的注中说"云云②，将这段材料用于证明中唐以后的情形。但顾先生不知何故并未指出《文选钞》的这段文字实际上并非唐人的叙述，而是明确注云出于《列女传》的，因此这绝不能看作唐代方出现的数据③。而这导致其对孟姜女故事演变史的梳理出现了一个相当严重的年代失误。《隋书·经籍志二》史部杂传类题为《列女传》的著述如下：

> 《列女传》十五卷 刘向撰，曹大家注。《列女传》七卷 赵母注。《列女传》八卷 高氏撰。《列女传颂》一卷 刘歆撰。《列女传颂》一卷 曹植撰。《列女传赞》一卷 缪袭撰。《列女后传》十卷 项原撰。《列女传》六卷 皇甫谧撰。《列女传》七卷 綦毋邃撰。《列女传要录》三卷

最著名也最早的刘向《列女传》中关于杞梁妻的记事与此不同，《文选钞》所引《列女传》殆为高、项、皇甫、綦毋所撰之一。而同类著作中作者年代最晚的綦毋邃，姚振宗《隋书经籍志考证》卷二十引严可均《全晋文编》④所录《通典》卷九五綦毋邃《驳尚书奏章太妃服》，指出其当为东晋哀帝时人⑤，甚是。然则《文选钞》此条引《列女传》最晚亦不应晚于东晋末年，其故事形成自当更早。这表明东晋时期（甚至很可能更早）便已出现了杞梁被筑入城及其妻孟姿悲哭崩城出骨的故事形态，而这一转变之与顾先生所认为的唐代太宗、高宗、玄宗三朝对外用兵的政治形势无关，也就是不言而喻的了。

关于顾先生的这一研究，民俗学界在致以高度崇敬的同时，也已出现对其方法进行反思之作。施爱东针对此案例指出，这是一种依据文献记载进行勾勒的"历史演进法"，"其局限性也是非常明显的：片段的、偶然的文字记载，永远无法复原故事流变的路线图"，"每一次新材料的出现，都可能打乱原有的演进路线"⑥。《文选集注》所保存的这条材料恰好为此提供了一个佐证。

值得注意的是，顾先生已指出，在刘向《列女传》中关于杞梁妻的记载，就已经存在揑合不同故事的形态，"把《左传》做上半篇，把当时的传说做下半篇，二者合二为一，颇为不伦"⑦。从文献性质来说，这种拼凑其实是很可理解的，因为传记的目的是要以某人为中心记述其事迹，古人在还未具有今天这种母题演进转化的研究观念之前，通常的态度是将其相关事件收拢起来列述。在这种心态下，"尽可能搜集相关材料"的追求便会压倒"区分删汰劣质文本"的追求，而造成文献形态的特定发展方向。孟姜女故事的另一重要历史文本来源，日藏《琱玉集》古钞本卷十二感应篇第四⑧，同样是先收录了《春秋左传》中的这段记事，而后以"一云"的形式另外记录出于《同贤记》，与上引文情节相似的孟姿故事。然则上面这条材料应当也是在类似形态下被收入六朝某种《列女传》中的。

---

①　《孟姜女故事的转变》，《孟姜女故事研究集》第14页。

②　《孟姜女故事研究集》，第29页。

③　按顾氏当时所见并非今天通行的《唐钞文选集注汇存》，而是罗振玉从日本影抄后印入《嘉草轩丛书》的《唐写文选集注残本》，但此本该页相关文字并无脱漏，影抄本消除了原卷的虫蛀痕迹，甚至更清晰易辨。

④　按，当即今《全晋文》卷一三三。

⑤　《二十五史补编》第4册，开明书店1937年版，第5366页。

⑥　施爱东：《中国现代民俗学检讨》第六章"一则经典研究范式的回顾与检讨"，社会科学文献出版社2010年版，第139、145页。

⑦　《孟姜女故事研究集》，第8页。

⑧　值得一提的是《琱玉集》中颇有与《文选集注》相合的特殊书法，如"吊"均误写作"予"，"对"字左下写作"至"，"杀"写作"煞"且火字底皆偏在左边，结字相同（邱棨鐍《文选集注研究》指出《集注》俗体多与颜元孙《干禄字书》相合，但煞字《干禄字书》所录俗体火部讹变作小，《集注》字体则简作一横，仍不同）。这些痕迹或者提供了一些旁证，表示《文选集注》可能是与《琱玉集》一样的日本古代钞本。

这种以人为中心组织文本,从而弱化经典与俗说之间界限,使得民间流传故事有可能进入上层书写的编撰机制,也是颇值得探究的。

三、《别录》所见《文子》与计然之关系

同上《求通亲亲表》下注文引《文选钞》:

> 刘向《别录》云:"文子,老子弟子,鲁哀、定时【人】,姓辛,名计然,着《文子》书。"

《别录》久佚,此条古书未见征引,姚振宗《七略别录佚文》(邓骏捷校补,上海古籍出版社 2008年)素称辑佚善本,然辑佚时《文选集注》尚未从日本回传,故亦未辑入。《别录》为中国文献学之滥觞,虽吉光片羽,其贵重亦不言而喻;而此条关涉文子计然,与历来学者所论多有不合,似尤有辨章学术考镜源流之价值。盖《别录》堪称是先秦目录学的倚天宝剑,"倚天不出,谁与争锋",昔人无《别录》可据与今人有《别录》可据,自然会引发出不同的学术思考与结论。当然,目前所见《别录·文子》佚文仅此一条孤证,尚未可遽据以推翻前贤众说;但如果这条史料成立,则前人对《文子》一书及文子其人与计然之关系的各种推测怀疑便都有了反思的必要。

《文子》一书,历来聚讼纷纭,关于《文子》是否伪书,《文子》作者为谁,以及何以托名周平三等问题,都有许多争议。诸家之说,张丰干《柳宗元以来的〈文子〉研究述评(上)》(《国学研究》第七卷)叙述详明可参。是否伪书及托名周平王问题与本文无涉,这里不烦赘列,只就作者身份问题相关的重要材料,站在《别录》此条引文可信据的立场上,对其书写脉络作一重审。《汉书·艺文志》诸子略道家:

> 《文子》九篇。(老子弟子,与孔子并时,而称周平王问,似依托者也。)

《隋书·经籍志三》子部道家:

> 《文子》十二卷。(文子,老子弟子。《七略》有九篇,梁《七录》十卷,亡。)

皆但云老子弟子,无地望姓名,然"老子弟子"一语与《别录》同;《汉志》谓"与孔子并时"实际上与《别录》所谓"鲁哀、定时人"也是同一个意思,故《汉志》此条实可视为《别录》的缩略,这符合我们对《汉志》与《别录》《七略》关系的认知。然而《汉志》却将后半段的姓名信息略去,而其后《别录》又亡佚,于是在早期文献中便消去了这一痕迹。至宋晁公武《郡斋读书志》卷十一道家类"李暹注文子十二卷"条:

> 其传曰姓辛氏,葵丘濮上人,号曰计然,范蠡师事之。本受业于老子,录其遗言,为十二篇云。[①]

晁公武判定李暹为元魏人,其传指明文子姓辛号计然,与《别录》若合符节(只有名或号的区别)。如果过去学者尚得见《别录》,那么就一般思路而言,便应将此看作中古学者尚得见《别录》,据而立传的表现。然而正因为在他之前的《别录》唐五代后已亡佚,《汉志》又无关于其姓名之记载,便变成到北魏才忽然出现将辛计然与文子联系起来的记载。后世学者遂纷纷将李暹作为攻击目标[②]。宋洪迈《容斋续笔》卷十六:

> 而《文子》十二卷,李暹注,其户以谓《范子》所称计然。但其书一切以老子为宗,略无与范蠡谋议之事。《意林》所编《文子》正与此同,所谓《范子》乃别是一书,亦十二卷。马总只载其

---

① 孙猛:《郡斋读书志校证》,上海古籍出版社 1990 年版,第 474 页。

② 李零先生《兰台万卷——读〈汉书·艺文志〉》(生活·读书·新知三联书店 2011 年版)中认为文子是楚人,殆即据"老子弟子"一语而云然,显然也不接受李暹所言文子为葵丘人之说。

叙计然及他三事,云:"余并阴阳历数,故不取。"①则与文子了不同,李暹之说误也。②

这还只是指出李暹误将《范子》中的计然当作《文子》中的文子,还不曾追责。到四库馆臣就毫不客气断言是李暹是将两人"合为一人"的始作俑者,并推断其犯错原因,痛责其谬了:

> 因《史记·货殖传》有"范蠡师计然"语,又因裴骃《集解》有"计然姓辛字文子,其先晋国公子"语,北魏李暹作《文子注》,遂以计然、文子合为一人。文子乃有姓有名,谓之辛钘。……是截然两人两书,更无疑义。暹移甲为乙,谬之甚矣。③

然而若据《别录》佚文,则不能不说洪迈以后至四库馆臣是骂错了人④,李暹之说并不是妄自捏合《史记》记载和《文子》作者,而是继承了自《别录》以来的说法。耐人寻味的是,最早发起疑驳的洪迈是宋代人,其时代恰在《别录》佚失以后,这也许不仅仅是巧合。洪迈和四库馆臣据以驳斥《文子》之文子与计然非一人的理由,在于《文子》为道家言,其中未提及范蠡;而范蠡之师计然却是阴阳家。这种意见不能说没有一定的道理,但这只能用于质证先秦的事实,而自刘向以后的汉魏六朝人,却是生活在"文子即辛计然"的知识观念中的。

（作者单位：浙江大学中文系）

---

① 按今本《意林》无此语,但于"范子十二卷"题下注"并受阴阳历数也",《笔记小说大观》,江苏广陵古籍刻印社 1983 年版,第一册,第 181 页。

② 《容斋随笔》,孔凡礼点校,中华书局 2005 年版,第 414 页。标点有改动。

③ 永瑢:《四库全书总目》,中华书局 1965,第 1247 页。

④ 此外,自晋人蔡谟注《汉书》到钱穆《先秦诸子系年》,更以为计然非人名,而是范蠡所作书名,则离《别录》之说更其遥远。

批判与重建

——都市语境中的鲁迅文化观

黄　健

内容提要：鲁迅对都市文化的审视与批判，以及所显示出来的文化重建思想，是他对整个中国文化审视、批判和重建思想主张的重要组成部分，仍然显示出他一以贯之而坚持的"文明批评"和"社会批评"的价值标准。定居上海之后，鲁迅善于将置身于都市生活圈的所见所闻，所识所感，上升到理性审视和批判的层面，进行独立的评判和批判。在这当中，鲁迅非但没有减弱当年的思想锋芒，而是以更加沉稳、老练和成熟的方式，展开对国民性深层次的认识、思考和剖析，同时也更加注重结合都市文化的新特点、新形态和新方式，致力于新的文化建设，表现一种重建新的价值体系和重构新的意义世界的思想发展特点。

关键词：鲁迅；都市文化；批判；重建

鲁迅生命中的最后十年，与上海这个被称为"东方巴黎"的都市结下不解之缘。茅盾在论述鲁迅创作特点时曾指出，鲁迅笔下"有封建社会崩坍的响声，有粘附着封建社会的老朽废物的迷惑失措和垂死的挣扎，也有那受不着新思潮的冲激，'不知有汉，无论魏晋'的老中国的暗陬的乡村，以及生活在这些暗陬的老中国的儿女们，但是没有都市，没有都市中青年们的心的跳动。"[①]的确，鲁迅以往的创作重心，是放在对"老中国"及其儿女们的精神剖析和心理性格（也即国民性，尤其是国民的劣根性）的批判上，着重写出"老中国"在"破了又修补，修补了又破了"的历史循环怪圈中，那种"想做奴隶而不得"和"暂时做稳了奴隶"的时代状态，以及"一代不如一代"的生存与演化境况。定居上海后，置身于都市生活环境，鲁迅是不是就一改以往批判的锋芒，而讴歌聚集着现代文明辉煌成就的都市及其都市文化呢？纵观鲁迅在定居上海的思想发展，不难看出，他非但没有减弱当年的批判锋芒，而是以更加沉稳、老练和成熟的方式，展开对国民性深层次的认识、思考和批判，同时也更加注重结合都市文化的新特点、新形态和新方式，致力于新的文化建设，表现一种重建新的价值体系和重构新的意义世界的思想发展特点。

一

白鲁恂在描绘二三十年代上海的情景时曾这样写道："在两次世界大战之间，上海乃是整个亚洲最繁华的国际化的大都会。上海的显赫不仅在于国际金融和贸易，在艺术和文化领域，上海也远居其他一切亚洲城市之上。"[②]就社会层面而言，自开埠以来，在半封建半殖民地的特殊环境中发

---

① 茅盾：《读〈倪焕之〉》，《文学周报》第 8 卷第 20 期（1929 年 5 月）。

② 白鲁恂：《中国民族主义与现代化》，《二十一世纪》（香港）1992 年第 2 期。

展起来的上海，既聚集着最时尚、最先锋的现代化社会的光鲜一面，也存留着最贫穷、最破旧的半封建半殖民社会的落后一面。而就文化层面而言，上海所生成的特定文化，本质上则是一种具有现代性内涵的文化，是以现代的工业化、商业化的都市为语境和内容的文化。在上海，现代传媒出版业十分发达，现代思想得以迅速传播，并与蓬勃发展的工商业和多姿多彩的都市生活紧密地融合在一起，形成了上海都市独特的社会发展节奏和文化韵律，也形成了上海都市文化的包容性，多元性和开放性的特点。正是这样，作为当时远东最具魅力的大都市，上海被赋予多重性质的现代性内涵，与发达国家的大都市，如巴黎、伦敦、纽约、东京等相提并论，极具现代工商业文明内涵的都市文化风采。

置身于上海大都市环境，鲁迅的文化视野要比原先开阔得多。如果说他早年是更多地将文化审视聚焦在广袤的乡村，那么，晚年定居上海，则更多是聚焦在上海这个独特的大都市。虽然自离开绍兴之后，基本上也是在较大的城市居住、学习和工作，如南京、东京、北京、厦门、广州等城市，但他审视的眼光主要还不是城市，而是以乡村为代表的传统中国及其难以改变的国民劣根性。这次来到上海，则跟以往有些不同。首先是身份的独特，在上海，他是自由职业者，完全靠写作的版税来生活，这使得他能够更加自由和自主地确定自己的文化立场，而不依附于某一个集团，或做"代言人"。其次是思想的成熟，他能够做到以更加缜密的思考，独立的判断来进行文化批评和重建。再次是认识的不同，他不在单一地聚焦在国民劣根性的批判上，而是将其置于都市的多维文化视域中进行审视，力图找到国民劣根性的深层原因及其在都市的变异，并思考文化重建的新理路。

刚到上海时，鲁迅说他的心理感受是："这两年来，我在北京被'正人君子'杀退，逃到海边；之后，又被'学者'之流杀退，逃到另外一个海边；之后，又被'学者'之流杀退，逃到一间西晒的楼上，满身痱子，有如荔支，兢兢业业，一声不响，以为可以免于罪戾了罢。阿呀，还是不行。"①也许，认识上海，认识都市文化，鲁迅是从"逃"而找到定所的那种感受开始的。到了上海这个大都市，鲁迅一方面注意到了上海都市文化的多样性特点，另一方面仍然坚持早年的"立人"思想，保持了一以贯之的批判精神。他注意到，上海都市的繁华，文化的多样，但蕴含在其骨子的东西似乎依然是没有发生什么质的变化。在对所见所闻的记录中，他就这样写道："才看见弱不胜衣的少爷，绸衫尖头鞋，口嗑南瓜子，手里是一张《消闲录》之类的小报，而且永远看不完。这一类人似乎江浙特别多，恐怕投壶的日子正长久哩。"②在观察上海都市的日常生活情形时，他这样写道："在上海生活，穿时髦衣服的比土气的便宜。如果一身旧衣服，公共电车的车掌会不照你的话停车，公园看守会格外认真的检查入门券，大宅子或大客寓的门丁会不许你走正门。所以，有些人宁可居斗室，喂臭虫，一条洋服裤子却每晚必须压在枕头下，使两面裤腿上的折痕天天有棱角。"③

将对都市生活和都市文化的所见、所闻、所感，上升到理性层面来进行审视和批判，是鲁迅对于都市文化的一种基本的态度和方式。他宣称"相信自己的主张，决不是'受了帝国主义者的指使'，要诱中国人做奴才"。④ 对于都市的各种现象，尤其是文化现象，他观察得很细，审视得很广，批判也自然很深。譬如，对于都市的文明病。他善于抓住其文化特性，指出文化的差异和文明的距离。在《电的利弊》一文中，通过文化比较，鲁迅就对许多先进文明到了中国之后都走了样，变了

① 鲁迅：《而已集·革"首领"》，《鲁迅全集》（第 3 卷），人民文学出版社 1981 年版，第 471 页。
② 鲁迅：《华盖集续编·上海通信》，《鲁迅全集》（第 3 卷），人民文学出版社 1981 年版，第 363 页。
③ 鲁迅：《南腔北调集·上海的少女》，《鲁迅全集》（第 4 卷），人民文学出版社 1981 年版，第 563 页。
④ 鲁迅：《且介亭杂文·从孩子的照相说起》，《鲁迅全集》（第 6 卷），人民文学出版社 1981 年版，第 82 页。

调的现象进行了批评。他指出："外国用火药制造子弹御敌，中国却用它做爆竹敬神；外国用罗盘针航海，中国却用它看风水；外国用鸦片医病，中国却拿来当饭吃。同是一种东西，而中外用法之不同有如此，盖不但电气而已。"①由此批判了中国文化的一些落后、陈腐的观念在都市里依然有它的市场，说明文明的进化，文化的发展，还需要一个艰巨而漫长的过程。在《"吃白相饭"》一文中，则对都市社会"吃白相饭"现象进行了批评。他指出："'吃白相饭'在上海是这么一种光明正大的职业，实际上是不务正业，游荡为生，用'欺骗''威压'和'溜走'等手法，混迹都市社会"。在《豪语的折扣》、《揩油》、《帮闲法发隐》、《洋服的没落》等文章中，对都市社会的方方面面，大的说到人生、文化，小的说的日常生活，鲁迅都进行了细致的分析和批判。如《揩油》一文，他就指出"'揩油'，是说明着奴才的品行全部的"，并将其上升到国民劣根性的高度来批判："'揩油'的生活有福了。这手段将更加展开，这品格将变成高尚，这行为将认为正当，这将算是国民的本领，和对于帝国主义的复仇。打开天窗说亮话，其实，所谓'高等华人'也者，也何尝逃得出这模子。"《洋服的没落》则从当时恢复古装的喧嚣着笔，分析了都市社会的怪现象："造化赋给我们的腰和脖子，本是可以弯曲的，弯腰曲背，在中国是一种常态，逆来尚须顺受，顺来自然更当顺受了。所以我们是最能研究人体，顺其自然而用之的人们。脖子最细，发明了砍头；膝关节能弯，发明了下跪；臀部多肉，又不致命，就发明了打屁股。违反自然的洋服，于是便渐渐的自然的没落了。"

对都市的审视和文化批判，鲁迅始终是与批判国民劣根性的思想主张结合在一起的。他曾试图效法"英国嘉勒尔的《英雄及英雄崇拜》，美国亚懋生的《伟人论》那样"，写一部中国的"人史"。他念念不忘外国人写的两部关于中国国民性分析的著作，一是英国传教士斯密斯写的《中国人气质》，二是日本人安岗秀夫写的《从小说看来的支那的民族性》，并对斯密斯所谈的中国国民性的根子是"面子观"之说就十分赞同，认为上海尽管是大都市，其国民劣根性并没有得此而有根本的改变。在《说"面子"》一文中，他对此分析道："每一种身份，就有一种'面子'，也就是所谓的'脸'。这'脸'有一条界限，如果落到这线的下面去了，即失了面子，也叫做'丢脸'。不怕'丢脸'，便是'不要脸'。但倘使做了超出这线以上的事，就'有面子'，或曰'露脸'。"在《"立此存照"（三）》中，又指出："中国人是并非'没有自知'之明的，缺点只在有些人安于'自欺'，由此并想'欺人'"。在《上海文艺之一瞥》一文中，继续批评奴才相，指出："奴才做了主人，是决不肯废去'老爷'的称呼的，他的摆架子，恐怕比他的主人还十足，还可笑。这正如上海的工人赚了几文钱，干起小小的工厂来，对村工人反而凶到绝顶一样。"

对于都市文化的审视和批判，鲁迅坚持了他独立而一贯的价值立场，也同样是执着于"文明批评"和"社会批评"的价值标准。因此，在上海都市居住期间，他撰写的文章尽管也具有一些"针砭时弊"的时评性色彩，但所显示出来的仍然是他进行独立批评所具有的思想深度，并体现着深厚的人文关怀和理性精神。

二

近来有些文章批评鲁迅定居上海及其对都市文化的批判，显示出一种向"左"转向的倾向，如他积极参加左翼作家的活动，并在政治倾向上也同情共产主义，购买一些马克思的著作等等。当然，考察鲁迅在上海定居后的一些活动，所发表的一些言论，似乎不难得出这样的看法。然而，深究一下，这又何尝不是鲁迅在置身于都市文化生活之后，力图在文化重建方面要试图开辟一种新

---

① 鲁迅：《伪自由书·电的利弊》，《鲁迅全集》（第 5 卷），人民文学出版社 1981 年版，第 15 页。

思路,探寻一种新方法的表现呢?

在《二心集·序言》中,鲁迅说:"我时时说些自己的事情,怎样地在'碰壁',怎样地在做蜗牛,好像全世界的苦恼,萃于一身,在替大众受罪似的:也正是中产的智识阶级分子的坏脾气。只是原先是憎恶这熟识的本阶级,毫不可惜它的溃灭,后来又由于事实的教训,以为惟新兴的无产者才有将来,却是的确的。"①一些研究者将鲁迅的这段自白,加上他在《三闲集·序言》中写的一段话:"我有一件事要感谢创造社的,是他们'挤'我看了几种科学底文艺论,明白了先前的文学史家们说了一大堆,还是纠缠不清的疑问。并且因此译了一本蒲力汗诺夫的《艺术论》,以救正我——还因我而及于别人——的只信进化论的偏颇。"②看作是他的思想和文化主张转向的一个标志性言论。当然,说鲁迅此时转向也未尝不可,但关键的是,他的转向是为了什么? 从他对都市和都市文化的审视与批判来看,这种转向则是鲜明地显示出他由原先的"批判",开始向现在的重"建设"(重建)的一种文化实践。

面对都市社会和文化新的情况,鲁迅在《答有恒先生》一文中,明确表示他不会放弃"攻击社会"的做法,但在方式、方法上将会有所变化。1935 年 10 月 4 日在给萧军的信中,鲁迅说:"要战斗下去吗? 当然,要战斗下去! 无论它对面是什么?"接着,他提出了"三战"主张:"德国腓立大帝的'密集突击',那时是会打胜战的,不过用于现在,却不相宜,所以我所采取的战术,是:散兵战,堑壕战,持久战——不过我不是步兵,和你炮兵的法子也许不见得一致。"鲁迅一方面不放弃一贯坚持的批评立场,另一方面也在调整了自己的批评策略。如果说早年他致力于文化思考时,就发现近代西方之强"则根抵在人",所以要使整个中国摆脱近代落后的窘况,在思想文化建设方面,就必须做到"其首在立人,人立而后凡事举,……国人之自觉至,个性张,沙聚之邦,由是转为人国。人国既建,乃始雄厉无前,屹然独见于天下。"③到了上海定居之后,他依然坚持这一点,在"立人"方面,他始终认为,作为现代社会的"真的知识阶级",同样还是要将此作为思想文化启蒙的重要内容,以此唤起国人的思想觉悟。因为知识阶级"对于社会永不会满意的,所感受的永远是痛苦,所看到的永远是缺点,他们准备着将来的牺牲","要是发表意见,就要想到什么就说什么。真的知识阶级是不顾利害的。"④在看了几本具有马克思主义观点的艺术论之后,鲁迅说他从俄国文学那里"明白了一件大事,是世界上有两种人:压迫和被压迫者!"⑤也就是说,此时的鲁迅开始尝试着用一种新的认识方法——马克思主义的唯物史观和阶级的观点,来审视包括都市文化在内的所有文化。从视域的维度来说,这自然是为鲁迅打开了另一种认识的视域。⑥ 而不是像他当年推崇的尼采那样,在鼓吹"超人"的同时,总是将自己看作是高高在上的清醒者,人为地将"超人"置于超然的地位,将"超人"与众多民众截然对立起来。鲁迅接受马克思主义学说的影响,为他对都市文化进行"文化批评"和"社会批评",打开了另外一扇门,认识到世上还有许多被剥削和受压迫的穷苦大众,文化的批判和重建不能将他们置之度外。所以,虽然置身于都市,鲁迅仍然关注大众的启蒙,不应将他们放在思想文化启蒙的对立面上。他说:"'中国的大众的灵魂',现在是反映在我的杂文里了"。⑦

---

① 鲁迅:《二心集·序言》,《鲁迅全集》(第 4 卷),人民文学出版社 1981 年版,第 191 页。

② 鲁迅:《三闲集·序言》,《鲁迅全集》(第 4 卷),人民文学出版社 1981 年版,第 6 页。

③ 鲁迅:《坟·文化偏至论》,《鲁迅全集》(第 1 卷),人民文学出版社 1981 年版,第 56—67 页。

④ 鲁迅:《集外集拾遗补编·关于知识阶级》,《鲁迅全集》(第 8 卷),人民文学出版社 1981 年版,第 190 页。

⑤ 鲁迅:《南腔北调集·祝中俄文字之交》,《鲁迅全集》(第 5 卷),人民文学出版社 1981 年版,第 460 页。

⑥ 就当时社会情形而言,马克思主义学说只是众多学说中的一种,鲁迅接受他的影响很自然,它丰富了鲁迅思想的内涵,但并非就能断定鲁迅就是一个坚定的马克思主义者。

⑦ 鲁迅:《准风月谈·后记》,《鲁迅全集》(第 5 卷),人民文学出版社 1981 年版,第 382 页。

因此,他坚持认为,文化重建必须秉持"五四"运动对大众进行启蒙的精神,坚持不懈地进行启发民智,进行更广泛的思想文化启蒙。

用唯物史观和阶级的观点来审视都市社会和文化,鲁迅的批判也显示出一些新的特点:一方面,他坚持不懈地反对专制主义的"文化围剿",致力于攻击都市文坛怪相,批评都市文人的无聊行为,公开声称"我不去描写风月"。① 在多个场合,他对充斥在上海十里洋场书摊上专门描写风月的"闲书",表示深恶痛绝之情,并对脱离现实的所谓"第三种人"进行了辛辣的讽刺:"要做这样的人,恰如用自己的手拔着头发,要离开地球一样。"② 同时,对一些追随当局旨意,搞"文化围剿"的文人,也进行了严厉的批评,指出:"他们的性一的长处,是在暗示有力者,说某某的作品是收卢布所致。我先前总以为文学者是用手和脑的,现在才知道有一些人,是用鼻子的了。"③ 他严厉地批评这些无耻、无聊、无良的文人,指责他们甘愿做奴才的特性。另一方面,对如何对劳苦大众进行文化启蒙,此时也是纳入他考量的中心,最突出的莫过于他此时仍然延续"五四"时期对汉字讨论的话题。从对文化的审视和反思的角度来说,实际上可以看作是他思考在新的时期和新的环境中,如何开启民智,继续思想文化启蒙的一种考量。在《门外文谈》一文中,他指出:"文字在人们间萌芽,后来却一定为特权者所收揽。……我们中国的文字,对于大众,除了身分,经济这些限制之外,却还要加上一条高门槛:难。单是这条门槛,倘不费他十来年工夫,就不容易跨过。跨过了的,就是士大夫,而这些士大夫,又竭力地要使文字更加难起来,因为这可以使他特别的尊严,超出别的一切平常的士大夫至上。"1934 年 8 月,在《汉字和拉丁化》一文中,他写道:"不错,汉字是古代传下来的宝贝,但我们的祖先,比汉字还要古,所以我们更是古代传下来的宝贝。为汉字而牺牲我们,还是为我们而牺牲汉字呢? 这是只要还没有丧心病狂的人,都能够马上回答的。"同年 12 月,在《关于新文字》一文中,他又说:"方块字真是愚民政策的利器,不但劳苦大众没有学习和学会的可能,就是有钱有势的特权阶级,费时一二十年,终于学不会的也多得很。……所以,汉字也是中国劳苦大众身上的一个结核,病菌都潜伏在里面,倘不首先除去它,结果只有自己死。"看起来,鲁迅讨论的是汉字本身的问题,但实际上则是采用唯物史观和阶级的观点,结合都市文化的种种演化,认真思考在这种境况下的思想文化启蒙问题。他严肃地指出:"由只识拉丁化字的人们写起创作来,才是中国文学的新生,才是现代中国的新文学。"④ 他还强调指出:"倘要中国的文化一同向上,就必须提倡大众语,大众文,而且书法更必须拉丁化。"⑤ 在这没时间,鲁迅密集地发表一些有关文字改革的主张,应不是做纯粹的文字研究的学术文章,重点考量的还是如何将思想文化启蒙落实到广大的劳苦大众层面上。在他看来,这样才能真正地落实文化重建的问题,推动文化的现代转型。他指出:"多数的力量是伟大,要紧的,有志于改革者倘不深知民众的心,设法利导,改进,则无论怎样的高文宏议,浪漫古典,都和他们无干,仅止于几个人在书房中互相叹赏,得些自己满足。……倘不深入民众的大层中,于他们的风俗习惯,加以研究,解剖,分别好坏,立存废的标准,而于存废,都慎选施行的方法,则无论怎样的改革,都将为习惯的岩石所压碎,或者只在表面上浮游一些时。"由此,他从中得出结论:"我想,但倘不将这些改革,则这革命即等于无成,如沙上建塔,顷刻倒坏。"⑥ 显然,鲁迅这一思想的变化,与他早年的文化主张既有内在的关联,又有所新的创意发展。尽管在这些

① 鲁迅:《南腔北调集·我这么做起小说来》,《鲁迅全集》(第 4 卷),人民文学出版社 1981 年版,第 512 页。
② 鲁迅:《南腔北调集·论"第三种人"》,《鲁迅全集》(第 4 卷),人民文学出版社 1981 年版,第 440 页。
③ 鲁迅:《书信集·300920 致曹靖华》,《鲁迅全集》(第 12 卷),人民文学出版社 1981 年版,第 24 页。
④ 鲁迅:《且介亭杂文二集·论新文字》,《鲁迅全集》(第 6 卷),人民文学出版社 1981 年版,第 443—444 页。
⑤ 鲁迅:《且介亭杂文·门外文谈》,《鲁迅全集》(第 6 卷),人民文学出版社 1981 年版,第 100 页。
⑥ 鲁迅:《二心集·习惯与改革》,《鲁迅全集》(第 4 卷),人民文学出版社 1981 年版,第 223—224 页。

问题上，他的一些主张仍然显得有些偏激，甚至偏颇，然而，从文化重建的理路探寻上来说，也可以看作是他创新性思维的一种表现。

三

鲁迅对都市文化的审视和批判，其中也包含了他对文化重建思路的新思考。这也是由他的"破"和"立"的思维逻辑所决定的。虽然对如何进行文化重建，鲁迅没有专门撰写过文章，但从他在都市所参与的一系列文化活动及其所发表的言论与主张，特别是对文字改革的议论和对新兴的木刻艺术的推崇，从中都不难看出他关于文化重建的新理路。

文化重建是"五四"新文化运动所大力倡导的一项重要内容，也是思想文化启蒙的重要构成部分。陈独秀在谈到如何破除旧的文化、旧的思想时曾指出："循死现象，于人身则必死，于社会则必亡。欲救此病，非太息咨嗟之所能济，是在一二敏于自觉于奋斗之青年，发挥人间固有之智能，抉择人间种种之思想，——孰为新鲜活泼而适于今世之争存，孰为陈腐朽败而不容留置于脑里，——利刃断铁，快刀理麻，绝不作牵就依违之想，自度度人，社会庶几其有清宁之日也。"①鲁迅也指出："生命的路是进步的，总是沿着无限的精神三角形的斜面向上走，什么都阻止他不得。……无论什么黑暗来防范思潮，什么悲惨来袭击社会，什么罪恶来褒渎人道，人类的渴仰完全的潜力，总是踏了这些铁蒺藜向前进。"②定居上海后，通过对都市文化的审视和批判，鲁迅在文化重建方面获得了更宽广的视野和思路。他早年曾指出："说到中国的改革，第一著自然是埽荡废物，以造成一个使新生命得能诞生的机运。五四运动，本也是这机运的开端罢，可惜来摧折它的很不少。"③置身于都市文化环境，鲁迅仍然是认真地考虑如何延续"五四"新文化的启蒙传统。结合都市文化演化的新特点，除了参加左翼作家的活动，批评当局的文化专制和一些自称是"自由人""第三种人"脱离实际的文艺观，同情于劳苦大众，注重将思想文化启蒙落实到广大民众层面之外，他对美术中的新兴艺术给予了很大的关注。他指出："现在的艺术，总要一面得到蔑视，冷遇，迫害，而一面得到同情，拥护，支持。因为时代是在不息地进行，现在新的，年青的，没有名的作家的作品站在这里了，以清醒的意识和坚强的努力，在榛莽中露出了日见生长的健壮的新芽。自然，这，是很幼小的。但是，惟其幼小，所以希望就正在这一面。"④

1931 年 8 月鲁迅在上海举办"木刻讲习会"，美术界一般都将其称为中国版画（木刻）运动的新开端。⑤ 其实，鲁迅 1929 年撰写的《〈木刻纪程〉小引》一文中就介绍了中外木刻画艺术，他说："中国木刻图画，从唐到明，曾经有过很体面的历史。但现在的新的木刻，却和这历史不相干。新的木

---

① 陈独秀：《敬告青年》，《新青年》第 1 卷第 1 期，1915 年 9 月 15 日。
② 鲁迅：《热风·六十六》，《鲁迅全集》（第 1 卷），人民文学出版社 1981 年版，第 368 页。
③ 鲁迅：《译文序跋集·〈出了象牙之塔〉后记》，《鲁迅全集》（第 10 卷），人民文学出版社 1981 年版，第 244 页。
④ 鲁迅：《二心集·一八艺社习作展览会小引》，《鲁迅全集》（第 4 卷），人民文学出版社 1981 年版，第 368 页。
⑤ 据不完全统计，鲁迅先后编印出版的版画画册多达 12 种，其中有：《近代木刻选集》（1～2），分别出版于 1929 年 1 月和 2月，《新俄画选》出版于 1930 年 5 月，《士敏土之图》出版于 1931 年 1 月，《一个人的受难》出版于 1933 年 10 月，《引玉集》出版于1934 年 5 月，《苏联版画集》出版于 1936 年 7 月，《凯绥·河勒惠支版画选集》出版于 1936 年 7 月，《死魂灵一百图》出版于 1936 年4 月，亲为校阅并作序的《木刻创作法》出版于 1937 年 1 月。此外，与此相关的《北平简谱》出版 1934 年 2 月，《十竹斋简谱》印成于1935 年 4 月。鲁迅也先后在上海举办了四次外国木刻画展览："西洋木刻展览会"于 1930 年 10 月 4 日至 5 日，在上海北四川路举办，"德国作家版画展"于 1932 年 6 月 4 日到 5 日在上海瀛寰图书公司举办，"德俄版画展览会"于 1933 年 10 月 14 日到 15 日在上海千爱里 40 号举办，"俄法书籍插画展览会"于 1933 年 12 月 2 日到 3 日在上海日本基督教青年会举办。参见《鲁迅全集》第 16卷的《鲁迅注译年表》。

刻,是受了欧洲的创作木刻的影响的。创作木刻的绍介,始于朝花社,那出版的《艺苑朝华》四本,虽然选择印造,并不精工,且为艺术名家所不齿,却颇引起了青年学徒的注意。"在文中,他明确指出,新的艺术和新的文化的产生,都要"采用外国的良规,加以发挥,使我们的作品更加丰满;择取中国的遗产,融合新机,使将来的作品别开生面也是一条路。"①从这里,不难看出鲁迅给予木刻艺术高度关注背后的文化重建理路,这就是要融中西文化、艺术的特点于一炉,在传统走向衰落中,充分吸收现代西方文化、艺术的长处,重建现代中国的文化、艺术。

基于这种文化重建理路,鲁迅对三文化的重建思想,表现出了一种开放性的特点。如果说鲁迅在对中国传统批判中,发现它的闭塞性是导致在近代的落后的一个重要原因,那么,他结合对都市社会文化的考察,发现要进行新的文化重建,就必须要持一种开放的理念。他提出的著名的"拿来主义",就是这种开放性的最鲜明的表现。他指出:"中国一向是所谓'闭关主义',自己不去,别人也不许来。自从给枪炮打破了大门之后,又碰了一串钉子,到现在,成了什么都是'送去主义'了。"针对这种情形,他强调指出:"所以我们要运用脑髓,放出眼光,自己来拿! ……总之,我们要拿来。我们要或使用,或存放,或毁灭。那么,主人是新主人,宅子也就会成为新宅子。然而首先要这人沉着,勇猛,有辨别,不自私。没有拿来的,人不能自成为新人,没有拿来的,文艺不能自成为新文艺。"②在文化重建中提倡"拿来主义",这是鲁迅独创的一个新鲜而独特的说法和主张,与"五四"时期一味的"破"和批判是有所不同的,其核心的主张是吸收、选择和融合创新发展。"拿"首先是要有开放的观念和精神,其次是要充分地为文化重建的主体而服务,所以,拿了之后,就是选择,也即是有选择的"拿",为我所用的"拿",做到去其糟粕,取其精华。如果说一切优秀的文化都是人类的共同财富,那么,文化重建就应该大胆地吸收,大胆地挑选,大胆地转化,这就是"拿来主义"的核心要义。无疑,这种开放性的文化重建理路,在鲁迅那里,主旨是指向改造国民性,提升民族素质,创造民族新文化。

开放性的文化重建理路,并不意味着对民族文化优秀传统的全然抛弃。在这当中,对文化的地方性、民俗性的重视,也是鲁迅进行文化重建所考虑的重要内容。与以往的"少读——甚至不读中国书"的主张不同,鲁迅对文化的地方性。民俗性一类的问题进行了重新思考。在1934年4月19日在给陈烟桥的信中,他这样写道:"木刻还未大发展,所以我的意见,现在首先是在引起一般读书界的注意,于是得到欣赏,采用,就是将那条路开拓起来,路开拓了,那活动力也就增大;……我的主张杂入静物,风景,各地方的风俗,街头风景,就是为此。现在的文学也一样,有地方色彩的,倒容易成为世界的,即为别国所注意。打出世界上去,即于中国之活动有利。"③有人将地方性、民俗性看作是民族性,从广义的角度来说,也未尝不可,但深究鲁迅表述的内涵,应该说,鲁迅所针对的主要还是文化重建与保持文化个性的问题。尽管这些与民族性有较为密切的关联,但还是不能简单地将地方性、民俗性完全等同于民族性。鲁迅强调文化的地方性、民俗性,真正用意是要在开放的文化视野中,尽可能地多吸收各种文化的精华,以期文化重建能够观念更加包容,价值更加多元,内容更加丰富。这样重建的文化,就能保持它的创造活力和创新精神。

重建文化的理路,在鲁迅那里,还表现为一种大胆的"立"的建设性构想。所谓"立",与早年他所主张的"立人"是一致的。因为在置身于都市语境,究竟还要不要"立人"? 或者说鲁迅是否已经改变了他早年的"立人"文化主张? 结合鲁迅对都市文化的审视和批判来看,他所坚持的文化重建

---

①　鲁迅:《且介亭杂文·〈木刻纪程〉小引》,《鲁迅全集》(第6卷),人民文学出版社1981年版,第48页。

②　鲁迅:《且介亭杂文·拿来主义》,《鲁迅全集》(第6卷),人民文学出版社1981年版,第39—40页。

③　鲁迅:《书信集·致陈烟桥》,《鲁迅全集》(第12卷),人民文学出版社1981年版,第391页。

理想，首要的仍然是"立人"。这也是与他一生致力于改造国民性的思想主张是紧密联系在一起的。如果说要变化的只是"立人"主张的不同方式、方法和具体路径，不变的是他对人的高度关注，对国民性的高度关注。鲁迅始终是结合这个思想原点的命题，来谋划他的文化重建策略的。他明确指出："新的阶级及其文化，并非突然从天而降，大抵发达于对于旧支配者及其文化的反叛中，亦即发达于和旧者的对立中，所以新文化仍然有所承传，于旧文化也仍然有所择取。"①"立人"的文化重建理路，除了包含着鲁迅注重新与旧的关联和衔接的思想认识之外，最主要的还是置身于都市语境，使他更加清醒地认识到突出人的主体性建构的重要性。他说："想到可以择历来极其特别，而其实是代表这中国人性质之一种的人物，作一部中国的'人史'。"②所谓"人史"，也就是要在探寻人的生存与发展的历史中，始终保持对"人"的高度关注，特别是保持对人的主体性建构的关注。因为在他看来，探寻人的生存和发展境况，前途命运，这才是文化重建的重中之重，与他早年主张："明哲之士，必洞达世界之大势，权衡校量，去其偏颇，得其神明，施之国中，翕合无间。外之既不后于世界之思潮，内之仍弗失固有之血脉，取今复古，别立新宗"③的思想是一致的。他始终认为，人只有真正摆脱奴役的状态，尤其是摆脱精神的奴役，充分地认识到自身存在的价值和意义，才能最终完成文化重建，实现中国文化的现代转型和发展。

总之，鲁迅在都市语境中形成的文化重建理路，成为了现代都市文化建设的一种价值建构的指向和精神构筑的引领，体现了一种新的人文精神，其内涵就是：通过对人的高度关注，特别是通过对人的个性、个体性、主体性的高度关注，充分地展现文化重建对改变国民的精神状态，培养人的现代人格，熔铸人的新的精神品格的所具有的重要价值和意义，从中表现出一种执着的追求精神解放和心灵自由的新的人文价值理想，洋溢着探寻人的生存境况和前途命运的文化哲学和思想的风采。

（作者单位：浙江大学中文系）

---

① 鲁迅：《集外集拾遗·〈浮士德与城〉后记》，《鲁迅全集》（第7卷），人民文学出版社1981年版，第355页。
② 鲁迅：《准风月谈·晨凉漫记》，《鲁迅全集》（第5卷），人民文学出版社1981年版，第235页。
③ 鲁迅：《坟·文化偏至论》，《鲁迅全集》（第1卷），人民文学出版社1981年版，第56页。

个人认知与当代文学史料研究中的历史观问题[*]

——以周扬、丁玲为中心

刘 扬

内容提要：史料本身与史料研究都离不开'人"来完成，而每个人的历史记忆与认知都是不同的，因此留下的史料虽丰富却不乏龃龉之处，这就需要在史料研究和辨析中有开阔的历史观。以周扬、丁玲在当代文学中的文献史料及相关研究成果为中心研究，不难发现在二人自己的叙述、亲历者的叙述和后人研究这三个层次的史料中个人认知存在着明显的差异，其背后也受到了政治、道德等多方面因素的影响，史料研究中的历史观既不应排斥史料中的个人认知，也不应该局限于此，而是要具体分析史料的基础上对史料做综合关照。

关键词：当代文学；史料；历史观；个体认知；周扬；丁玲

谈到历史观，人们往往容易将之抽象为对历史大势或曰"规律"的把握，这样宏大的历史观对历史的整体性和规律性虽能有所洞悉，但也不可避免造成一种同质化的历史叙述：只见"历史"而不见"人"。然而历史毕竟是"'实在的'历史，即人和人类行动的历史"①，可以说"个人的吃穿住行、生老病死、爱恨情仇构成了'日常生活'的历史、人性的历史"②，正因如此"人"在历史中的位置才显得尤为重要："创造这一切、拥有这一切并为这一切而斗争的，不是'历史'，而正是人，现实的、活生生的人⋯⋯历史不过是追求着自己目的的人的活动而已"③，而记录个人历史活动以及情感认知的正是文献史料。因此在史料研究中，有必要进一步探求历史观与史料中个人认知的关系问题，这对于与当代社会同步发展的当代文学学科而言尤为重要。

在当代文学史料几十年的整理和研究中，历史观的变化与政治、市场、文化等等多种因素相关，但说到底无论是历史的亲历者还是研究者，作为"能思"的主体，他们的历史观既受到公共环境的影响，也不可避免地掺杂带有强烈"主体性"色彩的个人认知。相较于后者，在以往的史料整理与研究中，我们对于历史观的时代性、公共性的关注较为充分，对于前三十年史料在政治化的环境下受到的意识形态影响，对于市场化的环境下史料鱼龙混杂、真伪难辨等问题，学者们关照较多。诚然，这样笼统的历史观在史料中可以得到充分的印证，例如对于当代文学"前三十年"，研究者当然可以找到史料支持自己的结论，如认为作家们"已不再是思想文化界'自我'的存在个体，而是国家机器上的'齿轮'和'螺丝钉'，是为政治斗争服务的武器，为建设事业服务的鼓手。"④这些当然是对历史相对全面的把握，但即便是做"武器"、做"鼓手"，他们个人认知的差异性还是在史料中或多

---

* 系国家社科重点项目"中国当代文学文献史料问题研究"阶段性成果。

① 恩斯特·卡西尔：《人论》，光明日报出版社 2009 年版，第 173 页。
② 孙先科：《当代文学历史话语的叙事策略与历史观》，《文艺报》2006 年 4 月 25 日。
③ 马克思、恩格斯：《神圣家族》，《马克思恩格斯全集》第 2 卷，人民出版社 1957 年版，第 118—119 页。
④ 斯炎伟：《全国第一次文代会与新中国文学体制的建构》，人民文学出版社 2008 年版，第 89 页。

或少的留存下来，所谓"历史观"不仅有宏观判断还应有微观洞察，故而笔者以为在史料研究中如何处理史观与个人认知的关系是应该引起重视的。在当代文学史中，言人人殊的问题有很多，其中关于周扬与丁玲的讨论持续至今，相关的史料也颇为丰富，有鉴于此，同时也囿于篇幅，笔者即以此二人相关史料为中心，对于史料研究中的历史观问题做具体地分析。

一

不可否认，历史观的形成离不开史料基础，而史料视野则决定了历史观是否能全面，开放的历史观应该是"在掌握史料的前提下，摆脱束缚，学会提问，触及人类的认识活动。"①就周扬与丁玲的问题而言，笔者以为相关的史料可以分为三个层次：其一，周扬与丁玲的自我言说，作为当事人，他们从自身的认知出发，对于历史与现实述说虽不可避免存在着许多意气之处，但却是学术研究的"第一手"资料；其二，周扬与丁玲同时代的当事人所留下的史料。这些人或多或少参与过相关的事件，作为历史的"见证者"他们的认知不免有个人倾向性，却能为研究者提供更为丰富的历史信息；其三，相关研究者的研究，这些研究对于既有史料的筛选和评判体现了研究者自身历史观。总之，历史本身是多面向的，每个人的认知都是基于相应的事件与史料产生历史实感，而有了这样一个"史迹集团"②，我们在史料研究中的历史观尽可能关照到不同的个人认知，在此基础上才能更准确地把握历史的全貌。

综合各层次的史料来看，周扬与丁玲之间确实有着超出正常思想分歧范围的矛盾。在20世纪50年代批判丁玲集团的时候"周恩来总理曾有过指示：'由于周扬同丁玲之间成见甚深，在审查时要避免周扬和丁玲直接接触……'"③但在周扬主持下对丁玲的批判还是使人"亲见了周扬疾言厉色、咄咄进逼、令人可畏的一面"④，"文革"结束后，丁玲为平反之事曾让孩子去见周扬，然而，周扬却并未对丁玲释放任何友好的信号："伯夏告我良鹏向他谈及祖慧见周情况。周说，四十年的表现，可除掉疑点，但不能排除污点。可见周仍坚持错误，对我毫不放松。此等人为什么要去见他！"⑤以至于丁玲写信告诉丈夫："你去看荒，可以。切莫深谈。勿须去看'周伯伯'，要祖慧不要再找他。"⑥1979年时丁玲生活上较为困难，中组部提出先恢复丁玲曾有的待遇，周扬则驳回了这一要求："对于没有改正的右派分子，我们不能这么做，如果中组部要这么做，请写书面意见给我们。"⑦

与之相反，周扬自认为有他的"道理"，因为无论如何他无法绕过自己主导下对丁玲的政治结论："党员就是要在重要关头，在风浪中经得起考验：可是丁玲在三个关键时期——南京被捕以后；1942年在延安，革命最困难的时候；新中国成立后，丁玲担负文艺界重要领导责任的时候——都没有经得起党的考验。"⑧周扬新时期之后对此三个"时期"的结论并没有否定，一方面他在接受采访时说丁玲在延安时期"暴露黑暗"："当时延安有两派，一派是以鲁艺为代表，包括何其芳，当然是以我为首。一派是以文抗为代表，以丁玲为首。……我们鲁艺这一派人主张歌颂光明。而文抗这一

① 王遥：《历史学家的提问：解读"重现思想"的方法论》，《中国社会科学报》2013年9月11日。
② 梁启超：《中国历史研究法》，上海古籍出版社2006年版，第111页。
③ 李之琏：《我参与丁、陈"反党小集团"案处理经过》，《作品与争鸣》1993年第11期。
④ 龚育之：《几番风雨忆周扬》，见王蒙、袁鹰主编《忆周扬》，内蒙古人民出版社1998年版，第220页。
⑤ 张炯主编：《丁玲全集》第11集，河北人民出版社2001年版，第451页。
⑥ "荒"即陈荒煤，"周伯伯"是周扬，见张炯主编《丁玲全集》第11集，河北人民出版社2001年版，第268页。
⑦ 杨桂欣：《丁玲与周扬的恩怨》，湖北人民出版社2006年版，第206页。
⑧ 《文艺界正在进行一场大辩论（周扬、邵荃麟、刘白羽、林默涵在中国作家协会党组扩大会议上的发言纪要）》，《文艺报》1957年第20期。

派主张要暴露黑暗。"①同时对于丁玲被捕问题,周扬也耿耿于怀,在一篇回忆文章中:"那时贺敬之同干部局的郝一民去征求周扬的意见,苏灵扬代替周扬表示不同意(周扬说话已不利落),说她(丁玲)明明和特务睡觉了嘛。"②在这些史料背后我们应该看到的是周扬这种认知并不仅仅是对"污点"问题的意见,而是再次证明 1957 年丁玲案的结论就依然有效。

如今,关于丁玲的"一切不实之词"中央已经彻查平反,最终给丁玲的评价是很高的:"我们化悲痛为力量,学习丁玲同志一生追求真理,坚持共产主义信仰,坚决拥护党的领导,坚持社会主义文艺方向的高贵品格……"③,但从历史观的角度来看政治结论始终只是对人评价的一种,并某种程度上忽视了文学史鲜活生动的一面。有意思的是,周扬的振振有词不能说没有"证据"——前文提到去找周扬的祖慧正是丁玲被捕后与叛徒冯达生的孩子。在周扬的观念中这个"证据"有效性的前提其实是"党性"原则高于一切,反过来也有人基于自己的认知不断给丁玲寻找借口诸如"革命策略"④,或将之理解为"如果不同冯达保持某种关系也难以应付国民党对她的折磨。"⑤而综合各种史料来看,最可靠恐怕还得是丁玲坦陈的情况:"我整个身心都快僵了,如果人世间还有一点点热,就让它把我暖过来吧。我是一个共产党员,我到底也还是一个人,总还留有那末一点点人的自然而然有的求生的欲望。我在我的小宇宙里,一个冰冷的全无生机的小宇宙里,不得不用麻木了的、冻僵了的心,缓解了我对冯达的仇恨。在这山上,除了他还有什么人呢?……我终于怀了一个孩子。"⑥这里就存在史料研究中如何综合不同人的个人认知背后的历史观问题,丁玲这段话写于她晚年,在她的回忆中与叛徒"睡觉"是被囚禁时的一种人性需要,而如破"革命"伦理的界限,这种本来正可以为周扬当时所认为的"左"的思想"异化"人性添一条注脚,但恰恰是周扬用"异化"了的眼光打量着丁玲——这个曾在"小宇宙"中呼唤人性的"革命者",认为这是不能抹杀的污点,而后人为丁玲的辩解虽与周扬的逻辑小前提不同,但其大前提是一样的,是现将其看成是"污点"然后为其寻找一个正义、合法的小前提,从而颠覆周扬的政治结论。

从另一个角度来看,个人认知虽然会有局限,但不同的史料其实恰恰可以形成一定程度的"互补"。例如王蒙比较丁玲等人和周扬的时候就提出来,丁玲不谅解周扬,但是周扬"与那种只知个人恩恩怨怨,只知算旧账的领导或作家显出了差距。大与小,这两个词在汉语里的含义是很有趣味的。周扬不论功过如何,他是个大人物,不是小人。"⑦这里对丁玲等潜在的批评和对周扬的歌颂反映出个人成见对历史观的左右,尽管我们确实能看到由于上述种种恩怨纠葛,丁玲对周的不屑和不满是存在的,电视中的"周扬"被说成"依然仰头看天,不可一世,神气活现"⑧,在报纸上看到周扬的文章也多有微词"读着周的大文,仍是空话大道理连篇。"⑨然而上述史料只是一面,我们应该看到丁玲顾全大局的一面,当年"在党的十一届三中全会精神鼓舞下,长期蒙受委屈和磨难的丁玲

　　① 赵浩生:《周扬笑谈历史功过》,原载《七十年代》(香港)1978 年 9 月号,引自《新文学史料》1979 年第 2 辑。
　　② 邢小群:《丁玲与文学研究所的兴衰》,山东画报出版社 2003 年版,第 183 页。当然,这种说法始自林默涵:"丁玲今天还口口声声说她是有 25 年党龄的党员,难道她在南京与叛徒特务同居的三年,也能算是共产党员吗?"见《文艺界正在进行一场大辩论》(周扬、邵荃麟、刘白羽、林默涵在中国作家协会党组扩大会议上的发言纪要),《文艺报》1957 年第 20 期。
　　③ 《丁玲同志生平》,《人民日报》1986 年 3 月 16 日。
　　④ 在看管丁玲的国民党特务眼中:"丁玲的原则性非常强。囚禁之初,从不与看守、特务说话……为了迷惑住特务最重要的眼线,丁玲与冯达'重归于好',还生了个女儿。"(万东《听家父讲丁玲案》,《钟山风雨》2009 年第 6 期)
　　⑤ 李之琏:《不该发生的故事:回忆一九五五——一九五七年处理丁玲等问题的经过》,《新文学史料》1989 年第 3 期。
　　⑥ 丁玲:《莫干山的冬天》,张炯主编:《丁玲全集》第 10 集,河北人民出版社 2001 年版,第 43—44 页。
　　⑦ 王蒙:《周扬的目光》,《读书杂志》1996 年第 4 期。
　　⑧ 张炯主编:《丁玲全集》第 11 集,河北人民出版社 2001 年版,第 481 页。
　　⑨ 张炯主编:《丁玲全集》第 11 集,河北人民出版社 2001 年版,第 486 页。

能以党的利益为重，不计个人恩怨，自己又有宿疾在身，主动到医院去看望周扬，这是很难得的。"①
出访时"外国人总问丁玲：周扬怎么打的你呀？丁玲说：不是周扬的责任，是我们自己愿意下放锻
炼。丁玲对我说：在外国人面前不能不护短。"②因此在当代文学史料研究中，我们一方面要尊重个
人认知，但与此同时也有必要通过史料研究充分意识到当代文学史上种种复杂纠葛，因此不宜轻
易倒向一边而忽视另一面。

二

　　个人认知的出发点不同委实使文献史料的层次性更加丰富，然而由史料而来又面向文献史料
的历史观不仅仅应该停留在对文坛诸多人与事的表面化理解与把握。毋庸讳言的是，丁玲与周扬
的晚年问题首先受到诸多政治因素的影响。丁玲在日记中不乏失望地说："忆几十年大好年华，悄
然消失，前途茫茫，而又白发苍苍，心高命薄，不觉怆然。"③这样的个人认知却未在公开场合表达，
而代之以："我们中国是最有希望、最有前途、最光明的地方。我去过外国，但我总是觉得我们这个
国家好啊，我们这个社会主义好啊，我们的老百姓好啊！"④周扬在新时期"多次向当年受他打击、被
迫害的文艺界人士表示道歉，也向陈企霞当面道歉，并帮助他调回北京，安排了新的工作。"⑤然而
在丁玲平反的问题上却并非如此："贺敬之当时是中宣部的副部长……他赞同中组部给丁玲彻底
平反的文件，周扬就很厉害地说他：'你以后还想不想在文艺界做工作了？'"⑥怎样看待二人乃至更
多的文人都存在的类似情况，以往人们的历史观总是预先设定政治对个人认知的影响是不好的，
然后指出他们的政治话语是作秀，这恐怕不合适。对于这类"红色"文人，我们的历史观若要能包
容和理解他们就不能先假定政治性的表达不合法，然后从史料中找到他们"灰色"的一面展开
研究。

　　不可否认丁玲也好、周扬也罢在长期的政治生活中都已经或多或少成为"政治化"的人，在丁
玲看来"现在不提文艺为政治服务，实际上，文艺不是为这个政治服务，就是为那个政治服务。"⑦这
样的话仿佛是周扬十七年诸多讲话的翻版，由此应该看到他们的认知，尤其在思想深处，是有某些
相通之处的，这也是我们讨论和理解他们的前提。新时期之后，尽管二人对历史都有反思，但对打
倒他们的人，却报以一如既往的信任和尊敬，从而将自己所受的苦归因于"君侧"不清。周扬曾对
孩子说："你要有两个崇拜，一是崇拜毛主席，二是崇拜苏联，这样才能成就事业，不仅要崇拜，而且
要迷信。"到了晚年，他："不无苦涩地说：我这辈子前后被打倒过三次，每一次都是我所尊敬、信任
和亲近的人，相信了卑鄙小人的谗言，要打倒我。"⑧据周扬秘书回忆说："他去世之前，我看他对毛
主席还是一直有感情。他总是说：'毛主席有学识，能统一中国很了不起。'"⑨无独有偶，1957年毛
泽东接见外宾时说："丁玲这样的人，是一个大作家、党员。现在很好，可以把她赶出去了，赶出去

①　甘露：《一次难忘的探视——忆丁玲探望周扬》，《新文学史料》1991年第3期。
②　王增如：《无奈的涅槃：丁玲最后的日子》，上海书店出版社2003年版，第75页。
③　丁玲1978年9月16日日记，见《丁玲全集》第11集，河北人民出版社2001年版，第440页。
④　张炯主编：《丁玲全集》第11集，河北人民出版社2001年版，第329—330页。
⑤　高华：《从丁玲的命运看革命文艺生态中的文化、权力与政治》，《炎黄春秋》2008年第4期。
⑥　查振科、李向东整理：《陈明口述：丁玲晚年那些事》，《新文学史料》2010年第4期。
⑦　张炯主编：《丁玲全集》第8集，河北人民出版社2001年版，第194页。
⑧　周艾若口述：《我们从未走进彼此的内心——忆我的父亲周扬》，《文史博览》2009年第8期。
⑨　李辉编著：《摇荡的秋千——是是非非说周扬》，海天出版社1998年版，第201页。

更好办,文学艺术会更发展。"①但丁玲依然认为:"毛主席最了不起了……他对我怎么样,不管,但我对他是一往情深的。现在看到很多人还在指桑骂槐地骂他,我心里是很难受的。"②在丁玲对历史的叙述中,她的不幸并非包括毛泽东在内的最高领导们的错:"中央某些领导一时听信不真实的小报告,一笔下来点了我的名,我成了大右派……难道敬爱的周总理、王震等中央领导同志也忍心让我去北大荒喝西北风吗? 我是决不相信的,死也不信的。我以为只有那么几个人,他们惯于要弄权术,瞒上欺下,用这样表面堂皇,实则冷酷无情的手段,夺走我手中的笔,想置我于绝地。"③

　　这样的领袖崇拜心态确实是他们认知的出发点和局限性的表现之一,然而若是据此认为他们存有"争宠"的心态而认为"'欲与周扬试比高'的心态居然折磨了丁玲一辈子也成为丁玲作为中国文坛最具悲剧色彩角色的因素之一。"④则把他们想得太过简单。丁玲的很多做法并非因为周扬的存在,而是一种政治无意识对自身认知的制约,"在访问加拿大的时候,每次被外国人问到她的过去时,丁玲对自己的国家,没有说过一句批评的话,多少个夜晚,我们在下榻的饭店闲聊时,她总是坚强地重复一句话:'我要批评自己的祖国,也不会到外国来批评。'"⑤更进一步说,没有任何史料可以直接证明丁玲的"左"倾面貌是为了对抗周扬的"自由化",这种历史观的问题在于"在他还没有深入研究任何问题之前,他就能得出针对历史问题似乎显而易见的判断来。"⑥因此,当周扬被迫在《人民日报》做自我批评⑦的同一天,丁玲在中央人民广播电台举办的星期演讲会上做了"认真学习、开展批评、整顿文坛、繁荣创作"⑧的报告,才会被加以主观的联系,不自觉地放大二人的对立程度。

　　在政治之外,史料中的道德因素也应引起我们足够的注意。如洪子诚所言:"中国'当代'推动的又是一种'泛道德化'的政治实践。而对于许多革命作家、批评家来说,他们普遍持有对文学的道德承担的信仰。"⑨这样一来,历史观也不得不将个人认知的泛道德化问题考虑进来。丁玲在日记中将周扬等人说成"这些小丑,总是会说假话,会说瞎话,会说坏话,真是防不胜防呵!"⑩不过,这种道德谴责在公开场合被代之以史实性说明,例如反驳周扬所讲的丁玲在"文抗"搞宗派是,丁玲说:"事实上,当时我恰恰不在'文抗'。'文抗'有七个负责人,他们是萧军、舒群、罗烽、白朗、艾青、于黑丁、刘白羽……整风以后,才把我调到'文抗'。"⑪熟悉"解放区文学"的人不难发现,丁玲讲的显然与既有历史事实更接近一些,而且当时丁玲的发言引来不少叫好之声:诗人公木特地跑上台去,高喊:"我完全同意丁玲同志的观点!"老作家萧军在台下大声说:"周扬的春天就是我的冬天"⑫。

　　但是问题在于不少人基于这些史料生发出来新的个人意气式道德判断,从而将历史观拘泥于道德观。例如有学者批评周扬而维护丁玲时用了不少道德指责的语言:"周扬这一态度似乎充满

①　陈晋:《文人毛泽东》,上海人民出版社 2005 年版,第 435 页。

②　王增如、李向东编著:《丁玲年谱长编》(下卷),天津人民出版社,第 683 页。

③　丁玲:《风雪人间》,见《丁玲全集》第 10 集,河北人民出版社 2001 年版,第 127 页。

④　徐庆全:《周扬与丁玲》(下),见褚钰泉主编《悦读》第 20 卷,二十一世纪出版社 2011 年版,第 81 页。

⑤　[加]刘敦仁:《哀丁玲》,见《中国》编辑部编《丁玲纪念集》,湖南人民出版社 1987 年版,第 504 页。

⑥　巴特菲尔德:《辉格党式的历史阐释》,生活·读书·新知三联书店 2013 年版,第 21 页。

⑦　新华社:《周扬同志对新华社记者发表谈话　拥护整党决定和清除精神污染的决策　就发表论述"异化"和"人道主义"文章的错误做自我批评》,《人民日报》1983 年 11 月 6 日。

⑧　张炯主编:《丁玲全集》第 8 集,河北人民出版社 2001 年版,第 376 至 382 页。

⑨　洪子诚:《"当代"批评家的道德问题》,《南方文坛》2011 年第 5 期。

⑩　丁玲 1979 年 3 月 24 日日记,张炯主编《丁玲全集》第 11 集,河北人民出版社 2001 年版,第 493 页。

⑪　张炯主编:《丁玲全集》第 8 集,河北人民出版社 2001 年版,第 78 页。

⑫　杨桂欣:《丁玲与周扬的恩怨》,湖北人民出版社 2006 年版,第 195 页。

了'党性',实际上充满了私心……剧作家田汉不也有那么一点'变节行为'吗? 为什么周扬等人却要用'铮铮铁骨'大加颂扬和悼念呢? 相比之下,何其自相矛盾! 对丁玲的不和解、不宽容、不道歉,是周扬'奴隶总管'心态的一次回光返照,是他宗派主义的最后一次杀手锏……"[①]同时需要强调的是,在史料研究中"我们并没有随意构造任何历史叙事的自由"[②],因此也不能以个人道德意愿设想历史:"田汉没有与特务睡觉。进一步假设,即便睡了,那感觉也不一样,那是睡了敌人,而不是被敌人睡了。己方的女人跟敌人睡觉,这才是最不能原谅的耻辱。"[③]

历史观对于史料中的个人认知所包含的道德诉求也应该有所关照。因为丁玲一案的反复,周扬被指责为"经常说了不算,或朝秦暮楚,毫无定见,或以个人好恶来认定是非"[④]。而更可怕的是个人道德认知影响到了史料的准确性。例如据贺敬之说在丁玲平反前,周扬联络贺敬之要在会上反对,并讲到:"我过去已经几次给你谈过,丁玲的历史污点是翻不了的……材料是否确实,对材料怎么分析判断,不同的观点会有不同的结论。"[⑤]在贺的表述中,周扬显得十分不可理喻,然而有人认为贺敬之的这段叙述是不真实的:"据笔者所知,这一年的 6 月上旬,周扬到广东,住到 9 月中旬才回北京,我们很难想象贺敬之会跑到广东去通知周扬'有这么一件大事'的。"[⑥]这里并不是指责贺敬之,遗憾的是,这段话在不少为丁玲辩护的文章、著作中被采信本身就体现了引用这则史料的学者的历史观。而从另一方面看,周扬晚年受到的某些政治冲击也在一部分人的认识中转换为对周扬的道德同情和赞誉,尤其是中共中央给周扬盖棺定论的评价中还不忘强调"旗帜鲜明地反对资产阶级自由化和各种错误思潮,努力加强宣传、思想工作。"[⑦]便使人对其加以盛赞:"经过'文化大革命'中的九年监禁,周扬进行了深刻的反思。'文化大革命'之后,周扬焕然一新。晚年的周扬是反思的周扬,是改革的周扬,是批判极'左'路线的周扬。"[⑧]他因为异化问题被迫做的检讨也被看成"正是在那位'理论权威'和那个卑鄙小人轮番威逼、哄骗下产生的。"[⑨]

笔者并不片面地反对政治与道德,如李辉所言:"任何人都无法脱离历史环境而生存,但我们研究一个历史人物时,需要的是冷静和客观。"[⑩]因而将史料纳入一定的历史观中分析,政治和道德确实对史料中个人认知的表达产生了应该引起重视的影响,但话又说回来,若是过分执着于此也可能遮蔽历史的某些方面,从而剥离了历史观的某些侧面的同时也淘汰了某些重要史料。

三

周扬与丁玲的问题虽说是两个人的问题,但两个人所具有的举足轻重的位置,使我们透过史料探析影响他们个人认知的深层因素,正如阿尔都塞提出的:"历史的文字并不是一种声音在说

---

① 袁良骏:《丁玲,不解的恩怨和谜团》,见《袁良骏学术论争集》,中国文史出版社 2005 年版,第 255 页。

② [美]詹明信著,张旭东编,陈清侨等译:《晚期资本主义的文化逻辑》,生活·读书·新知三联书店、香港牛津大学出版社 1997 年版,第 252 页。

③ 李美皆:《晚年丁玲研究》,苏州大学 2013 年博士学位论文,第 145 页。

④ 李之琏:《我参与丁、陈"反党小集团"案处理经过》,《作品与争鸣》1993 年第 11 期。

⑤ 贺敬之:《风雨答问录》,见《贺敬之文集》6,作家出版社 2005 年版,第 449 页。

⑥ 徐庆全:《丁玲历史问题结论的一波三折》,《百年潮》2000 年第 7 期。于光远在《周扬和我》中也讲到这段时间周扬在广州的事(见王蒙、袁鹰主编:《忆周扬》,内蒙古人民出版社 1998 年版,第 207 页。)

⑦ 《周扬同志生平》,《人民日报》1989 年 9 月 6 日。

⑧ 叶永烈:《胡乔木——中共中央一支笔》,人民出版社 2011 年版,第 322 页。

⑨ 周密:《怀念爸爸》,王蒙、袁鹰主编:《忆周扬》,内蒙古人民出版社 1998 年版,第 588 页。

⑩ 李辉:《摇荡的秋千》,王蒙、袁鹰主编:《忆周扬》,内蒙古人民出版社 1998 年版,第 637 页。

话,而是诸种结构中某种结构的作用的听不出来、阅读不出来的自我表白"①,而深层的历史观显然也应该指向史料中他们没发出的"声音",这一点在周扬与丁玲的晚年表现得尤为明显。当我们重新审视二人晚年仿佛一"左"一"右"的转向时,"我们必须这样设想历史:它不是用来加深仇恨,或是认可党派的旧口号,而是要找出差异背后的共性,把所有生命看成那张生活网的组成部分。"②从而在形成和调整我们的历史观时"监听"史料背后的"声音"。

可以说,直到今天关于两人的评论和争鸣一直未曾终结③,笔者无意综述关于周扬与丁玲的研究成果,而是希望能借此将史料研究的历史观问题稍作延展,尤其是个人认知与史料处理等问题。这里不妨从一次会议说起。常年研究周扬的徐庆全,从一批打倒丁玲和反对丁玲平反的人那里获得了"足够"的材料而重新质疑丁玲的历史问题,尽管作者在文章醒目的位置讲到"'为了生活',丁玲被迫在犯有'政治错误'的结论上签字"④,但问题在于这篇通篇是史料、通篇看似客观的文章却引起了中国丁玲研究会的重视,以至于相关学者、了解丁玲一案定谳与平反的作家、中国作协、《求是》、《文艺报》等刊物的相关同志联合召开讨论会。在那次会议上,学者们讨论的对象是丁玲,反思的问题却是史料研究中个人认知与历史观的关系如何处理。陈漱渝提出:"史学家在铺排史料的时候不可能没有自己的倾向和感情色彩。小徐的文章中反驳李之琏,反驳周良沛,但当涉及到延安'抢救运动'的时候和'文革'专案组作结论时,他却不露声色,难道这是纯客观立场,还是作者有自己的感情倾向?"而王中忱意识到徐庆全的文章所找到的史料"真的没有超出 1956 年、1957 年在一些批判文章里引用的或者流传的一些东西,我觉得新鲜的是在于作者组织材料的这种方式。作为一个历史研究者,拿到材料后,怎么组织、怎么分析"⑤。笔者以为这些不仅针对一两篇文章适用,尽管由于"认识起因于主客体之间的相互作用"⑥,而不同主体对史料的理解也会有所差异,所以想要做到"绝对的超然的客观,事实上是不可能的"。⑦ 然而研究者在研读和处理相关史料之前,若是在自己的历史观中设定好了带有某种倾向性的认知角度,则会使史料原本应起到的客观效果大打折扣。

现在来看,二人身故后一直有对二人的质疑之声,例如质疑周扬的忏悔不够真诚:"如果该具体地向受屈的对象忏悔谢罪,那么,最重要的对象首先应该是胡风、冯雪峰、丁玲和原中宣部被他一手打成'反党集团'的李之琏、黎丁等几位。"⑧或者谴责丁玲:"不仅未参加 11 月 7 日的萧也牧追悼会,而且至死也未能对当年挥舞极'左'的棍子批判萧也牧而有所悔悟。"⑨然而这些质疑基本上都没有超出之前讨论的框架,与此同时为二人的辩护也没有提供更重要的史料线索,换言之基本上是基于各自认知且在相似的历史观下重复表达,例如有人为丁玲申冤指出周扬的局限:"他虽然不会跟丁玲那样嚷嚷'作家是政治化了的人',却更讲'政治',比丁玲用'血泪经验'所换来的,也更懂得在他所在的社会和地位所不能没有的、符合这个社会政治的'声誉'。对丁玲的这几招,也无

---

① 阿尔都塞:《读〈资本论〉》,中央编译出版社 2001 年版,第 6 页。

② 巴特菲尔德:《辉格党式的历史阐释》,生活·读书·新知三联书店 2013 年版,第 6 页。

③ 关于二人的主要评价与争议可参阅汪洪编:《左右说丁玲》,中国工人出版社 2002 年版;杨桂欣:《观察丁玲》,大众文艺出版社 2001 年版;徐庆全:《知情者眼中的周扬》,经济日报出版社 2003 年版;王蒙、袁鹰主编:《忆周扬》,内蒙古人民出版社 1998 年版。

④ 徐庆全:《丁玲历史问题结论的一波三折》,《百年潮》2000 年第 7 期。

⑤ 涂绍钧:《拨乱反正的历史结论必须坚持——中国丁玲研究会针对〈百年潮〉杂志发表〈丁玲历史问题结论的一波三折〉一文召开的专题座谈会纪要》,《百年潮》2001 年第 1 期。

⑥ 皮亚杰:《发生认识论原理》,商务印书馆 1981 年版,第 21 页。

⑦ 王瑶:《评林庚著〈中国文学史〉》,《王瑶全集》第 2 卷,河北教育出版社 2000 年版,第 545 页。

⑧ 何满子:《偶感三则》,《文学自由谈》2005 年第 1 期。

⑨ 石湾:《红火与悲凉——萧也牧和他的同事们》,上海锦绣文章出版社 2010 年版,第 142 页。

非想以自己的'一贯正确'来光大这一'声誉'罢了。"①除此之外,如果在史料的边边角角中去发掘,也能看到丁玲当年揭发周扬乱搞男女关系等等②,但不足以打破现有的讨论周扬与丁玲虽有争议、但双方大致稳定的研究架构,也无法使相关研究有长足的进步。

总之,周扬与丁玲都是现当代文学史上极复杂又极具争议的人物,需要综合考虑他们本人、相关人士、研究者三个层次的个人认知如何参与到史料与研究的发生中,并在其所产生的"合力"下形成视野开阔的历史观。既可以对于当事人和知情者的这些史料中可能存在的个人化的认知偏差加以注意,也可以尽可能以不附带某种偏见历史观给不同的史料"在场"的可能,即使不能"还原"历史,从而能在一定程度上纠正历史观的"当代化""个人化"而带来的史料研究与取舍上的偏失。

(作者单位:复旦大学中文系)

---

① 周良沛:《重读丁玲》,《文艺理论与批评》1997年第4期。
② 原话是"1957年初,丁玲写过的翻案材料中,就用'检查'的形式,揭露了周扬在解放初期的男女关系的问题。"见郭小川著、郭晓惠等编:《检讨书》,中国工人出版社2001年版,第196页。

"天真的眼睛"与思想的突围

——安琪的女性主义再审视

杨 艳

内容提要：当代著名女诗人安琪以《像杜拉斯一样生活》等诗作引起了批评界的关注，越来越多研究者倾向于视安琪为女性主义诗人，这一批评定性在塑造安琪诗歌特质的同时，也限制了对其诗歌研究的批评视阈。借鉴"预成图式"和"天真的眼睛"的批评视角，从创作主体维度综合考察安琪的诗歌、画作和诗论，其创作的最大特点在于作者看待事物时的"天真的眼睛"，这种赤子视角帮助安琪实现了思想的创新和对"预成图式"的突围。从批评主体维度进行考察，借助"天真的眼睛"除去已有理论之蔽，对安琪的女性主义进行再审视，可以管窥安琪对女性主义者身份的探索。"天真的眼睛"带领创作主体和批评主体走出前人预设的内涵，进入词语的原始状态，同时也开启了女性主义理论的生产源泉。

关键词：安琪；女性主义；天真的眼睛；预成图式

安琪是中国当代著名的中间代女诗人，著有《个人记忆》《轮回碑》《极地之境》等多本诗集，以《像杜拉斯一样生活》等诗作广为人所知。安琪堪称文艺领域的多面手，她不仅以精于诗歌创作，也在诗论和绘画方面颇有心得。随着安琪的成名，有关她的诗评也日趋丰富，女性主义便是批评界对诗人安琪极具代表性的评价之一。本文正是从创作主体和批评主体两重维度出发，重新审视安琪的女性主义立场。

一、女性主义：语言建构的围城

安琪诗作女性主义评价维度的形成过程颇为耐人寻味。自 2006 年来，安琪的博客陆续归类整理了一系列与诗歌相关的文章。其中，子栏目"安琪文论"记录了安琪关于诗歌写作的点滴心得，"人论安琪"收录了批评界对安琪诗作的感知体悟。以女性主义为切入口，安琪的自评和他评之间存在着微妙的罅隙。

2009 年 4 月 25 日的"安琪诗歌暨女性诗歌座谈会"堪称安琪诗歌女性主义评价维度的节点。在 2009 年前，安琪曾陆续撰写过涉及女性主义的文章，如《女性诗歌写作在当下——以中间代为例》（2004 年）、《先女性后诗歌，还是先诗歌后女性》（2006 年）。但相较于女性主义概念本身，这些文章更侧重于对女性诗人群体的挖掘。同时期载于安琪博客的《关于在季刊〈诗评〉2008 年冬天號发表的中国年轻诗人安琪诗歌作品〈凸凹〉的网络上对话》亦可佐证。在访谈中，安琪表示"我不知道我是否女性主义者，我只知道我的目标是，今生活成中性（包括写作），来生投胎成男性。"①

---

① 安琪：《关于在季刊〈诗评〉2008 年冬天号发表的 中国年轻诗人安琪诗歌作品〈凸凹〉的网络上对话》，见安琪博客，http://blog.sina.com.cn/s/blog_48c557e20100bz5e.html。

　　短短四个月之后,安琪应罗小凤等学者之邀请,参加"安琪诗歌暨女性诗歌座谈会"。为筹备这次座谈会,安琪撰写了《我的女性主义观》一文,第一次从女性主义角度出发,将自己的写作历程划分为"短暂的小女人写作时期"和"女性主义写作时期",并以一名女性主义者的身份重申女性写作的价值。座谈会结束后,安琪重新整理了发言稿,并在发言稿开头加上这样一段按语:"感谢罗小凤组织的这个读书会,感谢王芬提出的几个与女性主义有关的问题要我发言,经由此次梳理,我明确自己女性主义写作者的身份。一直以来,陆续写了或回答了一些与女性写作有关的文章,但直到今天我才坚决地认定,我骨子里就是个女性主义者。这个认定解释了我所有的文本和行动。"①由此可见,安琪的女性主义者身份认同是在"安琪诗歌暨女性诗歌座谈会"的契机之下形成的。

　　然而,2009 年之后,安琪的女性主义身份认同却再次经历了一个微妙的变动过程。身份确认初期,安琪的女性主义倾向十分明显,按语中"明确""骨子里"的表述便彰显了安琪强烈的身份认同和决绝的态度。受座谈会影响,2009 年也是安琪的女性主义思维最为活跃的一年。2009 年 6月,安琪一气呵成地写作了《查无此人》《女性主义者的命》《杜拉斯只有一个:她无法复制》《写作如写命》《一个心智不成熟的人》五篇文章,同《女性主义者是孤独的》(即《我的女性主义观》)一起归为《女性主义者笔记六题》。随后,安琪又以《女性意识是她身上最美的部分》(2009 年 8 月 26 日)为题撰写了一篇评论女诗人李成恩的文章。然而,经历了最初的凯歌之后,安琪并没有乘胜追击,继续撰写专文阐述女性主义观。恰恰相反,安琪难能可贵地在纷扰的洪流下驻足,回溯自己的女性写作轨迹,步入了理性的自审期。在这段时间中,安琪很少主动提及自己的女性主义者身份,在评论其他女诗人的作品时也更多地从"女诗人"而非"女性主义者"的角度出发评价对方。安琪的自我评价也经历了由尖锐的两极分化向中通圆融的转变。2010 年,安琪修正了《我的女性主义观》的部分词句,并更名为《女性主义者是孤独的》再次发表。前文中,安琪称自己前期的小女人写作的特点是"唯美""装纯","装纯"一词不难看出安琪对自己前期行文风格的否定。而在后文中,"纯情"代替了"装纯"一词跃然纸上。自我评价的悄然变更从侧面折射出安琪逐渐走向自觉理性反省的女性主义立场。

　　有趣的是,批评界就安琪的女性主义评价呈现与上述情景相反的趋势。2009 年之前,鲜见以女性主义为主题的相关论文,2009 年 4 月 25 日的"安琪诗歌暨女性诗歌座谈会"引燃了安琪诗歌女性主义评价维度的引线,陆续出现了《女性诗歌创作与诗歌文体秩序的建构》等十余篇以女性主义为视角的安琪诗评。最为典型的例子莫过于 2012 年安琪接受《山花》杂志编辑代雨映访谈,后者据此写就一篇题为《女性主义者应是完美女人的代名词》的访谈稿。事实上,采访稿涉及网络诗歌写作、中间代等驳杂内容,而女性主义只是诸种话题之一。在向采访者概括自己今年的诗作感悟时,安琪并没有将自己狭隘地局限于女性主义者的视角中,而是提出"诗歌首先是自己的需要",强调自我内在性的抒发。同耸人听闻的标题相比,安琪在文中的实际表达却要温和许多,她这样定义她心中的女性主义者:"她应该是善解人意的,讲道理的,善良的,她有立场而不蛮横,有事业追求而不企图不劳而获,女性主义者应是完美女人的代名词"②。安琪的自我评述显现出与批评界有所区别的另一风貌,不难看出,安琪并非激进女性主义的支持者,她固然主张女性的反抗,但又以理性圆融的自省在一定程度上中和了尖锐的一面。

---

① 安琪:《"安琪诗歌暨女性诗歌座谈会"发言整理》,见安琪博客,http://blog.sina.com.cn/s/ blog_ 48c557e2 0100de07. html。

② 代雨映、安琪:《女性主义者应是完美女人的代名词——安琪访谈》,《山花》2012 年第 3 期。

　　通过梳理对安琪诗作女性主义评价的形成过程，我们不难发现，女性主义作为诗人安琪的身份标识，在一定程度上是语言建构的结果。近年来，随着西方文论研究在中国的蓬勃兴起，女性主义日益成为文学批评界时新的关键词之一。尤其在引领先锋风尚的当代诗歌界，女性主义作为对女诗人的肯定与褒奖，发展出标签化的趋势，也在无形之中将女性诗人群体陷入语言的围城。这也从侧面折射出文学批评的两面性：文学批评一方面能够给予创作主体理论层面的启思，激励他们探索、拓展自己写作的多个维度；另一方面却也容易因放大创作主体的某一特质而过度简化了创作主体这个多面体，产生标签化的负面效应，甚至影响到其创作乃至自我评价。当文学由传统走向先锋之时，文学批评却使作家们为话语所束缚，话语既构造了作家的特质，也将他们困入语言围城。从语言论的角度出发，任何定义和观念都来自话语的构造。语言是形式而非实质，我们之所以会将语言错认为实质，是因为它具有描绘现实的功能，但其无能之处却因此受到忽略。事实上，不存在语言现场以外的对应物，寻求语言世界与现实世界一一对应的关系只是将本质意义上的假误认为为真的过程。女性主义者并非能够触及实体的群体，而是一个词，它与现实世界中诗人们之间的联系是在语言这一形式系统中产生的。因此，如何逃离语言的围城便成为重新审视作家作品的当务之急。

二、创作主体的天真眼睛：安琪的诗画共振

　　绘画是文学的近邻，许多优秀的作家同时也是丹青能手，在诗画之间形成奇妙的共振。自2013年以来，安琪便在绘画领域崭露头角，形成与其诗作相媲美的颇具个人特色的靓丽景观。因此，借由艺术理论的小径通达安琪的创作无疑将带给我们非同寻常的体验。

　　"天真的眼睛"是由约翰·罗斯金1857年在《绘画的元素》一书中首次提出来的概念，它指摒弃一切先验视觉经验，像初见光明的盲人那样观察画作的状态。罗斯金强调"所见即所知"，绘画的技术能力依赖于"天真的眼睛"的恢复程度，以孩童的眼光来看待色块、线条，而不为意义所遮蔽。

　　冈布里奇《艺术与错觉》一书的核心术语"预成图式"则恰与"天真的眼睛"针锋相对。冈布里奇认为"天真的眼睛"这一纯朴天真的被动过程是无法实现的理想，艺术家不可能将其所知彻底清除干净，非但如此，观摩过的艺术作品作为先验经验沉淀，在人们心中形成关于线条、色彩的潜在理解，艺术作品的创作与释读正是在由经验学习而来的"预成图式"的基础上对之不断修正的过程，不断形成新的图式。与之相类，文学领域存在"期待视野"的概念，读者在阅读作品之前，根据自身的阅读经验和审美趣味等，对于文学接受客体形成了预先估计与期盼。文学类型是其中颇为重要的一维。浪漫主义文学、现实主义文学、后现代主义文学等文学类型暗示了凡是归于同一类别下的文学都具有不容忽视的共性。如果某一文学类型被确定下来，那么就可以从中抽象出一些共同特质；如果这些特质被确定下来，我们就可以判断某一作品是否属于某一类别。基于不同特质的新的选择则会修改我们对类别的通常认识，进而导致一系列不同特质的出现。

　　从表面上看，"天真的眼睛"传递给读者的是一种难以企及的理想状态，"预成图式"则突显了个体的介入和变动的过程，因而为更多理论家所认可。然而，这却不可避免地造成了风格的限定和视野的僵化。在艺术领域，"艺术学家正是根据这些成规——它构成了绘画上的'风格'——来确定一张作品的年代，而无需顾及它外在的真实与否"①。在文学领域，新文学风格的出现往往会

---

① ［英］冈布里奇：《艺术中视觉的分析》，周彦编译，《世界美术》1986年第3期。

遭到已有图式的质疑，以致相当一部分作家甘于在已有图式的旧巢里蜗居。甚至，连最乐于特立独行的先锋派也正在不可免俗地形成自己的图式。女性主义、形式主义等术语正是"先锋"阵营的主力之一。

诚如上文所述，在文学鉴赏中，女性主义等"预成图式"是由读者主体（尤其是批评主体）与创作主体共同建构起来的。因此，如若要从"预成图式"中挣揣而出，就意味着批评主体和创作主体都亟须一双"天真的眼睛"，恢复天真单纯的人眼原有的质朴，穿透后天经验赋予知觉对象的既有意义，探寻字里行间涌动的至性至情。

从创作主体维度来看，"天真的眼睛"意味着作者主体性的凸显。由于"预成图式"的影响，在创作主体熟悉的写作领域，语言往往掺杂了不少经验性产物，在阐释的同时也不经意地掩饰着创作主体的个人特质。逆其道而行之，通过观察创作主体在尚未浸淫许久的领域的表现，也许反而能更为澄澈地领略作者的内在气质。安琪早年即以诗成名，2013年方涉绘画领域。尽管在此之前，她并未系统接受过绘画训练，但这恰恰赋予了她的去蔽之效，有助于我们拨开"预成图式"的迷雾，清晰地辨别安琪的个人特质。

安琪的绘画风格极其鲜明。从线条和形状上看，安琪喜用圆形，无论《苍蝇上下翻飞的右眼将使你头晕》《月球表面，或蚂蚁是怎样爬上纸面的》还是以丝瓜、鲫鱼汤等为主题的另几幅涂鸦，都将整体布局设为圆形。而在这个圆形框架的内部，安琪往往使用点、线、面的结合营造紧凑铺排的平面效果。例如《月球表面，或蚂蚁是怎样爬上纸面的》一图，安琪浓墨重彩地在画纸上点染出一枚枚黑点，它们既像月球表面的陨石坑，又似团簇在地上的黑蚁。然而，看似紧张的画面却在圆形框架的内部得到了统一。结合安琪为该图所配的诗，我们能对此产生更深刻的领悟："黑暗在孤寂中搅拌自己，制造出一群群声音的蚂蚁，你在黑暗中，你是一张纸，接住了黑暗孤寂的搅拌。"[①]黑暗在孤寂中搅拌出的声音的蚂蚁是混乱的，一群群、一团团、一簇簇，在黑暗中涌动着，无所秩序，无处容身。而纸接纳了一切的纷乱无序，正如我们在画面上看到的一般，通过将蚁群纳入同一框架，安琪实现了由无序到井然的圆融。从色彩上看，由于作画的随笔性质，安琪的多数作品都以简单的钢笔勾勒，仅有的两幅彩色画作《内自我》和《第七维》显得弥足珍贵。无论"内自我"还是"第七维"的命名，都透露出强烈的自我表达欲念。尤其是《内自我》，着色丰富大胆，落笔看似随意杂乱实则保持着内在逻辑，整幅画的形状犹如一个锦绣的漩涡，由内向外喷射而出，又围绕着漩涡中心缓缓旋转，在无序中达到圆融。毫无疑问，黑白两色无法满足安琪自我剖析的渴望，唯有斑斓的色彩才能演绎她满溢的内心世界。安琪的画作展现了她不加掩饰的天真稚拙，她恣肆挥洒着内心最坦诚的情感，透过她的画作，我们一次又一次见证了诗人孩童般"天真的眼睛"。

"天真的眼睛"不仅体现在安琪的绘画作品中，也贯穿在她诗歌、诗论乃至为人处世的方方面面。

同画作相仿，安琪诗歌的情感表达亦是直接、洒脱、原生态的。安琪曾有过在极短时间内写下八首诗歌的经历，被读者津津乐道的《像杜拉斯一样生活》便是其中之一。"快些快些再快些快些我的杜拉斯亲爱的杜拉斯亲爱的亲爱的亲爱的亲爱的亲爱的亲爱的。呼——哧——我累了亲爱的杜拉斯我不能像你一样生活。"[②]前半句的语速高频率快节奏，呈现紧张的情感。随着"呼——哧——"两字，紧绷的弦瞬间松弛下来。全诗犹如一幅率性而自律的涂鸦，作者在诗歌的画纸上释

---

①　安琪：《诗画配:〈鸦群飞过九龙江〉〈月球表面，或蚂蚁是怎样爬上纸面的〉》，见安琪博客，http://blog.sina.com.cn/s/blog_48c557e20102e4vv.html。

②　安琪：《像杜拉斯一样生活》，见安琪《极地之境》，长江文艺出版社2013年版，第3页。

放着内心的情感。

安琪绘画所显露的"天真的眼睛"的特点在她撰写的诗论中也到了印证。关于女性主义,安琪最为鲜明的立场在于摆脱女性"被看"的位置。基于这一考量,她认为某些刊物每年三月为女诗人设专栏是男性窥探愿望的体现,并对"新红颜写作"的命名持保留意见。然而,如若我们在安琪关于"被看"的敏锐洞见基础上进一步挖掘,那么,从女性主义维度评价女性诗人的批评模式不也正是"看"与"被看"的另一种变体吗? 如何摆脱"被看"的从属地位走向"看"的主体性? 这依然得从安琪本人的阐述中寻找蛛丝马迹。《女性主义者笔记》常被视为安琪的女性主义写作宣言。这篇文章的确在字里行间闪烁着女性主义的光芒。然而,在"女性主义者的命""女性主义者是孤独的""杜拉斯只有一个,她无法复制"这些带有强烈女性主义倾向的小标题之中,"一个心智不成熟的人"显得格外醒目。之所以称自己为"一个心智不成熟的人",是因为安琪发现,相对于处理现实问题时的"羞怯笨拙"①来说,与文字打交道的过程更让自己得心应手。然而,与其称之为"笨拙",不如换而言之"稚拙"。如果说女性主义的认识是借批评界的助推之力建构起来的,那么"稚拙"则代表了潜伏在话语面具之下诗人那双"天真的眼睛",安琪以孩童一般澄澈的眼睛观察着世界,"稚拙"也构成了安琪本人的最大特点。如若一定要为安琪进行身份上的赋予,那么,与其冠以女性主义者之名,不如说她永远存留着孩童的赤子之心。无论在短暂的小女人写作时期,还是在女性主义写作的蜕变期,安琪的第一身份都是拥有天真双眼的赤子,正是得益于这一身份,她才能够捕捉到其他女性无法触及的生活点滴。

三、批评主体的天真眼睛:安琪对女性主义者身份的探索

文学创作固然需要创作主体用"天真的眼睛"表达心之所思,文学批评也同样需要批评主体借由"天真的眼睛"去伪存真,推陈出新。

诚如前文所述,创作主体往往困于批评话语建构的围城之中。仍以安琪诗作的女性主义评价维度为例,中国当代女性主义诗评作为西方理论的舶来品,同大部分女性主义理论一样采用了共同的预设,即以"女性"作为女性主义者的身份。预设在此既是预确认和前提,也是悬置和回避。

然而,安琪的诗歌创作具有潜意识写作的一面,她的诗情往往超乎于刻板文论之上,因此,安琪未必能够清晰地察觉出自己诗作中蕴藏的潜能。例如,虽然安琪早有涉及有关女性主义的议题,但直到 2009 年 4 月的座谈会,她才"明确自己女性主义写作者的身份"②。由于写作的潜意识,安琪对自己的文论性总结往往滞后于诗歌实际流露的思想,又受学界批评风潮的影响,囿于特定评价体系中。事实上,就女性主义角度而言,安琪的写作已经到达一个新的阶段。察觉这一新阶段的前提恰在于跳脱出"承认、揭示、反抗"③这一在语言的催化下,批评主体与创作主体共同建构起的旧有认识框架,用"天真的眼睛"来探索新知。

我们不妨尝试着抵制文学批评的"预成图式"对女性主义者身份的预确认,从字里行间挖掘出安琪关于女性主义的独到见解与立场。

一方面,安琪并没有回避主体这一被不少女性主义理论悬置的问题,而是尝试了朱迪斯·巴

①　安琪:《女性主义者笔记》(《极地之境·自序》),见安琪《极地之境》,长江文艺出版社 2013 年版,第 8 页。

②　安琪:《"安琪诗歌暨女性诗歌座谈会"发言整理》,见安琪博客,http://blog.sina.com.cn/s/blog_48c557e20100de07.html。

③　安琪:《女性主义者笔记》(《极地之境·自序》),见安琪《极地之境》,长江文艺出版社 2013 年版,第 9 页。

特勒式的介入。在很长一段时间里，女性主义理论都将主体视为物质性的，认为主体可区分为生理性别、社会性别，进而把女性主义的主体限定于女性。直到巴特勒重新思考主体的构成问题，将精神重新注入主体，使生来与后天的区分变得不那么明显，并提出"主体是一个语言结构和形成中的范畴"[①]，是"语言和意指的产物"[②]。在《女性主义者笔记》中，安琪同样打破了以女性为女性主义主体的成规，就女性主义写作的主体进行了安琪式的厘定："男性作者所写的文字如果是站在女性关怀立场，是从女性意识出发，同情女性，为女性说话，为女性发出吁请，那也可以划入女性主义写作的范畴。譬如曹雪芹，他就是典型的女性主义者。"[③]以一名诗人的身份撰写文论，安琪鲜受理论束缚，这恰恰构成了诗人的优势，赋予了她思维跳脱出刻板框架的灵动。

另一方面，安琪的诗作具有女性主义者身份中性化的趋向。早在 2004 年，安琪便通过《往事，或中性问题》这首短诗吐露了自己的心声。全诗以"它"为叙述对象，在前六行诗中，"它"既沉湎于往事，又忧虑着未来，如此富有人情，与冰冷的第三人称形成奇妙的对比，不禁勾起了我们对"它"身份的揣测。直到最后两行，安琪才为我们揭开谜底："我之所以用它是想表明，我如此中性，已完全回到物的身份"[④]。短诗《何远之有》借见证小生命的诞生描绘了由"它"转化为"她"的过程。诗歌结尾，安琪感叹："那个诞生自爱的人神采奕奕，一点也不像死过多次"。这句诗借"死亡——诞生"的循环将"它——她"的转化亦上升到无限循环的高度，看似不经意实则耐人寻味。《终端身份》则涉及了去除性别之分后的身份确认问题。首段欲扬先抑，承认剔除性别之后，身份的暧昧不明。紧接着，安琪用三个排比段向读者揭示了剔除身份后身份的再确认过程，通过多种情境的展示告诉我们，性别身份并非决定身份的首要属性，即使抛弃了性别身份，我们还是能够在"抵达世界终端之际"[⑤]明确自己的身份，换而言之，人类的终端身份恰恰是以摒弃性别之分为前提的。《轮回碑》、《五月五：灵魂烹煮者的实验仪式》等诗作也是安琪以牺牲女性身份为代价撰写的，进而完成了由被看者向看者的身份转换。

在《女性主义者笔记》等文章中，安琪将自己女性主义写作的主基调定义为"承认""揭示""反抗"，似乎与其他女性主义诗人并无二致。唯有细细咀嚼她的诗作，我们才能发现安琪对女性主义者身份的深度探索。安琪的潜意识写作中灵感的瞬时爆发往往超越于后期的文论总结，而这也恰恰是许多优秀作者所具有的共同特质。在创作主体无法全然了解自己的潜力的境况下，文论中的"预成图式"往往会限制其潜力的挖掘，这便需要文学批评家善用"天真的眼睛"寻觅潜涌于文字之下的思想暗流。

通过对安琪的女性主义再审视，我们深刻地感受到了语言在思维认知中的运作。语言论动摇了语词和事物之间的一一对应性，揭示了语言的符号本质。思想依赖于语言这一自为的形式系统，因此，思想也无法阐释实质，而是具有可调配性。不难发现，思想的可调配性与人们赋予思想通达真理的意义之间显现出不可弥合的裂缝，这意味着思想的过程本身便是"预成图式"和"天真的眼睛"之间的一场博弈。"预成图式"既是预设，也是回避，它固然给了女性主义理论安然栖息的港湾，却也限制了其在风暴中成长的潜能。然而，语言论的转向以大爆炸的形式为我们打开了一片全新的广袤宇宙，带给我们无限的生产可能。那么，我们又何妨走出前人预设的内涵，进入词的原始状态，同时也开启女性主义理论的生产源泉呢？通过安琪的例子，我们已然发现，无论对创

① 都岚岚：《性别操演理论》，《外国文学》，2011 年第 5 期，第 128 页。
② 都岚岚：《性别操演理论》，《外国文学》2011 年第 5 期，第 128 页。
③ 安琪：《女性主义者笔记》(《极地之境·自序》)，见安琪《极地之境》，长江文艺出版社 2013 年版，第 10 页。
④ 安琪：《极地之境》，长江文艺出版社 2013 年版，第 25 页。
⑤ 安琪：《极地之境》，长江文艺出版社 2013 年版，第 131 页。

作主体还是批评主体而言,"天真的眼睛"都能够帮助他们撤除"预成图式"的理论框架,步出术语和陈词的迷障。一旦跳脱出既有设定,语言的创造力便脱颖而出。随着词与词缀连成句子,意义的生产得以恣肆喷薄,势不可当,迸发出无穷的创造力。

（作者单位：浙江大学中文系）

文化反省中"乡下人进城"困境的审思

——论老舍小说对"乡下人进城"现象的叙事特征

葛　越

内容提要：在现代化层面上，城市与乡村往往是两种不同的文化境况，各自的文化寓意也不完全相同。如果说城市具有现代性的文化内涵，那么，乡村则更多是传统性的文化象征。老舍多聚焦在传统与现代发生冲突的层面上，展开他对由现代化而引发的城乡境况不同的思考与探索，特别是对"乡下人进城"现象的思考与探索，在揭示出现代化进程中城乡冲突下人物悲剧命运的同时，更是寄寓了他从文化反省维度审思国民性的启蒙思想。深入探讨老舍这一创作思想，对于揭示现代文学思考和反映乡村与城市对冲现象及其所展开的叙事，具有深刻的思想和文化意义。

关键词：老舍；现代化；乡下人进城；文化省思

晚清以降，中国被迫驶入现代化进程。随着西方殖民的扩展和资本主义经济与文化的大量涌入，传统的乡土中国根基开始动摇，农民开始离开乡村，入城谋生。作为现代化进程的重要环节和表现形态——城市化，则是一个在人口、政治、经济、文化等等各种活动不间断地从乡村向城市聚集的过程。西方学者为此断言："世界的历史就是城市的历史。"[①]这个角度来看，"乡下人进城"的现象是城市化的一个必然环节，反映出了现代化进程中社会变迁与文化转型的某些带规律性的特点。

所谓"乡下人进城"，如同有学者所指出的那样，是指乡下人"由乡村进入城市的长期或短期的生存状态，也可以指乡下人偶一入城却有着文化指向意义的即时状态"[②]。在现代文学史上，现代作家较早地注意到了中国现代化进程中所出现的这一现象，如鲁迅的《阿Q正传》、茅盾的《子夜》、夏衍的《包身工》等，尽管具体的故事不同，但都直接或间接地反映出了现代化进程中的城乡二元对冲问题。在这当中，老舍所塑造的"乡下人进城"形象，独具特色，如祥子（《骆驼祥子》）、王德（《老张的哲学》）、老李（《离婚》）等，都较为鲜明地反映出了他对这一问题的深度思考。他注重从文化反省的思想启蒙维度，揭示"乡下人进城"的生存境况、心理危机和性格变异，并从中展示他对城乡文化，也即对传统与现代文化冲突的思考和启蒙理想。

一

"五四"以来，现代文学注重以启蒙为主导，呼唤人的独立、个性的解放和精神的自由。在这当中，现代作家多将启蒙思想聚焦在对农民（包括底层游民）的批判和否定上，重点表现农民的麻木、

---

① 　[德]斯宾格勒：《西方的没落》，齐世荣等译，商务印书馆1991年版，第206页。
② 　黄强：《中国古代"乡下人进城"的文学叙述》，《扬州大学学报》（人文社会科学版）2007年第5期。

愚昧和奴性心理性格,如鲁迅及其二十年代"浙东"作家王鲁彦、许钦文、许杰、巴人等人的乡土文学创作,多是沿着鲁迅"改造国民性"的启蒙路径而展开对现代文明冲击下乡村破败现实进行描绘的。老舍也基本上是沿着这一路径而进行创作,如他所说,自《老张的哲学》始,他的写作目的就是为了"揭发社会上那些我所知道的人与事",明确地表示他是站在对传统腐朽文化批判的立场上来表达"反抗那压迫人的个人或国家"①的思想感情的,但与二十年代乡土作家反映农村破败现实的不同之处是,老舍则是更多地聚焦"乡下人进城"这一独特现象,来展开他对城市与农村、传统与现代之间产生严重冲突的思考,从中寄寓他独特的启蒙思想。在老舍的笔下,"乡下人进城"现象带有明显的乡土传统的愚昧和守成特点,像《老张的哲学》中的赵姑母,就是一个"乡下人进城"的典型形象,反映出国民劣根性某些特点:"你可以用普通中国妇人的一切形容她,或者也可以用她来代表她们"。她是传统的守成者,传统的精华和糟粕全都在她身上有体现,如她将李静许配给"恶棍"老张做妾,并教导李静伺候与服从老张。李静逃出婚礼后,她竟然不再理会这个亲侄女,在她看来,"李静是个没廉耻的女孩子,临嫁逃走的",农耕社会的传统对她的影响是深入骨髓的,老舍对这一形象的塑造,显然隐含了对传统的危害性的清醒认识,也显示出改造国民性的迫切性。

如果说城市是"人类属性的产物"②,它和市民的生存活动密切联系,不同于乡村的恒定与缓慢,那么,"都市是冷酷而又多变的,任何对恒定安稳的追求必不可得;而且都市又是繁复而充满诱惑的,一不小心你就会掉起欲望的陷阱并不可自拔"。③老舍的创作充分地注意到了城乡冲突并产生"乡下人进城"这一现象及其所带来的问题。如在小说《老张的哲学》中,李应和王德抱着热切希望决定进城,认为"只要我能挣钱,叔父的命就可以保住",甚至天真地以为,"有十块钱是可以在城里住一年的"。《骆驼祥子》中的祥子也是这样,城市给了他一切,"就是在这里饿着也比乡下可爱……自己只要卖力气,这里还有数不清的钱,吃不尽穿不完的万样的好东西。"导致乡下人产生进城的欲望和冲动,正是由于城市对他们所产生的巨大诱惑力,正如翟克论及"农民离村之经济外的原因"时强调说:"都市之生活,无论从何处观察,亦比农村美丽繁华远甚。……初与都市接触之农民,无不惊奇,尤其是思想见识全无之农民。"④可以说,乡下人进城是受到城市的巨大吸引,他们无法抵御城市的繁华,尽管城市并不如他们所想象得那么美好。老舍曾说他创作《骆驼祥子》的重要意图之一就是"由车夫的内心状态观察地狱是什么样子"。温儒敏认为,这里的"地狱"指的是"那个在城市化过程中产生的道德沦落的社会,也是为金钱所腐蚀了的畸形的人伦关系。"⑤在老舍小说中,乡下人进城所面临的城乡冲突及其所面临的现实往往就是一个充满压迫和变异的"地狱",正如老舍所指出的那样:"人把自己从野兽中提拔出,可是现在人还把自己的同类驱逐到野兽那里去。"个中的缘由,应主要有以下几个方面:

首先,相关资料显示,二三十年代中国的城市经济发展的速度与效率远远小于人口迁入的速度与规模,城市工商业部门没有足够的空间去吸收这些乡下人进城后工作岗位,而他们"缺少稳定的谋生手段,居处也不固定"⑥,只能沦为城市社会底层的贫民。在这种社会境况中,难怪乡下人进城后会发现现实与他们进城时的想象格格不入,"饭容易吃,钱容易花,事情却不容易找"。老舍在小说中这样描写李应进城后,先是当巡警,后投救世军。王德则在《大强报》报馆工作,工资微薄,

　　① 老舍:《我怎样写〈赵子曰〉》,1935 年 10 月二日《宇宙风》第 2 期。
　　② [美]R.E.帕克:《城市社会学》,宋俊岭等译,华夏出版社 1987 年版,第 1 页。
　　③ 李俊国:《中国现代都市小说研究》,中国社会科学出版社 2004 年版,第 128—129 页。
　　④ 翟克:《中国农村问题之研究》,广州国立中山大学出版部 1933 年版,第 241 页。
　　⑤ 温儒敏:《论老舍创作的文学史地位》,《中国文化研究》1998 年第 1 期。
　　⑥ 王学泰:《游民文化与中国社会》,学苑出版社 1999 年版,第 17 页。

且进报馆后写的稿子一次都没有刊发过,还因为不去编辑那些敷衍虚假的稿件,屡遭主编的冷眼和责骂,他深深感到"城里的事大半是想不出道理的",也许这就是城市异化的一种常态。与李应和王德相比,没有受过教育的祥子则只能卖苦力,"凡是以卖力气就能吃饭的事他几乎全作过了",最终还是决定去拉车,因为"作别的苦工,收入是有限的,拉车多着一些变化与机会"。可是,车夫老马尽管拥有自己的车,有时却连饭都吃不上,以致于孙子小马最终只能落得凄惨死去的结局。祥子认为"在小马儿身上,他似乎看见了自己的过去;在老者身上,似乎看见自己的将来"。其实,何止只是祥子,可以说是所有底层车夫,乃至底层人民苦痛的宿命。无疑,这些生存在城市边缘的乡下人进城者,在乡下无处容身,到了城里之后却要面对兵匪横行、巧取豪夺的城市混乱的政治、经济和社会状况,也难以获得稳定地生活。老舍在《老张的哲学》中就写了一段李静劝王德回家帮助父亲耕种的细节,说还是"老老实实的作个农夫,并不比城里作事不舒服"。可见,城市中生存境况的艰难可见一斑。

其次,对于城市的市民来说,"城市不仅是他谋生的地方,也是他的家。"[1]而对于乡下人进城者,城市却无法给予他们文化和心理上的"市民感"的认同,他们仍然是城市的"局外人"。《老张的哲学》就对城乡间的隔阂有一个绝佳比喻:"那一个城门洞分秒不停的涨着一条无形有声的瀑布,狂浪打的人们连连转身,如逆浪而行的小鱼。"进城的"乡下人"想要成为一个真正的"市民",却是一件很不容易的事情,城乡之间横亘着的那条"瀑布",总是让进城的乡下人愈发失落、愈发堕落。小说《离婚》中的老李进城后,便遭遇了以张大哥为代表的城市"市民"势力的排挤与压迫。在老舍看来,张大哥敷衍的哲学伦理"虽然是善意的——似乎只能继续保持社会的黑暗,而使人人乐意生活在黑暗里"。虽然老李已经完成了对西方新式教育启蒙的接受,但是,这种启蒙来源于强势的"资本主义的经济——文化机制的普遍化"[2],是植入型而非原生型,实质上与传统文化的难以融合,故而也无法动摇本土深刻的传统根基。所以,像老李这样的进城者既要承受文化之间碰撞带来的破碎与分裂,又要承受传统乡土文化背景的重压。这样,老李最终是成为"科员中的怪物""大家的眼中钉",看起来"不顺眼""使人觉得不舒服"。

再次,在现代西方文明影响下而生成的城市文化,由"各种要素之间关系严重失调"[3]而引发的问题也是不胜枚举。现代文明的沉疴宿疾,也往往使得乡下进城者所要面对的处境变得十分艰辛。特别是转型期的市民,其自私畸形的道德人格使得市民文化显得污浊混乱,既保留了老式的愚昧与自负,又沾染了资本社会的冷漠与野蛮。如祥子所见到的形形色色的城市人,其实都是他一步步陷入"心狱"之中的关键,其中不仅有不给饭吃、而且还压榨劳力的杨太太;有以怀孕欺骗逼婚他、并且限制、压迫他人生的虎妞,也有轻看蔑视他的车厂主刘四;有名为偏房实为暗娼的夏太太……对待处在下层的贫民,这些人毫无同情之心,虽也身处下层,但同样是经济的攫取和肉体的享受者,并压迫着乡下进城者。

此外,社会下层劳动者一边过着艰难病态的悲剧生活,但一边却也还在相互间进行着愚昧的欺诈和排斥。他们之间常常为了利益斤斤计较,颇有"贫贱夫妻百事哀"的微妙气氛;别的车夫听说祥子因骆驼发了"邪财",便有所敬重,当看到祥子并没有跻身富庶,便又有所冷淡。在暗地里觉得祥子是死命巴结的"刘家的走狗"使祥子愈发受到孤立,祥子和刘四爷闹翻后,又开始同情他……诸如此类,可谓社会既愚昧又可怜。另外,有些下层游民为了生存会做出更加恶劣的行为,像

①　邵宁宁:《〈骆驼祥子〉:一个农民进城的故事》,《兰州大学学报》(社会科学版)2006年第4期。
②　刘小枫:《现代性社会理论绪论》,上海三联书店1998年版,第23—26页。
③　邓伟志:《当代城市病》,中国青年出版社2003年版,第9页。

陈二奶奶在虎妞难产的时候装神弄鬼、欺骗钱财,不仅带走了祥子的积蓄,还带走了母亲与孩子的两条宝贵生命。最为骇人的是二强子,不仅将亲生女儿卖给军官,后来甚至以家庭和弟弟作为道德的要挟,逼迫女儿用肉体生意来维持家用。这些都显示出乡下人进城后心理性格的变异和精神堕落的特点。

不言而喻,老舍对"乡下人进城"现象所的思考,体现了他启蒙思想中的关注市民社会生存境况的特点,不仅表达出基于启蒙视角的批判精神,也更多地表现出现代作家的人文情怀,以及对现代文明省思的价值立场。

二

通过对"乡下人进城"现象的深入思考,老舍发现了更新传统而获得自我发展的必要性。他重点探讨了传统文化对底层民众的心理和性格究竟产生了何种消极意义,并在这个层面上引发了他对中国文化现代命运的审思。古老的乡土中国处在半殖民地的文化处境中,饱受以资本主义文化为主导的现代文明的冲击,这使得老舍对中国传统文化的态度变得复杂起来了,除了严峻的批判意识外,他对中国文化所具有的诗意情怀也深深地反映在他的创作之中。在《四世同堂》中,他明确表示:"生在某一种文化中的人,未必知道那个文化是什么,像水中的鱼似的,他不能跳出水外看清楚那是什么水。"在这个意义上,可以说老舍也是中国文化"精神本质的揭示者与守望者"[1]。他的自然淳朴、宽厚亲和的平民精神,使他在对"乡下人进城"现象的描写和审思中,也深深地流露出对乡下人身上所具有的清新、质朴精神元素的赞赏与进城后所凸显的性格心理缺陷的认识的复杂情感。

费孝通曾说:"乡下孩子在教室里认字认不过教授们的孩子,和教授们的孩子在田野里捉蚱蜢捉不过乡下孩子,在意义上是相同的。"[2]如果说文化并无高低之分,那么,文化话语权也就不应由城市文化所把持。老舍在对"乡下人进城"现象进行审思中,发现了这个问题。他在保持对国民劣根性审思的同时,也注意到了如何通过文化反省来对传统中有用的文化因子进行转化的问题。基于这一思考,老舍在批判"乡下人进城"后所出现的种种性格心理缺陷中,也会在他特有的"讽刺"和"幽默"中,表现出"笑里带着同情"[3]的人文情怀。他说:"我恨坏人,可是坏人也有好处;我爱好人,而好人也有缺点。……在十年前我只知道一半恨一半笑的去看世界"。[4] 在审思"乡下人进城"现象中,老舍善于通过对比的方式来进行思考和探讨,如在《离婚》中对老李的描写,就写他在压抑憋闷时会回忆起些"雨后农家的光景",尽管有些很脏,但是也有很美的地方,"雨后到日落的时候,在田边一伸手就可以捏着个蜻蜓",这种"晴美,新鲜,安静,天真"的乡间的美好,从某种程度上来说,这代表了老舍对传统文化、道德种清新、质朴精神元素认同、赞赏的态度,在创作中,他也把这种温情敦厚的情感延续到了对"乡下人进城"的现象描写中,关注这些进城人的心理、性格和命运的变化,整体上呈现出了鲁迅的那种"怒其不争,哀其不幸"的态度,如在《骆驼祥子》中,他对城市社会、文化以及祥子自身的局限性都给予了深刻的批判,通过对祥子被毁灭过程的悲剧性描写,也就把他的那种复杂的情感展示在人们的面前。

① 刘勇:《中国现代文学的心理学研究》,北京大学出版社2006年版,第141页。
② 费孝通:《乡土中国》,北京出版社2005年版,第12页。
③ 老舍:《谈幽默》,《老舍文集》第15卷,人民文学出版社1990年版,第258页。
④ 老舍:《我怎样写老张的哲学》,《宇宙风》1935年第1期。

深刻展现乡下人进城后的性格扭曲和心灵堕落的过程，是老舍创作《骆驼祥子》的亮点，集中地反映了他的这种复杂的文化态度和情感。乡下人的身份使祥子在一定意义上代表了中国传统文化的一种民间形态：清新、质朴、自然，带有田野的芬芳。赵园曾说小说开头写的祥子，就具有这种性格气质："即使穿着白布裤褂站在同行中，他也彻里彻外的是个农民，甚至他的那种职业理想——有一辆自己的车，也是从小农的心理出发的：车是像属于自己的土地一样唯一靠得住的东西。"① 刚从乡下进城的祥子，不仅外貌上保存着植根土地的青春健壮，内心世界也带着源于乡村的单纯美好：不小心出了事故，祥子愿意引咎辞工甚至用血汗的工钱来赔偿曹先生；寒冷的冬夜酒馆里，祥子跑出去给饿晕的老马和孙子小马买了十个羊肉包子……体面要强的祥子"仿佛就是在地狱里也能作个好鬼似的"。然而，祥子在人世却没能一直做个好人，城市加速了他的性格扭曲和心理变异。故事的后半部分写了城市生活完全改变了祥子，"他吃，他喝，他嫖，他赌，他懒，他狡猾"，再也没有什么伟大的梦想，因为"将就着活下去是一切，什么也无须乎想了"。困惑、无奈、伤痛、疲惫直至崩溃、麻木、堕落。从老舍的描写中，可以看出，祥子的性格扭曲和心理变异，主要表现在这三个方面：

一是曾经健步如飞拉车的少年，最终在送殡队伍中"慢慢向前蹭"，以前那个出类拔萃的身体，现变得"有气无力"。显然，在老舍的笔下，健壮的身体代表了祥子那乡村式的、理想化的美好心灵，而身体逐渐变得软弱肮脏则表明进城后他的性格心理正在步步异化。老舍预言，"这个灵魂将随着他的身体一起烂化在泥土里"。

二是城市对于乡下人来说，能赚到钱是个巨大的诱惑，对祥子而言，当然也是如此，他不可能拒绝金钱对他的吸引腐蚀。在老舍看来，祥子的悲剧的发生不仅在于来自城市的外在打击，而更在于来自城市日常生活中的种种物欲，尤其是金钱，如同一条吐信的毒蛇，慢慢地将他的心灵缠绕致死，从一个勤劳致富的乡下人异化成城市底层的行尸走肉。

三是祥子想要融入城市中的愿望与他无法融入现代社会的个性发生着不可调和的矛盾，传统性与现代性在他的心灵世界始终是发生着激烈的斗争，直至他的人格扭曲、精神异化。一方面，祥子是一个"在新的环境里还能保留着旧的习惯"人，费孝通曾说过，陌生人所组成的现代社会是无法用乡土社会的习俗来应付的。② 祥子在以乡村生活经验对抗城市生活理性时，自然就不可避免地会产生许多冲突。例如，在攒钱购置第二辆车时，祥子把积蓄储存在一个葫芦里，"心中和嘴中常常念着'六六三十六'。其实，这与他的钱数没有多少关系，不过这样念叨，心中好像充实一些，真像有一本账似的。"曹宅的仆人高妈已经一定程度上接受了城市的资本运作方式，建议祥子将钱存在银行里赚取利息，告诉祥子如何管理资产、凑钱买车，但是祥子却固执地认为借钱买车没有光彩，而银行则完全是个骗局。他没有改变农村"守财奴"的心态，也不愿接受城市新的财产理念，这种愚昧和落后的心态间接导致了祥子的第二次损失。另一方面，祥子却期望获得城市的认可和接纳，期望将自己的身份从一个进城流民，变成一个有自己产业的城里人，然而，他却是"一只脚踩在乡下，一只脚踩在一座想象中的城里"。③ 实际上，离开了乡土，祥子既想要获得现代化城市的接受和承认，又没有能力改变自己传统式的心理习惯，城里生活的冲突和矛盾拉扯扭曲着他，异化他，使他走在断裂的边缘中，变得人不人，鬼不鬼，最终是向心灵的堕落与世俗的疲惫投降。

无疑，城里社会的宰割和悲惨的经历，使祥子一步步陷入了人生的泥淖，但真正使这个勤劳健

---

① 赵园：《老舍——北京市民社会的表现者与批判者》，《文学评论》1982年第2期。
② 费孝通：《乡土中国》，北京大学出版社2012年版，第16页。
③ 毕飞宇：《答李大卫》，《莽原》2000年第5期。

壮的农村青年成为一个城市游民的,则是他精神世界的毁灭,正如文中所说的那样:"他没了心,他的心被人家摘了去"。但老舍没有加大对祥子及城市文明揭露和批判的炮火,反而只是在祥子悲剧性的异化中落下了沉重的几声叹息,并从祥子自身的生存逻辑和思维行为去理解他,并且同情他。有学者指出:"老舍的独特性在于,他已不再像此前的文化冲突中双方对立场的非此即彼的选择那样,也没有服膺现实中一些人对原有立场的坚持,而是超越对中西文化进行比较的既定价值模式,既不皆以彼为是,也不皆以此为非,站在一种并不为两者中哪一方面已单独实现了的价值确认的立场上,又以'人'和'民族'或者说'国家'的关系为特殊视角,进行综合性的批判考察。"①城乡不同价值取向的文化冲突及其困境,造成祥子的毁灭,这是老舍基于一个启蒙者的态度,也同样是基于一个平民立场的知识分子的深刻思考。他笔下所描绘的"乡下人进城"现象所揭示的悲剧,既是对转型期的混乱社会以及城市文化的批判,也是唱给传统的中国乡村民间文化形态的一曲悲哀的挽歌。

三

老舍通过对"乡下人进城"现象的审思,发出了对乡土中国子民归宿的追问。在他的小说中,那些在城里漂泊的乡下人,实际上是没有"故乡"的,城里不接受他们,他们在城里也找不到自己的归属,而他们却又回不去乡村的故土,即便是回去,也不是真正的回去,城里和乡村总是在撕裂他们的内心。

《离婚》中的老李虽然回到了乡下,但张大哥则预言说"可是,老李不久就得跑回来,你们看着吧!他还能忘了北平的跟衙门?"有学者说老舍"尽管完全不赞同此中张大哥陶醉于'北平跟衙门'的生活态度,但并没有否定张大哥关于老李最终不得不从乡间回到灰色都市的预言,从而写出追求诗意存在者终难脱'无地彷徨'的命运,表达了作者关于反抗和逃离只是徒劳的生命悲感。"②对于进城后的乡下人来说,"回乡"其实也只是乌托邦式的愿望,他们终会发现乡村生存的局限和困境。《猫城记》中的猫国,可以说是乡土中国的象征,而外国则是现代化城市的象征。小蝎是个曾在外国居住学习过之后返回猫国的年轻人,从某种意义上看,他是个城市返乡者。返乡后的小蝎最大特点就是悲观,面对着诸多保守、麻木、愚昧的乡土中人,他虽然清醒,也曾经有所上进改变现实的心理,但还是像祥子一样,浑浑噩噩,在酒精、毒品和美色中,犹疑、迷离,最终选择了自杀。至于祥子,他甚至连"回乡、思乡"的想法都很少,他完全是一个无根的人。他对城市怀有"一份命定是属于这座古城的归属感"③,不仅将车看做自己的第二次的生命,而且将城市看做了自己的故乡,颇有"反认他乡是故乡"的意味,可是,在城里,他还是无立足之地。小说这样写祥子:"当在乡间的时候,他常看到老人们在冬日或者秋月下,叼着竹管烟袋一声不响的坐着……现在,他虽是在城里,可是曹宅的清静足以让他想起乡间来,他真愿抽上个烟袋,咂摸着一点什么滋味。"不难看出,祥子在心中早已将美好的乡村记忆转嫁到了城市中去了,这是乡下人进城前后的一种美好的生存理想和希望。然而,进城之后,他的内心是空虚和迷茫的:"没有父母兄弟,本家亲戚,他的惟一的朋友是这座古城。"他也曾因虎妞肉体和精神的逼迫和苦闷而产生离开城里的念头,但是乡下生存的艰难和城市的美好诱惑,却又让他坚定了信念,就算非要离开的话,他也会选择另一个城市——

---

① 孔范今:《解读老舍:他的文化启蒙主义的特点》,《中国现代文学研究丛刊》1998年第1期。
② 李玲:《老舍〈离婚〉中的存在追问与人生悲感》,《中国现代文学研究丛刊》2012年第6期。
③ 关纪新:《老舍与北京》,《兰州大学学报》(社会科学版)2006年第4期。

天津。但"走与不走"的斗争之后，他还是决定与这座城市生死与共："他舍不得北平，……不，他不能离开这个热闹可爱的地方，不能离开天桥，不能离开北平。走？无路可走！"祥子和这座城市的关系似乎有一种天然归属的血脉情感，尽管这种归属感是近乎对故乡眷恋情感的转移，但实际上他既无法回归乡下，也不能在城市立足，只能是陷入一种深深的迷茫当中。有学者说，乡土家园的本质在一定程度上指向的"是人类生命永恒的家园，是精神处于悬置状态的现代人类对劳动者与大自然化合状态中呈现出的健康、朴素美德的追取。"①然而，这个美好的乡土家园的实质，对进城的乡下人来说，则是一厢情愿的理想，"是现在时态的人类依据自己的生命需求筑造出的一种精神模型对人类家园形态（乡村）的托附"，所以，身体与精神的乡下进城人，在现代化的漩涡中，都终将无法回归的人。

　　"体面的，要强的，好梦想的，利己的，个人的，健壮的，伟大的，祥子，不知陪着人家送了多少回殡；不知何时何地会埋起他自己来，埋起这堕落的，自私的，不幸的，社会病胎里的产儿，个人主义的末路鬼！"这一句是《骆驼祥子》的结尾，夏志清认为它的"左倾观点令人吃惊。老舍显然已经认定，在一个病态的社会里，要改善无产阶级的处境，就得要集体行动；如果这个阶级有人要用自己的力量来求发展，只徒然加速他自己的毁灭而已。"②从特定的角度来说，这是否可以认为老舍是在为祥子们寻找一条集体主义革命的出路呢？不过，纵观老舍的对"乡下人进城"现象的审思，他最终还是认为，祥子与革命发生的唯一联系就是他与阮明的关系，尽管祥子认为阮明说的"十分有理"，而他最后还是出卖了阮明，因为可以换取金钱。这就是祥子们——一群进城的"乡下人"的性格德行。此外，赵园也将祥子的悲剧与社会革命相联系，认为祥子"想以最大的代价和最低的条件求生存而不可能"。类似祥子这样的在"求生"中发生的精神悲剧，"正是那个时代最大多数人民的共同命运，也是社会革命的最直接的原因和依据"。③ 然而，这种因为"求生"而产生的革命，我们很难断定是不是一个类似于阿Q的革命，只是为了填饱肚子，却不曾真正了解革命，自然阿Q式的革命与阿Q式的不革命，④都同样是要被否定的。

　　祥子最终没有返回乡下，他成了一个苟且偷生的城市游民；老李虽然回到了乡下，却总有一天会回到城里的；王德回到了乡下，却是因为城市病使他变得疯癫；小蝎回到了乡下，却在自我放逐中虚度人生……这些"乡下人进城"的无根形象，表明他们无法还乡，或是将他乡作故乡，他们的结局在一定的程度上，也反映了老舍的迷茫的文化心理。如果用"进城"这一社会行为来象征从乡土到城市、从中国到西方的"启蒙"现代化道路，那么，"回到乡下"便代表了老舍对传统文化眷恋和"救亡"的另一面。在二三十年代这个剧烈变动的时代，每个国人都生存在新与旧的夹缝之中，现代化发展的前进道路充满了冲突和艰辛，而退回传统也是不可能的事情，所以，老舍在创作时也难免充满了矛盾和忧虑。因此，祥子们等"乡下人进城"的出路在哪里？这是老舍提出的发人深省的问题，从中反映出了中国现代化在转型时期的一种社会症结问题。

四

　　综合老舍对"乡下人进城"现象的审思，不难看出在他的启蒙思想中，既有受西方文化启蒙影

---

① 江堤主编：《新乡土诗派作品选 1987—1998》，湖南文艺出版社 1998 年版，第 332 页。
② 夏志清：《中国现代小说史》，刘绍铭等译，台北传记文学出版社 1979 年版，第 205 页。
③ 赵园：《论小说十家·老舍—北京市民社会的表现者与批判者》，浙江文艺出版社 1987 年版，第 31 页。
④ 支克坚：《关于阿Q的"革命"问题》，《新华文摘》1980 年第 3 期。

响下的现代性的一面,又有难以脱离中国传统文化的遗传背景,显示出他对中国现代化进程的一种矛盾与担忧的心理。

基于现代文明的价值理念,老舍意识到在现代中国的转型时期,传统的糟粕与渣滓依然是一种强大的历史惯性力量,不对此进行现代的改造,它最终还将会使现代化发生变异,使人性发生异化、社会走向扭曲。例如《二马》中的老马,老舍就写出了将传统文化中的"官本位"思想,与西方城市文化中"金钱至上"思想的合流,成为打着现代化旗号的一种以权谋利,对城市的现代文明产生阻碍。老舍在他具有启蒙性质的创作中,对现代化、西方化的城市文化,保持了警惕。因此,对"乡下人进城"现象的审思,在这个维度上,也可以说是老舍文化观点的隐喻与象征:现代化道路自然是老中国文明复兴与前进的不二之选,可是防范现代性对国民劣根性的加剧,也应引起人们的高度关注。通过对"乡下人进城"现象的审思,反映出了老舍对城市文明病的反思,字里行间也流露出一种挥之不去的挽歌情调。老舍对现代化似乎并没有持着完全礼赞的态度,他描绘出现代化的城市文化形态下的各种弊端,体现的也是一种排斥和抵触。当然,他自然很清楚中国现代化转型的必要性,但对逝去的乡土文明也有一种难舍的情意。对"乡下人进城"之后所遭遇的种种悲剧的描写,正反映了他内心的苦楚和矛盾。以《骆驼祥子》为例,如果说进城隐喻着中国社会从传统农业社会向现代资本社会的转型,那么,他对祥子来自乡间的勤劳奋斗美德的描写,批判崇尚金钱、物欲横流的城市文明对他的排挤与异化,却又深刻展示出他对中国现代化进程的思考而呈现出来复杂心态。可以说,老舍一方面在现代化的启蒙中对传统文化的负面效应及其所产生的国民劣根性加以审视和批判,另一方面又试图从传统文化中理想和人性的层面上,去看待与反思现代文明,于是,他不仅注意到了外在的社会转型与变革的必然性,也更关怀到了内在的人的主体心灵的重建,试图在传统与现代之间寻求一个平衡的支点,既能从理性的启蒙路径上,也能从情感与道德的救赎层面上,将传统中的美好元素融汇与杂糅到现代化进程当中,从而建构一种新的中国文化的现代化道路。不言而喻,老舍从对"乡下人进城"现象审思而提出的命题,给后人的启示是深远的。

(作者单位:浙江大学中文系)

尼采诗歌与酒神

李咏吟

内容提要：尼采的诗歌创作有着自己坚定的思想理念，这就是对酒神与超人的自由想象。在尼采诗歌的话语想象中，"赞美酒神"就是为了表达个体生命的自由意志，"教导什么是超人"则是为了寻求人生自由超越的精神理想。为了将酒神的生存想象以及对超人的审美想象真实化，尼采以希腊文化作为历史文化现实的可能性，赋予了希腊文化精神独特的理解，形成了"酒神—超人形象"的希腊化想象。

关键词：尼采；诗歌；希腊；酒神；超人；形象

一、尼采的哲学诗歌创作与希腊化想象

如何评价尼采作为诗人的价值，历来存在争议。萨尔泽认为，尼采是写过诗歌的哲学家，他的思想影响了许多人的创作，特别是奠定了表现主义（Expressionisums）的核心价值原则。[①] 二十世纪八十年代，周国平、刘小枫等将尼采称为"诗人哲学家"。[②] 不过，尼采到底是诗人还是哲人，关键在于你进行怎样的自由选择。在德国，文学家往往很少讨论尼采的诗歌，哲学家倒是对尼采的哲理诗《查拉图斯特拉如是说》相当重视。从尼采作品集中可以看到，尼采确实创作了一些诗歌。[③] 只不过，他早期的诗歌显得比较单薄，后期的诗歌则充满思想力量，与通常的抒情诗歌不同。事实上，尼采与一般意义上的诗人也存在着很大差异，因为他的诗歌朗诵效果和抒情效果并不理想，或者说，尼采的诗歌，不是真正意义上的歌诗，而是哲学意义上的诗思，即"通过诗歌而思想"。那么，到底应该怎样评价尼采诗歌的创作价值呢？

这涉及我们对尼采哲学诗歌的看法。尼采虽然也有普通诗歌意义上的抒情诗，我们甚至可以把尼采的诗歌分为早期与晚期两个阶段，但是，尼采的哲学诗歌显然不能仅仅通过形式的特征来界定，实际上，尼采的诗歌更多地表现为"哲学散文诗的形式"。尼采早期诗歌大多是随感和短歌，短小精悍，有些诗歌则显得简单稚拙，后期诗歌则显示出成熟的诗歌特征，例如，《狄奥尼索斯颂歌》。有些则与哲学散文相统一，特别是《查拉图斯特拉如是说》，极具思想深度，甚至可以说，尼采的后期诗歌，是把诗歌当作哲学来写，自由的哲学思想贯穿在他诗歌的内在灵魂中，增加了诗歌的哲学思想深度。尼采的哲学散文与哲学诗歌的内部界限完全可以消除，他的哲学散文充满着诗人的激情，他的哲学诗歌则充满哲学思考的力量。这在诗歌史上标志着一种古老而智慧的创作传

---

① Anselm Salzer und Eduard von Tunk，*Illustrierte Geschichte der Deutschen Literatur*（V），München，2001，S. 10.

② 周国平主编：《诗人哲学家》，上海人民出版社 1987 年版，第 3—6 页。

③ Friedrich Nietzsche，*Werke*（I），Zurich，1974，SS. 57—86.

统,因为古希腊早期哲学,大多以诗歌的方式表达自己的哲学思想。但是,这一传统,在诗歌领域逐渐逊色于抒情诗的歌唱传统与叙事诗的戏剧传统:诗歌的形象力量得到了逐步加强,诗歌的思想力量则逐渐让位于哲学。不过,只要真正找回诗歌的哲学传统或创造智慧,就可以显示诗歌的真正思想价值或智慧价值,这在理性生活与感性生活极力对抗的时代显得更加重要。

从诗歌与文明的视点出发,应该如何看待尼采诗歌与文明生活的内在联系呢?必须承认"诗歌"肯定要道说文明生活的情感与文明生活的自由本质。一方面,尼采通过文明的生存体验直接道说希腊理想,另一方面,则通过希腊文明的自由想象来道说生存意志。这就形成了尼采诗歌的独特性,即从希腊神话中吸取养料,并赋予希腊诸神以时代的象征意义。[1] 他的诗歌巧妙地重构了希腊文化精神形象,特别是酒神形象与超人形象。在这种形象创造过程中,尼采直抒胸臆,把诗歌当作哲思来构造,奉行"诗歌即哲学"的原则,但从根本上说,可以看作是形式美学意义上的诗,而不是严格意义上的哲学。他把真正的哲学思考写成断片的诗,结果,这并不是一般意义上的诗,而是原初思想意义上的哲学沉思。这种诗与哲学的独特关系,是尼采诗歌创作的根本价值所在。

青少年时代的尼采,充满着对诗歌的热爱以及强烈的创作冲动,为此,他对古希腊诗歌与哲学有极其深刻的理解。尼采好像并没有经受太多艰难的思考,就直接抓住了诗歌的思想本质,通过诗歌进入了思想的领域,虽然这些诗歌在形式与韵律上并没有真正自由的美感。在对真正的抒情诗的理解中,在对希腊文化价值的现代性追求中,尼采诗歌很早确立古希腊诗歌作为纯粹诗歌的传统。他自然而然地建立了与希腊思想传统与神话传统之间的自由精神联系。特别值得重视的是,他在古典语言和古典作品的学习过程中,全面系统地接触到了希腊文化自身。在近代德国的希腊文明学习和追求中,尼采效法先贤,开始以自己的慧心与自由意志创造性地理解古希腊文明自身。这种创造性理解,体现在诗歌创作与哲学思考之中,它表现为:解读荷马、解读希腊神话,解读希腊哲学、解读希腊悲剧,解读希腊文化,由此构造了独特的精神生活世界。[2]

为了真正理解希腊诗歌与哲学,尼采充分探讨了《荷马史诗》、赫拉克利特与巴门尼德的哲学诗、希腊悲剧诗歌等等,他几乎是自觉地探讨了希腊诗歌与哲学的方方面面。尼采专门作《荷马与古典语言学》的讲演,还专门创作了《悲剧的诞生》等哲学诗体作品。尼采从荷马史诗文本出发并把握了文本的英雄形象,理解了《荷马史诗》背后所蕴含的文化价值。他不断地追问:荷马为何要写史诗?为何要这样创作史诗?在他看来,史诗的根本价值,不是个人诗思的表达,而是英雄形象的雕塑。更重要的是,如何通过英雄价值确立个人价值原则。在希腊思想传统中,"英雄的价值",不是为了确立特殊价值而是为了寻求普世价值;英雄也是人,"英雄的价值"不能背离公民价值,必须深深植根于城邦公民的德性生活价值之中。施莱希塔曾指出,从 1869 年到 1872 年,在系列演讲中,"尼采都在呼唤温克尔曼和歌德,有时还有席勒,称他们为先驱,开启了关于古代希腊的一种新的、决定性的理解。"施莱希塔发现,"诸如 Deutschtum(德意志性)和 Hellenentum(希腊性),authentic Deutschtum(真正的德意志性)和 authentic Hellenentum(真正的希腊性)等,这些孪生性概念就是尼采提到歌德时的主要词汇,因为它们是互相关联的概念。"[3]尼采说,"正是通过这几个人,'德意志性格'达到了一种人们过去认为不可能的'文化和教育水平',使德国人得到更新和复兴的,总是'希腊的故乡':这里是德意志精神的圣地,最内在的德意志存在之圣地,德意志最

① Manfred Thiel, *Nietzsche, Ein analytischer Aufbau seiner Denkstruktur*, Heidelberg, SS. 333—336.
② Alfred v. Martin, *Nietzsche und Burckhardt*, München, 1947, SS. 85—102.
③ 奥弗洛赫蒂等编:《尼采与古典传统》,田立年译,华东师范大学出版社 2007 年版,第 245 页。

优秀的民族代表的圣地。"①这一评述，实际上强调了德国诗歌思想与近代文化传统中的一个重要思想倾向，这就是寻求德意志性与希腊精神传统之间的内在联系，尼采的诗思就处在这一思想链条之上。

尼采在创作诗歌的时候，也在理解希腊诗歌与哲学，或者说，他对希腊诗歌与哲学的理解就蕴含着他的基本生存理想。在《悲剧的诞生》中，尼采说，"荷马的崇高是不言而喻的，作为个人，他诉诸日神的民族文化，犹如一个梦艺术家诉诸民族的以及自然界的梦的能力。荷马的'素朴'，只能理解为日神幻想的完全胜利。"尼采看到，"在希腊人身上，'意志'要通过创造力和艺术世界的神化作用直观自身。它的造物为了颂扬自己，就必须首先觉得自己配受颂扬。""他们要在一个更高的境界中再度观照自己，这个完美的静观世界不是作为命令或责备发生作用。这就是美的境界，他们在其中看到了自己的镜中映象——奥林匹斯众神。""希腊人的'意志'用这种美的映照来对抗那种与痛苦和痛苦的智慧相关的艺术才能，而作为它获胜的纪念碑，我们面前巍然矗立着素朴艺术家荷马。"②为此，尼采通过对荷马与悲剧诗人的解读，建构了希腊化的狄奥尼索斯形象。在尼采看来，悲剧最初起源于严肃而神秘的宗教思考，源于对自然的至深恐惧。悲剧作家夸大了人类生活的悲剧，这种悲剧的夸大，不仅让人们对国王家族生活悲剧或英雄生活悲剧形成同情或敬畏认知，而且能让人类对自身生活的意义能够形成严肃的反思。

尼采从酒神所代表的希腊精神出发，惊叹索福克勒斯的价值，也认可埃斯库罗斯的价值，对欧里庇德斯却做出了否定性评价，对阿里斯多芬更不以为然。这与尼采的希腊思想解释倾向有关，他崇拜原始的生命力量，却反对道德教化的原则，他崇信命运观念与轮回观念，反对世俗生活的现实原则。尼采一方面畏惧命运，另一方面则主张强力意志。尼采认为，悲剧是人类生活的普遍性境遇，这不需要从生活现象去发现，而要从生命的内在本质去审视。人确实每天皆在奋斗，皆在抗争，有时好像还很得志，但是，人又摆脱不了命运的纠缠，要面对死亡、竞争、冲突、欲望。人在不停地追求中获得了暂时性幸福，最终只能奔向死亡。尼采发现，喜剧承认人的命运的不可克服性，把一切命运的神秘安排视作快乐，达观地顺从生活的悲剧，因此，欧里庇德斯的悲剧生活表现，却充满人生智慧的喜剧性情调。

为了真正理解希腊精神文化传统，尼采对悲剧时代的哲学也有特别的解释。他特别关心苏格拉底哲学的真实意义，那么，尼采如何理解巴门尼德、赫拉克利特、恩培多克勒呢？在尼采看来，这些悲剧时代的哲学家呈现了冷峻与超越的思想力量。尼采的希腊思想道路是独特的，琼斯说，"尼采决心牺牲作为一个整体的古代这一概念，集中注意古希腊思想的真正有创造的时期。"③这根源于尼采对古希腊文明解释的基本认识意图。尼采对希腊文明本质的理解，是通过悲剧和音乐，神话和哲学入手的。他发现，日神精神与酒神精神，是希腊文化的本质象征。尼采不是简单地从古典角度考察希腊文明，而是从原始文本出发形成自己的自由价值判断。他始终通过史诗与悲剧想象希腊生活形象，并由此把握这些形象背后的生命象征。他不是对文本进行学术考证或语言分析，而是深入发现文本背后的思想文化内涵。尼采的思想具有自己的时代感，带有时代的鲜明生活烙印，他以自己最富想象力的思想面对古代希腊生活的文明象征价值。

---

① 奥弗洛赫蒂等编：《尼采与古典传统》，第 246 页。

② 《悲剧的诞生：尼采美学文选》，周国平译，北岳文艺出版社 2004 年版，第 13 页。

③ 奥弗洛赫蒂等编：《尼采与古典传统》，第 21 页。

二、狄奥尼索斯作为生存者形象的希腊化

尼采对希腊文明的接受，或者说，尼采对希腊思想文化和文明特质的解释，有着自己的创造性和独特性。在《悲剧的诞生》中，尼采发现了阿波罗和狄奥尼索斯，并特别赋予了狄奥尼索斯以特殊的文化象征意义。[1] 在酒神颂歌的组诗系列中，尼采通常以思想的直接道说的方式表达自我，并不像许多诗人那样，通过情景或象征抒情。他甚至试图直接"道说真理"。我们应对尼采的《狄奥尼索斯颂歌》有着怎样的期待呢？这篇颂歌是赞美酒神还是重建酒神的自由形象及其所代表的精神吗？如果我们顺着这种颂歌基调去理解尼采的《狄奥尼索斯颂歌》，那么，肯定会大失所望。尼采狄奥尼索斯颂歌由"九个诗章"构成组歌，完全没有采用赞美的基调，相反，采用了反讽与嘲弄的基调，以反抗与批判的精神谈论生存者与自我。诗歌根本不具有颂歌的华美与灿烂的情调，而是不断面对生存困境的思想挑战。尼采通过酒神颂歌展现了自我的孤独沉思，生命的哀叹，甚至有对国王之女阿里阿德涅的悲剧命运的反思，更有对富裕女神与贫穷女神的再探索。这些诗篇，大大超出了颂歌的主题范围，甚至没有对酒神精神生活进行具体的诗性想象。在这一颂歌创作中，尼采完全忠实于他的"通过思想强化诗歌"的创作宗旨。

在尼采的酒神颂歌中，他对诗人并没有特别高贵的看法。[2] 在《只是小丑！只是诗人》(Nur Narr! Nur Dichter!)中，他写道，"只是说着花言巧语/ 借小丑的假面说出些花言巧语/ 在诳骗的语言悬桥上踅来踅去/ 在虚幻的天空之间的/ 谎话彩虹上面/ 悠悠荡荡"[3]他通过小丑与诗人意象的类比建立了诗歌的幻想观念，也击破了诗人的高贵形象。诗人只是表演者，与小丑相似。在《遗愿》(Letzter Wille)中，他写道，"在战士中最快活的人/ 在胜利中最慎重的人/ 在自己的命运之上树立一个命运/ 严厉，反思过去，预想未来。"[4]这些诗句都是思想的道说，尼采由此明确地表达了自己的主张。在《火的信号》(Das Feuerzeichen)中，他写道："这炷火就是我的灵魂本身/ 它的静静的烈焰向上烧，向上烧/ 永不知足地探求新的远方/ 查拉图斯特拉为何逃避兽与人/ 他为何突然逃出一切坚实的陆地/ 他已经认识到了六重孤独/ 但大海本身对他还不够孤独/ 岛让他攀登，他在山顶化为火/ 现在，为了寻求第七重孤独/ 他把钓钩甩过头顶投下去。"[5]在此，火与灵魂和孤独者形象直接联系在一起，灵魂的燃烧与灵魂的孤独，丝毫不能阻止尼采思想的叛逆力量，"孤独"的抒情基调变成了尼采诗歌的最显著特征。在《太阳的沉落》(Die Sonne sinkt)中，他写道，"我活着的一天/ 近黄昏了/ 你的眼睛已失去/ 一半光辉/ 已涌出像露珠/ 一样的眼泪/ 白茫茫的海上已悄悄流过/ 你的爱的紫气光华/ 你的最后的迟滞的永福。"[6]这些诗句，流露出茫然与没落的情调，但尼采觉得是在道说真实。在《阿里阿德涅的叹息》(Klage der Ariadne)中，他写道，"不/ 回来吧/ 带回你的一切折磨/ 我所有的眼泪/ 形成小河向你流去/ 我最后的心中之火/ 为你燃烧起来/ 哦，回来吧/ 我的未识之神！我的痛苦/ 我的最后的幸福！"[7]尼采通过牺牲者的痛苦唱着爱情的悲歌，彰显痛苦而悲壮的思想力量。在《最富裕者的贫穷》(Von der Armut des Reichste)中，他写道，"去吧，去吧，

①　Friedrich Nietzsche, *Die Geburt der Tragödie*, Stuttgart, 1993, S. 24.
②　Friedrich Nietzsche, *Dionysos—Dithyramben*, Berlin, 2002, S. 377.
③　《尼采诗选》，钱春绮译，北岳文艺出版社2003年版，第156页。
④　《尼采诗选》，第168页。
⑤　《尼采诗选》，第173页。
⑥　《尼采诗选》，第176页。
⑦　《尼采诗选》，第181页。

你们/ 露出阴郁眼光的真理/ 我不想在我的群山上/ 看到严厉焦躁的真理/ 今天,真理闪着微笑的金光/ 走近我身旁/ 被阳光照得媚人,被爱燃烧成褐色/ 我只从树上摘取成熟的真理。"①"我的灵魂/贪婪地伸出舌头/ 已经舔过一切善与恶的事物/ 钻进过一切的深底/ 可是总是像软木塞一样/ 总是再浮上来/ 像油一样飘在褐色的海面上/ 由于这个灵魂,我被称为幸福的人。"②在这里,他运用希腊神话的贫富之神作为诗歌的底色,通过灵魂的贫富之思,将生命的自由升华为真正的理想。这就是尼采,他通过诗歌言说真理,表达自己最真实的认识。《狄奥尼索斯颂歌》写于《查拉图斯特拉如是说》之后,其中,保持了长诗的写作情调,讽刺与自语得到充分表达。诗歌的意象孤独而悲壮,因为嘲讽的语调,在悲剧的沉思中始终洋溢着特别的激情。对此,瑞得尔评论道:"尼采的《狄奥尼索斯颂歌》所发挥的作用,正如席勒的哲学抒情诗所发挥的作用。席勒去世后一个世纪,这些颂歌似乎开始表达孤零零的个人自我的痛苦。"③在诗歌创作中,尼采不自觉地回到希腊神话想象中,形成了对希腊诗歌与哲学所代表的自由精神的深沉把握。

狄奥尼索斯到底有怎样的文化象征价值?这先要考察狄奥尼索斯神话。在希腊神话谱系中,他是农牧神,也是酒神,他是春神,生育之神,也是秋神,丰收之神。狄奥尼索斯有着生命的全部丰富性、欢乐性和痛苦性,不能把狄奥尼索斯想象成纯粹的欢乐之神。狄奥尼索斯与希腊诸神的联系,显示出自身独特的生命舞蹈形象。在奥林波斯神系中,有许多神充满着特别的神性,具有庄严肃穆的特征。鲍默说,"尼采声称自己是'第一个理解'、'发现'并'认真对待'狄奥尼索斯的人,是第一个描述其'心理学'意义并将其'转变'为一个哲学体系的人,这是有意夸大其辞。"④因为在尼采之前,温克尔曼、哈曼和赫尔德、诺瓦利斯、荷尔德林、谢林、海涅、哈默林、克罗伊策、巴霍芬等都讨论过狄奥尼索斯。"尼采之前真正的狄奥尼索斯传统,主要见于晦涩难解的半学术作品,基本反映的是一种浪漫主义的哲学和神话学,实际上是由一帮倾向哲学和文学批评领域的古典语文学家完成。"⑤尼采哲学诗歌的希腊化,就是这种狄奥尼索斯传统创造的自然延伸。

尼采赋予了狄奥尼索斯哪些生命特性呢?首先,尼采认为狄奥尼索斯象征着希腊文化的酒神精神,酒神精神即生命的狂欢自由。尼采在《狄奥尼索斯颂歌》中致力于自我的生命思索以及对真理的探寻,并没有构造狄奥尼索斯形象,但是,他在哲学散文诗作品《悲剧的诞生》中却充分刻画了狄奥尼索斯形象。这是一个春天之神与生命欢乐之神,他的伴侣是萨提儿,半人半马的欢乐伴侣。他们为春天欢呼,他们在醉酒中狂欢,极其纯粹与美好,一切带着春天的生命力量,创造着世界,象征着生命的灿烂。尼采不是通过抒情诗歌而是通过哲学散文诗创造了完整的狄奥尼索斯形象。在狄奥尼索斯组诗,尼采则以忧郁的目光表达着对世界的理解,表达着世界的悲剧与痛苦。

其次,尼采的狄奥尼索斯象征着大地与生育,象征着生命的和解与自由。尼采已经深刻地理解了酒神的生命象征意义。他说,"在酒神的魔力之下,不但人与人重新团结了,而且疏远、敌对、被奴役的大自然,也重新庆祝她同她的浪子人类和解的节日。""大地自动地奉献它的贡品,危崖荒漠中的野兽也驯良地前来。酒神的车辇满载着百卉花环,虎豹驾驭着这彩车行进。"⑥这是何等自由与欢乐的情景!在此,狄奥尼索斯就成了生命自由的伟大象征。抒情诗歌无法道说的真理本质,尼采通过哲学散文诗释放了它全部的象征意义。

---

① 《尼采诗选》,第 187—188 页。
② 《尼采诗选》,第 188 页。
③ 奥弗洛赫蒂等编:《尼采与古典传统》,第 265 页。
④ 奥弗洛赫蒂等编:《尼采与古典传统》,第 274—275 页。
⑤ 奥弗洛赫蒂等编:《尼采与古典传统》,第 293 页。
⑥ 《悲剧的诞生:尼采美学文选》,第 6 页。

　　第三,狄奥尼索斯象征着欲望与欢乐、成熟和丰收,象征着肉身生命的解放与欢乐。在尼采的酒神形象中,酒神是自由的生命,是反抗的象征。其实,在欧里庇德斯的悲剧与希腊神话传说中,酒神的形象已经定型化。这是狂欢之神,也是春天解放之神,是妇女解放之神,也是生命欢乐创造之神。或者说,"酒神"就是个体化生命的伟大象征。尼采看到,"在这惊骇之外,如果我们再补充上个体化原理崩溃之时从人的最内在的基础即天性中升起的充满幸福的狂喜,我们就瞥见了酒神的本质,把它们比拟为醉乃是最贴切的。""或者由于所有原始人群和民族的颂歌里都说到的那种麻醉饮料的威力,或者在春日熠熠照临万物欣欣向荣的季节,酒神的激情就苏醒了,随着这激情的高涨,主观逐渐化入浑然忘我之境。"①尼采不仅谈论狄奥尼索斯的象征形象,而且也谈论阿波罗形象的象征力量。我们知道,这是互补性的生命神,构成了希腊文明的全部丰富性内容。它充满欢乐与祥和、阳光灿烂与春风拂面之感,生命的一切美好,皆在这两尊美神的自由象征中。"希腊人在他们的日神身上表达了这种经验梦的愉快的必要性。""按照其语源,他是'发光者',是光明之神,也支配着内心幻想世界的美丽外观。"②除了日神阿波罗与酒神狄奥尼索斯之外,其实,还有阿芙洛狄特所代表的美神,这三个神象征着希腊文明的全部积极力量。当然,美神的力量本身已蕴含在酒神与日神之中。希腊神谱所代表的,是希腊方方面面的精神生命象征。希腊精神形象并不是平面的,而是立体的,但尼采则特别乐于从酒神形象来理解希腊,其目的是为了赋予希腊文明以伟大的生命精神象征。

　　在强化酒神精神时,尼采直接表现出敌视基督的立场,他试图通过反对基督教达到重估一切价值的尝试,这也与尼采的酒神精神崇拜有关。古希腊文化,在德国人心中,既有基本性的理解,又有个人性理解。应该说,"个人性理解"作为创造性的哲学或诗学理解方式,更加强烈地考验着古典学家们或希腊文化解释者。尼采为何如此强调古希腊文明的酒神精神价值呢? 这是因为通过希腊酒神传统与基督教道德思想之间的比较,尼采更加充分地确证了狄奥尼索斯传统的精神生命价值。批判基督教的目的,就是为了回到生命并且重视生命意志本身。尼采并不是第一个批判基督教的人,因为基督教的革新本身就是德国思想的传统。他们一方面信仰基督教并坚守节日仪式,另一方面则强调基督教道德的腐朽。尼采敌视基督教,首先在于要破除基督教的上帝绝对中心的观念。③ 一切以上帝作为律法准则,自然对人日常生活或情感意志形成束缚,特别是按照教义规定的上帝律法,人的生活受到许多束缚,这就是基督教道德革命之根源。其次,批判基督教是为了否定那些借基督教维护自身利益的伪信者或得利者。第三,批判基督教,是尼采所代表的希腊文化崇拜者的必然选择。当德国人与法国人选择了不同的文化道路时,希腊思想的地位就确立了。德国知识界对希腊的美化和推崇,使得希腊文明的自由精神的德国化成了德国自由知识分子心仪的文明目标,尼采的酒神形象创造就是服务于这一特殊的德国思想目标。

三、超人形象创造与希腊三重神话的新综合

　　正是在哲学诗歌创作中,尼采赋予了哲学诗歌以崭新的文化意义。尼采的哲学散文诗《查拉图斯特拉如是说》是石破天惊之作,它一方面继承了希腊哲学诗歌的伟大创作传统,另一方面又做出了属于尼采自身的伟大思想发现。在尼采的查拉图斯特拉的独白中,这个伟大的发现,就是发

---

　　① 《悲剧的诞生:尼采美学文选》,第 5 页。
　　② 《悲剧的诞生:尼采美学文选》,第 4 页。
　　③ Friedrich Nietzsche,*Der Antichrist*,Berlin,2002,SS. 172—173.

现了超人，这是查拉图斯特拉的孤独言说创建的伟大精神形象。尼采直接创造了查拉图斯特拉形象，或者说，这个形象就是尼采形象的神话化或传奇化。查拉图斯特拉形象是孤独者的形象，虽然起源于波斯的先知形象，但尼采赋予了这个先知以孤独者与自由者的形象。尼采通过查拉图斯特拉的自由言说或宣讲，通过查拉图斯特拉的歌唱，嘲讽了世俗生活的价值，描绘了世界生活的异化形态，最终确立了超人的伟大价值，显示了自由独立的价值立场。在《查拉图斯特拉如是说》中，查拉图斯特反复言说的话是："我教你什么是超人？"他的形象言说是："超人是大地的意义"，"超人是那大海"，"超人是那闪电"。① 超人到底是什么样的主体形象，我们并不清晰，但是，我们通过查拉图斯特拉的三个界定就可以理解超人的形象。可以说，这是希腊神话中大地之神盖亚或德墨特耳或哈代斯、海洋神波塞冬和天空雷电之神宙斯形象的自由综合，这是三种伟大精神力量的综合，是大地丰收或归依大地、是海洋无限或大海丰富、是天空浩瀚或雷霆万钧等伟大力量的象征。这就是说，尼采通过查拉图斯特拉所代言所宣告的"超人形象"，就是自由而伟大的生命创造力量。

尼采对狄奥尼索斯的再创造，应该说，在《悲剧的诞生》中已经完成，这与欧里庇德斯的悲剧《酒神的伴侣》以及相关的酒神故事不同。欧里庇德斯采用形象叙述的方式，通过戏剧角色的对话勾勒了酒神的自由与浪漫，通过国王与彭透斯的狂妄描写，通过彭透斯国王的母亲与妹妹的疯狂行动，通过酒神的魔杖点缀出来的春天、葡萄和葡萄酒以及信徒的生命狂欢，共同构成了最自由美好的生命自然情调。尼采的真正酒神颂歌或哲学散文诗《悲剧的诞生》，似乎是以欧里庇德斯的悲剧《酒神的伴侣》作为基点，形象地再现了《酒神的伴侣》中的自然情景。更重要的是，他赋予了酒神以自由的生命创造形象。酒神的生命创造，象征着自然与大地的和解，象征着春天的灿烂的生命，尼采甚至将萨提尔形象赋予了特别的生命象征意义。尽管如此，尼采不满足于只写酒神，也不满足于以酒神象征生命冲动。他要创造出一个"新神"，真正属于自己的新神，带着自己的面目，自己的精神和风采的神。尼采为此写了一部长诗，即《查拉图斯特拉如是说》。在这部伟大的诗篇中，他创造了新神"超人"形象，甚至不能说创造，而是说尼采命名了"超人"的形象。他不是通过叙述来创造形象，也不是通过抒情来创造形象。查拉图斯特拉为何代神立言？这是因为超人就是为了拯救人类而来。这不是基督式拯救，不是牺牲式拯救，而是预言式拯救，警示性拯救，甚至也可以说，只是对人类宣扬真理，指引生命的幸福道路。

有意思的是，酒神与查拉图斯特拉也不同。酒神是行动者，他通过自己的自由的法术创造奇迹并制服国王，他带给信徒狂欢极乐之美，但是，他不屑于用语言表达生命的力量，不屑于用语言表达神圣的生命创造力量与生命自由意志。酒神是真正的行动者，查拉图斯特拉则是言语者，他不断地向人们言说，宣传着他自己的真理。那么，为什么要按照超人的看法看待世界？《查拉图斯特拉如是说》，作为经典话语方式，是否具有神圣命令的价值？应该看到，"查拉图斯特拉"通过语言的自由与语言的命令，创造了奇妙的精神世界。黑勒认为，"尼采反对伏尔泰的看法：用文化（Kutur）来对抗文明（Zivilisation）。""人将变得更不可信任、更怀疑、更强壮、更自信和更自我依靠；的确，正如自然本身一样，人将变得更非道德（amoral），人不可能返回某些理想的过去，不可能革命性地废除文明，从而获得他的这种非道德性质，人只能在前进中获得这种非道德性质。"② 尼采通过查拉图斯特拉宣告超人形象的诞生，并宣告了超人时代的到来。

关于尼采的"超人"的身份特性，彼珀解释道，"超人不是那种超级人，超人就不是人，不是个体，而是一种活动的名称，一种个体积极性的名称。这种活动有着超越过去和回归自我的一般结

---

① Friedrich Nietzsche, *Also sprach Zarathustra*, Stuttgart, 1994, SS. 10—11.

② 奥弗洛赫蒂等编：《尼采与古典传统》，第 210 页。

构。"这种说法并不完全符合尼采的意图。"所超越出去的人是人,但是,超越所发生的并不是摆脱自己意义上的那种脱离开的人,而是人的自身朝着自我的方向超越。""作为人类的人在超人中实现完美,他并不迷失于或者固守于一个遥不可及的目标,而是在超越自我时主要及于自身。""超人即是处在人类历史性的结构的动力中产生出来的图腾,并且在这个图腾中物质和精神的相互间保持平衡时,超人才成为大地之意义。"①应该说,彼珀的这些解释充满了启示的意义。尼采不像别的诗人善于在诗歌中刻画超人的形象,他更善于通过散文化思想来刻画超人的形象。尼采的超人形象,并不是通过叙事的言说或抒情的构思完成的,相反,他的超人形象,是通过哲学的语句或哲学的象征判断道说的。在《查拉图斯特拉如是说》的序言中,尼采直接道说了"超人"的三重形象。②应该说,超人的形象并不重要,超人所代表的精神才重要;超人所代表的思想意志与生存意志,是通过查拉图斯特拉的宣言完成的。超人自己并未说话,超人亦未在诗歌中现身,超人只是在查拉图斯特拉的癫狂言说之中。超人在一切人之上,超人并没有现身。超人是自由而伟大的精神象征,这个超人的形象并不鲜明生动。实际上,查拉图斯特的个性形象,与鹰与蛇游戏的形象,与各种各样的人游戏的形象,变成了诗歌的根本图像。查拉图斯特拉显示了自己的叛逆性与高傲性,他眼中的世界是异化的世界、丑陋的世界。这个先知形象,在尼采的哲学散文诗中更加丰富完整,"超人"只是尼采借查拉图斯特拉之口许诺的希望,指引的方向。

在尼采的诗性叙述中,查拉图斯特拉获得了生命自由价值独白与情感价值独白的绝对欢乐。"我愿意赠送和分发,直到世人中的智者乐其愚,贫者再度乐其富。"③"人是联结在动物与超人之间的一根绳索——悬在深渊上的绳索。""走过去是危险的,在半途中是危险的,回头看是危险的,战栗而停步是危险的。""人之所以伟大,乃在于他是桥梁而不是目的:人之所以可爱,乃在于他是过渡和没落。"④"我要跟创造者、收割者、庆丰收者交往:我要指给他们看彩虹和超人的一切阶梯。"⑤超人变成了查拉图斯特拉心中的理想,精神生活中最伟大的生命信念,但超人并未真正诞生。从哲学散文诗的独白中可以看到,尼采只是许诺了伟大而美好的未来,建立了伟大的精神形象,给人类自由美好的生命创造了伟大的梦想。

查拉图斯特拉教人"什么是超人",他通过他的强有力的煽动性语言和激烈批判的语言,道说生命的伟大本质。生命即大地,生命即回到本身。"我恳求你们,我的弟兄们,忠于大地吧,不要相信那些跟你侈谈超脱尘世的希望的人!"⑥"注意,我教你们做超人:他就是大海,你们的极大的轻蔑会沉没在这种大海里。"⑦"瞧啊,我是闪电的宣告者,从云中落下的一滴沉重的雨点:而这个闪电就叫做超人。"⑧海德格尔说,"查拉图斯特拉教导超人,因为他是同一物永恒轮回的教师。但是,反过来也可以说:查拉图斯特拉讲授同一物的永恒轮回,因为他是超人的老师。"尼采曾经说过,"我一定要对查拉图斯特拉——一位波斯人表示敬重:波斯人首先从整体上对历史进行过思考。历史发展延续进行,一位先知主宰着每一阶段的发展进程。每位先知都有其冒险乐园,有其千年王国。"彼珀说,"尼采在查拉图斯特拉这一形象中,并不是想让公元前六世纪之前在波斯授课的哲学家琐

① 彼珀:《动物和超人之间的绳索》,李洁译,华夏出版社2006年版,第57页。
② 李咏吟:《查拉图斯特拉序言与尼采哲学诗的主旨》,《广东社会科学》2017年第1期。
③ 尼采:《查拉图斯特拉如是说》,钱春绮译,生活·读书·新知三联书店2007年版,第3页。
④ 尼采:《查拉图斯特拉如是说》,第10页。
⑤ 尼采:《查拉图斯特拉如是说》,第19页。
⑥ 尼采:《查拉图斯特拉如是说》,第7页。
⑦ 尼采:《查拉图斯特拉如是说》,第8页。
⑧ 尼采:《查拉图斯特拉如是说》,第11页。

罗亚斯德这一历史人物重新复活,而是借用一个历史人物的名字。"①这些彼此冲突的看法,在一定程度上言说着超人形象的复杂性。在《三段变化》中,尼采说,"对于怀着畏敬之念的精神,强力的、负重的精神,有许多重负:精神的强力渴望重的、最重的负担。""这一切最重的重负,负重的精神都把它们背在自己的身上,就像背着重负向沙漠的骆驼,精神也如此急忙地走进它的沙漠。"尼采借查拉图斯之口说,"孩子是纯洁,是遗忘,是一个新的开始,一个游戏,一个自转的车轮,一个肇始的运动,一个神圣的肯定。"②在此,骆驼、狮子、孩子,就是生命自由者幻化出的三重形象,尽管如此,超人自己并未出场,超人只是被查拉图斯特拉道说和宣告。从这个意义上说,尼采的超人形象并不完美,超人是抽象的精神象征物,并不是具体的生命存在者,超人只预示了一种独特的生命意志。

酒神形象不是超人形象,超人代表着一种超凡脱俗、开天辟地的伟大而自由的生命力量。酒神是生命的自由存在状态,酒神是身体与精神的双重自我解放。超人的形象则是大地、海洋与天空的伟大自然力量的结合。超人代表的是自由的精神意志,是生命的大热爱者,是生命的伟大创造者。超人是力量的象征,超人是生命的伟大象征。相对说来,酒神的浪漫与随意让信徒更加热爱生命,更加狂热地寻求生命的身体与精神的双重解放,超人形象则是未来生活的目标。

四、诸神的自由意志与超人意志的希腊化

通过查拉图斯特拉的宣言与道说,尼采建立了超人的伟大价值,建立了超人的生命存在准则,但是,这个超人是"未来的人",是超越现实人生之上的伟大的人。尼采通过查拉图斯特建立了超人的伟大人格精神形象,不仅确立了尼采与古希腊文明的联系,而且确立了尼采的生命意志哲学。他道说了古典希腊文明的浪漫本质,又预言了人类文明的未来特质;这既具有古典的传统,又具有未来的预言性质。虽然先知在《查拉图斯特拉如是说》是最中心的主角,但是,查拉图斯特拉实际上并不重要,他只是一个宣讲者。查拉图斯特拉最核心的任务是:"教给人们什么是超人",因此,超人的意志与超人的形象,才是这部哲学诗歌最根本的思想目标。如果不理解超人,就失去了这部哲学诗歌最根本的宗旨,就会在思想与诗歌的海洋中发生迷航。理解超人并认识超人,是尼采哲学散文诗最根本的任务。其实,超人并不是理性的人,超人是自由意志的象征,超人显示的就是生命存在的伟大意志。尼采通过散文诗或哲学诗歌的创造,建立了伟大的意志哲学。尼采哲学诗歌的真正本质不是话语形式,而是通过思想所表达的真理。他的《悲剧的诞生》《朝霞》《权力意志》乃至他的全部作品,都可以称为哲学意义上的诗,是散文化的哲学诗歌。正是在这种散文诗歌或哲学诗歌中,尼采建立了自己的意志哲学。不过,从希腊诸神所代表的神格形象以及神圣意志来看,超人的形象与超人的意志所代表的,就是希腊诸神的自由形象与自由意志,这是希腊诸神伟大精神力量的自由综合。

生命意志的自然表达与伦理表达,作为超人的生存理想。尼采的全部诗性思想,讨论的实际上是生命意志问题。人类充满了生命的自由意志,在此,自然意志与天地意志,神秘意志与权力意志,法律意志与情感意志,个人意志与集团意志,民族意志与国家意志,世界意志与政治意志,科技意志与军事意志,形成了生存意志的丰富性表达。"意志"是生命的根本,也是生命的冲突的根源。世界的全部快乐和痛苦,皆源自于生命意志。理性的地位,在生活中总是让位于意志,虽然理性高

---

① 彼珀:《动物和超人之间的绳索》,第19—20页。
② 尼采:《查拉图斯特拉如是说》,第21—23页。

于意志,但是,理性只具有警示作用。理性并不能完全控制意志,相反,意志经常操纵理性。当意志操纵理性并让理性为意志服务时,此时,意志往往会表现出极大的诱惑。尼采说,"我的自我,教给我一种新的自豪,我把它教给世人:别把头插进天国的沙里,而要自由地抬起头,这大地之头,给大地赋予意义的头。"①在《超越自己》中,"在我看到有生命者的地方,我就发现有追求强力的意志;就是在奴仆的意志之中,我也发现有当主人的意志。"②尼采在哲学诗歌中具体道说了意志问题,对意志形成了最清晰的言说。这种意志,就是个体生命不可压抑的伟大创造力,就是自我主宰的伟大生命意愿。

生命意志的艺术表达与自由表达,作为超人的形象创造。所有的意志皆受到限制,不过,艺术的意志表达则不受限制,虽然人们强调艺术的审美道德建构责任,但是,艺术意志应该最能体现个人自由意志,因为在艺术意志表达中,人的欲望意志得到证实。人的欲望意志最集中的体现。一是性欲意志,人们有性欲表达的要求,特别是面对美丽的性欲表达要求,二是自我意志,人们有权力表达的自由,即满足自我的全部要求的意志。尼采写道,"我的弟兄们,宁可倾听健康的肉体的声音,那是更诚实更纯粹的声音。""健康的肉体,完美的、正方的肉体,比说话更诚实、更纯粹:它谈说大地的意义。"③艺术意志是尼采所极力崇尚的,这是真正的自由意志。

我们可以进行这样的追问:查拉图斯特拉道说的"超人"表达了什么样的意志?他想要表达什么样的意志?"超人"是否要我们完全服从他的意志呢?他是尊重别人的意志还是反对别人的意志?他如何看待意志的自由?超人的意志,通常具有蔑视化倾向,并没有对人类的同情和真正尊重。许多智力优越者的意志,经常表现为对常人意志的蔑视。只有理解了超人的意志,才能真正理解狄奥尼索斯的价值。尼采就是要为超人的意志进行立法,艺术的自由立法具有重要的意义。在艺术意志中,生命的意志完全艺术化了!尼采写道,"超人之美曾以影子的姿态向我起来。"④在《违背意愿的幸福》中,"我又孤独了,我愿意孤独,跟纯洁的天空和辽阔的大海孤独地在一起;我的周围又是正午。"⑤这种热烈的生命想象,正是超人意志的形象表达,也是希腊诸神自由意志的形象幻化。

世俗意志的政治表达与财富表达,并不是超人意志的真正表达。尼采似乎并没有专门谈到这种世俗意志表达问题,但是,政治意志与财富意志本身就是自然生命意志的象征。尼采并不重视这种世俗力量的意志表达,他更看重要伟大的生命创造意志表达。超人的伟大意志,象征着超越于世俗意志之上。人们发现,政治意志之间充满了较量,最可怕的是,意志的单向表达,即只有一方向另一方表达政治意志的权力,另一方面的政治意志完全被压抑或剥夺。如果基于军事意志或经济意志,那么,政治意志通常就会形成真正的扭曲。在《新的偶像》中,尼采写道,"国家乃是一切冷酷怪物中的最冷酷者。它也冷酷地说谎;这个谎言从它的嘴里爬出来:'我,国家,就是民族。'"⑥在《一千个目标和一个目标》中,尼采写道,"任何民族,不首先对善恶作评价,就不能生存;可是,要想持续生存,这个民族就不应该按照邻族的评价去作评价。""在每个民族的头上,都吊着一块刻着善的石版。瞧,这是这个民族克服困难的记录牌;瞧,这是这个民族追求强力意志的意志所发出的

---

① 尼采:《查拉图斯特拉如是说》,第 29 页。
② 尼采:《查拉图斯特拉如是说》,第 128—129 页。
③ 尼采:《查拉图斯特拉如是说》,第 30 页。
④ 尼采:《查拉图斯特拉如是说》,第 92—93 页。
⑤ 尼采:《查拉图斯特拉如是说》,第 182—183 页。
⑥ 尼采:《查拉图斯特拉如是说》,第 49—50 页。

声音。"①正因为尼采崇信自然的伟大的生命意志,所以,他对意志的变异与国家意志的变异充满了反感。这种世俗意志,是伟大意志的堕落,一切回到了主人意志与奴隶意志的对立,或者说,主人意志完全压抑了奴隶意志。

生命意志的法律表达与理性表达,并不是超人价值的基本出发点。法律意志有政治意志的影子,但法律意志是民族国家或集团意志的工具。法律意志必须通过理性来赋予,真正的法律意志应该建立在平等的基础上。只有当自由民主平等的法律意志得到自由表达时,法律意志才具有效力。法律意志表达应该形成全民的尊重,而不是法律意志表达形成意志反抗或复仇憎恨。真正的法律意志必须有自己的威严,任何违法者都必须受到法律意志的制裁。只有建立法律意志的真正神圣性,才能使法律意志形成真正的效力。在《夜歌》中,"我的赠予的幸福消逝于赠予之中,我的道德由于它的充实而厌倦它自己。"②这种意志也不是尼采所崇尚的,这种理性的意志充满了"算计与邪恶"。

超人意志,就是为了生命的想象自由。我们的情感与意志有所思,在艺术中就幻化成自由的表达,更为重要的是,生活中有各种意志,这些意志同时受到亲情和理性的干扰。意志的表达造成生命的欢乐或痛苦,人们的生命意志具有奇特的力量。例如,爱欲意志或爱情意志,它通常使人做出不符合常理或违背理性的事情。艺术的意志自由,作为艺术作品创造的精神本源,反过来,它又可以激活人们的自由想象。在《醉歌》中,尼采写道,"一切快乐都想要一切事物永远存在,想要蜜,想要渣滓,想要醉醺醺的半夜,想要坟墓,想要墓畔的眼泪安慰,想要镀金的晚霞。"③这就孤独而痛苦的生命存在意志,他们等待超人的拯救。

其实,尼采的超人意志或查拉图斯特拉理想本身,就是难以调和的矛盾对立物。他们并没有找到坚定的生命存在方向,他们也在生命的巨大疑惑中,并没有真正找到正确的目标。他重估一切价值,并没有找到真正的价值;他怀疑一切传统,却并没有寻找到真正的道路。尼采的超人是危险与恐惧、野心与破坏的伴随物,尼采的超人也是毁灭与享乐、创造与放纵的伴随物。尼采的"超人",成了在天地之间飞翔的孤鸟。"伟大的正午就是:人站在从动物到超人之间的道路的中间点,把它走向黄昏的道路当作他自己的最高希望来庆祝:因为这是迈向新的黎明的道路。"④尼采总在批判或谈论道德,他不满意道德,又在制造道德。在《有道德的人》中,"你们灵魂深处的一切秘密应该见见阳光;如果你们被掘开,被打破,晒在阳光里,你们的谎言就会从你们的真心话里被分离开来。"⑤从尼采诗歌的思想倾向可以看出,诗人必须富有思想,不断寻找那伟大的民族精神象征,在文明的根深处,创作自由而伟大的精神形象,这就是诗歌的真正使命。尼采的哲学诗歌想象,蕴藏着希腊文明与希腊生活的秘密,呈现着希腊诸神的自由意志与自由生命精神。尼采将希腊传统幻化成自由的思想力量与形象创造的力量。在尼采那里,奥林波斯诸神所代表的世界,是神圣的生命象征,是一切伟大生命想象的思想源泉。通过酒神形象与超人形象所代表的希腊化精神的想象,尼采真正生动地解释了希腊文化理想与希腊生命精神。总之,尼采的哲学散文诗歌,就是如此生动地将酒神形象与超人形象完全希腊化,并由此建立了贯通古今的伟大生命原则。

(作者单位:浙江大学中文系)

① 尼采:《查拉图斯特拉如是说》,第 61 页。
② 尼采:《查拉图斯特拉如是说》,第 117 页。
③ 尼采:《查拉图斯特拉如是说》,第 395 页。
④ 尼采:《查拉图斯特拉如是说》,第 86 页。
⑤ 尼采:《查拉图斯特拉如是说》,第 101 页。

格林伯格与审美判断的自由

马 杰

内容提要：在 20 世纪的西方艺术史中，克莱门特·格林伯格（Clement Greenberg，1909—1994）无疑占有极为重要的地位。在四十年代初，意图对艺术史进行解释是格林伯格理论的重要动力；他认为艺术史是具有以康德哲学为基础的内在逻辑的过程，而抽象派艺术是这种过程的成功结果。然而在 60 年代，迫于新的而且与现代主义不相容的思潮的出现，如极简主义或波普艺术，格林伯格调整自己的观点并抛弃他对艺术史的看法。笔者认为，这种调整十分明显地反映出了格林伯格的现代主义理论与来自康德哲学的自由判断力的冲突。因此，本文试图证明：（一）纵然格林伯格声称他对艺术史的理解来自康德的判断力批判，实际上他的理论违反了康德哲学的规则；（二）在反对元叙事的后现代思想中，康德意义上的审美判断力仍然具有极为重要的意义。

关键词：格林伯格；审美判断；自由；康德；后现代

一、格林伯格理论的基础

在写于 1939 年的《前卫与庸俗》①一文中，格林伯格划定了前卫艺术与庸俗文化的界限。在他看来，前者是抽象性的，是一种意欲摆脱普通审美观的高级艺术，而后者却是具象性的，它是随波逐流的、属于学院派的大众文化（作为前卫派的代表者，格林伯格坚决反对推崇传统文化的艺术学院）。庸俗文化是"流行的、商业的艺术和文学，包括彩照、杂志封面、漫画、广告、低俗小说、喜剧、叮砰巷的音乐、踢踏舞、好莱坞电影，等等"②，即工业革命所带来的事物。格林伯格之所以认为这种艺术低人一等，是因为他所推崇的是随着科学发展而诞生的、站在前沿的纯粹艺术（"art for art"）。唯有那些具有"一种高级的历史意识"③的艺术家才可以创作前卫艺术，并且"今天已不可能通过其他方式来创造高级的艺术和文学"④。

在他翌年撰写的文章《走向更新的拉奥孔》之中⑤，前卫艺术得到了新的阐发。格林伯格毅然决然地走上了理论的道路并建立起了自己此后至少坚持了 20 年的立场。格林伯格受到 18 世纪德国思想家莱辛（Gotthold Lessing）的影响，与后者一样愿意澄清不同艺术门类的界限："过去、现在和将来都有这样一种将各门艺术混为一谈的情况。一些艺术家关注其媒介的问题……从他们的

① ［美］克莱门特·格林伯格，沈语冰译：《前卫与庸俗》，载《艺术与文化》，广西师范大学出版社 2009 年版，第 3—24 页。
② 同上，第 8 页。
③ 同上，第 4 页。
④ 同上，第 7 页。
⑤ 格林伯格：《走向更新的拉奥孔》，易英，《世界美术》1991 年第 4 期。

观点来看,纯粹主义为积极反对几个世纪以来由于这样一种混乱给绘画和雕塑带来的错误划了句号①"。紧跟《前卫与庸俗》一文,在这篇文章中格林伯格声明艺术具备发展的能力,不过这次他将这种发展的规律理解为各门艺术互相限制的过程。"确定每种艺术的基本成分变得十分重要②",而且"这种必须履行的责任出自历史,出自在特定艺术传统中所实现的连接特定时期的时代③"。前卫绘画也不例外,它也有自己的"责任":从库尔贝(Courbet)开始,前卫绘画经马内、印象派与立体主义达到了既最纯粹又最高级的地步,例如米罗(Miró)、雷捷(Léger)或康丁斯基(Kandinsky)的作品。这样的历史相当于"一部不断向其媒介的抵制让步的历史;它的抵制主要体现在平面绘画的平面性否定为了写实主义的透视空间而力求'穿透'画面的意图。在产生这种让步的过程中,绘画不仅摆脱了模仿——以及'文学性'——而且也摆脱了现实主义的模仿在绘画和雕塑之间所必然带来的混乱④"。

　　20年后,这种描写艺术发展的观点在被视为突破性的《现代主义绘画》⑤(Modernist Painting)一文中又一次获得了哲学上的认可与阐释⑥。那时,一些抽象派艺术家,如杰克逊·波洛克(Jackson Pollock)、罗伯特·马瑟韦尔(Robert Motherwell)和马克·罗斯科(Mark Rothko)等的作品已经极为流行,而纽约现代艺术博物馆也在积极推广抽象派艺术,比如在1959年举办的"新美国绘画"(New American Painting)的展览是这一趋势的明显表现。正是在《现代主义绘画》这篇文章中,格林伯格写了其最为世人知晓的一句话:"现代派的精髓在于运用某一学科的独特方法对这门学科本身提出批评,其目的不是破坏,而是使这门学科在其权限领域内处于更牢固的地位⑦"。康德的影响再明显不过了:格林伯格认为"现代派与始于哲学家康德的自我批评趋势的强化甚至激增同出一辙⑧",而后面他又写道:"康德的自我批评完美地体现在科学之中,而非哲学之中。当这种自我批评被用于艺术领域时,艺术在精神上比任何时期都更接近于科学方法——超过了早期文艺复兴。"⑨值得我们注意的是,格林伯格提倡"特殊性的艺术"(specific art,例如绘画、雕塑、音乐等确定的门类),而否认"一般意义上的艺术"(generic art)。这是因为在他看来"前卫"的概念排除一切意图跨越各门艺术的界限的物品;混淆艺术的不同门类是一种违背历史潮流的错误。不仅如此,格林伯格声称他的想法来自康德:就像康德使用理性来限制理性所许可的范围一样,格林伯格要求每一门艺术进行自我批评:"每门艺术都必须以其独特的方式实现这一点。必须展示和阐明的是独一无二,不可低估的方面。每门艺术都必须通过其固有的方式方法决定这门艺术自身固有的独特作用。"⑩就绘画艺术而言,古典派大师的作品突出绘画的内容(空间),"其次才是一幅画";而现代派艺术家恰恰相反,他们让鉴赏者看到的首先是一幅画。这种方式是欣赏任何一种绘画作

----

① 同上,第10页。

② 同上,第13页。

③ 同上,第16页。

④ 同上,第15页。

⑤ 格林柏格:《现代派绘画》,载《现代艺术和现代主义》,弗兰西斯·弗兰契娜、查尔斯·哈里森编,张坚、王晓文译,上海人民美术出版社1988年版,第3—12页。

⑥ 这篇文章被重印了很多版次,比如发表于1960—1982年之间的版本包括:"Forum Lectures",(Washington,D. C.：Voice of America),1960;"Arts Yearbook",1961(4);"Art and Literature",1965;"The New Art：A Critical Anthology",1966;"Peinture—cahiers théoriques",1974(8—9);"Esthetics Contemporary",1978;"Modern Art and Modernism：A Critical Anthologys",1982.

⑦ 《现代派绘画》,第3页。

⑧ 同上,第3页。

⑨ 同上,第9页。

⑩ 同上,第4页。

品的"最佳途径",是"自我批评的成功"①。

　　我们可以看到,早年的格林伯格曾试图给现代主义下定义、"使艺术回归自身"②,以便证明抽象派艺术是艺术史的成功结果。为了解释当时抽象派艺术在纽约一直保持统治地位的情况,他从回溯历史的角度论述历史现象并且制定历史发展方向。格林伯格"提醒现代人……他的艺术并不是自己创立,完全原创或是独一无二的,而是以历史为条件;而且这种条件性比他所能知道或所能关心的要深刻得多"③。然而,用回溯历史角度的理论能否成立在很大程度上取决于现有的情况是否符合理论家的观点;换言之,为了保证某种审美理论的效能,它的原则应当能够阐释最为流行的艺术风格。一旦某种叛逆它的艺术流行起来,一旦某些艺术家发现现代主义的规则正在限制他们的自由,那么《现代主义绘画》的论点就无法成立。众所周知,挑战现代主义的历史事件确实出现了。

二、康德的自由精神与格林伯格意义上的现代主义

　　在 20 世纪 60 年代中后期,格林伯格的理论开始显得越来越保守而错位了。越来越多的艺术家对现代主义的基本原则表示抗拒,他们甩开了媒介的栅锁,回到了具象绘画,对"艺术"的本质的存在提出了质疑。这种叛逆的例子无处不在:偶发艺术(happening art)是一种新的艺术,它不仅是各门艺术的综合,也是随意自发的;极简主义迫切需要"文学性"的解释与支撑;40 年前发明的混淆艺术与非艺术的现成品(readymade)在约瑟夫·科苏斯(Joseph Kosuth)的理论里获得了新的用法,因为在他的创作中最重要的是理念(concept),而不是形式的问题。安迪·沃霍尔(Andy Warhol)在 1962 年用 32 幅《金宝罐头汤》图片举办了自己的波普艺术展,与被格林伯格所崇尚的高级艺术标准背道而驰;索尔·勒维特(Sol LeWitt)的作品不再叫"雕塑",根据他自己的说法我们应该称之为"三维结构"("structures")④;弗兰克·斯特拉(Frank Stella)创作立体画布(shaped canvas)和几何画板来跨越雕塑与绘画的边界;罗伯特·劳森伯格(Robert Rauschenberg)创作了融合绘画(combined painting),利用各种"庸俗"的实物(报纸、商标、布料、时钟、新闻图片等)组成抽象画板;丹·弗莱文(Dan Flavin)把荧光灯管看作新的媒介;唐纳德·贾德(Donald Judd)推广"真实的空间"(real space)并且用一种嘲笑的口吻声明:"过去几年里,一半或一半以上的最好的新作品,既不是绘画也不是雕塑"⑤;贾德开始制作几何形抽象物品并把这些物品看作位于三维空间的"特殊物品"("specific objects");这样一来他影射格林伯格所讨厌的不属于任何确定的媒介的"任意物品"("arbitrary objects")⑥。1965 年时约瑟夫·博伊斯(Joseph Beuys)展示他的著名行为艺术品《如何向死兔子解释图画》,并且基于以艺术化社会为主要目的的"社会雕塑"("social sculpture")试图证明"每个人都是艺术家"⑦;因此他是彻底否定格林伯格意义上的精英主义的。这些例子无疑彰显出格林伯格在艺术界的地位:60 年代的绝大多数艺术家仿佛都将自己的理念与格林伯格的理念

　　①　《现代派绘画》,第 6 页。
　　②　徐亮:《现代美学导论》,浙江大学出版社 2009 年版,第 45 页。
　　③　沈语冰:《20 世纪艺术批评》,中国美术学院出版社 2003 年版,第 156 页。
　　④　D. Davies, "Medium in Art", in J. Levinson (ed.), *The Oxford Handbook of Aesthetics*, Oxford University Press, 2005, p. 182.
　　⑤　D. Judd, "Specific Objects", *Arts Yearbook*, 1965(8), p. 181.
　　⑥　另一翻译为"随心所欲的产物",参见格林伯格:《现代派绘画》,第 8 页。
　　⑦　《走向更新的拉奥孔》,第 13 页。

相对照，并且通过新的媒介与想法去打破格林伯格所固化的艺术惯例。无论如何，这一冲突说明格林伯格的理论在当时已经失去了诠释艺术的效力。故而，当艺术与非艺术的边界变得模糊不清而媒介的问题开始丧失重要性的时候，格林伯格就必须重新思考审美判断的原则。

尽管格林伯格在 1960 年说"我把康德看作第一位现代派人物"①，可是他并没有按照康德的思想来欣赏艺术。恰恰相反，前面勾勒出的对峙，即格林伯格意义上的现代主义理论与新艺术家的审美判断的矛盾，实际上代表两种迥然不同的审美态度的冲突②。下面将康德的理论跟格林伯格意义上的现代主义进行一个对比，以期证明他所设想的原则并不代表康德之思想。

在《判断力批判》③之中，康德将体验定为审美判断的基础。因为康德否认一切能够先验地确定某一事物是否美的规则，所以他的审美理论的基本概念是无利害性（disinterestedness）：审美判断的首要要求是审美判断的对象不可以有任何重要性、它存在与否跟判断者毫无相干："每个人都必须承认，关于美的判断只要混杂有丝毫的利害在内，就会是很有偏心的，而不是纯粹的鉴赏判断了。我们必须对事物的实存没有丝毫倾向性，而是在这方面完全抱无所谓的态度，以便在鉴赏的事情中担任批判员。"④众所周知，康德最喜欢用玫瑰的例子来介绍这个观点。当我们看到一朵玫瑰并认为这朵花很美的时候，这种感觉不包含任何利益、欲望或其他意义在里面。换言之，只有在这朵玫瑰不是礼物，也不是爱情、痛苦或其他的情感的象征的时候，我们的判断才算是纯粹的。玫瑰固然可以代表这些感觉，不过无利害性的条件要求我们独立于它们地去欣赏这朵花本身⑤。此外，因为审美判断是主观的，所以别人也不可以强迫我们的判断："我必须直接在这个对象的表象上感觉到愉快，而这种愉快是任何论证根据都不能够向我侈谈的"⑥。

显而易见，格林伯格的理论不允许我们进行无利害性的判断。格林伯格使用特定的概念（如平面性与形式）来描写并评价艺术品，而且他的理论和批评的目的无疑是为抽象艺术而辩护；甚至可以说，为了彰显前卫艺术的优势，格林伯格歪曲了艺术史。19 世纪意义上的前卫艺术在很大程度上被当时的人视为改善社会的工具之一⑦，但是格林伯格还是声称库尔贝把自己的艺术"简化为直接的感性材料"，并认为他是"第一个真正的前卫画家"⑧；实际上库尔贝屡次表达出了自己对"毫无意义的为了艺术而艺术"的不满⑨。为了根据康德的理论来鉴赏库尔贝的绘画，格林伯格固然应该从《石工》之中清除一切政治上的含义，但是如果他这样做的动机是论证抽象派绘画的合法性，而不是为了欣赏《石工》这幅画本身，那么他的判断就不是纯粹的了。格林伯格忽略了非常重要的一点："在康德的架构中，不带利害的并'不是作品本身'，而是'人对作品的反应'"⑩。在康德的审美理论中，"形式"向我们提供了无利害性的感受的可能，但是在现代主义之中它却成为了审美的标准。"平面性"与"形式"这两个原来纯粹的概念在格林伯格的话语中被赋予了战略目的。

无利害性是我们关注的康德审美判断的第一个要点，第二个要点是想象力与知性的"自由游

① 《现代派绘画》，第 122 页。
② 参见薛朝晖：《格林伯格在大众艺术批评中对康德思想的误用》，荣宝斋 2011(10)：第 96—105 页.
③ ［德］康德：《判断力批判》，邓晓芒译，中国人民大学出版社 2004 年版。
④ 《判断力批判》，第 38 页。
⑤ P. Crowther, *The Kantian Aesthetic. From Knowledge to the Avant—Garde*, Oxford University Press, Oxford, 2013, p. 71—72.
⑥ 《判断力批判》，第 127 页。
⑦ See P. Wood, "Modernism and the Idea of the Avant—Garde", p. 218—223.
⑧ 《走向更新的拉奥孔》，第 13 页。
⑨ S. Edwards, P. Wood, *Art of the Avant—Gardes*, Yale University Press, 2004, p. 2.
⑩ 薛朝晖：《格林伯格在大众艺术批评中对康德思想的误用》，荣宝斋，2011(10)：101.

戏"。康德认为,当我们看到我们判断为美的东西时,由它的"表象所激发起来的诸认识能力……处于自由的游戏中,因为没有任何确定的概念把它们限制于特殊的认识规则上面。所以内心状态在这一表象中必定是诸表象力在一个给予的表象上朝向一般认识而自由游戏的情感状态"①。"自由的游戏"的概念也许来自孩子玩游戏的场景。当孩子玩游戏的时候,他就可以随意享受玩耍,并不是为了获取什么利益或知识,相反,孩子把握自然世界的法则是玩游戏的副作用而已。康德认为这种游戏与审美判断在本质上是一致的:我们所看到的直观的杂多让想象力与知性在复合杂多的游戏中互动起来,但与此同时主体没有任何"确定的概念"能够引导这一过程,因为在康德看来"美"不是一个概念,而是一种由向想象力提供自由空间的特殊结构激发的感受②。康德很清楚地说道:"任何通过概念来规定什么是美的的客观鉴赏规则都是不可能有的。因为一切出自这一来源的判断都是审美的感性的;就是说,它的规定根据是主体的性感而不是客体的概念。"③保罗·克洛泽(Paul Crowther)认为复合直观的杂多的过程是开放性的:对象被判定为美与否取决于它能不能向判断者提供特殊的复合杂多的方式与空间④。这样一来,艺术品可以扩展鉴赏者的认识能力,即想象力与知性,并且向他带来新的观察世界的方法⑤。

与格林伯格相反,笔者认为将绘画视为以平面性为要素的一门艺术等于限制想象力与知性的自由空间。毫无疑问,将描绘三维空间的绘画看成平面性的画布的结果无疑是排除许多复合杂多的方法,虽然格林伯格多次陈述这是欣赏绘画作品的"最佳途径"。举例来说,马克·罗斯科(Mark Rothko)画于 1953 年的《锈色与蓝色》的一幅抽象画固然提供自由游戏的空间,我们的眼睛可以在彩色的画布上自由自在地流转,以欣赏纯粹的颜色。但是对具象性的绘画来讲,平面性的要求实际上是一种先验的限制。以 17 世纪荷兰画家扬·斯汀(Jan Steen)的作品为例。斯汀的主要绘画题材是日常生活和家庭场面,如画于 1665—1668 年的《圣尼古拉斯节的盛宴》。对这样的绘画来讲,本人认为只有在我们想象我们可以"并入"斯汀所画出来的房间中去的时候,我们才能够充分地欣赏这一作品。为了让想象力吸收更多的能够被知性所复合的数据,我们在欣赏的过程中不知不觉地把二维空间变成三维空间了。现在,既然格林伯格认为混淆绘画、文学和雕塑是一种错误,那么在斯汀的绘画里的故事及亲人之间的感觉因而消失了。我们应该注意的是,当康德说"正是由于想象力的自由在于想象力没有概念而图形化,所以鉴赏判断必须只是建立在想象力以其自由而知性凭借合规律性相互激活的感觉上"⑥的时候,这并不意味着我们必须把想象力限于二维空间!平面性不是绘画的独一无二的成分,恰恰相反,平面性是低碳之类的装饰品的特点。非具象绘画实际上无异于彩塑,而绘画的根本,与格林伯格的想法完全相反,恰恰就是三维空间的幻觉,因为除了绘画之外没有其他艺术能够产生这种幻觉。

第三个要点是规定性判断力(determinative)与反思性判断力(reflective)的区分。规定性判断力运用先验的概念来判断显示(从"一般"到"个别",from "universal" to "particular"),反思性判断力却寻找符合对象的概念(从"个别"到"一般")。审美判断力属于第二种判断力,即反思性判断力,因为审美判断不是在先验的概念上面建立的。康德认为,审美判断的对象具有(无目的的)合目的性(purposiveness);我们所看到的直观的杂多应该符合知性的能力,也就是说,杂多的结构应

① 《判断力批判》,第 52 页

② G. Bird, "Introduction" in G. Bird(ed., *A Companion to Kant*, Blackwell Publishing, Oxford, p. 403—404.

③ 《判断力批判》,第 67 页。

④ See P. Crowther, *The Kantian Aesthetic*, p. 60—88.

⑤ P. Crowther, *Defining Art, Creating the Canon*, Clarendon Press, 2011, p. 59.

⑥ 《判断力批判》,第 129 页。

该驱使主体去寻找建构这一杂多的原理，即目的："一个客体（……）之所以被称为合目的的，只是因为我们只有把一个按照目的的原因性，即一个按照某种规则的表象来这样安排它的意志假定为它的根据，才能解释和理解它的可能性"①。审美上的快感"能表达的就是客体的主观形式的合目的性"②。显而易见，在这方面格林伯格对历史的解释与康德的观点背道而驰。现代主义的原则无非是规定性的，因为"合目的性"的原则不允许格林伯格把平面性看作绘画史的目的。当格林伯格说"西方绘画的一些巨大成就产生于最近四百年压制和排斥雕刻艺术的一部分努力"③的时候，引导着他的审美判断的原则是规定性的，而不是反思性的，因为他是从概念开始思考，而不是从体验。

因此可见，尽管格林伯格声明康德是他的理论的基础，实际上他的想法在几乎所有的方面都跟康德相冲突。他声明艺术发展是有内在逻辑的，实际上新的艺术，如极简主义与波普艺术，违背了这种逻辑；他把"形式"与"平面"视为艺术品最纯粹的一个部分，实际上这一部分在他的理论中成为推广某种艺术风格的战略工具。因此，新的艺术的出现必然导致了他的理论陷入矛盾。在六十年代末时格林伯格的处境非常困难：当极简主义成为不可忽略的艺术现象的时候，格林伯格就只有两个选择：要么像以前那样一直提倡现代主义并先验地拒斥新的思潮，要么调整自己的理论并成为"后现代主义者"。他选择了第二条路。我们接下来可以看到这一演变的来龙去脉。

三、后现代的格林伯格

舍弃 20 多年养成的想法不是轻而易举的事。而直到最近，研究格林伯格意义上的现代主义的学者们才开始辨别"早年"与"晚年"的两个格林伯格④。比利时著名艺术史家蒂埃里·迪弗（Thierry de Duve）是其中一位。他堪称研究杜尚艺术的权威，曾在 1996 年出版于美国的《杜尚之后的康德》⑤一书中确立了后现代的立场并论述了格林伯格转向以杜尚的现成品为代表的后现代审美观的过程。迪弗发现，在格林伯格的理论中存在着两种完全相反的观念：第一种是形式主义，它以体验与趣味为基础，第二种是现代主义，它使用先验的概念（如平面性）确定不同艺术门类的本质。对格林伯格而言，现成品呈现出了双重挑战。第一，崇尚形式主义的格林伯格认为审美判断与趣味判断是一致的："没有审美价值的判断，没有趣味判断，也就没有艺术，没有任何种类的审美经验"⑥。因为小便器对他来说没有审美价值，所以格林伯格坚决拒绝了接受现成品，"从 60 年代后期开始，格林伯格的几乎所有文章都包含着对杜尚的激烈攻击，指责杜尚要为艺术世界的所有罪恶负责"⑦。在这方面，早年与晚年的格林伯格是一直的。第二，崇尚现代主义的格林伯格不愿意认同一般意义上的艺术，而现成品恰恰就是那种一般意义上的艺术品，因为它不属于雕塑等确定的艺术门类。当格林伯格感觉到某些艺术品虽然不符合现代主义的逻辑但还是能够起到审美上的作用的时候，他也就意识到自己的想法是规定性的；他发现了先验地提倡特殊性艺术的观

---

①　同上，第 55 页。

②　同上，第 25 页。

③　《现代派绘画》，第 6 页。

④　See P. Halasz, "Art Criticism (and Art History) in New York. The 1940s vs. THE 1980s", accessed 23.03.2016, http://www.sharecom.ca/greenberg/halasz_40s—80s.html.

⑤　中文版本：［比］蒂埃利·德·迪弗：《杜尚之后的康德》，沈语冰、张晓剑、陶铮译，江苏美术出版社 2014 年版。

⑥　《杜尚之后的康德》，第 236 页。

⑦　同上，第 235 页。

点是不可成立的了。因此,格林伯格舍弃了现代主义。

　　格林伯格拒绝弗兰克·斯特拉的黑色画布是这一抉择的明显表现。虽然斯特拉的作品完全符合平面性的要求,但"格林伯格的趣味范围并没有到达能包含斯特拉黑色画布的地带……也许是因为黑色画如此便利地图解了《现代主义绘画》,以至于能"威胁……自由的审美判断? 黑色画将让格林伯格的历史描述变成规定性的,甚至规范性的"①。当格林伯格凭借自己的感觉否决了斯特拉的画布的时候,他就抛弃了现代主义,同时保护了审美判断的自由。我们在其他地方也可以找到众多他的这种新的态度的例子:在《抽象表现主义之后》(After Abstract Expressionism)的一文中②,格林伯格以含蓄的方式剔除了现代主义的区分方式:"在另一个地方我描写了作为现代主义的内在逻辑的自我批判的过程……我现在认为纽曼(Newman)、罗斯科(Rothko)和斯蒂尔(Still)仅仅通过继续在其旧方向上向前推进,从而将现代主义绘画的自我批判转到一个新方向上……通过他们的艺术,现在被提出来的问题不再是什么构成了艺术或绘画艺术,而是什么构成了不可还原的好(good)艺术"③。晚年的格林伯格认为,艺术家的主要目的不再是解决媒介的问题,而是"走向审美价值本身"④。他对安妮·特鲁伊特(Anne Truitt)的高度评价也是那种新态度的表现。特鲁伊特最有代表性的作品是由方方正正的色块组成的盒子,而格林伯格评价她的展览的时候是这样说的:"很难判断,特鲁伊特最优秀作品的成功首先是在雕塑方面,还是在绘画方面,但是它们的成功一定程度上恰恰在于让这个问题变得没什么意义";在另一段评价中他又写道:"很难判断绘画和雕塑各自开始与终结于哪里。如果它们是单色画,那么特鲁伊特1963年展览里的'物品'就有资格作为正统极简艺术的最早例子。"⑤因此,我们可以看到,对1963年的格林伯格来说,绘画和雕塑的杂交是允许的,甚至他还感到这种艺术令人信服。

　　后来格林伯格的理论的转型变得更加明显了。跨越媒介领域的边界"没有什么不好的,因为好艺术,卓越的艺术,从哪里都可以来"⑥,并且"艺术是喜欢或不喜欢的问题而已"⑦。1971年时,他承认:"杜尚的现成品表明,艺术与非艺术的界限是约定俗成的……每一事物都可以审美得直观,那么任意一物和每一事物都可以从艺术上体验了……艺术是,或者可以是,任何地方,任何时候,任何人都能够实现的东西。"⑧艺术史呢? 在晚年的格林伯格看来,艺术史不再是以媒介为主要问题的发展过程,而更多的是打破惯例的不断的斗争:"艺术的传统以不断的创新而保持自己的活力"⑨;艺术史是意料与惊喜的互动,最好的艺术是那种可以感动我们而且出乎我们的意料的艺术。他又马上添加了一句:"我是不是又要重申,这种演变并不等于发展呢? 它就像生物演化一样"⑩。至于后现代主义,他说:"我朋友参加了有关后现代的讨论会。我问他这个概念是怎么定义的呢? 他说后现代派艺术不再进行自我批评了。我就吃了一惊,我才意识到我20年前写出的现代主义

　　①　《杜尚之后的康德》,第170页。

　　②　C. Greenberg, "After Abstract Expressionism", Art International, October 1962, VI (8), pp. 24—32. See C. Harrison, P. Wood (e)d., Art in Theory, 1900—1990, An Anthology of Changing Ideas, Blackwell Publishers, 1999, p. 766—9.

　　③　C. Greenberg, "After Abstract Expressionism", p. 768.

　　④　C. Greenberg, "Necessity of Formalism", in R. C. Morgan (e)d., Clement Greenberg, Late Writings, University of Minnesota Press, 2003, p. 207.

　　⑤　《杜尚之后的康德》第187—189页。

　　⑥　C. Greenberg, "Intermedia", in R. C. Morgan (e)d., Clement Greenberg, Late Writings, p. 94.

　　⑦　C. Greenberg, "States of Criticism", in R. C. Morgan (e)d., Clement Greenberg, Late Writings, p. 86.

　　⑧　C. Greenberg, "Anti—Avant—Garde", in R. C. Morgan (e)d., Clement Greenberg, Late Writings, p. 13.

　　⑨　C. Greenberg, "Seminar 6", in R. C. Morgan (e)d., Clement Greenberg, Late Writings, p. 78.

　　⑩　C. Greenberg, "Anti—Avant—Garde", p. 15.

的定义有多么不恰当(inadequate)"①。1980年的格林伯格把形式主义当作是一个以"审美质量"、"标准的整修"②、"为艺术而艺术""艺术的价值"为主要标志的运动③；"平面性"这个词语现在已经很少出现，取而代之的是"趣味"④。

因此可见，晚年格林伯格的想法与迪弗的立场很相近。既然每一事物都可以做艺术品，并且先验地决定什么是艺术是不可能的，迪弗认为我们只好将现代艺术史看作一段按照"艺术是个专名"的理念而演化的过程。这样理解的艺术史等于审美判断史，它没有具体的开始的时间，它也从未结束⑤。"艺术是个专名"这一想法不强迫任何先验的原则或确定的概念，它只能"保护"审美判断的独立性，换言之，"作为专名的艺术"的理念保证，领导我们审美判断的原则不是规定性的。审美判断是人人都凭借无利害性的感觉而进行的；当判断者看到能够激发其想象力与知性的"自由游戏"的事物时，无论它是绘画、雕塑、"结构"或小便器，无论它是否符合任何理论与观念，人人都有权称之为艺术。反过来，假如审美判断的对象引起不了任何感觉的话，那么人人都有权在审美上拒绝这种毫无意思的东西，无论它在艺术市场上受到多少欢迎。这是因为审美判断是自由的。"判断能力应该是人人都具备的，因而我的判断不会优于你的判断，这难道不正是后现代关于现代性的遗产的一部分么？如何看待我们刚刚过去的那个现代，不能，也不应该由集体的一致来加以决定"⑥。

四、结　语

毫无疑问，格林伯格是20世纪艺术界的关键人物。他的想法，从40年代开始，对整个现代主义这一波澜壮阔的运动产生了巨大的影响，而他的文学才能奠定了艺术批评的新标准。最令人惊讶的是，虽然他屡次强调体验的重要性，他所产生的影响在巨大程度上还是来自他的理论。早年的时候，格林伯格以"发展""平面性""前卫"等概念试图证明抽象派艺术的优势与必然性。然而随着新的思潮的出现，他的理论对审美判断所施加的限制变得明显起来：在60年代初，现代主义遭到极简主义与其他新艺术的抗议，而在70年代末，现代主义因为后现代理论的发展而受到巨大的打击。当时格林伯格就只有两个选择：要么一如既往而又不够有力地论证现代主义发展规则的正确性，要么调整自己的看法并保护审美判断的自由。格林伯格选择了以"趣味"为主导原则的第二条路；这样一来，他就解决了理论与审美判断力的矛盾，并避免了把个人自由陷入理论牢笼的危机。

不过，尽管我们可以把格林伯格理论的变化看作是逐渐转向"艺术是个专名"这一原则的过程（而迪弗肯定很情愿把它视为这样子），但是迪弗做出的答案也无法解决审美的问题。把某个人命名"小王"和把某个事物当作艺术是两种不同的行动；所有"小王"很可能没有任何共同点，但"艺术"这个名称却等于跟以前所有被视为艺术的东西相比较；不像命名，审美判断总是会带来某种价值在里面，虽然这种价值不是由确定的概念组成的⑦。假如"艺术"只是个专名而已，那么审美判断

① C. Greenberg, "Modern and Postmodern", in R. C. Morgan(e)d., *Clement Greenberg*, *Late Writings*, p. 31.
② 同上，第28页。
③ 同上，第31页。
④ C. Greenberg, "Can Taste by Objective?" in R. C. Morgan(e)d., *Clement Greenberg*, *Late Writings*, p. 50—57.
⑤ 参见[美]阿瑟·C. 丹托：《艺术的终结之后》，江苏人民出版社2004年版。
⑥ 《杜尚之后的康德》，第262页。
⑦ J. Gaiger, "Art After Beauty: Retrieving Aesthetic Judgement", *Art History*, 1997, 20(4), p. 613.

对我们来说就不会有任何意义；恰恰相反，它的可比性才算是一个值得商榷的问题①。此外，迪弗的答案所要付出的代价也不少。这是因为持续好几十年对狭义上的"形式"与"平面"的偏向导致了艺术失掉了某些能够激发审美判断的途径，如叙事性；现在忽略"美"的重要性相当于从艺术中清除另一个重要元素。如果康德是对的，如果艺术的作用之一是展示不同的体验现实（复合杂多）的方式和加深并丰富人的想象力的话，那么"艺术是个专名"这一说法好像是一种危险的简单亿。

（作者单位：浙江大学中文系）

---

① See D. Costello, "Greenberg's Kant and the Fate of Aesthetics in Contemporary Art Theory", *Journal of Aesthetics & Art Criticism*, 2007, 65(2), p. 217—228.

在有序的激情中见证佩索阿的动与静

——《我下了火车》解析

何佳琳

内容提要：20世纪葡萄牙著名诗人费尔南多·佩索阿一生采用过72个异名,其中采用异名坎波斯写作的诗歌尤以自由、激情的风格见长。《我下了火车》即是佩索阿以坎波斯这一异名所写的简明克制的一首诗歌,体现了注重情感力量和诗歌有序发展的特点,由此亦能窥见感觉主义和诗歌唯物主义是佩索阿若干异名之间的共性。该诗用词朴素,没有过多技巧,从普通的日常场景提炼出一种抽象的人生情境。本文借鉴文本细读方法,综合运用荣格的"原型"理论、米兰·昆德拉的"媚俗"美学,探讨佩索阿以坎波斯之名在《我下了火车》中所表现的不羁心灵,进而分析他如何将情感构筑于理性之上,以此向读者展示了一种观看人生的新角度。诗歌结尾处的"而我的心略大于整个宇宙"也与文本世界之外、现实之中的佩索阿本人自创异名谱系的行为形成了呼应,折射出佩索阿博大包容的心灵世界。

关键词：佩索阿;坎波斯;《我下了火车》;抽象;情感

费尔南多·佩索阿(1888—1935)是20世纪葡萄牙著名诗人,生前先后用过多达72个异名进行写作,去世若干年后在西方文学界声名鹊起,被认为是欧洲现代主义的核心人物。哈罗德·布鲁姆将他列入西方26位伟大作家的名单,赞誉他的诗歌在"幻象创作上超过了博尔赫斯的所有作品"[1]。

在费尔南多·佩索阿著名的异名[2]之一阿尔瓦罗·德·坎波斯(Alvaro de Campos)笔下有一首关于告别的小诗——《我下了火车》[3](*I got off the train*,1934)。与一般表现离别的诗歌不同,该诗表现的不是亲人、爱人、友人间的分别,而是作者与芸芸众生——我们每天可能遇到的陌生人中的一员相逢、交谈之后的离别情殇。用坎波斯自己的话说,整个故事只是生活中的一个偶然事件(event)。在形式上,这首诗歌语言简练、清晰、平白,不像坎波斯其他诗歌那样言辞激烈。他对自己的感情进行了理性化处理,将内心激情含蓄地置于几个相同句式内。该诗也不像作者的其他诗歌那样充满天真的色彩以及推理的奥妙,而是客气地把自己喻为一个"女仆"。

然而,这首诗歌也具有坎波斯诗歌文本的整体特征,展现了出色的抽象思维能力。坎波斯借由"下火车"这一普通生活场景,描绘的却是一个抽象的生活模型,一种许多人都有过的旅途体验。他记录下与陌生伙伴的告别,理解在生命的火车中这必然的"偶然"死亡,并由此生发悲伤之感,对人性和自我进行了深层思考。笔者认为正因为这首《我下了火车》意义确定,用词朴素,没有过多

---

① 哈罗德·布鲁姆:《西方正典》,江宁康译,译林出版社2011年版,第402页。

② 20世纪葡萄牙诗人费尔南多·佩索阿一生创造了72个异名,并以这些异名人物的身份写诗,阿尔瓦罗·德·坎波斯是他最重要的三个异名之一。

③ 费尔南多·佩索阿:《我下了火车》,葡萄牙作家费·佩索阿小辑,杨铁军译,《世界文学》2014年第1期。

技巧,故而是一个了解坎波斯及佩索阿的文本宇宙中几个重要异名的同质特征的最佳入口之一,同时也为读者开启了一扇快速了解佩索阿的诗歌及其心灵世界的窗户。

一、坎波斯:情感的力量和诗歌的有序发展

坎波斯在《我下了火车》第一节的开头写道:

> 我下了火车/对那个我遇到的人说再见/我们在一起十八个小时/聊得很愉快/旅途中的伙伴

诗人对火车上的陌生旅伴说再见,然后再回溯他们一起相处的十八小时;十八小时,是一昼夜里清醒时间的总和,在此之间他们同坐一节车厢,中途有过一次愉快的交谈。然而,下车的时候终究还是要到来的:

> 很遗憾我得下火车/很遗憾我得离开/这个偶遇的朋友/他的名字我从来记不起来/我感到我的眼睛满是泪水……/每次道别都是一次死亡

告别了旅途上的朋友,坎波斯说他从来、也将永远不知道这位陌生男子的名字。他知道这才是生活本来的面貌,生活就是由大大小小偶然的相逢和离散组成的,各种短暂的交情是其中必然的一部分。尽管如此,他还是为这段短暂的友情流下了泪水,并称每次道别都是一次死亡。此时,坎波斯似乎已抑制不住内心的悲伤之情。

该诗第一节的精华在结尾处:

> 是的/每次道别都是一次死亡/在那个我们称作生活的火车上/我们都是彼此生活中偶然事件/当离去的时候到来/我们都会感到遗憾

坎波斯克制住了即将要爆发的情感,转而让感情在理性思考中发展。他郑重地指出,所有人都是他人生命列车中的偶然事件,每个人在面对离别的时候都会感到难过。此时,我们发现"火车"其实并非一个具体事件的实际发生场所,而是一种生活的抽象模型,可将之类比为人生旅途中一切偶然的相逢和离散。坎波斯的情感也不仅是与火车上的旅伴告别那样简单,从中抽象出的是所有短暂友情或关系的结束,一种从生命舞台的偶然关系中退场后的忧伤。坎波斯通过描写自己的一次经历,揭示了一个生活模型,提炼出的更是一种常见的人生体验:一切情感的可能性都死于"下车"时间的到来,关系无声终结,而每个人在面对聚散无常的时刻内心都有相同的遗憾。

一个普通的离别场景,面对旅途上的过客,却唤起坎波斯如此深沉的痛苦情感。诗人在下一节中给出了更为明确的答案:

> 所有那些人性的东西打动我/因为我是人/所有那些人性的东西打动我/不是因为我有一种/与人的思想和人的教义的亲缘关系/而是因为我与人性本身的无限的伙伴关系

这种"与人性本身"无限的友情(infinite fellowship),很容易让人想起荣格在《心理学与文学》中提及的"原型":"一旦原始的情境发生……在这一瞬间,我们不再是个人,而是整个族类,全人类的声音一齐在我们心中回响。"①但坎波斯在这首诗中面对一个普通的离别场景生发的情感,与一个原始情境触发的对整个人类的博爱之情,如人类普遍都有对故乡、对土地的宏大情感不同,坎波斯的这种"情殇"是一种小众的情感,常常被人们忽略,抑或感受到却未曾说出口。不过,不论是否被意识到,它都普遍存在于人们心里。坎波斯与人类间的友谊是他在自己的情感基础上,通过理性分析和对人性的类推发现的。

---

① 卡尔古斯·塔夫·荣格:《心理学与文学》,冯川·苏克译,译林出版社2011年版,第85页。

接下来,诗人从一连串对自我心理分析的独白中突然跳脱出去,展现了一个对读者而言可能有些遥远的场景。这也是全诗最为精彩的一个部分。该诗的人称也忽然从第一人称变成了对一个"女仆"的叙述:

> 那个怀着乡愁/哭着不想离开那座房子的女仆/在其中她曾被粗暴对待……

这个少女就是诗人自己的化身,仿佛他的视线突然抽离了出去,灵魂视角上升到空中,他看见自己——就像在看一个女仆,对着曾虐待自己的房子满含"乡愁"地痛哭。在这里,"房子"就是生活的隐喻,坎波斯道出了一个日常生活中人人都可能面临的危机——一种对生活"斯德哥尔摩"般的受虐情结:一方面因为生活与理想的冲突而忧心忡忡,另一方面却对生活怀有乡愁式的眷恋。诗人进一步写道:

> 所有这些/在我心里/都是死亡和世界的悲伤/所有这些/因为会死/才活在我的心里

这些死亡和悲伤的"存在"在诗人心里被发现、被确定,作者再次将视线拉回心灵现状,开始面对自我内心的各种情感。他抒发的并非对死亡的恐惧,而是借由认识自我,使不安得到净化从内心迸发出一种更为强烈的生命意识。坎波斯的源自自我的生命力是从惠特曼的精神传统发展而来,佩索阿曾在以另一个异名托马斯·克罗塞所写的文章中对坎波斯写过这样一段话:"阿尔瓦多·德·坎波斯完全可以称为瓦尔特·惠特曼,而且具有古希腊诗人内在的心灵。他拥有来自智力、感情和身体感觉的所有力量,这正是惠特曼的特征。但是他也有完全相反的品质——建构的力量与诗歌的有序发展,从弥尔顿以来,已经无人能够做到这一点。"[①]

诗人的心通常比一般人更为深厚,具有极大地包容性。如果这首诗歌写到这里结束,也不过是一个情感丰沛的诗人写了一首思维缜密的诗歌,然而,这首诗歌的独特之处不仅在于对感情的抽丝剥茧,也不仅是感情在理性建构之后产生的新的力量,而是诗人最后那句充满力量的自我确证:

> 而我的心略大于整个宇宙

这里表现出坎波斯对离别、友情等"存在"超然的态度。一个"略"(a little)字又体现出了诗人的一点俏皮。

不同于思考的认知目的,情感的力量和理性的有序发展是为了新的发现和验证。从这首诗歌之中,我们可以看到坎波斯的情感是如何通过理性一点点建构起来的,情感经过理性的分析和类比后持续升温,到达一个外在处于冷静状态、内在却更具激情的位置。

二、异名之间的共性:注重感觉和诗歌唯物主义

在佩索阿诗歌的异名体系中,有四个名字最为关键,卡埃罗、坎波斯、雷耶斯和作为正名的佩索阿本人。虽然是不同名字,但彼此间并非毫无瓜葛,在佩索阿自创的文本宇宙里,各个异名间是有连续统一的东西的,比如说他们都奉卡埃罗为精神导师,并且同样重视感觉。所谓感觉主义,即通过感觉和经验来理解世界,而非通过智性的思考;《我下了火车》中的那一句"所有那些人性的东西打动我,不是因为我有一种与人的思想和人的教义的亲缘关系",就体现了佩索阿诗歌文本对深沉思想共有的忽略。

其实,早在卡埃罗[②]笔下,佩索阿就写出过对人类思考的怀疑和排斥:"爱是永恒的天真,而唯

---

① 费尔南多·佩索阿:《感觉主义文献》,程一身译,《文学界》2012年第11期。
② 佩索阿创造的重要异名人物之一,是一位天真的牧羊少年,为坎波斯的精神导师。

一的天真是不去思考""除非我病了，我才去思考""羊群是我的思想，我的思想是所有的感觉""我村子的这条河不会让人思考，站在它的河边就是站在它的河边"①。

虽然上述几个异名都注重感觉，但是侧重点不同。这种感觉主义在卡埃罗身上体现为"感官现实主义"，卡埃罗用自己的感觉去注视和倾听自然的规律，更准确地说，他是个连自己的感觉也不相信的人——而只相信存在——能被感官捕捉到的一切造化自然，如石头、花朵、树木，都只是造物主在人眼前的显现。坎波斯深受卡埃罗的影响，表现出同样的感觉主义倾向。不过，较之卡埃罗，他更像是一个纯粹的感觉论者，"值得提到的每个感觉主义者都有不同的个性，而且他们之间自然也相互影响。费尔南多·佩索阿和马里奥·德·萨—卡内罗最接近象征主义者，阿尔瓦多·德·坎波斯和阿尔马达—内格雷罗斯非常倾向于感受与写作的现代风格"②。在《我下了火车》中，坎波斯让感情自然地流露，并用理智分析它们，体现了一种斯多噶哲学观念：强调理性克己。

这些异名者共有的感觉论倾向还体现在对事物的观看上：不论是对事物还是生活，都有一种相同的静观态度，呈现为谛听和凝视的形式，其中包含观看和理解的同一性的哲学观念，即单纯的观看行为已包含了对现象的理解，由这样的观念出发才能真正感受并且了解自然。

与注重感觉相伴的，是佩索阿作品整本中的诗歌唯物主义。用阿兰·巴丢的话来说，佩索阿一直专注于在诗歌中只写他真正想要表达的东西，他的诗歌可以说是没有"光晕"的③。这也是为什么他的诗歌里多抽象、少意象的重要原因。诗歌的唯物主义指在修辞手法上不用繁复的比喻、象征渲染诗歌的情绪氛围，主题上也不将个体经验上升为形而上的寓言，而是指向一种对事物去伪存真的观察，极具辨识度的思想演绎。如前文所述，坎波斯用一种凡俗而不乏智慧的形式把握流动的情感，筑造机械的欲望，没有"光晕"意味诗歌的目的不在于引起臆测和崇拜——他运用高度抽象生活场景的能力，从现象出发，有条理地接近本质，为读者营造了充盈、纯粹的诗意体验。

永恒不再是时间和空间的概念，而是生命存在的韧度与精神的强度，宇宙的客观真实应在诗歌内部寻求。诗歌不为追求任何意义上的姿态，而是独立生命个体存在状态的纯粹映射。或许正因为如此，阿兰·巴丢才认为没有任何现成的哲学可以容纳下佩索阿。佩索阿直到本世纪仍是具有决定性意义的诗人之一，他在诗歌中赋予灵与物全新的关系，表现了一种新的哲学可能。

诗歌不是为了诠释或理解，但诗歌可以用来发现和验证。从《我下了火车》中我们可以看出坎波斯最为独特的特质，即包容的深情，自由不羁的心灵，以及一种对存在的激情。"诗歌必须通过一种存在的激情来表现出它的动与静"④。该诗最动人的地方正在于诗人对事物的虚空是何等动情，对虚幻的存在又是何等无所畏惧。在情感经过理性的类推、判断重新建构之后，坎波斯也完成了对自我的认识。"而我的心略大于整个宇宙"，诗人流下泪水之后，他的心灵却像玻璃擦拭后那般明净。

三、观看人生的新角度：建立在理性之上的情感

坎波斯在《我下了火车》中表现出的那种与人类之间的友情及略大于整个宇宙的心怀，其实非

---

① 费尔南多·佩索阿:《阿尔伯特·卡埃罗》,闵雪飞译,商务印书馆 2014 年版,第 8、15、30、20 页。
② 费尔南多·佩索阿:《感觉主义文献》,程一身译,《文学界》2012 年第 11 期。
③ 阿兰·巴丢:《哲学任务——成为佩索阿所代表时代的人》https://www.douban.com/group/topic/19824027/? type=like(原文选自阿兰·巴丢:《非美学手册》,英译本,失名翻译,2005 年)。
④ 阿兰·巴丢:《哲学任务——成为佩索阿所代表时代的人》https://www.douban.com/group/topic/19824027/? type=like(原文选自阿兰·巴丢:《非美学手册》,英译本,失名翻译,2005 年)。

常接近诗人们的本体——佩索阿本人在散文集中所写过的一种"想成为所有地方的所有人"的美好愿望与单纯情感。这听起来似乎是不切实际的愿望,然而正像他在一篇日记中写的那样:"生活就是成为另一个。如果一个人今天想要感觉他昨天感觉过的事,这种感觉甚至是不可能的。"①

联络人类的友谊和成为另一个人的心愿,两者的类推并非没有依据。根据学界对佩索阿的研究,坎波斯的人格特质在诸多异名形象中最接近于佩索阿的本性。就佩索阿而言,他自 17 岁回到家乡后,就一直住在里斯本一条名叫道拉多雷斯的大街上,再未离开。每天重复上班、下班的固定作息和黄昏在家门口的咖啡馆喝一杯后再回家写作的习惯,这位渴望隐形于城市之荫蔽的孤独的写作者,一方面在现实和梦想中来回摆动,另一方面又对家乡里斯本的大街小巷有着浓厚的眷恋之情,这种矛盾的情感同样也反映在了他以坎波斯的名义写的系列诗作中。

也许"佩索阿绝不会向往美国,但是他的异名者坎波斯却会"②,坎波斯也是最可能代替佩索阿去实现环游世界的梦想,从而成为另一个地方另一个人的人。因为在佩索阿创造的关于坎波斯的履历中,他是一位海洋工程师,热爱机械文明,喜欢环游世界,对东方尤其感兴趣,中年后厌倦了四处漂泊的生活回到里斯本定居。由此看来,坎波斯最能代表佩索阿在文学世界的真我,两者距离较小,因而,了解坎波斯也就是了解佩索阿。至少在坎波斯的诗歌中,他能够纵情逾越常规去成为另一个人。

谈到"成为所有地方的所有人"的梦想,笔者不禁想起米兰昆德拉在小说《不能承受的生命之轻》中提到的呈现为"媚俗"之美学形态的感伤。《不能承受的生命之轻》中有一段描写媚俗(kitsch)作为人生终极美学理想的经典场景:一位参议员向草地上奔跑的孩子发出了幸福的感慨。昆德拉写道:"媚俗让人接连产生两滴感动的泪滴,第一滴眼泪说:瞧这草坪上奔跑的孩子们,真美啊! 第二滴眼泪说:看到孩子们在草坪上奔跑,跟全人类一起被感动,真美啊! 只有第二滴眼泪才使媚俗成其为媚俗。"③在昆德拉的文本中,媚俗是依仗自己的情感为全人类设置幸福标准的行为。坎波斯虽然是个感觉主义者,却绝不是一个要求人们失去头脑和判断的人。他拥有不羁的心灵,也不失作为一个现代主义者的分寸。在他的诗歌中仍然充满着对现实世界的观察,看他的诗歌就像看抄满了一黑板的算式和公式。感性由理性来建构,这可能就是坎波斯为我们提供的观看和体验生命的新角度。

以《我下了火车》的结尾为例,在坎波斯对世界和自我的真谛形成清晰认识之后,他向宇宙投去了忧郁却依旧友好的目光,这与文本之外的佩索阿也形成了奇妙的呼应。佩索阿和坎波斯一样,是自由的,也富有内在的激情,也是古典和现代、素朴和感伤、敏感和冷静的矛盾结合体,他们都有着广博包容又趣味横生的心灵世界。

四、结语:走近文本之外的佩索阿

徐志摩在与《我下了火车》同类题材的诗歌《偶然》中有这样的诗句:"你我相逢在黑夜的海上,你有你的,我有我的,方向;你记得也好,最好你忘掉,在这交会时互放的光亮!"作者突出表现的是情人间的相会撞出的电光火石,多了几分浪漫主义式的无病呻吟。佩索阿则更具智慧,他的诗歌有对情感的平衡和对人生纤细而敏锐的感受。

---

① 费尔南多·佩索阿:《惶然录》,韩少功译,上海文艺出版社 2012 年版,第 81 页。
② Jasmim:《爱奥尼亚之夜》,https://movie.douban.com/review/3148417/,2010 年。
③ 米兰·昆德拉:《不能承受的生命之轻》,许均译,上海译文出版社 2014 年版,第 299 页。

　　同样写偶然相遇的陌生人,法国现代派诗人波德莱尔也在《恶之花》的一首诗《给一个陌生的妇女》中写道:"我不知你何往,你不知我何去,啊我可能爱上你,啊你该知悉!"波德莱尔写的是对过路女子"惊鸿一瞥"的钟情,是"人群在充满情欲的人的生活中的作用"[①]。佩索阿没有波德莱尔那种活力和他对城市撒旦主义之美的爱。对于人群与命运中漂浮的幽灵,他显得更为疲惫和力不从心。佩索阿在表现这种场面时,更多的是如前文所指出的,是一种抽离的观看与感动,"………如同凭靠一只船上的栏杆,我爱你,就像两船交会时的相互热爱,有一种它们相互擦肩而过时感到的无法说清的惆怅和依恋"[②]。

　　我们每天都在与不知名的众人发生关系,由一个偶然机遇打开的话匣子,容易打开超越日常的情感维度,却也容易遗忘。这种往昔中常有的,无法驻足的时光,恐怕只有在日后的某个瞬间,为某个特定场景所刺激而想起,并借此怀恋。李商隐诗云:"此情可待成追忆,只是当时已惘然。"佩索阿的忧郁或许更接近这位中国诗人孑然一身的惆怅与平静。

　　德国著名导演维姆·文德斯在电影《里斯本的故事》中引用了许多佩索阿的诗句,剧情和风格均体现出浓郁的哲思气质。剧中主角是一名导演,他将摄影机架在身上四处行走,试图以此记录超出日常视线的风景,电影中还设置了一名四处收集声音的电影收音师,这使得这部影片有着浓郁的佩索阿的诗意哲学意味。"那我们无法理解的事物,存在于虚无缥缈的东方,只有诗人的双眼才敏锐地看见。"[③]诗人凭借其丰饶的心灵能游历超出视线的地方,那些目光无法企及、日常语言也难以描述的世间情状可以被诗人用诗句捕获。

　　由上述对《我下了火车》的文本细读可见,情感的力量经过理性建构后的发展是为了新的发现和验证,独属于坎波斯的特质即存在的激情和不羁的心灵;坎波斯和佩索阿其他几个主要异名间的共同处在于他们对感觉的重视和对诗歌唯物主义的追寻,诗歌的目的在于唤起一种对世界真正澄明的观察和了解。就佩索阿的整个文本体系而言,诗歌的非凡意义在于从生活和事物现象的细枝末节里寻求光辉的神意。

　　《我下了火车》简明易懂,这对坎波斯本身的激情个性稍有克制,而坎波斯在众多异名中又最能代表佩索阿在文学世界的真我。理解坎波斯诗歌中的情感和秩序,其实也助于我们走近一个文本之外的真实的佩索阿。该诗结尾处的"而我的心略大于整个宇宙",不但是坎波斯向茫茫天地发出的呼喊,也是现实中佩索阿自创异名行为最有力的映照。

(作者单位:浙江大学中文系)

---

①　本雅明:《发达资本主义时代的抒情诗人》,张旭东、魏文生译,生活·读书·新知三联书店2012年版,第69页。

②　费尔南多·佩索阿:《惶然录》,韩少功译,上海文艺出版社2012年版,第81页。

③　费尔南多·佩索阿:《佩索阿评论集》,Jasmine译。http://www.reeds.com.cn/forum.php? mod=viewthread&tid=21533&extra=page%3D1,2010年。

"印象主义者"普鲁斯特眼中的绘画

刘云飞

内容提要：印象主义的概念来源于绘画,但同时对文学也有重要影响,在普鲁斯特的作品中,印象主义的痕迹清晰可见,不仅表现为对心灵印象的抽象讨论和具体语言表现,更表现为直接对绘画中的印象主义进行品评与思考。而这些品评与思考往往超出印象画派的范围,将作品置于整体艺术史的宏观背景下,探讨绘画本身的存在方式。因此本文旨在通过分析普鲁斯特的小说、散文及其他零散书信篇章中对于绘画作品的描述,还原普鲁斯特的观看方式和审美趣味,粗略勾勒出他作为一个印象主义者的种种特征,并试图在普鲁斯特所在历史时期的理论语境下去解读普鲁斯特的绘画美学理念。

关键词：印象主义;追忆似水年华;美学类比;文艺复兴。

一、作为"印象主义者"的普鲁斯特

中国有"红学"而西方有"普学",普鲁斯特与其小说《追忆似水年华》[①](以下简称《追忆》)的文学地位已毋庸赘言,其所引发的批评和解读"似乎和它本身一样绵绵无尽"[②]。小说的长度与思想厚度是批评解读持续近百年不衰的主要原因,但不可否认,普鲁斯特本人的复杂性和矛盾性也给予了人们更多的讨论空间。普鲁斯特已被评论者贴上了诸多标签,而他确实也有着多重身份,本文所关注的普鲁斯特不仅是一位革新文学面貌的作家、文学评论家,更是卢浮宫的常客、伯灵顿杂志的忠实读者、罗斯金的翻译者,在他的交际圈中不光有蒙德斯鸠伯爵这样附庸风雅的达官显贵,更有亚历山大·哈里森、保罗·希律、雅克·布朗肖以及埃米尔·马勒那样真正的艺术家与艺术史研究者。他不仅对绘画艺术有着浓烈的兴趣,更将其趣味与理论写进了他的作品中。有学者干脆说:"归根结底,《追忆似水年华》是一部故事,讲述的是艺术形式的个人发现和马塞尔从业余艺术爱好者成长为一个艺术家的过程。"[③]

不论是最终成为"艺术家"的叙述者还是普鲁斯特本人都不从事绘画实践工作,然而这并不妨碍他洞悉艺术的本质,并用语言艺术的方式将其详细表达出来,他甚至将不同的艺术门类编制在一起,统归在一种美的精神力量之下,从这种意义上说《追忆》的主人公或者普鲁斯特的确是一位艺术家,一种以"印象"为创作材料的艺术家。在解读普鲁斯特的"印象"前,首先需要将其与日常

① 关于小说普鲁斯特小说 *A la Recherche du Temps Perdu* 的中文译名一直存在争议,除"追忆似水年华"外有"寻找失去的时间"(沈志明)、"追寻逝去的时光"(周克希)、"往昔之追寻"(卞之琳)等不同译名,本文为了论述方便,采用目前唯一全译本的译名,即译林出版社十五人合译本《追忆似水年华》。

② 涂卫群:《百年"普学"》,《外国文学评论》2005年第4期。

③ 马尔科姆·布雷德伯里:《论普鲁斯特》,王众译,载《普鲁斯特论》,社会科学文献出版社1999年版,第131页。

生活中的印象概念区别开来,后者是指外在事物造成的神经反射或是一种脑中暂存的粗略图像,而这恰恰是前者所反对的,尤其是在艺术审美活动时。小说中盖尔芒特夫人认为可以在飞驰的电车上观看快速闪过的绘画杰作,叙述者听到这种谬说后感到恼火,因为:"这句话似乎想说明我们的眼睛不过是一架快速摄影机,不承认艺术作品会使我们产生印象。"[①]由此可以看出,"印象"是一种艺术欣赏的较高标准。在普鲁斯特看来,艺术品并不是一个孤立的物体,或一种纯粹客观的、理性的存在而等待我们去分解、剖析,艺术品从被创作到被欣赏都一直浸透在人的生命体验当中,它的唯一存在形态就是人的主观精神世界中的印象。

不过,仅凭此不足以认定普鲁斯特就是一位"印象主义者"。在不加特别说明的情况下,"印象主义"就是指在19世纪法国发生的那场绘画革新运动,一种在技术上全新处理艺术再现的方式,而在普鲁斯特的作品中,可以找到绘画"印象主义"种种痕迹。《追忆》中的虚构人物埃尔斯蒂尔是一名印象派画家,在他的身上融合了马奈、莫奈、德加、惠斯勒等人的特征,韦克菲尔德认为虚构的画作《卡尔克迪伊海港》与马奈的《波尔多港》(Port de Bordeau)有几分相像,[②]而博罗维茨则认为其来自透纳的普利茅斯(Plymouth)和斯卡布罗(Scarborough)。[③] 其实这幅画作与其作者埃尔斯蒂尔本人一样是一件拼凑起来的综合体,其具备了若干印象派名作的局部细节:在马奈的《阿让特伊》和《布伦的码头》中可以找到"房顶上露出桅杆,好似屋顶构成了船只";在莫奈的《翁弗勒港中的船只》中还可以找到"更结实,更真实"的水中倒影,而在《阿让特伊的游艇》中能看见受阳光直接照射的船体和另一只笼罩在阴影中的船,如"水晶楼梯"般置于同一个平面上;[④]除这些细节外,该画作表现的视觉错觉与强烈明暗对比等手法就是印象主义的特征。罗伯特·威廉姆斯在论及19世纪印象派绘画兴起时说:"印象提供了一种重新构想个人与世界关系的方法",实现以印象为基础的艺术就意味着要去展示"原始的、质朴的、完全'天真的'现实"。[⑤] 这种说法与《追忆》中画家埃尔斯蒂尔在作画前让自己"变成一无所知""在现实面前脱去智性的一切概念"[⑥]不谋而合。不但如此,印象主义式的碎片化、个人化的视觉再现遍布小说各个章节,且表现在转瞬即逝的时间中,其中最为评论家所津津乐道的莫过于在马丹维尔不同视角下钟楼的塔影、在旅途中列车车厢内变幻莫测的拂晓,以及在巴尔贝克窗外的天光云影。[⑦]

文学中的"印象主义"与绘画印象派虽然交互影响,但也不能混同,前者受后者启发往往是技术层面上的,正如艾柯所说:"印象派的大趋势不在于创造超越的美,他们主要志在解决绘画技巧的难题,发明一种新空间、新的物体可能性,就如普鲁斯特志在启示时间与知觉的新层面……"[⑧]美国学者杰西·马茨给文学中的"印象主义"以如下定位:"文学印象主义者意味着故事应当位于我们产生印象的地方:既不在官能中,也不在思索中,而在介于二者之间的感受中;既不在逝去的时刻中,也不在持续的决断中,而在徘徊于二者之间的直觉中。"[⑨]将印象主义与感觉知觉、转瞬即逝

① 潘丽珍、许渊冲译:《盖尔芒特家那边》,《追忆似水年华》第三卷,译林出版社2012年版,第507页。

② D. F. Wakefield: *Proust and the Visual Arts*, *The Burlington Magazine*, Vol. 112, No. 806 (May, 1970), p. 294.

③ Helen O. Borowitz: *The Rembrandt and Monet of Marcel Proust*, *The Bulletin of the Cleveland Museum of Art*, Vol. 70, No. 2(Feb., 1983), p. 83.

④ 袁树仁译:《在少女们身旁》,《追忆似水年华》第二卷,第387—388页。

⑤ Robert Williams, *Art Theory: An Historical Introduction*, Wiley—Blackwell, 2009, p. 140.

⑥ 袁树仁译:《在少女们身旁》,《追忆似水年华》第二卷,第394页。

⑦ 李恒基译:《在斯万家那边》,《追忆似水年华》第一卷,178—179页;袁树仁译:《在少女们身旁》,《追忆似水年华》第二卷,197—198页、第356—357页。

⑧ 翁贝托·艾柯:《美的历史》,彭淮栋译,中央编译出版社2007年版,第359页。

⑨ Jesse Matz, *Literary Impressionism and Modernist*, Cambridge University Press, 2003, p. 1.

的景象联系在一起是我们都能接受的，但我们往往忽视的是对感官印象的搜索、关注和沉思，这恰恰是文学的印象主义与绘画的印象主义相区别的地方。反智主义是普鲁斯特身上的众多标签之一，但普鲁斯特的反智主义并不是铲除一切在视觉印象之外的心灵活动，如果真那样的话，小说则无法完成。普鲁斯特"不处理概念，他追求印象，追求具体之物"，以及他"堆积细节材料……叙事之后加观察，观察之后加叙事，从来不综合，从来不总结，从来不解释……"①诸如此类的说法似乎在小说中是能找到证据的，但如果看到普鲁斯特是如何进行对艺术的思索，又是如何在《重现的时光》中深化和总结这些思考，这样的判断就会显得过于武断了。普鲁斯特不仅用具体的印象作为艺术的载体，还将印象的抽象概念纳入其艺术理论中，作为艺术的本体。

　　值得注意的是，普鲁斯特也未曾以印象派在文学界的代言人而自居，他不像左拉那样为艺术家辩护、为艺术运动推波助澜，他更像是波德莱尔，在纯粹自我的文学世界中实现一种共通的艺术精神。普鲁斯特不仅在绘画中和对世界的观察方式中提取了印象，凡德伊的音乐、拉贝玛的戏剧表演均有涉及印象，进而通过印象，不同的艺术门类之间产生了对话。②

　　此外，在普鲁斯特的回忆世界中，情感与道德不能被排除在印象之外，纯粹印象是无法存在的，《追忆》中的叙述者在回忆过世的祖母时想到："温情先把形象卷进漩涡，使它同我们头脑中的一贯印象粘在一起，合二为一。"③而在怀孕女工的身上，叙述者又体会到了乔托《慈悲图》（Charity）中的道德寓意，从而为这件艺术作品的印象增加了新的价值重量。

　　综上，本文根据以下四条理由将普鲁斯特定义为"印象主义者"：第一，普鲁斯特赞同印象派观察事物的方式；第二，《追忆》中所涉及的景物描写与印象派绘画有共通之处；第三，普鲁斯特将包含各种艺术形式在内的感官印象作为生活的重要体验对象；第四，普鲁斯特回味、反思了以上的印象，并探索其普遍意义。借此，我们对于这位"印象主义者"在著作中不断提到的"印象"概念，此时也能勾勒出一个大致的图式，对于这个图式如何影响普鲁斯特，使他将绘画安放在人的生命体验中的何种位置，以及如何进一步形成他的绘画观念和趣味，本文接下来将进一步阐述。

二、美学类比——绘画参与生活

　　约翰·伯格曾经将古典艺术的参与方式分为两种："一种是全面的接近艺术，意在使经验的每一方面都同艺术发生联系，而另一种做法是少数专家划定小圈子搞艺术。"④那么艺术究竟能否存在于个人的生活体验之中以达到全面接近艺术，抑或只能通过专家或少数能接近原作的人进行转述？伯格提出了这一问题，但他自己并没有从正面去回答。他认为，在现代社会中，以上对立的双方早已非势均力敌，现代的复制手段已经摧毁了艺术的权威性。但是艺术权威性的丧失并不意味着艺术体验的胜利，轻易地获得大量的艺术图像复制品并不一定有助于艺术体验的普及。况且艺术权威的小圈子也并没有消失，只是将作为核心的特权替换为资本，将贵族的客厅转移至出版机构，将沙龙改成拍卖会。那么艺术权威性与体验性之间的关系究竟如何？伯格所谓的"全面的接近艺术"究竟是否可能？

　　在《追忆》中，正如伯格提出的那样，与艺术活动相关的世界似乎可以划分为两面，一面是贵族

---

　　①　弗朗索瓦·雷维尔：《普鲁斯特与生活》，桂裕芳译，载《普鲁斯特论》，第 102 页。

　　②　张新木在《普鲁斯特的美学》中详细讨论了这种"作为整体的艺术"，详见张新木《普鲁斯特的美学》，南京大学出版社 2015 年版，第 287—292 页。

　　③　潘丽珍、许渊冲译：《盖尔芒特家那边》，《追忆似水年华》第三卷，第 130 页。

　　④　约翰·伯格：《观看之道》，戴行钺译，广西师范大学出版社 2005 年版，第 43 页。

们的社交场所,另一面则是叙述者的心灵世界。前者拥有大量的名画原作,并主导了当时的艺术消费市场,然而他们的艺术品位、鉴赏方式和体验艺术的态度却被普鲁斯特不断地鞭挞:盖尔芒特公爵将埃尔斯蒂尔画的芦笋与现实中的芦笋放在同一价值体系中,从而对这幅画三百法郎的价格耿耿于怀;他的夫人则把坐在高速电车上欣赏哈尔斯的画当成对画家的一种高度赞赏;而他们的贵客帕尔玛公主只能用拼命的微笑和点头来掩饰自己对居斯塔夫·莫罗的无知。[①] "他们酷爱绘画作品,但爱的并不是真正伟大的艺术家的杰作,而是众人瞩目的艺术家的作品",在谈论绘画时"常常运用某些现成的套话"以求"给他意欲表达的事物造成大而不全的印象",[②] 对于他们来说艺术仅仅是社交场所的装饰,自我社会地位的佩饰,这当然与普鲁斯特的艺术观格格不入。在听完康布尔梅夫人关于莫奈和埃尔斯蒂尔的意见之后,叙述者表明了自己的态度:"说她蠢吧,实在不能;可她精明过分,我感到这对我来说根本用不着。此时,太阳西沉,海鸥浑身披着黄色,恰如莫奈同一套画中另一幅油画的睡莲。我说我对这幅画很熟悉……"[③] 对于绘画枯燥的语言描述、死板的风格定位,以及胡乱的比较和评价,在普鲁斯特看来都是没有必要的,这些都完全比不上看到日落景象进而勾起对莫奈画作的印象和回忆。这并非因为形成印象就意味着对作品更加熟悉,而是由于对于康布尔梅、盖尔芒特等人来说艺术是外在于自己的客体和工具,但对于叙述者来说是自己精神世界的一部分,用以认识客体的内在参照物。

　　在《追忆》和《驳圣伯夫》中,普鲁斯特提到了大量实际存在的绘画作品,但从未直接对艺术图像进行文字转译,也从未为了在小说中引入某件画作而进行正面描写,即使在如《论画家》这样专门评述伦勃朗、华托、莫罗和莫奈等人的散文中,他也从未对绘画做任何形式分析,而他并非不懂这方面的知识。他不愿像艺术史教科书那样把读者领到博物馆内,对着墙上的金色画框内的图案向他们讲解作品的流传、历史风格和赞助人。普鲁斯特小说中的绘画已经脱离了这些画框与颜料,而变成了许多块模糊的印象,它们的线条、颜色都可以变化,甚至可以由静至动。更重要的是,图像一旦成为印象,它就必然与观看者的主观情绪、价值取向、视觉习惯甚至生理欲望动态连接在了一起,其他知觉也会不由自主地闯入。这也是为什么"美学类比"(aesthetic analogy)成为了《追忆》一书中艺术作品在场的主要方式之一。杰弗里·梅耶斯列举了《追忆》中四组最具深意的美学类比:贝里尼的《苏丹穆罕默德二世的肖像》与叙述者父亲、乔托的《善恶图》与帮厨女工、曼坦邪的《圣詹姆斯殉道》中的士兵与音乐会大厅门口的侍者,以及波提切利在西斯廷教堂的壁画《试探并召唤摩西》中的西坡拉与奥黛特。[④] "美学类比"改变绘画艺术于我们生活中的出场方式,原先被国家、宗教、风格等历史概念系在一起的作品,突然改变了在时间中的先后顺序,在空间的位置关系中向观看者显现,而作品中的人物形象,也脱离了原有的文本,从高不可攀的经书、神话中坠落到世俗世界,变成一个个随处可见的平凡人。然而,对艺术的这种处理方式,尽管让绘画作品参与到生活当中,却也可能因艺术与现实的混同而导致皮格马利翁式的偶像崇拜。[⑤]

---

① 详见潘丽珍、许渊冲译:《盖尔芒特家那边》,《追忆似水年华》第三卷,第 493、512、516 页。

② 许钧、杨松河译:《索多姆和戈摩尔》,《追忆似水年华》第四卷,第 196 页。

③ 许钧、杨松河译:《索多姆和戈摩尔》,《追忆似水年华》第四卷,第 200 页。

④ Jeffrey Meyers, Proust's Aesthetic Analogies: Character and Painting in Swann's Way, *The Journal of Aesthetics and Art Criticism*, Vol. 30, No. 3 (Spring, 1972), p. 379。

⑤ 这里的偶像崇拜,是专指对于艺术美的过分崇拜,而导致艺术与现实的混同与倒错,并没有宗教涵义,尽管普鲁斯特所引用乔托《善恶图》中的《偶像崇拜》(*Infidelity*),乔托原意是警示宗教上的偶像崇拜,但普鲁斯特的用意确实在艺术美的层面上,故本文加上"皮格马利翁式"的定语。

三、偶像崇拜——绘画的"原罪"与"救赎"

在《让·桑德依》的题词中普鲁斯特表达了对一位英年早逝的朋友——威利·希思的悼念,在这段饱含深情的文字中我们似乎可以看见斯万先生的影子:"在林园中,我经常在早晨遇到您,您看到我,就站在树下等我,精神焕发,很像凡·戴克所画的那些贵族中的一员,而您也有他们那种沉思的优雅。……但是,您由于精神生活神秘、激烈,被列入达·芬奇的范畴更为确切。您常常竖起手指,微笑的眼睛难以捉摸,面对您沉默不语的迷,我感到您就像莱奥纳多的《施洗圣约翰》……"①由于美学类比而引发的偶像崇拜,不仅仅是小说中虚构的人物特征,同时也属于普鲁斯特自己的气质。张新木将"对偶像崇拜原罪的揭露"列为揭示《追忆》一书美学旨归的三条原则之一,②从《追忆》中叙述者与作者本人的关系来看,将揭露偶像崇拜理解为普鲁斯特的自我心理剖析也未尝不可。尽管叙述者不止一次的声明自己不具备斯万那样在周围人身上寻找各种名画形象的本领,但上述材料证明叙述者和斯万都不过是普鲁斯特的复杂心灵的一面。

在普鲁斯特的作品中我们可以归纳出艺术"原罪"的两个来源,即习惯与印象。与许多精密玄奥的美学理论不同,普鲁斯特认为有一种最单纯的动机促使我们欣赏绘画,他提出:"我们感官对某些事物形成的习惯和适应,是使我们快乐的基础。"这一动机也是艺术作品融入生活最显而易见,同时也是最普遍的方式。普鲁斯特幻想出了垂暮之年的罗斯金参观伦勃朗画展的景象,他形容罗斯金见到伦勃朗的画就像"爷爷见到孙女""玩纸牌的常客见到牌局"一样。③ 这种现象是由"气质"和"岁月"造成的,是纯粹个人化的,无法被强加也无法被剥夺的。正是因为这种习惯,艺术作品才有可能成为常驻与脑中的印象,而不是被快速消费的视觉奇观,这是理解艺术的必经阶段,然而不经理性与道德节制的印象很容易占领现实生活,成为偶像崇拜。之所以称其为"原罪",一是因为习惯与印象是每个人的神经系统都先天具备的功能,沉溺其中是人之常情;而从另一方面来讲,绘画从独立成科开始都被强加上了"再现"的任务,画布上的形象与外在现实存在着剪不断理还乱的联系,这诱使人们将现实印象与绘画印象混同。

针对前一方面,"赎罪"的方法之一便是道德上的反思。艺术不止步于印象,它是符号体系的严密组织者,同时也是伦理价值的承担者。尽管普鲁斯特与罗斯金最终在艺术观念上分道扬镳,但是"看不见的罗斯金栖息爱普鲁斯特的美学之中"④,罗斯金关于艺术与道德、美与生命关系的认识充当了普鲁斯特"赎罪"道路上的路标。

罗斯金认为艺术美虽然需要通过感官而不是理智来获得,但极力反对沉溺于感官享乐之中,在《现代画家》中他写道:"这种对色彩和形状的肉体的感知是与更高层次的感知紧密相连的,它是被我们尊崇为最高贵的心灵中的主要部分……这种爱包含神性、人性和野蛮性的智慧,并且通过联想、感激和崇敬使我们对自然的感知变得圣洁,也使我们道德领域里的其他情感变得神圣而又高尚。"⑤罗斯金用宗教与道德来完成艺术欣赏中对感官的超越,而普鲁斯特更多是用个体化的回

---

① 莫洛亚:《追寻普鲁斯特》,徐和瑾译,上海译文出版社 2014 年版,第 58 页。
② 张新木:《普鲁斯特的美学》,第 267 页。
③ 沈志明译:《论画家》,载《普鲁斯特精选集》,山东文艺出版社 1999 年版,第 830 页。
④ 莫洛亚:《追寻普鲁斯特》,徐和瑾译,第 103 页。
⑤ John Ruskin, *Modern Painters Vol. I*, Smith, Elder and Co. 1843, p76. 译文引自刘须明《约翰·罗斯金与唯美主义艺术》,《文艺争鸣》2010 年 8 月。

忆与反思。大卫·热维斯说到:"正在罗斯金的指导下,普鲁斯特透析了斯万狂热的恋物情结。"①其实普鲁斯特从罗斯金那里继承的不仅是对偶像崇拜的清醒认识,更是在透析之后有意识地节制。乔托在斯科洛文尼教堂(Cappella Scrovegni)内的壁画《善恶图》是一组寓意画,其中的《慈悲》(Charity)和《偶像崇拜》(Infidelity)被普鲁斯特在《追忆》中两次引用,这两次类比可以理解为道德情操与偶像崇拜在普鲁斯特内心的争斗。因为阿尔贝蒂娜手上拿着一件叫"小鬼"的物件,叙述者将她与《善恶图》中的《偶像崇拜》联系起来,这一类比看似突兀,而在后文中叙述者自己道出了缘由:"心怀肉体美的理想",心怀着"一个精神幽灵",②《偶像崇拜》一图并非指向阿尔贝蒂娜,而是指向观看者,因其沉溺于阿尔贝蒂娜等"道出爱情喜剧台词"的女人形象中。视觉形象而起的爱欲与由艺术形象而起的偶像崇拜同样引发了普鲁斯特的自省与内心挣扎。

阿尔贝蒂娜引发了"恶"的警示,而小说作者在帮厨女工那儿找到了"善"的慰藉。同情和怜悯使叙述者在"可怜的帮厨女工"身上看到了乔托《慈悲》中最具有道德寓意的部分。画家借助凸起的腹部来表现美德,而对于女工来说这是不堪承受的重负。引发我们道德关怀的不是一些抽象的观念,而是在现实的生存境遇当中"具体的感受或物质的动作",在这一美学类比中普鲁斯特突然意识到:"一个人的灵魂往往不参与通过自己才得以表现的美德,这种不参与(至少表面如此),除了有其美学价值外,也还包含一种真实。"③这里的"真实"即隐藏在艺术形象背后的伦理价值,就像单单从乔托画上凸起的腹部线条上我们无法真切的感受如隐忍痛楚、抗争死亡和孕育生命这样的德性,形象并"不参与"德性,而这种不参与就要求绘画欣赏者善于在自己的生活阅历和体验中寻找解释形象道德寓意的方法。普鲁斯特做到了这一点,这标志着他内心里希望放弃单单从线条和形体上去联系艺术与现实,而是引进更加具有人文关怀的艺术现实观,从而抗拒艺术与现实的混同。

四、心灵之镜——从文艺复兴到印象主义

面对偶像崇拜"原罪"的第二方面,罗斯金则没有给出现成的答案,只有靠普鲁斯特自己去寻求解决路径:除了自己辛勤地探索艺术作品之外,还积极接受了印象派绘画理念的影响,那么印象主义是否能成为偶像崇拜的良药呢? 首选强调再现对象之间的共性,否定日常生活中的平凡事物与神话经典中的崇高事物在绘画中的区别;其次强调作品之间的共性,通过作品的空间排列弱化历史时间段对作品之间的分割;最后消弥绘画中的形象与客体之间的对应关系,这就是普鲁斯特绘画观念的完成过程,是其用以抵抗偶像崇拜"原罪"的思考结果,也是他个人艺术趣味的根据。

《追忆》一书中提到了大量的画家和画作,产生于不同的语境之中,有些是出自沙龙中贵族们的闲聊,如盖尔芒特公爵夫人对安格尔的评论;有些是为了使人物身份更加完整,如盖尔芒特夫人的肖像画;有些是知识性的列举:如对比菲罗芒丹和雷诺阿以说明贝戈特的文字风格,埃尔斯蒂尔列出自己所敬仰的几位画家等。④ 但唯有用于与小说情境中人物、事物进行类比的画作才能透露作者的艺术趣味,因为它们已经成为了作者心灵中的印象。将小说中涉及类比的38位艺术家放入13世纪至20世纪的历史分段后,可以发现15世纪至16世纪意大利画家占了约总数一半(详见

① David Gervais, Towards Ruskin through Proust, *The British Art Journal*, Vol. 4, No. 1 (Spring 2003), p. 47.
② 袁树仁译:《在少女们身旁》,《追忆似水年华》第二卷,第438、442页。
③ 李恒基译:《在斯万家那边》,《追忆似水年华》第一卷,第87页。
④ 潘丽珍、许渊冲译:《盖尔芒特家那边》,《追忆似水年华》第三卷,第317、405页。

附表）。前文所提到梅耶斯列举了小说中四项最重要的艺术类比，而其四件作品全部来自于意大利文艺复兴时期。另外，据统计，在《追忆》一书中提到次数最多的几位画家分别是：波提切利、卡尔帕乔、乔托、达·芬奇、伦勃朗、提香、弗美尔与惠斯勒，文艺复兴画家也占过半。[1]　然而，普鲁斯特眼中的文艺复兴与一般艺术史家所看到的大相径庭，他在威尼斯旅行记录可以告诉我们他的目光聚焦在何处：阿雷娜壁画上的天使他看着像"某种业已绝迹的鸟类，或者像在练习滑翔的加罗的青年学生"；在他的母亲的脸上，他看到了"卡帕契奥的《圣于絮尔》中那位老妇人的毕恭毕敬而又热情洋溢的虔诚表情"；而河边划船的少年，则"酷似塞尔、凯斯勒和斯特劳斯那幅光彩夺目的《约瑟夫的传说》中那个使人想起卡帕契奥的人"[2]。伟大的作品中的形象落在了一个个平凡人物的身上，但这并既不减损这些形象的美，也不使得这些平凡的人物相形见绌，这是一种双向增益的效果。除了文艺复兴的大师外，普鲁斯特也毫不掩饰自己对夏尔丹和弗美尔的喜爱，而这二人所再现的对象均以日常生活中卑微的人或事物为主。普鲁斯特曾说"事物的全部价值存在于画家的眼光当中"[3]，这样判定标准决定了画家笔下的形象没有高低贵贱之分。

当《追忆》中叙述者看到《慈悲族长为中魔者驱邪》这幅画时，他说："我欣赏着那美妙的肉红色和淡紫色天空，天幕上衬托出高高的镶嵌式烟囱，烟囱的喇叭口形状和它的红色象朵朵盛开的都金香，使人想到惠斯勒笔下千姿百态的威尼斯。"[4]普鲁斯特既不厚古薄今、贵远贱近，也不以艺术进化论的思想而喜新厌旧，之所以能做到这一点是因为他相信绘画风格发展中的存在着普遍性。他认为我们对艺术的欣赏往往被历史年代、风格派别等艺术史概念所挟制，而不同艺术作品在本质上的共性。他以马奈的《奥林匹亚》和安格尔的作品为例，在很多人看来"那两幅画现在好似一对孪生姐妹"，然而他们却无法接受以埃尔斯蒂尔为代表的新兴印象派作品，这仅仅是因为他们并不了解这些画家与夏尔丹、安格尔等人一样"同样在真实面前做过努力"。[5]

普鲁斯特认为不同绘画作品之间存在共性，然而绘画本身却需要独立性，这一观点包含在他对传统再现观念的思考中。在论述莫奈的著名文章中他写道："我们观画如同附身看魔镜，保持一定的距离，竭力排除一切杂念，努力理解每种颜色的含义，各种颜色在我们的记忆中唤起过去的印象，再由这些过去的印象组合成五彩缤纷的空中建筑和画面色彩，在我们的想象中构成一幅景色"[6]将画比作镜子使我们不得不联想到达·芬奇的经典论断："画家的心应该像一面镜子，永远把他所反映事物的色彩摄取进来，前面摆着多少事物，就摄取多少形象。"他还提到画家须要以镜为师："首先应当将镜子拜为老师，在许多场合下平面镜上反映的图像和绘画极相似。"[7]但我们很容易只记得达·芬奇将画中形象与镜中之像等同，而忽略了他所提出的更为重要的镜中之像与心中印象的类比。画家并非机械的模仿自然，他们模仿的目的也并非只是为了成为现实事物不合格的替代品。达·芬奇充分肯定了画家心灵的创造功能，正如陆扬所论，如镜子一样照出自然之物的绘画作品："就它作为艺术的成功之道而言，与其说是在物，不如说是在心，以绘画为宏观宇宙的一

　　① Eric Karpeles, *Paintings in Proust*, Thames & Hudson, 2008. p. 345—352. 关于历代画家在小说中出现次数的记录，详见该书索引。
　　② 陆秉慧译：《女逃亡者》，《追忆似水年华》第六卷，第219—220页。
　　③ 潘丽珍、许渊冲译：《盖尔芒特家那边》，《追忆似水年华》第三卷，第317、406页。
　　④ 陆秉慧译：《女逃亡者》，《追忆似水年华》第六卷，第218页。
　　⑤ 普鲁斯特没有明确写道安格尔的作品名称，应该是同样藏于卢浮宫的《大宫女》（*Grande Odalisque*），详见《追忆似水年华》第三卷，第405页。
　　⑥ 沈志明译：《论画家》，载《普鲁斯特精选集》，第844—845页。
　　⑦ 达·芬奇著，朱光潜译：《笔记》，载伍蠡甫编：《西方文论选》上卷，上海译文出版社1979年版，第183页。

个微观缩影。"①就这一点来说,可以认为普鲁斯特继承了达·芬奇的思想,只是他将心灵印象的主体由艺术创造者替换为艺术接受者,将这印象演绎出一个个美轮美奂的细节,并最终拼接成一条文字的长河。然而普鲁斯特的这一转变非同小可,这不仅决定了他个人观赏文艺复兴的作品视角,更反映了西方艺术理念的革新与走向。19世纪前半期的学院派仍保持着"高贵的画必须表现高贵的人物"这样的观念,在达维特、安格尔之后的米勒、库尔贝等人力图表现如荷兰十六、十七世纪风俗画那样平常、朴素的人物形象,但是从这样的现实主义中脱胎而出的并不是文艺复兴式的立体再现,也不是伦勃朗的金色光线照耀下的舞台式场景,而是一种空间表现的平面化和自然光线下色彩的强烈对比,然而这种表现方法遭到了强烈的反对,其原因可以用贡布里希的一句话加以概括:"我们更加愿意凭所知而不是凭所见去品评绘画"。② 作为普鲁斯特同时代人的罗杰·弗莱坚定地认为从文艺复兴至印象主义存在一种趋势,③即"向着阻止人类心智从感觉走向事物本身的方向发展",④外在的物质世界只能作为我们感觉的对象而存在,而这种现象是绘画的基础。"印象主义者首先认识到万事万物的真相是,绝对的静止与绝对的同一性只是精神的抽象,在外部自然中没有其对应物。"⑤前文所提到的马丁维尔的塔影和车厢内见到的拂晓,便是普鲁斯特对弗莱这一观点最有力的声援。

《追忆》中叙述者参观埃尔斯蒂尔画室的时候看到一幅奥黛特的画像,这幅比奥黛特本人要"丑多了"的肖像画引起了看画人的深思。之所以人们会发出"丑多了"的惊呼,是因为他们会不自觉地将画与奥黛特本人相比较,而许多艺术大师的肖像画作品,其被描绘的人物早已被人们淡忘,然而作品却恒久流传,这时普鲁斯特拆散作品与再现客体联系的第一条理由。其次,肖像画中的人物原型往往是由"其卖弄风骚及其利己主义的美的概念",换句话说,其往往与虚伪、色情挑逗、狭隘的功利主义原则联系在一起,无法忠实的表现客体的真实情况,而被艺术家"一秒之内摧毁"之后重新组合的线条才能真实的表现一种很多人共有的普遍情状。⑥

五、结　语

用语言来描述绘画作品及其美学意味似乎始终也无法摆脱一种悖论:一方面,作者希望通过绘画形象的直观性来拓展文学的视野;另一方面,这种拓展实际上并不能摆脱语言的牢笼。在《追忆》一书贝戈特之死的描写中,文学似乎完全被绘画所打败了,德布雷尖锐地提出:与伟大的画家相比,作家"没有能力实时地向我们传递世界的可感状态"⑦。普鲁斯特也说:"文笔对于作家,犹如颜色之于画师,不是技巧问题,而是视觉问题。"⑧然而这句话并不是指对视觉形象的描述已经成为文学的第一要务,普鲁斯特将大量深藏于印象中的绘画作品与现实生活中的事物相类比,也并不仅仅是一种替代文字描述的狡猾手段,而是为了拓宽文字的世界和读者的视野,涂卫群解释道:"眼光支撑作家所采用的文笔,使得文笔超越单纯的技巧层次。"⑨更进一步来说,视觉形象和文笔

① 陆扬:《西方美学通史》第二卷,上海文艺出版社1999年版,第417页。
② 详见贡布里希:《艺术的故事》,范景中译,生活·读书·新知三联书店1999年版,第508、513页。
③ 普鲁斯特比弗莱小5岁,但早弗莱12年谢世。
④ 沈语冰译:《弗莱艺术批评文选》,江苏美术出版社2014年版,第32页。
⑤ 同上,第53页
⑥ 袁树仁译:《在少女们身旁》,《追忆似水年华》第二卷,第412页。
⑦ 雷吉斯·德布雷:《图像的生与死:西方观图史》,黄迅余译,华东师范大学出版社2014年版,第32页。
⑧ 周国强译:《重现的时光》《追忆似水年华》第七卷,第197页。
⑨ 涂卫群:《中国艺术"插曲"对普鲁斯特美学的提示作用》,《外国文学评论》2006年第4期。

都只不过是手段。在《驳圣伯夫》的结语中,普鲁斯特说道:"真正的真实性是内在性质的,它可以借助人所熟悉的印象展开自身",艺术家应当"割断与表象的联系,深入到真正生命的深处"。[①] 在印象之中发掘超越生命长度的永恒性和超越生命个体性的普遍性,这是普鲁斯特的终极追求,也正因为这样的信念,他才能从不同的绘画杰作中看到各个艺术家的不同世界,从自己对这些杰作的回忆中剖析不同层面的矛盾的自我。

普鲁斯特活在哮喘的病痛和性欲倒错的阴影之下,痛苦不堪,但却在艺术中获得欣悦与迷狂;他乐于在巴黎的上流社会穿梭游走,却不得不返归自己单调的空间,在独处与禁欲中保持自己对艺术与哲理的敏感;他找到了节制偶像崇拜的方法,受到了艺术家的启示,但却无法完全地实现它。如同许多文学大家一样,他挣扎在也许永远无法调和思想矛盾中,在语词和图像中、在"原罪"与"赎罪"中来回摇摆。

附表:普鲁斯特作品中的主要画家及所处时代

画家	生卒年	画家	生卒年
乔托	1267—1337	委罗内塞	1528—1588
安杰利科	1387—1455	格列柯	1541—1614
戈佐利	1421—1497	哈尔斯	1582—1666
贝里尼	1430—1516	普桑	1594—1665
梅姆林	1430—1494	委拉斯凯兹	1599—1660
曼坦那	1431—1506	伦勃朗	1606—1669
波提切利	1445—1510	霍赫	1629—1684
吉兰达约	1449—1494	弗美尔	1632—1675
蒙塔尼亚	1450—1523	华托	1684—1721
达·芬奇	1452—1519	提也波洛	1696—1770
卡尔帕乔	1465—1525	皮拉内西	1720—1778
丢勒	1471—1528	罗贝尔	1733—1808
乔尔乔涅	1477—1510	戈雅	1746—1828
卢伊尼	1480—1532	德刚	1803—1860
提香	1490—1576	康斯坦丁·吉斯	1805—1892
切里尼	1500—1571	莫罗	1826—1898
布隆奇诺	1503—1572	惠斯勒	1834—1903
丁托列托	1518—1594	伯恩·琼斯	1833—1898
老勃鲁盖尔	1525—1569	莫奈	1840—1926

(作者单位:浙江大学中文系)

---

① 王道乾译:《驳圣伯夫》,上海译文出版社 2007 年版,第 248 页。

柳词之功臣　笺词之典范

——评陶然《乐章集校笺》

钱建状

北宋柳永词,传诵既广,别墨实繁。宋代歌女的反复咏唱与好事者的迻经传写,都有可能增加柳词的传讹舛误。加之柳永精于音律,"作新乐府,骪骳从俗",集中新调既富,又好援宋代之口语、俗语入词。因此,在音乐、文字形态上,柳词往往多变而难喻。这就给后人订正、笺注柳词带来了困难。清代词家校订柳词,已有"世乏周郎,无从顾误"之叹,今人治柳词,则尤为不易。浙江大学陶然教授及其弟子姚逸超合作的新著《乐章集校笺》(以下简称《陶笺》),荟萃诸家之长,而断以己意。钩稽愈广,用思益密,于前人之未到处,尤多发微。柳永及《乐章集》之精蕴,至此挹之愈出,洵为近年来词籍整理不可多得之力作。

词集整理,底本及参校本是否良善齐备,最为关键。今存柳永《乐章集》主要有一卷本与三卷本两个版本系统。毛晋汲古阁《宋六十名家词》本(毛本)、清吴重熹石莲庵刻《山左人词》本(吴本)皆为一卷本;三卷本则有明吴讷《唐宋名贤百家词》本等。康熙年间,毛扆借含经楼所藏宋本校汲古阁本,又从孙氏、周氏两钞本校正。此本由劳权传抄。劳本三卷,共收词一百九十四首,又续添曲子一卷十二首,皆依宫调编次。晚清朱孝臧编刻《彊村丛本》,即以劳抄本为底本,并参校各本,附以校记。《彊村丛本》本《乐章集》,收词齐备,犹存宋本之貌,且经名家校订,最号精审。在宋本不存的情况下,《陶笺》以此为底本,是最审慎的做法。

《陶笺》参校本及相关书籍,如名家校记、选本、词律、史籍等,数量与种类甚为繁富,仅《凡例》所载,就达二十种之多,其中不乏文献价值较高而为人所罕觌或忽视者。如吴本、朱本所附刊缪荃孙、曹元忠等名家校记,郑文焯校批《乐章集》、秦巘《词系》校语、陈运彰所录傅增湘过录赵元度校焦弱侯本校语,以及明陈耀文《花草粹编》六所收一百六十一首柳词、《高丽史》所录北宋词曲等,或久佚之宋本、旧本,藉之略存面目;或重要之异文与题注,藉之保存;或名家之校勘、研究柳永之心得,得以窥见。这些新见、罕见的参校本及书籍,以其蕴含丰富的文献价值,保证了《陶笺》的校勘质量。

《陶笺》体例详瞻而合理。全书依阕以类词,一依旧本原貌,以此彰显柳永在北宋燕乐宫调体系中的覆盖情况以及柳词的宫调偏好,从而为进一步认识柳词与宋代俗乐关系提供有价值的参照。词后附校记、订律、笺注、辑评、考证、附录。末附《乐章集逸词》《柳永存目词》《乐章集序跋题识》《柳永诗文辑存》《柳永资料汇编》《柳永简谱》六种,并编有索引。校记广录诸本异文,订律详考词调体格,笺注重在释词、释典,辑评汇录后世评论,考证推测创作背景。附录与索引,以备研究者参考与查询。笺注六项,各有侧重,又可旁通互证,与附录互相生发,从而使全书形成一个圆融完备的整体。

《陶笺》专设"订律"一项,以清人《词律》《钦定词谱》及秦巘《词系》等为基础,广征正史、笔记、词话及近人词学著作,正其调名源流,明其声情特征,辨其平仄四声,而断其句法用韵。柳词选声择调、移宫换羽、偷声减字之特征与规律,遂挹之而出。而词之分片、句读因之有所据依。词为音乐文学,依调填词,句有定字,字有定声。依律以校词,审音以辨字,是晚清诸老校词的一个重要原则,也是词籍校勘的独特性所在。而近数十年以来,声律之学不彰,订律之义常被付之阙如。词之调名、声情、分片、用韵、句读等基本要素,也因之含混不清。这不能不说是词学文献整理中的一件憾事。《陶笺》尤重订律,正本清源,最有义理。宜为表出之。

以词证词,以柳证柳,是《陶笺》校勘、笺释柳词的一大特点,也是一大优点。以词证词之法,《陶笺》于校记中体现得最为充分。其理论依据,来源于清代词家之以律校词。在断各本之是非时,以之为旁证,往往有强大的说服力。如《乐章集》首章《黄莺儿》一词,底本下片有"恣狂踪迹",朱校、缪校、曹校皆引梅禹金钞本云"迹"字上空一格,当作五字句。而《陶笺》广引宋人晁补之、王诜及无名氏同调词,证明此句皆作字声为"去平平去"之四字句,且金王喆和韵柳永此词亦作"本无初得"四字句。由此以证各家校语所推测之结论有误。又如《玉女摇仙佩》"飞琼伴侣"一词,其次句"偶别珠宫",为四字句。朱校、缪校、郑校引梅本无"偶"字,作三字句。然宋人晁端礼、朱雍、金人王喆同调词,皆作四字句。《陶笺》引之以证梅本之非。仅此二例,足证《陶笺》依托订律之背景,以词证词,能正得失,是行之有效的校词方法。

以柳证柳之法,亦源于晚清诸老之校词原则。如《彊村丛本》本《乐章集》卷中《集贤宾》(小楼深巷狂游遍)中"最是虫虫"一句,朱校曰:"原本作'春风',从焦弱侯本。"曹校曰:"'虫虫',当时妓名。本集《征部乐》'虫虫心下'、《玉楼春》'虫娘举措'是也。宋本于'虫虫'字皆改去,不如梅禹金本之善。"曹校即为以本校法运用于词籍校勘之例。通行的校勘四法中,本校法,也就是以本书的前后文字互证,较其异同,从而定其是非。其理论依据是同一作家的作品在内容、用语上,通常前后联系,有其内在的统一性。受这种思维的启发,《陶笺》将这种原本只局限于校勘的方法,推及运用于柳词的笺释,将柳词作为一个整体,纵横联系,前后贯通,互相参照,从而增强笺证的完密性和说服力。如《斗百花》(飒飒霜飘鸳瓦)词中"寄情空殢纨扇"一句的笺释,《陶笺》引张相《诗词曲语辞汇释》释其义为"恋昵"。一般的注释者注出此义可能就止步了。但《陶笺》却进一步广引柳永《促拍满路花》之"尤殢檀郎"、《锦堂春》之"尤云殢雨"、《长寿乐》之"尤红殢翠"、《小镇西》之"尤花殢雪",说明该词在柳词中的运用多指男女欢好之意。又再引柳永《木兰花》"碟烟尤雨索春饶"一句,补充说明借人喻柳之修辞法。通过广引柳词,互补互证,令人有纤发无遗之感。又如《斗百花》(满搦宫腰纤细)词中"举措多娇媚"句之"举措",《昼夜乐》(秀香家住桃花径)词中"层波细翦明眸"之"层波",《陶笺》在释义的同时,力图引导读者从整体上把握柳永下语、用字之习性和其惯用的修辞手法。这种笺释方法,实已不限于解释词义了。又其释《阳台路》(楚天晚)词中"今宵又、依前寄宿,甚处苇村山馆"一句,引柳永《临江仙引》词"况绣帏人静,更山馆春寒。今宵怎向漏永,顿成两处孤眠"句,将意境相似的两词,并列参证,引导读者作延伸性阅读,从意脉上把握柳永遣词造境之妙。更是精微细腻,令人击节称赏。

《陶笺》之考证,态度严谨,逻辑周密,多重证据互证旁通,故所得结论可靠,令人信服。尤其善于从常见、习见、为人所忽视处,见人所未见,于不疑处有疑,阐幽烛微,故往往能发前人未发之覆。柳永《送征衣》(过韶阳)一词,词中多有颂圣、祝寿之语,且"嘉节清和"一语,与庆宋仁宗生日乾元节合。然《陶笺》据《宋史·礼志》与《续资治通鉴长编》所载,仁宗亲政前,为皇太后庆生的长宁节,实际上重于乾元节,由此推测此词不应作于仁宗亲政之前。又词中有"无间要荒华夏,尽万里、走梯航"诸语,显指使臣来贺。考之史籍,惟景祐元年(1034),亦即仁宗亲政后的第一个寿节,规格最高,政治意义最特别。而是年柳永登第,时在汴京,放榜后,正值仁宗乾元圣寿。故定此词作于景祐元年四月。词作与史籍相参,内证与外证结合,五重证据,相互印证,层层推进,如抽丝剥茧,柳永此词之作年,遂显山露水矣。

　　又《木兰花慢》"古繁华茂苑"一词，�地名与用典，知为赠知苏者，罗忼烈先生《柳永六题》一文据下片"鳌头"语，谓自真宗大中祥符至仁宗嘉祐年间状元出身而知苏州者，惟有吕溱一人，遂定此词作于庆历三年二月至四年三月间。其说不无所据。然《陶笺》认为"鳌头"一词，查北宋人诗文，似未见以鳌头称状元者。此为一疑；又"鳌头"如指状元，则词中"况虚位久"一句，则无着落。此又为一疑；又柳永投赠之词，于结拍处往往有颂祷之意。此词结拍所谓"虚位"，过于含糊。此又为一疑。宋代入翰林学士院称为上鳌头，此为反证。有此三疑，加一反证，《陶笺》遂据史料、方志，结合柳永景祐四年投献知苏州蒋堂，而知制诰柳植正为其后任之事实，重定此词之作年。疑人所不疑，反证有力，持之有故，如老吏断狱，犀利无比。集中确凿有力之考证，多类此。

　　以上从版本之精审完备、体例之详赡合理、校笺之有效和考证之有力几个方面，略述《陶笺》之优点与贡献。然《陶笺》之价值与长处实不止此。诸如广搜博采，略人所详与详人所略，注重词学新材料、稀有材料之发掘；学养深厚，熟谙文字学、训诂学、史学、诗学、名物学相关知识；不掠人之美，引述前人成果之全面与规范。乃至征典之美备，训词之雅致，断语之简括，下语之谦逊，等等，都体现了著者良好的学术功底与学术品格，以及这部校笺的丰厚学术内涵。在当代学者所撰的词籍乃至集部整理著作中，该书不仅为柳词之功臣，更可称典范之作。限于篇幅，其精言胜义·尚有待读者细阅而体会之。

（作者单位：厦门大学中文系）